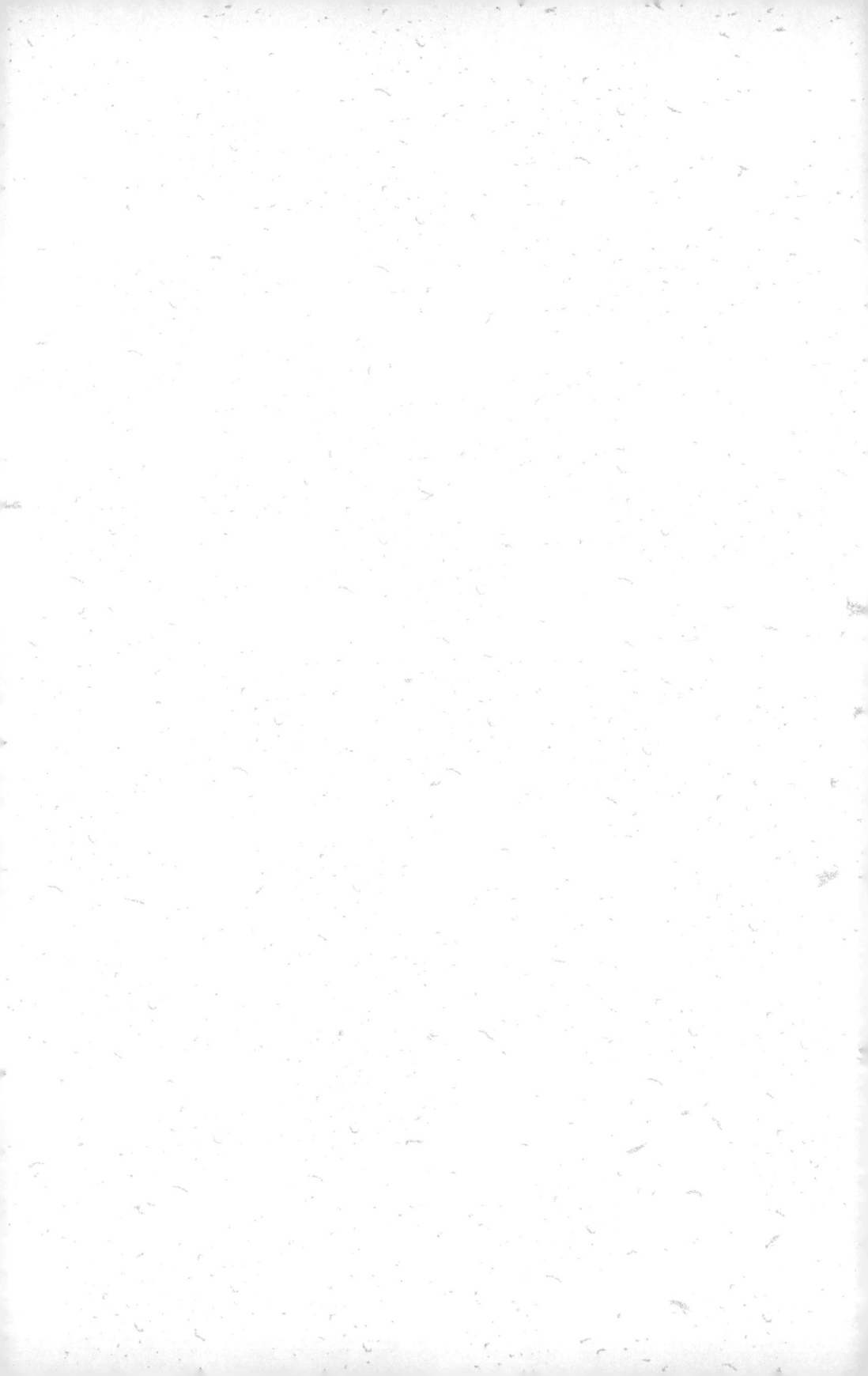

中文社会科学引文索引（CSSCI）来源集刊

比较政治学研究

总第24辑

理论发展与制度变迁

李路曲 ◎ 主编

COMPARATIVE POLITICS STUDIES

天津出版传媒集团

天津人民出版社

图书在版编目（CIP）数据

比较政治学研究. 总第 24 辑，理论发展与制度变迁 / 李路曲主编. -- 天津：天津人民出版社，2023.11
ISBN 978-7-201-19968-9

Ⅰ. ①比… Ⅱ. ①李… Ⅲ. ①比较政治学－研究
Ⅳ. ①D0

中国国家版本馆 CIP 数据核字(2023)第 228694 号

比较政治学研究总第 24 辑：理论发展与制度变迁
BIJIAO ZHENGZHIXUE YANJIU ZONG DI 24 JI：LILUN FAZHAN YU ZHIDU BIANQIAN

出　　版	天津人民出版社
出版人	刘　庆
地　　址	天津市和平区西康路 35 号康岳大厦
邮政编码	300051
邮购电话	(022)23332469
电子信箱	reader@tjrmcbs.com
策划编辑	王　康
责任编辑	郑　玥
装帧设计	汤　磊
印　　刷	天津新华印务有限公司
经　　销	新华书店
开　　本	710 毫米×1000 毫米　1/16
印　　张	25
插　　页	2
字　　数	350 千字
版次印次	2023 年 11 月第 1 版　2023 年 11 月第 1 次印刷
定　　价	98.00 元

2023 年第 1 辑　总第 24 辑

Comparative Politics Studies No.24

主办单位

天津师范大学政治与行政学院

主编

李路曲

编辑部主任

佟德志

编辑部成员

高春芽　张三南　吕同舟　周幼平　李　辛

卷首语

岁序更替,华章日新。《比较政治学研究》2023 年第 1 辑(总第 24 辑)如期而至。自"比较政治学"在政治学学科体系中的地位愈发显著以来,诸多研究者立足中国国情,不断探讨和分析基本理论、研究和借鉴发展经验,继往开来地推动着学科发展。本辑以"理论发展与制度变迁"为主题,集中收录了 18 篇文章。从研究范围看,既有关于政治学经典概念的理论反思,也有关于比较政治学发展脉络的系统梳理,还有聚焦于民主实践及政党政治的具体分析。

建构具有中国特色的比较政治学需要积极借鉴和吸收国外比较政治学的发展经验。由此,本辑开篇刊载了张春满、郭苏建《美国比较政治学的百年发展:基础、脉络、议题、方法》一文。文章认为,尽管美国比较政治学的发展成绩斐然,但是它的概念、理论、方法和范式并不完全适用于中国。我国学术界应该坚持马克思主义的立场,有选择地吸纳和借鉴国外成果,建构具有中国特色的比较政治学范式。

在比较政治理论相关主题关切方面,吴吉韵、高秉雄梳理了比较历史分析方法的历史脉络,分析了方法应用的优势和局限。唐宇通过"结构-能动"相统一的架构,将作为制度组织和行为主体的"国家"结合起来,提出合成式的国家能力概念框架。任梅香、唐静雯梳理了政治发展与政治文化理论的演进,强调应当以阐释两者之间相互关系为基础解读政治文化的发展。

民主是人类政治文明的结晶,是全人类的共同价值。本辑集中收录了四篇探讨民主实践的文章。牟硕、樊浩以平等和效率为核心,分析了民主治理在价值取向上形成的复合结构以及内在的紧张关系,指出当代西方的民主治理以平等和效率为核心形成了复合结构的价值体系。张安冬对当代西方民主治理制度进行了比较分析,发现各类制度安排呈现出越来越强的同质化趋势。程香丽将西方协商系统与中国协商民主体系置于系统分析的框架下进行比较,从系统内涵即分工、联系和功能的角度梳理中西协商民主系统的异同。吴昀潇将"恩庇民主"作为研究切入点,关注马来西亚作为多族群国家这一特征,以 1964 年大选为例,论证了以巫统为首的联盟构建族群庇护网络的资源分配机制。

在差异中寻找规律,是比较政治学研究的核心任务之一。牛霞飞对当代美俄保守主义,尤其是特朗普保守主义与普京理性保守主义进行了论析,认为两者虽有明显差距,甚至是实质性不同,但核心信条却都传达出"反世界主义"的立场。尚俊颖以政治继承为关键节点,对清朝 1911 年辛亥革命、哈布斯堡王朝 1789 年匈牙利贵族抗争和布拉班特革命的成因进行分析,归纳了革命发生的一般规律。

政党研究向来是比较政治的核心议题。在这一领域,本辑共收录了五篇文章。王子谦、赵吉聚焦西方政党分歧理论,整理了理论发展脉络及其对西方视域下的政党竞争的影响。卢正涛着眼于新加坡的国家建设,认为新加坡人民行动党利用执政形成的优势地位,成功地塑造了"建设性反对党",走出了以限制党争保障强大政党领导权的国家建设道路。宋菁菁关注东南亚政党研究,系统梳理了其研究议题、研究方法与研究展望。释启鹏、李朝瑞以墨西哥革命制度党研究为切入点,基于迈克尔·曼的权力理论框架,提出了"适应性的限度"这一概念,强调该限度在于政党是否在推动适应性变革的过程中改变自身得以建立的权力基础。雷雨若借鉴惠特利和门德斯的"选民多维偏好"分析框架,对欧债危机后希腊出现极化多党政党结构的原因进行了分析。

激进右翼政党自 20 世纪 80 年代以来依靠被主流政党所忽视的文

化和身份议题在西欧强势崛起。由此,郑荃文、聂凯巍考察了当代西欧激进右翼政党的动员议题转型,尤其是以法国为例,挖掘其转型过程、动因及其前景。朱炳坤则关注"工人阶级为何支持激进右翼政党"这一命题,认为激进右翼政党的经济、文化立场更好地迎合了工人阶级诉求,因此是基于其理性做出的合理政治选择。

同时,本辑延续传统,刊发了《中国比较政治学研究的新进展(2022)》,以期为读者展示本年度国内比较政治学研究的概况。

《比较政治学研究》编辑部

2023 年 6 月

目　录

美国比较政治学的百年发展：
基础、脉络、议题、方法*

张春满　郭苏建**

内容摘要　建构具有中国特色的比较政治学需要积极借鉴和吸收国外比较政治学的发展经验。经过一百多年的发展，美国的比较政治学已经形成了比较成熟的学科体系，对维护美国的国家利益发挥了巨大的作用。通过对《美国政治科学评论》过去一百多年经典论文的统计分析，本文旨在对美国比较政治学的基础、脉络、议题、方法展开长时间跨度的全景式分析。美国比较政治学的发展尽管成绩斐然，但是它的概念、理论、方法和范式并不完全适用于建构具有中国特色的比较政治学。我国学术界应该坚持马克思主义的立场，坚持反思与批判的自觉性，特别需要关注国外理论在中国的适用性问题，有选择地吸纳和借鉴国外尤其是美国的比较政治学的成果。

关键词　比较政治学；研究方法；研究议题；百年发展

随着"一带一路"倡议的提出和区域国别研究在我国的兴起，我国

* 本文系国家社科基金后期资助项目"美国比较政治学的百年学术发展研究"（21FZZB008）和复旦发展研究院中美友好互信合作计划 2021 年度课题"美国人口结构变化与种族问题的跟踪研究"（FDZMHX2106）的阶段性成果。
** 张春满，复旦大学马克思主义学院副教授、博士生导师；郭苏建，复旦大学社会科学高等研究院院长、教授。

学术界对于比较政治学的重视度愈来愈高。构建具有中国特色的比较政治学需要积极学习和借鉴国外比较政治学的发展规律。过去十年以来,以李路曲、杨光斌、潘维、张小劲、景跃进、王正绪、唐世平等为代表的学者对西方重要的比较政治学理论进行了详细的介绍和评述。① 一部分学者对于比较政治学中的重要议题进行了引介和讨论。与此同时,为了推动中国特色的比较政治学发展,我国学界开始对西方比较政治学进行学科反思,并且讨论西方理论与本土理论的关系问题。② 尽管我国引介了一些西方尤其是美国的比较政治学的概念、理论和研究范式,但是截至目前,学术界还没有系统地梳理美国比较政治学长时间跨度的发展演变。

事实上,以美国为代表的西方比较政治学已经走过了百年发展历程,③而我国引介的成果大部分是美国最近几十年的研究成果。我国政治学界是在改革开放之后才开始注意加强与国外的学术交流,这导致我们对美国早期和中期的比较政治研究了解有限。本文旨在对美国比较政治学的基础、脉络、议题和方法开展长时间跨度的全景式研究。具体而言,就是对美国比较政治学过去一百多年的发展演变进行一个综合性的讨论。

对一个学科的发展史进行长时间跨度的梳理难度极大,但是学术意义非常突出。本文的特色和贡献是从学术期刊的角度来梳理美国比较政治学在过去一百多年的发展状况。基于学术期刊影响力、创刊时间和本文的研究需要三方面的考虑,本文从众多美国政治学期刊中选

---

① 李路曲:《比较政治学解析》,中央编译出版社,2015 年;杨光斌:《比较政治学:理论与方法》,北京大学出版社,2016 年;潘维:《比较政治学理论与方法》,北京大学出版社,2014 年;张小劲、景跃进:《比较政治学导论》,中国人民大学出版社,2008 年;王正绪、耿曙、唐世平主编:《比较政治学》,复旦大学出版社,2021 年。

② 李辉、熊易寒、唐世平:《中国的比较政治学研究:缺憾和可能的突破》,《经济社会体制比较》2013 年第 1 期;李路曲:《中国特色比较政治学话语体系的建构及其面临的问题》,《学海》2018 年第 1 期;李路曲:《关于比较政治学几个基本问题的认识》,《社会科学战线》,2020 年第 6 期。

③ Todd Landman and Neil Robinson, *The SAGE Handbook of Comparative Politics*, Sage Publications, 2009, pp. 1-2. 张春满:《美国比较政治学研究范式的百年演化》,《比较政治学研究》2020 年第 2 辑。

取《美国政治科学评论》（*American Political Science Review*）作为主体研究对象。《美国政治科学评论》创刊于 1906 年，是西方政治学界公认的影响力最大的学术期刊。这样独特的发展优势和学术影响力是其他它任何政治学和比较政治学期刊如《比较政治学》（*Comparative Politics*）、《比较政治研究》（*Comparative Political Studies*）、《世界政治》（*World Politics*）等所无法匹敌的。我们具体的研究方法是筛查了《美国政治科学评论》大约发表的 4700 多篇学术论文（1906 年到 2020 年），整理发现有 1500 多篇是比较政治学领域的学术论文。通过提取 1500 多篇论文的作者、发表时间、单位、主题、研究方法等信息，我们形成了一个创新的比较政治学论文数据库。通过谷歌学术查询了这些论文的引用数据，我们成功筛选出每个十年间隔内引用量最大的 10 篇论文。一般而言，引用量大的论文所获得的学界曝光度、学术影响力、成果传播力都更大，也就更具有了代表性。经过适当的比例微调，最终我们形成了一份独特的《美国政治科学评论》百年百篇论文数据库（以下简称"百年百篇论文"）。截至 2023 年 2 月份，这 100 篇论文的总引用量已经接近 10 万次，平均每篇被引用量近 1000 次。被选入到百年百篇论文数据库中的成果大部分都是政治学和比较政治学的重要文献，其中相当一部分已经被纳入美国政治学系研究生培养的课程必读材料。这些论文构成了本文的研究基础。

本文的研究脉络如下。下文的第一部分是对美国比较政治研究兴起的三大基础进行讨论，第三部分对美国比较政治研究的发展脉络进行一个初步的总结；第三部分具体讨论美国的比较政治研究的议题变化；第四部分着重分析美国比较政治研究的方法论演变情况。文章的最后部分是结合我国比较政治学发展的态势开展进一步的讨论、反思和结论。

一、美国比较政治研究兴起的三大基础

美国比较政治学发展的基础由三部分构成，包括理论基础、人才基础和国家基础。下文将分别进行阐述。

（一）理论基础

剖析美国比较政治学发展的理论基础，我们可以辨析出三种类型，分别是西方自古希腊以来的政治学理论、近代西方自然科学的理论知识和西方近代社会科学的其他学科理论知识。众所周知，文艺复兴运动和启蒙运动为西方发展现代政治思想奠定了基础。马基雅维利、霍布斯、伯克、休谟、斯密等一批鼎鼎有名的政治思想家和经济学家崭露头角，开始重塑欧洲的政治思想版图。这些近代思想随着美国的建国而开始在新大陆迅速传播。共和体制、联邦政府、强国家、代议制等等新的政治制度在近代西方政治思想的启发下被发明创造出来。而像约翰·密尔对于比较方法的研究对于后来比较政治学的兴起奠定了方法论的基础。美国比较政治学的发轫是由内及外的动态过程，内部完成的积累就是对西方自古希腊以来的政治学理论和理念进行消化吸收。

美国比较政治学发轫的理论基础也包括近代西方自然科学的理论知识。自然科学的发展在 19 世纪比社会科学更加迅猛。19 世纪下半叶开始，第二次科技革命开始兴起，这次的主角是电力的发现和使用。电灯、电话、电机等电器相继出现并获得广泛应用，再次推动了工业生产的急速发展。而第二次工业革命的发起国是德国和美国。美国在自然科学和工程研究领域开始占据一席之地，科学的观念开始在美国土地上得到传扬。现代研究型大学在美国纷纷建立。一批美国的老牌院校如哈佛、耶鲁、哥伦比亚、普林斯顿等，纷纷改革成为现代研究型大学。这些新兴教育力量努力传播自然科学新知识，启迪了整个美国社会的认知思维，自然也影响了从事社会科学研究的学者。美国比较政治学界的早期开拓者非常注重学习自然科学的研究路径，以此来推动美国的比较政治学形成新的特色，与欧洲注重历史、思辨和制度研究的路径相区别。

美国比较政治学发轫的理论基础也包括西方社会科学其他学科的理论知识。在美国比较政治学的发展早期，其他社会科学知识也在迅速积累。尤其是法学、经济学和社会学的发展基础已经比较稳固，形成了一系列基本理论。这些理论对于美国比较政治学的发展起到了重要的推动作用。其中，关于宪法、法律和条约的很多研究就需要有法学研究背景的人员来从事。而对于政治制度和政府形式的研究往往也需要有历史学的研究背景。关于政府运行和财政预算方面的研究可能需要有经济学背景的研究者。总之，美国比较政治学的发轫阶段，学科的边界比较模糊。比较政治学与历史学、法学、经济学、社会学的交叉比较多。

（二）人才基础

欧洲移民对于美国比较政治学的发轫做出了比较突出的人才贡献。下文从两个维度对于美国比较政治学发轫的人才基础进行讨论。第一个维度是来自欧洲的移民为美国学习欧洲和研究欧洲提供了人才基础。从教育发达程度的角度来讲，美国的高等教育在19世纪并不不出彩，无法与欧洲老牌强国的高等教育相媲美。美国第一所现代研究型大学约翰斯·霍普金斯大学的学习目标是在美国模仿德国的研究型大学（主要是德国的柏林洪堡大学）。学习和研究欧洲的需要导致美国对于欧洲移民持更加欢迎的立场。恰巧美国在19世纪后期经济腾飞，工业发展需要大量的劳动力，这些因素叠加在一起导致欧洲移民在19世纪末20世纪初又形成了一波移民高潮。这些欧洲移民及其后代进入到美国的大学，为美国学习和了解欧洲的制度提供了便捷的条件。例如，美国政治学的创始人之一弗朗西斯·利贝尔（Francis Lieber）就是这一时期从普鲁士移民来到美国。他在纽约哥伦比亚大学讲授政治学，对于后来整个美国的政治学包括比较政治学的发展产生了很大影响。[1] 美国比较政治学的发展早期就是以学习和比较欧洲的国体、政体、政党、宪法、政府为最核心的内容。欧洲移民具备语言、国情和知识

---

[1]　Paul Carrington, "The Theme of Early American Law Teaching: The Political Ethics of Francis Lieber," *Journal of Legal Education*, Vol. 42, 1992.

基础,对于开展欧洲的比较研究具备天然的优势。

第二个维度是欧洲学者为了躲避欧洲法西斯主义的迫害移民美国助推了美国比较政治学的理论发展。1933 年,纳粹德国上台。在希特勒的授意下,德国法律开始了全面的排挤犹太人运动。在反犹主义的煽动下,在德国的众多犹太人遭到了灭顶之灾,他们不得不离开德国,很多人远走美国,寻求在这个北美国家立足和发展。很多从事政治学和社会学的学者也在这一时间从欧洲来到了美国。此外,我们还不应该忽视的一点是,在 19 世纪末到 20 世纪初,一些美国的著名学者曾经在德国的大学或者学习或者访问过,他们积极与德国和欧洲同行交流,这些经历也对美国比较政治学在发轫阶段学习欧洲奠定了基础。例如,美国利益集团理论研究的著名学者阿瑟·本特利(Arthur Bentley)就曾经在弗莱堡和柏林大学学习,而美国社会学奠基人塔尔科特·帕森斯(Talcott Parsons)也曾经在海德堡大学学习,并取得经济学博士学位。

(三)国家基础

在 19 世纪上半叶,当美国的经济基础还比较薄弱的时候,美国政府提出门罗主义的对外政策,将自己的对外势力扩展只限制在美洲。美国虽然也在利用各种手段进行领土扩张,但是它的扩张形式主要是大陆扩张。美国从东海岸向西海岸进行北美大陆的领土和势力扩张。而当南北战争结束、工业革命兴起之后,美国的经济实力得到了快速发展,美国已经不满足于将自己的手脚束缚在美洲。为了进一步提升自己的影响力和经济实力,美国逐步放弃门罗主义,开始积极向外扩展势力。到了 19 世纪末,随着经济实力和金融实力的扩展,一个新的帝国俨然正在北美大地上诞生。虽然美国也在对外扩展势力范围,但是通过参与第一次世界大战和提议建立国际联盟,美国反而在世界上构筑了一个和平进步的形象,占据了国际道义的高地。从国家实力增长的角度出发,美国渴望在国际舞台发挥更大的作用,对于国际事务拥有更强的话语权。这促使美国政府和企业对于区域和国别研究更加渴望,这就为比较政治学在美国的发展提供了不竭的动力。

在这种背景下,美国政府和学术界有意识推动政治学尤其是比较政治学领域的"有组织科研"。从 1880 年哥伦比亚大学成立政治学院(School of Political Science)到开始设立政治学博士点,从 1903 年成立美国政治科学学会到芝加哥大学政治学系倡导行为主义革命,美国比较政治学界不仅完成了本学科的草创,而且开始探索出一条符合美国发展需要并且有别于欧洲路径的比较政治学发展道路。在这一过程中,美国社会科学研究理事会(Social Science Research Council)推动有组织科研的作用尤其突出。美国社会科学研究理事会由芝加哥大学政治学系主任查尔斯·梅里亚姆(Charles E. Merriam)于 1923 年推动成立,梅里亚姆及他培养的学生在社会科学研究理事会中成立了很多研究分委会,覆盖世界上大部分地区,而且积极倡导政治行为研究,有力地推出了一大批代表性的集体研究成果。[①] 而且这一过程还培养出了大量的比较政治学研究新秀。

二、美国比较政治学的百年发展脉络

本文把美国比较政治研究的发展脉络分为四个阶段:冷战开始以前,冷战初期到 20 世纪 60 年代,60 年代到 80 年代和冷战结束以后。从 20 世纪初到冷战开始以前,这是美国比较政治研究的早期阶段。在早期阶段,美国的政治学研究也是刚刚起步,而比较政治学很快成为了美国政治学发展的重要内容。这一时期美国的比较政治学研究具有如下几个特点。第一,作者以美国少数顶尖高校为主,且具有多学科的背景。通过对这一时期作者信息的查询,本文发现大部分作者来自于哈佛大学、耶鲁大学、约翰·霍普金斯大学等美国最知名的学府。因为在

---

① 这方面代表性的成果包括:Joseph LaPalombara and Myron Weiner eds., *Political Parties and Political Development*, Princeton University Press, 2015; Joseph LaPalombara ed., *Bureaucracy and Political Development*, Princeton University Press, 2015.

这一阶段美国的政治学整体上也是处于起步阶段,所以并没有形成非常专业的学科队伍。很多作者不仅是政治学研究者,更是历史学家、哲学家或者经济学家;第二,这一阶段的作者没有形成方法论自觉,大部分研究只是进行描述和介绍。仔细阅读这一阶段的所有论文,几乎没有一篇会专门介绍和论证论文所使用的研究方法。这些论文的作者也基本上不会考虑论文观点和结论的可信性、延展性和科学性问题;第三,大部分论文以他国的政治制度和法律制度进行静态介绍为主。美国早期的比较政治学具有明显的制度主义导向,但是只是停留在制度介绍的层面,而没有像新制度主义一样讨论制度变迁、制度演化、制度影响等更复杂的问题。①

　　冷战开始之后,美国的比较政治学进入到了一个新的阶段。第一,在研究范围上开始迅速扩张,亚非拉等发展中国家上升为研究的主流领域。在 20 世纪初期,美国比较政治学的研究对象主要是欧洲和大国。在百年百篇论文中,有相当一部分是关于英国、德国、意大利、日本等国的研究,非洲和拉美国家很少被研究。而冷战开始之后,美国政府出于维护自己霸权和对抗苏联的需要,亟需加强对广大亚非拉国家的了解。在这种背景下,美国比较政治研究者把目光从欧洲大国转向了非洲和拉美的国家。通过统计发现,这一阶段有 11 篇论文是关于非西方的国家,而关于西方国家的论文数量则大幅度下降,只有 4 篇而已。第二,在这一阶段,美国的比较政治学开始走向国际化,在事实上开始起到学术引领的作用。在西方国家内部,开展国别研究最早并且最成功是英国和法国等欧洲传统大国。比如,英国在 1916 年就成立了东方研究学院(伦敦大学亚非学院的前身)来加强对亚洲和非洲的研究。美国在二战结束之后取代英国成为了西方最强大最富裕的国家,也吸引了大量欧洲的人才到美国开展比较政治研究。在这种背景下,比较政

---

① 新制度主义讨论制度演化方面的研究请参考:James Mahoney and Kathleen Thelen, eds., *Explaining Institutional Change: Ambiguity, Agency, and Power*, Cambridge University Press, 2009; Vivien Lowndes and Mark Roberts, *Why Institutions Matter: The New Institutionalism in Political Science*, Bloomsbury Publishing, 2013.

治学研究的重镇就从欧洲转移到了美国。国外的学者也开始在美国的期刊上发表比较政治研究的论文。例如，在这阶段百年百篇论文中一部分作者来自英国和墨西哥等国。

20世纪50年代之后，美国比较政治学受到行为主义革命的影响而进入到一个新的发展阶段。政治学界的行为主义革命在本质上就是要重塑政治学的研究对象。在此之前，政治学和比较政治学的研究对象主要是两个：思辨性的政治哲学研究和静态描述的制度研究。行为主义革命掀起的新浪潮是把研究对象替换为可观察、可测量、可比较的政治行为。从对制度的研究转向对人和组织的政治行为研究产生了巨大的学术影响，也极大地扩宽了比较政治学的研究领域。从入选百年百篇论文的数量可以发现，以投票和政党研究（入选8篇）为代表的最经典的政治行为研究成为了最热门的研究议题。此外，因为研究对象发生了重大改变，研究方法的创新也就水到渠成。在比较政治学早期阶段，对他国政治制度的静态介绍不需要严格的分析方法，也很难应用复杂的研究方法。而对政治行为的研究不依赖科学的方法是难以实现的。以定量研究和形式模型为代表的统计学和数学方法开始得到政治学者的青睐。加之西方社会能够产生大量的政治数据，这些数理统计的方法极大地丰富了行为主义政治学者研究政治行为的手段和能力。

冷战结束以来是美国比较政治学的最新发展阶段。这一阶段最大的特点可以被称为"百花齐放百家争鸣"。在研究议题上，以选举、政党、投票、政治发展为代表的高政治议题与一些低政治议题（环保、性别、气候变化、移民、族群等）共同得到学界的关注和研究。例如，性别议题曾经不是比较政治学关注的一个重要议题，社会学和其他学科对性别的关注曾经远远超过比较政治学。但是近些年来，性别议题已经成为了比较政治学一个新的重要研究领域，衍生出了很多重要的研究问题。[1] 比较政治学的研究领域已经发展到一个几乎无所不包的境地。在研究范式上，行为主义浪潮所主张的学术范式不再一家独大，制度研究复兴并且再次成为比较政治研究的重点。当然，现在的制度研究不再是简单的静态制度介绍，而是更加复杂的以制度分别为自变量和因变量开展深层次研究。此外，在研究方法上，学界也在进一步探索和创新。虽然定量统计研究在这阶段的发展势头迅猛，但是以实验法、（自动）文本分析和混合研究方法为代表的方法论多元主义正在形成新的趋势。但是在学术繁荣的背后，美国的比较政治学也开始面临一些现实问题。例如，一些学者对于方法的重视似乎超过了对研究问题的关注。这导致一些研究的开展动机并不是出于研究问题本身，而是因为数据和方法的便利。这些"精致的方法主义者"也许能够呈现出漂亮的模型，但是研究问题的重要性和现实意义则被削弱了。

从上文我们能够发现，美国的比较政治学在过去一百多年呈现出一个复杂的演变轨迹。它从薄弱的基础开始一步步发展到今天的繁荣局面，形成了比较复杂和成熟的学科体系。下文将从议题和方法两个方面进一步剖析美国比较政治学的百年发展。

三、走向多元：美国比较政治学的议题演变

20 世纪 50 年代以前，美国比较政治学在研究议题上比较单一。在旧制度主义的指引下，研究议题主要以介绍和描述其他国家的政府机构、宪法文本和政治制度等宏观主题为主。这个状况随着美国成为世界头号大国开始重视广大亚非拉国家而发生了根本转变。行为主义革

---

[1]　参考 Karen Beckwith, "A Comparative Politics of Gender Symposium Introduction: Comparative Politics and The Logics of A Comparative Politics of Gender," *Perspectives on Politics*, Vol. 8, No. 1, 2010; Barbara Nelson, "The Role of Sex and Gender in Comparative Political Analysis: Individuals, institutions, and Regimes," *American Political Science Review*, Vol. 86, No. 2, 1992; Lisa Baldez, "The Gender Lacuna in Comparative Politics," *Perspectives on Politics*, Vol. 8, No. 1, 2010; Louise Chappell, "Comparative Gender and Institutions: Directions for Research," *Perspectives on Politics*, Vol. 8, No. 1, 2010.

命也促使更多的研究者开辟新的研究领域。在这种情况下,制度研究逐渐消退,越来越多的新议题开始涌现,研究议题也变得丰富起来。不仅传统的高政治议题得到了持续的关注,一些曾经被认为不属于政治学研究范畴的低政治议题也得到了重视。

表 1　在百年百篇论文中出现频次 3 次以上的研究议题

议题	出现频次	时间
政党与政党体制	18	2017、2005、2003、1991、1982、1971、1973、1961、1956、1959、1953、1957(2 次)、1947、1937(2 次)、1935、1929
民主	7	1993、1997、1994、1996(2 次)、1967、1959
制度	5	2004、1997、1987、1911、1918
政治文化	5	1987、1988(2 次)、1984、1971
冲突	3	1987、2014、1968
政府改革	3	1936、1942、1915
军人政治	3	1966、1970、1944
庇护政治	3	1972(2 次)、1970
族群关系	3	2007、2012、1972
阶级政治	3	1982、1983、1976

来源:作者自制。

从表 1 可以看出,美国比较政治学的研究选题非常多元。在这些研究议题中,出现频次最多的是政党与政党体制研究(出现了 18 次)。在一百篇经典论文中,政党研究能够占到 18 篇,而且在美国比较政治学发展的早期、中期和近期都有多篇论文入选,充分说明了政党在西方尤其是美国政治生活中的重要性。因为政党在西方社会的广泛存在,而且政党及其政党活动能够产生大量的数据,这非常符合行为主义革命所倡导的对政治行为的研究。排在第二位的是关于民主及其民主化的研究论文。在 7 篇入选论文中有 5 篇是上个世纪 90 年代发表的。民主及民主化研究在这一时期受到格外重视是源于第三波民主化的影响。随着东欧剧变和苏联解体,民主化成为了 20 世纪 90 年比较政治学研究最流行的主题。

除了政党与民主政治,其他出现频次较多的议题还包括政治文化、制度、冲突、族群关系、军人政治和阶级政治等等。这些研究议题部分是西方社会的热点议题,而有些则是亚非拉国家内部的热点问题。例如,庇护政治和族群政治在西方社会内部也存在,但是不及在亚非拉国家中影响力大。在西方发达国家,公民可以诉诸正式的政治和法律渠道来保护自己的利益。但是发展中国家普遍政治发展落后,民众无法借助正式制度来维护和发展自己的利益,因此寻求庇护和借助族群身份成为了很多公民的现实选择。无论是政党与民主还是族群和庇护政治,这都属于高政治议题。事实上,在百年百篇经典论文中,也有很多低政治论文入选。例如,有些论文是讨论印度的种姓制度、拉丁美洲的城市化和社会偏好形成等问题。① 但是这些低政治议题的出现频次不如高政治议题多。

表2 百年百篇论文中引用量最高的10篇论文

第一作者	发表时间	引用量	议题
西摩·利普赛特	1959	11422	民主
詹姆斯·费伦	2003	10875	种族与内战
保罗·皮尔森	2000	10600	路径依赖
曼瑟尔·奥尔森	1993	5369	民主
威廉·瑞克	1968	4189	投票
大卫·卡梅伦	1978	3354	公有经济
约瑟夫·奈	1967	3643	腐败
罗纳德·英格尔哈特	1971	3114	政治文化
卡尔·多伊奇	1961	2627	社会动员
巴里·温加斯特	1997	2424	民主

来源:作者自制(数据截至2023年2月)。

---

① Lloyd Rudolph, "The Modernity of Tradition: The Democratic Incarnation of Caste in India," *American Political Science Review*, Vol. 59, No. 4, 1965; Wayne Cornelius, "Urbanization As An Agent in Latin American Political Instability: The Case of Mexico," *American Political Science Review*, Vol. 63, No. 3, 1969; Torben Iversen and David Soskice, "An Asset Theory of Social Policy Preferences," *American Political Science Review*, Vol. 95, No. 4, 2001.

　　什么研究议题在比较政治学领域的影响力比较大？为了分析这个问题，本文对百年百篇经典论文的引用量进行排名统计（见表2）。入选引用量前10位的论文全部是比较政治学领域的经典论文。论文作者是来自哈佛大学、斯坦福大学、耶鲁大学等美国顶尖高校的著名比较政治学者。在这10篇论文中，有3篇的研究议题是关于民主。虽然政党研究在百年百篇论文中出现的频次比民主出现的频次要多，但是没有一篇政党研究论文入选引用量前10名。其他入选的研究议题包括腐败、政治文化、投票、种族关系等等。引用量最多的论文是1959年出版的"民主的一些社会条件：经济发展和政治合法性"一文，它被学者引用多达11000多次（截至2023年2月）。这篇研究民主的经典论文的作者是时任加州大学伯克利分校的西摩·利普赛特（Seymour Lipset）。在这篇民主研究的经典论文中，利普赛特提出经济发展与民主具有正相关关系。① 虽然利普赛特不是第一个讨论经济发展与民主的关系的学者，但是从引用量的角度来讲却是最知名的学者之一。其他作者的论文也在比较政治学领域产生了很大的影响。曼瑟尔·奥尔森（Mancur Olson）的论文首次用"流寇论"与"坐寇论"挑战了政府起源领域的社会契约论，② 在学界引起了巨大的反响。在奥尔森的理论发表之前，社会契约论是西方社会的主流理论。而奥尔森用理性选择学派的理论提出了国家起源的新模式，挑战了权利学派的解释。罗纳德·英格尔哈特（Ronald Inglehart）也是在国内外享有盛誉的比较政治学家，他对西方社会中的价值观和政治文化变迁的开创性研究，引起了大量的学术和媒体关注。

　　进入21世纪，百年百篇论文中的研究主题主要包括：资源诅咒、族群政治、冲突、内战、制度变化、政党、性别政治、政治参与、分权化等等。这些议题不仅是当前比较政治学研究的热点和前沿问题，更是现实政

---

① Seymour Lipset, "Some Social Requisites of Democracy: Economic Development and Political Legitimacy," *American Political Science Review*, Vol. 53, No. 1, 1959.

② Mancur Olson, "Dictatorship, Democracy, and Development," *American Political Science Review*, Vol. 87, No. 3, 1993.

治世界中所存在的热门问题。特别需要指出的就是以性别政治为代表的一些"先锋派"议题对比较政治学的影响。2019 年,《美国政治科学评论》编辑团队进行了大换血,新当选的 12 位编辑全部是女性政治学者。这是美国政治学界和期刊界的里程碑事件。这些女性编辑明确表示要在内容上、代表性上和方法上追求多样性。在研究议题方面,新团队提出要重点探索阶级、种族、性别、能力、国家起源等议题。鉴于《美国政治科学评论》在期刊领域的旗帜地位,比较政治学的研究议题范围可能会迎来新一轮的变化。

四、数据导向:美国比较政治学研究方法的转变

美国的政治学科主要有四个分支领域:美国政治、比较政治、政治理论、国际关系。比较政治学是其中唯一一个以方法命名的分支领域,以此可以窥见比较政治学者对于研究方法的倚重。事实上,在美国比较政治学发展的早期,大部分学者没有形成方法论自觉。因为美国政治学界对于研究方法的重视出现在 20 世纪下半叶,所以在他们发表的论文中,没有针对研究方法的介绍和讨论。部分学者是依靠对案例进行描述来作为自己的主要研究方法,但这不是严格意义上的案例研究,本质上还是出于对研究对象提供更多描述性信息的需要而开展的研究。

研究方法的进步是推动学科发展的一个必不可少的条件。比较政治学能够从早期的简单描述式的研究走向今天科学规范的政治科学研究,研究方法的转变和创新功不可没。促使比较政治学研究方法发展的因素有很多,其中有两个重要因素值得讨论。第一个因素是研究对象从欧洲大国转向亚非拉国家,这极大地冲击了早期以制度为基础的比较政治学研究。广大亚非拉国家中包含了很多脱离殖民统治新成立的国家。这些国家往往内部矛盾重重,政治经济发展步履维艰。这些现实问题的存在导致静态制度研究并不能真正为了解这些国家做出贡献。美国政府支持学者开展对这些国家的比较政治研究和国别研究是

为了发现和解决现实问题。这鼓励学者抛弃以往对大国开展的制度研究范式，而转向在新的研究场域中发现新的研究范式。第二个因素是美国学界的行为主义政治学革命。行为主义倡导将研究对象转向为可观察、可测量的政治行为，这极大地刺激了研究方法的大发展。学者们从案例研究出发，开始寻求多案例比较，进而进一步扩大案例的数量而发展定量统计研究。在此基础上，阿伦德·利普哈特（Arend Lijphart）对四种主流研究方法（案例研究方法、实验研究方法、统计研究方法和比较研究方法）进行了比较和讨论。[①] 这标志着比较政治学研究方法的发展迈向了第一个高峰。

在利普哈特的论文发表20年之后，比较政治学研究方法的发展迎来了第二个高峰。这期间的里程碑成果就是加里·金（Gary King），罗伯特·基欧汉（Robert Keohane）和西德尼·维巴（Sidney Verba）1994出版的《社会科学中的研究设计：定性研究中的科学推论》一书。[②] 这本书的标题虽然是关于定性研究中的科学推论，但是它在事实上却是极大地推动了定量和统计研究方法的兴盛，并促使关于研究方法的讨论进入到一个新的高潮。当然对于这本书，学界并不是一边倒地赞同和支持。例如，针对定量研究"咄咄逼人"的发展态势，以大卫·科利尔（David Collier）和詹姆斯·马洪尼（James Mahoney）等为代表的一些比较政治学者积极推动质性研究和其他研究方法的发展和进步。由此开始，定量研究者和质性研究者进一步为本方所倡导的研究方法辩护，不同方法论阵营之间时常爆发出"方法之战"。那些只使用定性方法（尤其是案例方法和比较方法）的学者认为质性方法能够更好地发现和分析因果关系，而只使用定量方法的学者认为定量的研究更加透明、科学、可靠。近些年，一个最新的趋势是，一些学者在反思方法论范式之

---

① Arend Lijphart, "Comparative Politics and Comparative Method," *American Political Science Review*, Vol. 65, No. 3, 1971.

② Gary King, Robert O. Keohane, and Sidney Verba, *Designing Social Inquiry: Scientific Inference in Qualitative Research*, Princeton University Press, 1994. 这本书是政治学方法论领域最为著名的书籍，截至2023年2月，它在学术界的引用量高达14790次。

争的基础上,更加关注如何把质性研究方法和定量研究方法结合起来开展混合研究。[①] 这是比较政治学研究方法在第二波发展过程中的一个重大突破。

本文把研究方法细分为如下几类:比较研究法、案例研究法、描述性统计法、统计分析法、大数据研究法、访谈/民族志研究法、描述性分析法、实验研究法和混合研究。[②] 描述性分析在 1950 年代以前的美国比较政治学中非常普遍。研究者重点是对他国的政治制度、法律、政府机构等某一议题进行描述和介绍。在比较政治学早期的研究中,一部分学者使用了描述性统计的方法。描述性统计以提供简单归类性的数字信息为基础,而数据描述的功能局限在数据的分布、均值、年度变化等情况。这与今日的定量研究是完全不同的。后者是以高级统计研究方法为支撑,主要通过开展回归分析讨论自变量和因变量的关系,进而开展深度的数据分析、整合和挖掘。

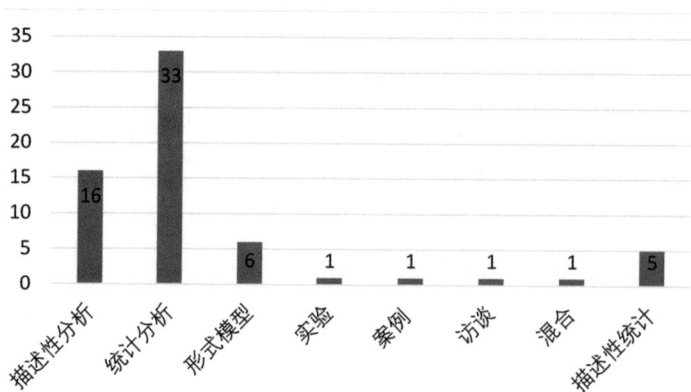

图 1　百年百篇经典论文的研究方法
来源:作者自制。

我们通过图 1 的统计发现,百年百篇经典论文中明确使用了研究

---

① 这方面的中文成果请参考唐世平、熊易寒、李辉:《石油是否导致族群战争？——过程追踪法与定量研究法的比较》,《世界政治研究》2018 年第 2 期;张春满:《比较政治学中的混合分析方法》,《学术月刊》2017 年第 9 期。
② 张春满、郭苏建:《美国主流政治学期刊的中国政治研究:脉络、议题、方法、前景》,《政治学研究》2019 年第 3 期。

方法的文章达到了 64 篇,占到了总数的三分之二。没有使用研究方法的论文部分是讨论学科发展,大部分是对研究主题进行简单的介绍。这 64 篇体现方法论自觉的论文中,应用统计分析法的论文数量最多,达到了 33 篇。其次是应用描述性分析方法的文章数量,达到了 16 篇。形式模型方法也一度受到学界的关注,有 6 篇入选。其他研究方法包括描述性统计、实验法、案例法和访谈。在比较政治学发展的早期,描述性分析是最重要的研究方法。它与简单介绍存在很大的差异。描述性分析要求在描述的过程中进行一定的因果性讨论,而不只是把研究对象介绍一通。例如,如果论文只介绍了一个国家的基本政治制度,那么这样的论文只停留在了简单介绍的层面。但是如果在介绍的基础上分析哪些因素影响了这些制度的形成,这样的研究可以归类为描述性分析。

　　而在比较政治学发展的中期,尤其是 20 世纪 50 年代到 70 年代,统计分析方法开始崭露头角。这标志着以数据为导向的比较政治研究方法浪潮开始形成。而 20 世纪 80 年以后,统计分析方法已经对其他的研究方法形成了压倒性的优势。2007 年,格拉多·蒙克(Gerardo L. Munck)和理查德·施耐德(Richard Snyder)发表文章对 1989 到 2004 年间三本比较政治学期刊的论文进行了方法论统计。他们选取的比较政治学期刊是《比较政治学》《比较政治研究》和《世界政治》。两位作者把方法论分为理论建构的方法和实证分析的方法。他们发现,在实证分析的方法方面,使用频次最高的是质性的研究方法,其次是定量的研究方法。[①]

　　从整体上来看,美国比较政治学研究方法发展的方向是进一步迈向数据导向。这里面的数据是一个宽泛意义上的数据,不仅包括量化数据也包括质性数据。《美国政治科学评论》更加偏好量化数据,而其他比较政治学期刊则比较重视质性数据。不管是量化数据还是质性数

---

① Gerardo Munck and Richard Snyder,"Debating The Direction of Comparative Politics: An Analysis of Leading Journals," *Comparative Political Studies*, Vol. 40, No. 1, 2007.

据,方法论发展的方向都是提高数据透明度和公开度。研究数据一旦透明公开,那么研究过程就可复制。学界同行就能够验证这些比较政治学的成果是否可靠。在美国,一些期刊已经开始强制要求作者在网上把研究的数据公布出来。量化数据的公开已经逐渐成为了美国学界共识,而质性数据的公开也在逐步落实之中。

总结来看,美国期刊的比较政治研究在早期很长一段时间并没有形成方法论的自觉。而随着行为主义革命的兴起,数据导向的研究方法开始蓬勃发展。今天,质性研究方法和量化研究方法都获得了普遍认可,成为了目前最为流行的研究方法。与此同时,以大数据方法和实验方法为代表的新兴研究方法也开始崭露头角,年轻一代的学者对于新兴研究方法的学习热情和使用倾向日渐高涨。

五、讨论与结论

当前,比较政治学在我国正处于蓄势待发的状态。①他山之石,可以攻玉。美国比较政治学的发展经验和教训对于构建具有中国特色的比较政治学具有积极意义。首先,我们需要充分肯定比较政治学在维护国家利益方面的重要学术价值。美国在冷战期间积极推动比较政治学的发展,很大一部分原因是出于帮助美国更好地认识和了解发展中国家的需要。当美国发展成为比较政治学的研究重镇之际,学术界的研究成果为美国出台对外政策和维护美国霸权起到了不可替代的作用。"中国的崛起促使整个中国社会对中国以外的国家与地区的知识产生了巨大的需求。这种需求将随着中国的持续发展而持续增加。而各知识生产部门对这种知识的供给,又会持续推进中国崛起的伟大进程。"②

---

① 我国学界已经产生了一些基于田野调查和利用新兴方法的原创的比较政治学成果,如房宁:《亚洲政治发展比较研究的理论性发现》,《中国社会科学》2014 年第 2 期;黄振乾、唐世平:《现代化的"入场券"——现代欧洲国家崛起的定性比较分析》,《政治学研究》2018 年第 6 期等。
② 王正绪:《比较政治:议题、理论、方法——〈比较政治学〉的尝试》,《比较政治学研究》2021 年第 1 辑。

因此，我们需要积极发展比较政治学，通过开展更为广泛而深入的跨国比较研究，更深入地认识和了解其他国家的政治发展、困境和挑战以及政党、族群、社区、宗教文化等各种变化中的因素对世界各国政治和外交的影响，推动比较政治学为维护我国的国家利益做出更大贡献。其次，我国比较政治学的研究需要积极扩展研究领域和推动研究方法的创新。我国比较政治学的研究主题主要还局限在高政治层面，对低政治层面和一些"先锋系"层面的议题关注度较低。研究方法的滞后也在拖累我国的比较政治学研究。当前，美国的比较政治学更加重视量化研究方法，这一点值得我国学习。尤其是在大数据时代，掌握很强的数据分析能力对于开展比较政治学研究是有益的。与此同时，我们也不应该轻视质性研究方法。质性研究方法与量化研究方法都是科学方法，都能做出高质量的研究。我国应该坚持方法论多元主义，充分认识和克服数据分析方法的各种局限性，避免美国相对极端的量化主义倾向和弊端。

最后，在吸收和借鉴美国比较政治学的过程中，我们不能盲目照搬国外的概念、理论、范式和方法。社会科学与自然科学存在一个明显的差异，社会科学是科学性和国家性的统一。美国的比较政治学在本质上要服务于美国的国家利益需要，它实现了科学性和国家性的统一。同理，构建具有中国特色的比较政治学在本质上也要服务于我国的国家利益。具体而言，我国的比较政治学要服务我国的地区国别研究和以"一带一路"倡议为代表的外交事业。按照科学性和国家性相统一的原则，我们在借鉴美国比较政治学的过程中需要增强反思和批判的自觉性，特别要关注外国理论的国情适用性问题。欧洲中心论下产生的比较政治学概念、理论和范式不能直接拿来为我所用，我们必须予以鉴别和反思。关注"国情适用性"需要坚持马克思主义的指导地位，以党的创新思想为指引，要把国家利益、党的利益和人民利益统一起来。只有这样，我们在学习和借鉴美国比较政治学的同时，才能把握好本土比较政治学研究的方向、路径和未来。

比较政治的时间之维：
比较历史分析方法应用及反思

吴吉韵　高秉雄*

内容摘要　比较历史分析主张运用历史视角观察客观政治世界，甫一诞生，便明确了研究方法的历史导向。文章沿着明暗双线梳理比较历史分析的方法脉络，明线聚焦方法技艺在横纵向维度的发展与融合，暗线在方法论梳理上嵌入比较历史分析的双重使命，不同维度的方法技艺都暗含比较历史分析的使命担当。其方法运用历经数十年的发展，在批判继承基础上，围绕自身双重使命，形成一套较为成熟的方法体系。包括横向维度重视跨案例横向比较中的条件原因与因果逻辑：大体经历了以单因路径为内核的密尔法向复杂因果的多因路径转向，实现比较历史分析介入因果假设的一重使命；纵向维度关注纵向历史长轴的时间进程，将政治图景置于历史场景内加以分析：发展出路径依赖、关键节点等揭示制度变迁的核心概念，担起比较历史分析解释转型现实的另一使命；方法运用上强调横纵向维度的融合，实现跨案例研究与案例内分析在具体研究中的互补，追求实证研究方法上的完整性，同时凸显比较历史分析的双重使命，本文将其概括为有"时间"的比较和历史叙事的比较思维。比较历史分析取得长足发展同时，方法应用上

---

*　吴吉韵，华中师范大学政治与国际关系学院硕士研究生，研究方向为比较政党研究、比较政治学理论与方法。高秉雄，华中师范大学政治与国际关系学院教授，研究方向为比较政治学、国别政治研究。

也暴露出些许不足之处：概念时效性不足削弱理论解释，概念穿梭造成概念的过度延展；研究科学化背后还原主义的倾向；结构与能动的张力难以消除。

关键词　比较历史分析；方法应用；条件原因；时间性；双重使命

一、引言

比较历史分析作为政治学领域的基本方法之一，试图从历史维度关照现实政治议题并对主流政治学的定量泛化展开批判性反思。关于比较历史分析的概念，马洪尼对其做出统摄性的定义：秉持宏大视角，致力于在时间流（time follow）中对研究议题进行系统性、情境化的比较，以寻求并识别议题的因果机制①。此类学者不仅关注现实，而且将目光锁定在鲁尔所说的"第一次序问题"（first-order questions）②，着重探讨国家建构、民主转型、社会革命、威权政体等宏大议题，这些问题的研究是学科进步与否的衡量标尺。基于此，我们有必要追踪比较历史分析的范式演化，将"历史"带回政治，对比较历史分析形成系统性认识。中文学界近年来围绕历史政治学研究已初具规模，在概念界定及创制、夯实本体论基础等维度作出诸多努力尝试，彰显国内学者的学科主体自觉和理论抱负。但国内研究目前在方法论领域的拓展仍显单薄，既有的方法论译介通常着墨于某项分析工具（关键节点或路径依赖），精细有余而系统性不足。考虑到国内研究仍处于起步阶段，分析总结西方学界的经验研究有助于整体把握比较历史分析的方法论进展，避免落入只见树木，不见森林的陷阱。

---

①　James Mahoney, Dietrich Rueschemeyer, "Comparative Historical Analysis Achievements and Agendas", in *Comparative Historical Analysis in the Social Sciences*, edited by James Mahoney and Dietrich Rueschemeyer, Cambridge University Press, 2003, pp. 3-38.
②　[美]詹姆斯·鲁尔：《社会科学理论及其发展进步》，郝名玮、章士嵘译，辽宁教育出版社，2004年，第49~51页。

早期的比较历史分析学者高屋建瓴,从宏观结构视角出发批判行为主义的微观化趋势:摩尔重视生产关系中的阶级作用,斯考切波继承结构视角之余,批判性地引入国家单元,从国家维度修正民主化理论。但无论是摩尔的阶级分析还是斯考切波的"找回国家",早期比较历史分析都难免落入结构框架过度决定的窠臼,历史事件等要素成为结构的附属品,此外,案例间可比性的论证也稍显说服力不足。21 世纪后,特别是 2003 年出版的《社会科学中的比较历史分析》标志着该领域学者自我身份的确立、方法技艺的成熟。

鉴于此,本文主要选取 21 世纪以来的经验研究,爬梳比较历史分析的方法应用。围绕方法领域的革新进展,借助多部经典文献对抽象的方法进行实证说明,同时对待方法运用中的阙误、不足予以批判性反思。文章遵循以下结构展开:第一部分关注条件结构、案例比较在范式中的运用,这可以视为比较历史分析方法论的横向展开;第二部分着眼"历史"维度,探讨方法论的纵向演进;第三部分是对两个维度的糅合,追踪方法领域的最新成果,看看"比较+历史"能够迸发出何种智慧火花,为范式发展做出何种贡献;最后点出比较历史分析的贡献及有待突破之处。

二、挖掘因果:定类策略下的条件结构与跨案例分析

介入学术界关于因果假设的争论是比较历史分析的一大使命,立基于少案例研究的定类策略(nominal strategy)为因果模式的观测提供方法利器。在比较历史研究中,这种对因果模式的理解往往建立在特定的条件结构基础上,识别不同的条件类型有助于我们挖掘特定案例中的因果组合。表 1 归纳了不同的条件类型以及所对应的相关实证案例。

表 1　条件类型及相关研究范例

	条件类型	定义	研究范例
基础型	必要条件	结果发生,必然存在该条件	*Structuring the States*
	充分条件	条件存在,必然发生该结果	*The democratic peace*: *"And yet it moves."*
	充要条件	条件存在,则结果发生 结果发生,该条件必存在	/
延伸型	INUS 条件	特定结果充分不必要条件的 必要不充分部分	*Crude democracy*
	SUIN 条件	特定结果必要不充分条件的 充分不必要部分	*Conservative Parties and* *the Birth of Democracy*

(一)简单因果:跨案例比较的单因决定论

单因决定论挑战了定量研究主导的因果推断,二者的交锋本质上是背后元理论的抵牾(决定论及或然论)。比较历史分析的本体论是"决定论"信条,把握必要/充分条件分析客观对象是本体论在方法上最直观的映射。社会科学研究中最常见的是必要条件,以至于有学者认为不能识别必要条件就无法把握社科研究。运用必要条件开展的研究,在比较政治学领域比比皆是,例如齐勃拉特教授在探讨西欧国家建构时提出的著名论断:基础性能力决定了国家在制度设计上选择联邦制的结构形式。① 他回顾了 19 世纪下半叶,意大利和德国的民族统一和国家建构历程,二者都经历了类似的农业商品化过程,拥有各自的权威核心(亚平宁半岛的皮埃蒙特和德意志的普鲁士),却在统一后国家结构形式的选择上分道扬镳。德国建立起联邦制,意大利走向了单一制政体。究其根源是两国统一前,区域邦国的基础性能力有着天壤之别。德意志地区除普鲁士以外的各邦国有着完备的、高效的、良性发展的嵌入性制度。各邦国强基础性能力的既存事实赋予普鲁士采取渐进

---

① Daniel Ziblatt, *Structuring the States*: *The Formation of Italy and Germany and the Puzzle of Federalism*, Princeton University Press, 2008.

式谈判来完成国家统一的客观条件;反观亚平宁半岛,长期的被殖民历史禁锢了地区的政治发展,各公国基本停留在封建色彩浓厚的专制统治阶段,低效的制度化能力在征税、征募兵员、社会经济改革等领域显露无遗。除皮埃蒙特王国外,诸如两西西里王国、伦巴第王国等甚至没有一部像样的宪法。如此孱弱的基础性能力根本无法保证联邦制的高效运转,纵使推动统一的加富尔伯爵偏好联邦制,也只得在残酷的事实面前选择单一制选项。相较于必要条件,充分条件较少单独应用于基于因果机制的案例研究,该逻辑的传统可以追溯到休谟从充分条件的角度定义因果关系。① 在比较历史研究中,对于充分条件具有代表性的应用是拉塞特关于"民主和平论"的贡献。

值得一提的是,简单因果的条件类型理论上还存在充分必要条件。囿于该条件严苛的标准,经验世界及社会科学研究中都难觅其踪影。即便如此,该条件与结果完全重合的集合关系是研究者挖掘因果关系时努力对照的"黄金标准"。

单因解释的基本思路主要反映在密尔的逻辑思想中。定类策略的密尔法(主要是求同法和求异法)在社科领域的再发现不失为比较案例研究的一项创举。密尔逻辑的求同法是在差异中识别共性,即异中求同;求异法反其道而行之,在共性中发现不同,即同中求异。虽然单纯的密尔法不能判别具体的条件原因,但它是排除竞争性解释的有效工具。具体地,求同法能够排除潜在的必要条件,求异法能够排除潜在的充分条件。大量的研究采用了密尔法或借鉴了密尔法的逻辑,其中吕伯特从阶级视角解释政体类型的著作便是密尔法的精妙运用。吕伯特的论辩对象是经典的"摩尔——格申克龙命题"——广泛存在的压迫型土地精英能够为法西斯动员提供大量农民选票,被视为法西斯主义的根源。吕伯特运用详实的考证数据,阐明在土地精英占主导的地区,农民没有显示出对法西斯的支持,农村地区对法西斯的支持主要分布于

---

① 左才:《政治学研究中的因果关系:四种不同的理解视角》,《国外理论动态》2017 年第 1 期。

中农聚集地，①因此拒绝该命题假设。类似地，中文译著中，埃特曼在《利维坦的诞生》开篇运用密尔法拒绝了欣策、安德森、唐宁、蒂利等人国家理论对近代早期欧洲专制主义的预测，这也是密尔法拒绝竞争假设的应用范例。②

辨识单因解释的必要条件、充分条件及密尔法的运用并非完美无暇。除却上文已经提及的密尔法在判定条件原因上的局限性外，必要条件和充分条件在实际操作中也面临着各自的疑难杂症。必要条件存在"重要性"难题，观察者识别出的必要条件有可能是众多必要条件中较为琐碎、分量较轻的必要条件。③ 此时，该原因仍然是必要条件，但内含的理论价值明显大打折扣，因果论证也丧失本身的意义。同理，充分条件的判别过程中免不了将结果换一种叙述方式充当其充分条件，这种充分条件是毫无意义的同义反复（例如：一辆车撞向另一辆车是车祸的充分条件④）。如果说上述两处短板尚能通过案例比较中的细致、深描予以缓解，那么现实世界中存在许多原因本身既不是结果的充分条件，也不是结果的必要条件的客观事实则需要新的条件类型加以解释。

（二）复杂因果：跨案例比较的多因转向

简洁明了的因果归纳是单因解释的专长，同时也是它的软肋。社会科学的复杂性毕竟不是研究图式下的理想状态，简单的求同法、求异法无法解决多因组合的复杂因果。INUS 条件的发现打开了多因解释的突破口。

早在维特根斯坦关于"家族相似性"概念的论述中，INUS 条件的内

---

① Gregory M. Luebbert, *Liberalism*, *Fascism or Social Democracy*, Oxford University Press, 1991.

② ［美］托马斯·埃特曼：《利维坦的诞生》，郭台辉译，上海人民出版社，2010 年，第 8 ~ 16 页。

③ James Mahoney："Strategies of Causal Assessment in Comparative Historical Analysis", in *Comparative Historical Analysis in the Social Sciences*, edited by James Mahoney and Dietrich Rueschemeyer, Cambridge University Press, 2003, pp. 337－372.

④ James Mahoney, "Strategies of Causal Inference in Small－N Analysis," *Sociological Methods Research*, Vol. 28, No. 4, 2015, pp. 387－424.

涵就有隐晦体现。澳大利亚哲学家约翰·麦基予以进一步阐明,①INUS
条件是"特定结果充分不必要条件的必要不充分部分。",换言之,单一
因素 X1、X2 无法成为结果的必要条件,但是 X1 与 X2 的组合是结果的
充分不必要条件,我们借助比较历史分析的具体案例来演示 INUS 条件
的解释力。萨德·唐宁反思困扰发展中国家的资源诅咒现象是否应验
"匹夫无罪,怀璧其罪"的古训,他认为资源丰富不必然导致政局动荡,
民主崩溃,资源可能触发对民主政体巩固的因果机制。② 作者的推理逻
辑源于研究中精英激励的假设:精英维持政权既是为了掌握资源也希
望争取较低税收政策。当自然资源租金占 GDP 比重较低(条件 X1),且
该国其他产业部门不平等程度较高(条件 X2)时,社会大众要求再分配
的意愿强烈,丰富的资源租金恰好提供了再分配来源,精英面临的被剥
夺危机趋于和缓,他们不倾向于挑战现有民主政体,该国的民主政体将
保持稳固。自然资源占 GDP 比重低、其他产业部门高度不平等二者缺
一不可,两项要素同时具备方能巩固民主政体。INUS 条件的应用很大
程度上弥补了必要条件/充分条件陷入的单因决定论的不足,丰富了案
例研究的条件组合与多因解释,这也符合社会科学中复杂因果的客观
事实。

　　与之对应,麦基逻辑在必要条件上的延伸形成 SUIN 条件(必要不
充分条件的充分不必要部分③)补充了多因解释的条件类型。齐勃拉特
主张保守党的存在是决定民主质量的必要条件。④ 保守党自身的组织
建设能力、党内纪律性、权力集中度、资源依赖性等特点都能对民主质

---

① INUS 条件是"An insufficient but necessary part of a condition which is itself unnecessary but
sufficient for the result"的缩写,参见 J. L. Mackie,"Causes and Conditions," *American Phil-
osophical Quarterly*, Vol. 2, No. 4, 1964; Mackie, *The Cement of the Universe : A Study of Cau-
sation*, Clarendon Press, 1980.
② Thad Dunning, *Crude Democracy : Natural Resource Wealth and Political Regimes*, Cambridge
University Press, 2008.
③ James Mahoney, Erin Kimball, Kendra L. Koivu, "The Logic of Historical Explanation in the
Social Sciences," *Comparative Political Studies*, Vol. 42, No. 1, 2009, pp. 126−127.
④ Daniel Ziblatt, *Conservative Parties and the Birth of Democracy*, Cambridge University Press,
2017.

量产生间接影响,这些特点都是民主质量的 SUIN 条件,它们在程度上的差异性决定保守党是"民主之敌"抑或"民主之友"。

依托 INUS 条件,查尔斯·拉金开创的布尔比较法及 QCA 工具方便比较历史分析学者在实证研究中挖掘多重因果。布尔比较是密尔法系统性的延展,它旨在确定不同的条件因素组合,每一组合都是结果的充分条件,拉金称之为"多重并发的因果关系"。精妙的方法设计使它在诞生之初便吸引了大批拥趸,马洪尼[①]、韦翰·克劳利[②]等人实证案例中都有精彩的运用。由于布尔比较法涉及编码、赋值及分析软件的应用,本文在此不进行展开。

多因解释内包含的"非对称因果"合理地质疑量化模式主导的"对称因果"思维,在因果关系考量的周全性上更胜一筹。当然,笔者认为这些方法利器及其具体应用仍然值得商榷,无论是条件结构本身抑或是在此基础上开发出的分析方法依旧面临诸多考验。

立足多因解释的 INUS 条件在因果论证中是否能够完全识别所有的原因条件组合,恐怕目前缺乏某个标准来完成这项任务;理论的简洁性与细腻程度有着难以消除的张力,布尔比较法引入的条件过多难免会使结论看起来过于冗杂。马洪尼对拉美殖民地独立后发展程度差异的分析中,构建了过于复杂的因果链条。为了符合理论预期,处理偏离个案,作者引入一系列附加条件:经济结构、阶级状况、战争(是否经历战争、战争胜利与否),来保证理论的有效性,却牺牲了理论的简约与可操作性;此外,不少比较历史分析学者为避免单一定类策略的局限性,在实际运用中铺陈大量数据模型支撑理论假设,无疑让经验研究模块稍显薄弱。更有甚者,在实际应用环节出现本体论与方法论的错配,[③]决定论指导下的比较案例研究却采用或然论背景的量化思维,该型混

---

① James Mahoney, *Colonialism and Postcolonial Development: Spanish America in Comparative Perspective*, Cambridge University Press, 2010.

② Timothy P. Wickham-Crowley, *Guerrillas and Revolution in Latin America: A Comparative Study of Insurgents and Regimes since* 1956, Princeton University Press, 1993.

③ 释启鹏:《历史政治学的方法论基础》,《中国政治学》,2019 年第 2 期。

合研究设计不禁让人质疑其有效性;最后,单纯的因果关系论证明显与比较历史分析学者的历史关怀相悖,"民主和平论"的观点就存在未考虑冲突爆发时间点、冲突持续时间、民主概念的历史演进等质疑,因此,文章下一节将从纵向演进的视角凸显比较历史分析的"时间价值"。

三、何为历史:路径依赖与案例内分析

呼应上文,比较历史分析第二重使命——解释世界转型的现实,需要从时间背景予以考量。比较历史分析的纵向维度代表了时间价值、历史演进在案例内分析的重要性。时间性价值的凸显在具体研究中表现为对历史的重视,这要求历史必须由覆盖广泛时间空间的宏观过程组成,拒绝快照式的截取,强调连贯式的观察,历史被理论化为载荷重要经验信息的事件序列。① 在连贯的事件序列中,研究者认为早期事件塑造了序列的因果轨迹。基于此,比较历史分析形成了一套以路径依赖为基础的时间理论。②

经济学领域的探讨为路径依赖在政治学领域的应用铺平了道路,皮尔逊将"报酬递增"概念巧妙地运用于政治生态中。制度一经选择,随着时间流逝而产生的逆转成本削弱了潜在选项的价值。政治生态圈独特的环境强化了"报酬递增"的过程,早期的制度形式或政治组织拥有"早鸟优势"(运用权威改变游戏规则),通过挤占后来者的政治空间决定后来者命运,③路径依赖产生有利于前者的正反馈效应并向前发展。

当然,皮尔逊的观点只是从权力维度的阐释,路径依赖还存在着合法性解释、功能性解释、功利性解释等,马洪尼在一篇论文中将此类研

---

① Tim Büthe, "Taking Temporality Seriously: Modeling History and the Use of Narratives as Evidence," *American Political Science Review*, Vol. 96, No. 3, 2002, pp. 484-486.

② James Mahoney, "Comparative Historical Methodology," *Annual Review of Sociology*, Vol. 30, No. 1, 2004, pp. 83-92.

③ Paul Pierson, "Increasing Returns, Path Dependence, and the Study of Politics," *American Political Science Review*, Vol. 94, No. 2, 2000.

究归纳为自我强化型序列,与另一类反应型序列共同构成路径依赖的主要类型。[①] 自我强化序列表现为某项制度模式一经采用,制度会触发再生产模式,遵循"报酬递增"的路径同向运动;反应序列则是时间上前后衔接,逻辑上因果关联的事件序列,驱动反应序列的内在机制是赋予事件链"内在逻辑",每一事件既是前一事件的结果又是后一事件的原因。然而,马洪尼对路径依赖的分类描述似乎仍然意犹未尽。我们尝试思考起始端的制度选择,不难发现,初始制度的选择既可能为未来的成功铺路架桥,也可能为失败埋下伏笔,还可能是变动不居。与之对应的路径依赖类型除了马洪尼强调的自我强化型序列,还应该包括自我耗竭型序列、自我维持型序列,无论是强化、耗竭,抑或是维持,实质上都是制度的自我复制、自我再生产的过程,区别只在于制度的再生产过程对自身是一种正向反馈的强化、负向反馈的耗竭还是正负相抵。本文将此种反应序列统称为自我再生产序列,并与前文提及的反应型序列共同构成路径依赖的两大类别。表2对序列类型进行了总结。

表2　序列类型及相关研究范例

序列类型	示意图	研究范例
自我强化型序列	A——A——A	Business politics and the state in twentieth-century Latin-America
自我维持型序列	A——A——A	Traditional Political Institutions and Democracy: Reassessing Their Compatibility and Accountability
自我耗竭型序列	A——A——A	Bringing War Back in: Victory and State Formation in Latin-America
反应型序列	A——B——C	Shaping the Political Arena

资料来源:Tulia G. Falleti, James Mahoney, "The Comparative Sequential Method", in *Advances in Comparative Historical Analysis*, edited by James Mahoney and Kathleen Thelen, Cambridge University Press, 2015.

[①] James Mahoney, "Path Dependence in Historical Sociology," *Theory and Society*, Vol. 29, No. 4, 2000.

　　自我强化型序列在上文中已有描述,此处不再详细展开。智利商会组织的发展,是一条政治影响力不断强化的序列路径:①本·罗斯·施耐德讨论拉美商会政治的发展历程,智利政府在大萧条时期选择与实业家们合作,并搭建商会组织进入政策议程的制度化渠道,塑造了商会组织在智利蓬勃发展的局面。将商会组织"带入"政治圈的决定沿着自我强化的路径前进,该进程不断扩大,商会组织也由最初的旁听者发展到能够与政府议价谈判的重要角色;自我维持型序列是在制度再生产过程中对早期制度的稳定再现。凯特·鲍德温关于传统制度的研究阐明土著社会时期的制度架构一经确立,不仅能在族群社会阶段发挥现代民主问责制的效用,即使在民主社会也能得到保留,实现与民主制的兼容;②自我耗竭型序列是自我蚀化的过程,虽然仍是自我复制的再生产逻辑,但序列中每项事件都是对制度架构的削弱,逐渐远离制度初创的预期,空留一副制度躯壳,制度再生产机器的运转实际上敲响了自己的丧钟。有关战争失利影响国家建构的著作披露自弱趋势的残酷事实:中央精英与地方精英各自象征着强化中央集权与地方高度自治。战争失败削弱统治者的合法性,为了支援战争所采取的税收提取制度遭到地方精英的反对而效力有限,随着统治精英合法性的丧失逐步走向衰亡。③

　　跳出制度自我再生产的逻辑,一旦制度沿着反应序列展开,序列中事件不再是早期制度的再生产,而是事件之间的反应、逆反应过程。科利尔夫妇笔下拉丁美洲的劳工运动研究运用反应机制串联起劳工运动的序列起点与政体变革的序列结果。④

① Ben Ross Schneider, *Business Politics and the State in Twentieth-Century Latin America*, Cambridge University Press, 2004.
② Kate Baldwin, Katharina Holzinger, "Traditional Political Institutions and Democracy: Reassessing Their Compatibility and Accountability," *Comparative Political Studies*, Vol. 52, No. 12, 2019.
③ L. L. Schenoni, "Bringing War Back in: Victory and State Formation in Latin-America," *American Journal of Political Science*, Vol. 65, No. 2, 2020.
④ Ruth Berins Collier, David Collier, *Shaping The Political Arena*, Princeton University Press, 1991.

　　路径依赖对历史的回溯不是无限的回归,只有识别历史进程中的关键节点(critical juncture),才能从历史土壤中提取有价值的因果信息。关键节点的概念经历了从结构主义视角向能动者导向的转变,利普塞特和罗坎论述西欧政党制度的"关键时期"①与维巴的"分叉树"隐喻都是从宏观结构视角展开阐述。显然,结构性话语无法完全容纳政治图景的所有解释,这就为能动者(特别是关键能动者)的入场创造了空间。能动者在关键时期的策略与选择被赋予更大的权重,关键时刻的选择一经做出,这些选择会嵌入长期存在的制度和结构中。近来,关键节点领域的探讨又取得一些认识上的突破进展,大体可分为三类:理论补充、概念细化、评价标准。在此,本文希望围绕三类前沿文献的贡献展开理论对话。

　　路径依赖与关键节点的结合学界早有探讨,这种向"后"看的理论工作取得巨大成就。相较而言,向"前"看的补充分析却反响平平。早期学者提倡的先行条件较为笼统且语焉不详,直至斯莱特和西蒙斯对先行条件进行系统的拆解(先行条件包括:描述性情景、竞争解释、相似背景、关键前因),这一视角才重回大众视野。② 斯莱特的论述中,关键前因的理论价值最大,对最终制度结果发挥间接因果的作用,它与关键节点上的因果力量协同作用,影响制度结果。

　　关键节点的概念细化同样取得突出成就。索费有感于大量节点研究的后果导向偏离了节点自身的重要性。他将关键节点界定为由许可性条件和生成性条件组成,变迁得以发生的"机会窗口"③。许可性条件标志着结构性约束松动,扭转制度、改变环境的可能性出现;可能性向必然性的转变需要生成性条件的加持,在许可性条件的背景下,将制

①　S. M. Lipset, S. Rokkan, "Cleavage Structures, Party Systems, and Voter Alignments," in *Party Systems and Voter Alignments*: *Cross-National Perspectives*, edited by S. M. Lipset, S. Rokkan, Free Press, 1967.

②　Dan Slater and Erica Simmons, "Informative Regress: Critical Antecedents in Comparative Politics," *Comparative Political Studies*, Vol. 43, No. 7, 2010.

③　Hillel David Soifer, "The Causal Logic of Critical Junctures," *Comparative Political Studies*, Vol. 45, No. 12, 2012.

度转变导向不同的结果,伴随"机会之窗"的关闭,制度结果也将在路径上锁定。索费的理论创新纠正了过往关键节点的后果导向式研究,更多关注关键节点自身的理论价值,而非与路径依赖过度捆绑兜售。

此外,卡波齐亚与科勒曼就关键节点的判别给出了一套操作步骤。他们认为关键性是节点判别的唯一标准,关键性的甄别可以量化为两个维度:概率变化和时间杠杆。[①] 概率变化、时间杠杆的值越大,节点的关键性越强,理论价值越重要。

上述作者的理论创新着力点不同,这恰恰为彼此之间的理论对话提供了可能,在此基础上总结归纳出一套关键节点的理论框架未尝不是可行的尝试。如图所示,本文借用斯莱特对东南亚威权政体的实证研究,系统说明整合后的关键节点框架。

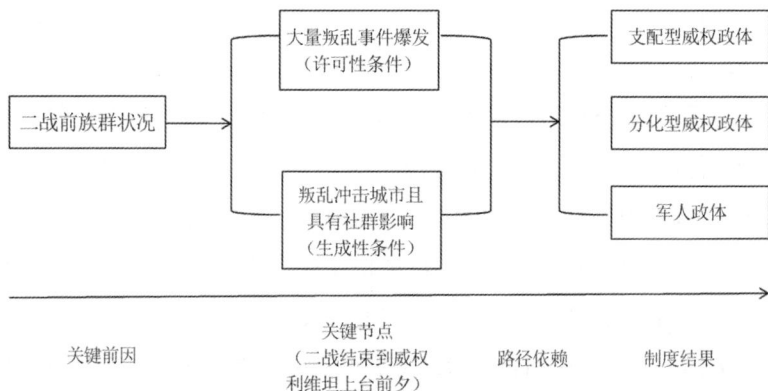

图 1　东南亚威权政体的关键节点

笔者整合后的关键节点框架由三个部分组成:引入事件链初始端的关键前因,将关键节点拆解为许可性条件和生成性条件,节点后形成路径依赖又导向不同结果。结合斯莱特论述的核心命题:东南亚威权政体类型的差异性——有的稳定且高效,有的脆弱分化,也有国家滑向军人独裁。造成政体结果差异的原因是抗争政治阶段,精英群体面临

---

① 概率变化和时间杠杆的具体内涵参见 Giovanni Capoccia, R. Daniel Kelemen, "The Study of Critical Junctures: Theory, Narrative, and Counterfactuals in Historical Institutionalism," *World Politics*, Vol. 59, No. 3, 2007.

叛乱威胁程度不同，塑造了精英内部差异化的威胁感知和感知后的集体行动，最终产生不同类型的威权政体。①

向前追溯，二战前东南亚各国的族群情况为战后的政体倾向埋下了伏笔，在历史关键节点，大量叛乱事件开启了未来政权建设的机会窗口，构成关键节点的许可性条件。许可性条件触发后，叛乱本身的烈度充当了生成性条件，引发了后续不同政权结果的路径序列。具体而言，马来西亚与新加坡战前存在严重的族群分裂和暴力威胁，高烈度的抗争政治不仅对城市造成强烈的冲击渗透，且在诉求上更为激进地倡导再分配。节点处的叛乱特征强化了精英团体的威胁感知，破解了精英团体的集体行动难题，并达成团体间保护契约。精英团体的权力资源不断汇入中央政权，构筑起抵御叛乱的防卫屏障，客观上强化威权利维坦的国家能力建设，表现出惊人的威权韧性，故马来西亚和新加坡实现了支配型威权政体；族群内部同质化较高，分化程度较低的国家在关键节点时爆发的叛乱缺乏对城市的冲击，没能形成足够稳定的精英联盟，最终走向了分化、低绩效的威权统治；战前殖民者采取的分而治之之策略，为节点时期爆发的叛乱抹上了一层浓厚的区域性色彩。精英间的联盟狭小而封闭，军人团体趁势将政权建设导向军事化，建立起军人集团当政的军人政体。最后，我们采用卡波齐亚和科勒曼的评估标准，对关键节点的关键性进行判准。高概率变化与高时间杠杆共同标志着关键节点的强关键性。

路径依赖与关键节点无疑是比较历史分析在纵向维度的重要概念，其强大的解释力背后是对于历史的敬畏和敏锐的时间意识。即便如此路径依赖和关键节点在某些领域的运用仍显力有未逮。路径依赖概念本身隐含着间断均衡的隐喻，是制度断裂后的路径稳定，其作用的情景更多地是"暴风雨后的平静"，这就需要注重内生性逻辑的渐进制度变迁理论来弥补路径依赖在"温和变革"场景下的理论缺失；究其概

---

① Dan Slater, *Ordering Power: Contentious Politics and Authoritarian Leviathans in Southeast A-sia*, Cambridge University Press, 2010.

念本身,路径依赖是描述型概念而非预测型概念,主要发挥的是一种"后见之明",无法对制度的前景做出精准的判断。另一方面,路径依赖始自节点开启的历史序列,然而路径依赖何时结束迄今仍是学界争论的话题。路径依赖裹挟的制度遗产究竟是虽死犹生还是丧失殆尽,仍然需要我们回到具体历史情境中详细考察。

同样的反思也适用于关键节点的研究。节点的重要性毋庸置疑,但节点在某些制度变迁领域的解释性值得商榷,有学者讨论医疗政策的推行在起点相似的国家遭遇了截然不同的待遇,这不是单一节点决策的结果,更合理的角度是不同国家政治议程安排上客观存在的否决点视角。迥异的政治议程造成政策在否决点是否被推翻、需要修改或顺利通过。[1] 由此可见,节点式的时间截距解释力是有限的,制度变迁还有可能是过程性的结果,近期提出的"时段分析法"主张某些不起眼的事件可能会在彼此的互动过程中产生意外结果,这无疑是对关键节点的修正和完善。[2]

四、比较与历史的碰撞:序列比较与反事实分析

跨案例因果分析实现比较历史分析介入因果假设的一重使命,纵向时间维度担起比较历史分析解释转型现实的另一使命,二者的有效融通兼容比较素养和历史关怀,同时凸显比较历史分析的双重使命。上文列举的经典著作在叙事层面上都保证了横纵向两个视角的穿插融合,下文将从两个维度探讨二者融合的可能性。

---

① Ellen M. Immergut, "The rules of the game: The logic of health policym-making in France, Switzerland, and Sweden," in *Structuring Politics: Historical Institutionalism in Comparative Politics*, edited by Sven Steinmo, Kathleen Thelen, Frank Longstreth, Cambridge University Press, 1992.

② Giovanni Capoccia, Daniel Ziblatt, "The Historical Turn in Democratization Studies: A New Research Agenda for Europe and Beyond," *Comparative Political Studies*, Vol. 43, No. 8, 2010.

(一)有"时间"的比较

横向跨案例比较的"时间"色彩通常需要我们关注政治变量的排列组合问题。战后第三世界国家的政治发展议题为有"时间"的比较提供了天然的实验场。大量发展中国家独立伊始便纷纷启动民主化建设,孱弱的制度基础与低下的公民政治素养瞬间戳破了民主的泡沫,纷纷陷入民主倒退、民主崩溃的政治泥潭。先民主化后政权建设的道路未能将他们领入美国所描绘的民主乌托邦。在亨廷顿眼中,反倒是那些威权国家能实现高质量的发展。东南亚新加坡、马来西亚的人民行动党(PAP)和巫统(UMNO)作为各自国家的立国者奉行稳定先于自由,在独立之初便走上了强国家的道路。统一的集权式政党迅速建立起一套完备的国家机器,通过镇压敌对、汲取税款、登记选民、培育公民对国家的依赖性,将强大的基础性权力下渗至公民社会,[1]以巩固政权的有效统治。待到制度化建设能够容纳大众参与,方才开启民主化进程。强国家主导下的民主化能实现政党的平稳更替、公民的有序参与。[2]可见,政治稳固方有民主自由,第三世界国家这组天然的自然实验清晰地揭示了国家战略选择上,次序不同,最终的制度成效也是迥异的。

除了客观世界提供的实验场,在具体研究中实现有"时间"的比较需要借助序列分析。若干历史事件拼接而成的序列克服了传统变量导向比较的缺陷,在比较中嵌入了时间维度。序列的可比性要求参与比较的序列都有一个或多个相同事件,研究分析不同事件组合带来的差异性结果。以拉美分权化改革为例,政治分权、财政分权、行政分权三者的不同次序组合,孕育国家与地方间权力对比的变化。[3]国家主导的

---

[1] Dan Slater, Sofia Fenner, "State Power and Staying Power: Inherited Infrastructure and Durable Authoritarianism in Malaysia and Tunisia," *Journal of International Affairs*, Vol. 65, No. 1, 2011.

[2] Dan Slater, "Strong-state Democratization in Malaysia and Singapore," *Journal of Democracy*, Vol. 23, No. 2, 2012.

[3] Tulia G. Falleti, *Decentralization and Subnational Politics in Latin America*, Cambridge University Press, 2010.

分权化改革,倾向于行政分权—财政分权—政治分权的次序组合,行政责任的下放有效实现地方治理场景中责任人对象的转移,达到为中央减负的效果;一轮改革后,中央政府为落实权责,继而推行财政分权。此前一轮改革中取得的优势地位,能让中央政府顺理成章地在财政分权中支配议程设置,规定财政资金的使用,地方政府也只得接受其安排;在前两回合中有效削弱地方政府议价能力方便了中央政府推行第三轮政治分权时,限制地方政府获得的自治权限,最终在三轮分权改革中保证中央权威主导,避免权力资源流失。相反,倘若地方精英足够强势,分权改革遵循政治分权—财政分权—行政分权的次序组合。地方精英们能在第一轮改革中向中央政府释放足够压力,争取到自治权的下放,提升议价权;二轮改革中强势的地方政府要求享有更高比例的资源分享,财政分权会随之铺开;拥有政治自主、资金支持的地方政府有效建立起地方合法性并巩固地方权威,能积极应对第三轮的行政分权,让权力对比的天平向己方倾斜。两组不同的序列组合生成的权力配比有着天壤之别,这更突出说明了有"时间"的序列比较拥有强大的因果解释力。

(二)历史叙事的比较思维

案例内的因果叙事沿着纵向维度的历史脉络展开,因果叙事的说服力不仅需要严密的案例内分析,还应辅之以反事实思维,[①]对案例分析进行反面论证。回溯历史进程,关键节点处可能性的多元是反事实思维的最佳试验场。一个民族、一个国家、一项制度迈向关键节点时,通常面临多种可能的未来,节点处不同状态、不同选择导向迥异的路径与结果。为了增强案例的说服力,我们不妨考虑节点处的"未遂"事件(near misses)(即结果可能发生却没有发生),剖析"未遂"事件何以未遂,能更充分说明正面叙事中案例的可信度。

---

① James D. Fearon, "Counterfactuals and Hypothesis Testing in Political Science," *World Politics*, Vol. 43, No. 2, 1991.

　　对"未遂"事件的分析在研究上有两种可操作的方式，其一是现实世界存在的真实例子，构成案例分析中的负面案例来源。负面案例的选择需要遵循"可能性原则"①。参考上文提及的关键节点模型，节点处包含许可性条件、生成性条件，依据可能性原则，我们在负面案例选取时需要考虑的是节点处具备许可性条件，但缺乏生成性条件，以及生成性条件具备，许可性条件缺乏两种情况。我们可以从逻辑学角度理解这种思维模式。逻辑学中，原命题为真，则逆否命题为真。前例中生成条件与许可条件都具备，节点足够关键可以用逻辑学的话语简述为若 A 且 B 则 Y，该命题为真，其逆否命题亦为真，即若 ～A 或 ～B，则 ～Y，转化为文字语言是"许可性条件或生成性条件二者缺其一，则节点后变革不发生"。科利尔夫妇笔下拉美劳工政治发展是围绕负面案例展开反事实分析的典型例证。② 寡头力量较强的巴西、智利采取了国家主导的可控式劳工吸纳。针对寡头权力大小展开的反事实论证发现，寡头力量较弱则不会出现可控式劳工吸纳，取而代之的是大规模劳工运动爆发及随之而来的政治失序。倘若现实世界难以觅得符合验证需求的负面案例，需要研究者采取另一种可操作的方式，构建一个"可能的世界"（possible world）③，进行反事实分析。严谨的反事实分析绝不是天马行空地捏造一段虚拟历史，假如某项反事实分析需要对现实世界的条件做出激进的调整或变革，该反事实即不成立或没有价值。反事实分析需要恪守历史一致性［也称"最小摹写"（minimal rewrite）］原则，④尽可能少地改变现实世界，搭建的虚拟世界最大程度上贴近现实世界。

---

① 关于"可能性原则"的解释，详见 James Mahoney，Gary Goertz，"The Possibility Principle：Choosing Negative Cases in Comparative Research，" *American Political Science Review*，Vol. 98，No. 24，2004。

② Ruth Berins Collier，David Collier，*Shaping The Political Arena*，Princeton University Press，1991.

③ James Mahoney，Rachel Sweet Vanderpoel，"Set Diagrams and Qualitative Research，" *Comparative Political Studies*，Vol. 48，No. 1，2015。

④ Giovanni Capoccia，R. Daniel Kelemen，"The Study of Critical Junctures：Theory，Narrative，and Counterfactuals in Historical Institutionalism，" *World Politics*，Vol. 59，No. 3，2007.

　　这条标准圈定了反事实能够改写的范围：偶然事件、决策者考虑过，最终放弃的选择、中微观层面的条件。实际案例缺乏情况下，反事实的分析框架能有效解决对节点处多元选择展开比较时"巧妇难为无米之炊"的尴尬境地。铁路之于美国经济增长的重要性几乎是美国经济学界的共识。然而，福格尔创造性地运用反事实分析质疑了该论断的合理性。在福格尔构造的反事实场景内，铁路对货物运输成本、工业的衍生效应的重要性远不及主流经济学界一贯强调的"不可替代"①。福格尔采取反事实度量法成功挑战学界"常识性知识"的经历足以说明恰当地运用反事实思维，有助于寻找经验研究的突破口，实现理论创新的知识积累。

　　历史叙事的比较思维在纵向脉络中融入横向比较，负面案例或搭建反事实虚拟世界以反思节点处多元选择、多样路径的可能性，赋予历史叙事更高的与可信度与更强的说服力。

五、结语与反思

　　文章沿着明暗双线梳理比较历史分析的方法脉络，明线聚焦方法技艺在横纵向维度的发展与融合，暗线在方法论梳理上嵌入比较历史分析的双重使命，不同维度的方法技艺都暗含比较历史分析的使命担当，相应地，比较历史分析的学术贡献也与自身使命紧密耦合。作为方法论领域边缘革命的发起者，比较历史分析挑战了量化研究的因果推断，多样化运用条件组合，有效识别"对称式因果"模式忽略的因果关系，精进案例研究的科学性和严谨性；对照解释现实转型的使命，比较历史分析拾起被共时性比较忽略的时间维度，回归历史层面诠释客观现实，串联起碎片化的历史场景，弥合了学理研究与经验事实的沟壑。态度决定高度，比较历史分析的比较素养和历史关怀铸成其特殊学术

---

① Robert W Fogel, *Railroads and American Economic Growth: Essays in Economic History*, The Johns Hopkins University Press, 1964.

贡献,提出包括:官僚威权主义、竞争性威权主义、重商式殖民统治在内的诸多概念术语,实现知识层面的有效积累。

在比较历史分析取得长足发展的同时,方法应用上也暴露出些许不足之处,主要包括以下三个方面。

(一)概念的时效性与概念穿梭

概念构成因果解释的关键一环,强说服力的因果解释要满足概念范围和意涵界定的严谨性。然而,比较历史分析引以为傲的时间关怀某种程度上也对其自身提出挑战。历史是动态的时间,概念的范围和意涵也是流变的,动态变化的概念内涵会消解因果解释的说服力。最显著的例子便是摩尔以"阶级之钥"开启现代化大门的观点。时至今日,"阶级"概念逐渐在比较政治领域异化为阶层、政治集团,其解释力也相应地被削弱、消解,国家、精英、制度等视角似乎更受欢迎。当然,特定时代的作品应该在相应的时空范围内予以思考,用现代的视角评判过去的研究绝非恰当之举,此处的反思只是希望概念的弹性边界随时间流变而不断充盈的同时,也需要不断廓清自身范畴,保持相对的刚性。

概念刚性维度要求我们警惕概念穿梭(the traveling problem)是否可行。基于发达国家发展经验归纳出的概念类型,是否可以套用至发展中国家的比较研究。所选案例与概念内涵的匹配度直接关系到研究结果的价值量。存在部分比较历史研究的作品只求理论的解释广度,忽略因果解释的恰适性,在同项研究不同案例中任意拉伸概念边界,造成概念的过度延展问题,这无疑违背了比较历史研究的初心(反对普适价值解释,探索多样化发展路径)。笔者在概念应用反思基础上,斗胆认为比较历史分析应该还有第三重使命——拒绝普适理论,为发展中国家的合法性、正当性提供辩护,这也是初代学者孜孜以求,为之奋斗终生的事业。

（二）质性研究的科学化倾向

比较历史分析在研究方法大类上被归为质性研究的范畴,可是日臻精进的方法技艺却在科学化浪潮下呈现出向量化阵营靠拢的趋势。比较历史分析在方法应用上发展出集合论思维、贝叶斯分析等科学气息十足的方法工具。精巧的方法技艺动摇了因果性与历史性的微妙平衡,新近作品反映出科学性有余,历史想象力不足的缺点。方法层面科学化的趋势折射出比较历史分析寻求主流量化范式认同的妥协态度,实质上是质性研究与量化研究部分融通的还原主义。

质性研究与量化研究存在相互借鉴之处,但要避免通融性带来的极端化倾向。一份质量上乘的因果推论不必求诸精细的数理化模式,最基础的叙述手段一样能讲好案例故事。因果叙述以叙事的手段描述、重构、理解事件的发展方式,内在的时间性赋予其捕捉事件的过程、连续性和整体架构的能力,保证因果推论的连贯性和统一性,[①]最大限度释放历史想象力。

（三）结构与能动的张力

比较历史分析还面临方法论内部分析要件之间的张力问题。结构长期占据比较历史分析的中心舞台,为行为者的能动性提供内容和方向。遗憾的是,既有研究大多难以处理结构与能动二者的关系:强调能动嵌入,会撼动结构的构成性作用,动摇比较历史分析的根基;[②]忽视能动性,又会引来"结构解释一切"的质疑。能动性地位在结构框架内定位模糊导致不同作者依据喜好,在结构与能动二者间反复横跳,令人疑惑"为什么某些案例强调结构主导,某些案例突出能动优势?"

如何处理好结构核心地位与能动性有效兼容是目前比较历史分析

---

① Larry J. Griffin, Narrative, "Event-Structure, and Causal Interpretation in Historical Sociology," *American Journal of Sociology*, Vol. 98, No. 5, 1993.

② Patrick Emmenegger, "Agency in Historical Institutionalism: Coalitional Work in the Creation, Maintenance, and Change of Institutions," *Theory and Society*, Vol. 50, No. 1, 2021.

的一大局限，笔者结合前沿研究成果，尝试给出一条思考的可行方向。必须明确，比较历史分析范围内探讨能动性不能丢失结构的核心作用，避免滑向行为主义阵营，丢弃自身合法性。明确结构主导地位后，可以从时域、场域维度探讨二者关系。时间视域上，结构的主导地位在长时段历史视野中占据绝对优势。以制度主义为例，长时段内渐进式制度变迁主基调是结构的稳定与变迁的平和，温和的变迁偏移是行为者在结构框定边界内发挥有限能动性，对既存制度的修补增删；相反，较短的时段范围内，既存制度可能受外部冲击或内部侵蚀，出现结构性松动，为行为者能动性发挥创造机会。行为者突破结构约束，发起重塑结构与制度再造的激进式突变。当然，受制于结构的强大动能，再造后的制度可能残留难以扫清的制度遗产。场域维度上，能动性发挥的空间只能局限在制度领域较松动的部分及制度结构还未成型的非制度领域，改革的发起也是寻求在制度的脆弱部位打开缺口。

应该说，方法论的思考是比较历史分析的永恒议题，梳理方法运用有助于我们理清知识脉络，于方法中感悟比较历史分析的历史使命。反思存在的不足是为了克服短板，在理论方法发展的新起点再度扬帆起航。

国家的自主与有效：
对国家能力概念的重构及测量*

唐　宇**

内容摘要　学界对国家能力概念的认知可分为国家中心论、社会中心论、国家—社会合作论三种路径。尽管它们的理解重心存在较大差异，但均不同程度地割裂或杂糅了国家自主性及有效性维度，难以实现对概念的完整界定。依据"结构—能动"相统一架构，本文将作为制度组织和行为主体的国家结合起来，提出一个合成式国家能力概念框架，为经验分析提供更全面的阐释。通过将自主性纳入能力范畴，可做出自主性能力和有效性能力的二分，各主要与政策过程的制定和执行阶段相契合。在此基础上，通过构建综合性测量指标体系，在区分能力强弱的同时即完成概念的操作化建构，对亚洲东部国家的案例验视初步说明了概念框架的适用性。国家应推动自主性能力和有效性能力平衡发展，二者稳步集聚才能为建设强国家提供持续动力。

关键词　国家能力；结构—能动理论；自主性能力与有效性能力；政策过程分析

---

*　本文系 2021 年国家社科基金后期资助一般项目"比较政党视阈下后发国家强化国家能力路径研究"（21FZZB016）和四川外国语大学 2020 年度校级科研规划项目"比较视阈下后发展国家强化国家能力路径研究"（221120048）的阶段性成果。
**　唐宇，政治学博士，四川外国语大学国际关系学院讲师，主要研究方向为比较政治、比较政党。

　　"回归国家学派"的兴起使国家能力成为被广泛关注和使用的高频概念。相关研讨极大拓展了本论域的学理空间，但也使有关此议题的研究面临诸多困境，首要而基础的问题就是——对能力概念的界定十分杂乱，迄今难以达致基本共识。①

　　政治学对国家能力的理解主要从两个层面展开：宏观方面，国家—社会互动关系构成阐释概念的基本框架，国家能否实现意图和目标就取决于与社会的作用结果；微观方面，对能力的分析离不开对自主性概念的考察，二者之间的复杂关系构成不同流派的争议焦点，囊括了能力内容、生成机制、发展路径等核心命题。

　　源自国家—社会关系框架的国家中心论、社会中心论、国家—社会合作论路径几能涵盖对能力概念的认知视角，而自始即紧密联系的自主性和能力概念在演进中却各趋关注国家实践进程的局部面相：自主性侧重国家相对社会及国际体系其他主体的独立程度，能力强调国家渗入社会以贯彻意志的效力层级。自主性与作为能力要旨的有效性构成国家性（stateness）②的核心维度，在更实质的层面呈现出视角二分——自主性反映对国家资质的结构化分析，有效性体现对国家行为的能动化考察。但社会理论致力使"结构—能动"（structure-agency）方面相统一的主张提醒我们：既有研究忽视自主性、倾向将有效性视为国家能力单一（或主体）内容的做法可能使其内涵出现缺失。这种情况在前述三种认知路径中表现为对两种维度的割裂或杂糅。

　　将国家结构和能动方面结合起来可能是一种改进尝试。考虑到能力概念已在社科领域获得广泛应用，本文因循"国家学派"的理论进路，将自主性纳入能力，使之与有效性一起构成一个逻辑自洽、具有可操作性的合成式概念。此外，学界对能力的理解还存在总体把握和具体考量之分：前者分析国家作为统一实体与社会等主体互动过程中的整体

①　相关梳理参见黄宝玖：《国家能力：涵义、特征与结构分析》，《政治学研究》2004 年第 4 期；凌争：《国家能力研究的中国学术图景：评述与展望》，《公共行政评论》2018 年第 11 期。

②　J. P. Nettle, "The State as a Conceptual Variable," *World Politics*, 1968, 20(4).

表现,后者认为国家并非铁板一块,在不同政策领域及层面都存在力量差异。① 鉴于研究重心仍在于宏观的国际—国家—社会关系层面,具体考量的做法可能会使操作化工作陷入琐碎和"顾此失彼"的困境,故本文坚持总体把握做法,将国家看作一元化主体。

一、现存认知路径的差异、缺陷及可能突破

随着国家重新成为政治分析的焦点,"国家学派"拓展出国家研究的科学化取向。国家能力通常被笼统界定为国家实现自身目标的能力,细化出如官僚制、合法化、基础性、财政能力等亚概念类型。② 但透过字面阐释,各种理解无不以讨论"国家介入社会"问题为核心:国家中心论、社会中心论、国家—社会合作论这三种代表性路径基本囊括了对介入过程的观测视角,凸显对能力构造机理的不同认知;自主性与能力是进行理论演绎的基本范畴,二者间的作用机制驱动产生差异化的介入模式,于递承演化中呈现能力概念变动的内容构成。

基于韦伯(Weber)和欣策(Hintze)的国家观,国家中心论路径从国家组织特质及位置属性出发,认为国家具有"并非仅仅是反映社会集团、阶级或社团之需求或利益的目标"③,此即国家自主性。自主性作为国家的固有特征而普遍存在,国家独立于社会并具有自我偏好,国家能力是"国家实施战略与政策的能力"④。斯考切波(Skocpol)、诺德林格

①　Stephen D. Krasner, *Defending the National Interest: Raw Materials Investments and U. S. Foreign Policy*, Princeton University Press, 1978, p.58.

②　Antonio Savoia and Kunal Sen, "Measurement, Evolution, Determinants, and Consequences of State Capacity: A Review of Recent Research," *Journal of Economic Surveys*, 2015, 29(3). 王绍光等将国家能力分为汲取、调控、合法化和强制四种能力,参见王绍光、胡鞍钢:《中国国家能力报告》,辽宁人民出版社,1993 年,第 6 页。

③　Theda Skocpol, "Bringing the State Back In: Strategies of Analysis in Current Research," in *Bringing the State Back In*, edited by Peter B. Evans, Dietrich Rueschemeyer, and Theda Skocpol, Cambridge University Press, 1985, p.9.

④　Theda Skocpol, "Bringing the State Back In: Strategies of Analysis in Current Research," in *Bringing the State Back In*, edited by Peter B. Evans, Dietrich Rueschemeyer, and Theda Skocpol, Cambridge University Press, 1985, p.16.

（Nordlinger）等据此将自主性视为国家能否实现目标的焦点，自主性的状况决定能力的强弱，能力是自主性在实现程度方面的概念表达。这种从国家端看待概念演生逻辑的做法代表"国家学派"的原初立场，但自主性之于能力的单向作用意味着二者实质上是一致的，这无疑简化了问题的复杂性，而由于"很少在宏观层面特别明确地阐明国家自主性与国家能力之间的内在关联"①，该路径在考察国家—社会互动过程时受到很大限制，"完全的国家中心论"②视角也是"隔绝式"的，很难在经验层面获得广泛认同。③

　　社会中心论路径质疑乃至弱化自主性的功用，拓展出"社会影响并制约国家"的分析进路。米格代尔（Migdal）指出，现实中的国家只是"一系列松散联系的碎片"④，对"自主的实体"的假设是一种"对国家的想象"⑤。国家与社会相互型塑，但自主性高不一定意味着能力就强，国家往往无力塑造社会，社会对国家的抵制才是理解能力问题的关键。⑥对能力生成重心的观察开始转移到"社会"一端，国家须在社会中（state in society）才能施展力量，能力强弱取决于国家能否成功争夺社会控制。尽管米格代尔开启了能力研究的实证进程，但现实中他所描述的"网状社会"并不能随意地消解国家的组织特质，国家循于安全逻辑仍有生存空间，可能与社会相互强化以实现共同利益，并不总是展现出"你进我退"的态势。

　　国家—社会合作论路径于上述对峙中产生。不同于"国家与社会

① 戴辉礼：《国家自主性与国家能力的关联性论析》，《常州大学学报（社会科学版）》2016年第5期。
② ［美］埃里克·A.诺德林格：《民主国家的自主性》，孙荣飞等译，江苏人民出版社，2010年，第1页。
③ Timothy Mitchell,"The Limits of the State：Beyond Statist Approach and Their Critics," *American Political Science Review*,1991,85(1).
④ Joel S. Migdal, *State in Society：Studying How States and Societies Transform Constitute One Another*,Cambridge University Press,2001,p.22.
⑤ Joel S. Migdal, *State in Society：Studying How States and Societies Transform Constitute One Another*,Cambridge University Press,2001,p.17.
⑥ ［美］乔尔·S.米格代尔：《强社会与弱国家：第三世界的国家社会关系及国家能力》，张长东等译，江苏人民出版社，2009年，第280～283页。

的区分对立"①,研究者转而强调二者相互赋权与共存共生,倡导"强国家—强社会"模式,比如曼(Mann)对"基础性权力"②的构造、埃文斯(Evans)对"嵌入性自主"③的阐析、维斯(Weiss)对"治理性互赖"④的论证等,无不聚焦国家之于社会的协调能力(coordinating capacity),观测视角也被引入更微观的过程。现代国家与私人部门之间的制度化协作机制要求国家既"不会为强大的寻租集团所操纵",又"能够和具有具体市场信息和激励的企业沟通互动",⑤这种理想状况固然可期,但合作论者对"渗入"形态、"嵌入"方式、"互赖"程度等问题的讨论是语焉不详的,模糊了国家与社会之间的组织界分,对"嵌入自主"等概念的运用也属"一种事后解释"⑥。

认知路径的递进演变反映出"对国家能力本质的主流认知经历了国家自主性到基础性权力的转换"⑦,能力内涵在短期内急剧拓展,内容愈趋含混复杂,困境包括:各路径都无法构造出一个通则式概念,从特定案例中提炼内容要旨的办法可能导致生搬硬套、时空错位等错误;三者均未深究能力概念的构成内容,遑论对其实现程度、比重变化等问题的关切;不仅遮蔽了国家运行过程中的某些关键阶段,还会使对同一国家的强弱判定出现偏差。

在各路径的差异背后,正是对自主性的不同理解驱动着对能力的认知变换,能力通过更具象的存在形式促成与自主性在关系模式上的知识更新。自主性与能力相互区别但又紧密相关,而现存认知都无法

---

① 曹胜:《国家自主性:从"分殊制衡"到"嵌入协同"——理论变革与实践意义》,《比较政治学研究》2018 年第 1 期。
② Michael Mann, "The Autonomous Power of the State: Its Origins, Mechanisms and Results," *European Journal of Sociology*, 1984, 25(2).
③ Peter B. Evans, *Embedded Autonomy: States and Industrial Transformation*, Princeton University Press, 1995.
④ Linda Weiss and John M. Hobson, *States and Economic Development: A Comparative Historical Analysis*, Polity Press, 1995.
⑤ 张长东:《比较政治学视角下的国家理论发展》,《北大政治学评论》2018 年第 1 期。
⑥ 马天航、熊觉:《理解"国家自主性":基于概念的考察》,《学术月刊》2018 年第 8 期。
⑦ 张禹:《国家能力与国家概念再审视》,《武汉大学学报(哲学社会科学版)》2021 年第 3 期。

构建起二者的有效关联，所描绘的只是国家—社会互动过程中的零散片段，缺乏能在总体上完整诠释经验要素的分析架构：国家中心论者的主要目标是挑战各种"社会中心主义"论点，[1]分析重心在于佐证自主性而非阐释能力，两个概念被认为是一体两面的关系逻辑，自主性是更基始的存在，能力更像自主性的依附物而非与之相异的确定性范畴；社会中心论者将能力从自主性中抽离出来，但在分析过程中淡化自主性对能力的影响，很难发现二者之间的关联机制；随后产生的合作论路径尝试弥合由社会中心论者造成的自主性和能力之间的分野，尽管努力消解国家—社会间的冲突态势，但受到"将经验性国家理论哲学化"[2]的影响，在概念阐释中也回避自主性的效用，未使之同能力概念有机整合。

　　事实上，结合西方国家理论传统[3]及研究者对能力"主体—中介—对象"内在结构的揭示，[4]自主性主要关注国家是否实现自治，即国家相对社会及其他主体的独立程度；能力主要关切国家能否成功获得有效权威，即国家渗入社会以贯彻意志的效力层级。自主性与能力强调的有效性构成国家性的两大核心维度，二者具有同等价值，自主性的意义在于：首先，自主性非越强越好，但绝不等同于"专制性权力"[5]。对一个现代国家来说，它更多意味着独立自主和中立无私，[6]所谓"社会对国家的渗透性越强往往意味着国家能力的弱小"[7]、"在国家与社会交往的过程中应该保持其相对于社会的自主性，防止国家为社会特殊利益

---

①　曹海军：《"国家学派"评析：基于国家自主与国家能力维度的分析》，《政治学研究》2013 年第 1 期。

②　曾毅：《超越韦伯主义国家观——从亨廷顿到米格代尔》，《教学与研究》2016 年第 7 期。

③　国家核心属性存在权威有效性和自治这一微妙差异，参见［美］胡安·J. 林茨、阿尔弗莱德·斯泰潘：《国家转型与巩固的问题：南欧、南美和后共产主义欧洲》，孙龙等译，浙江人民出版社，2008 年，第 17～18 页。

④　王浦劬、汤彬：《论国家治理能力生产机制的三重维度》，《学术月刊》2019 年第 4 期。

⑤　参见迈克尔·曼：《社会权力的来源（第二卷）——阶级和民族国家的兴起（1760—1914）》（上），陈海宏等译，上海人民出版社，2015 年，第 69 页。

⑥　Gianfranco Poggi, *The Development of the Modern State: A Sociological Introduction*, Hutchison & Co., 1978, p. 117.

⑦　Evenly B. Davidheiser, "Strong State, Weak States: The Role of the State in Revolution," *Comparative Politics*, 1992, 24(4).

所俘获"①;其次,有效性的实现和维持也离不开自主性的保障。自主性对应着以制度逻辑为核心的国家特征,②有效性侧重以此为基础的目标指向。前者是后者的物质基础,后者为前者提供效能;再次,自主性对后发展国家具有重要意义。现代国家的构建必须经历统一、强大和规范三个关键阶段,③自主性至少与前两个阶段相关涉。后发展国家须在统一和强大阶段强化自主性才能为进一步发展奠定基础,如果国家不能自主,就侈谈实现富强等长期目标。

要完成自主性与有效性的结合还有必要从更实质的层面进行反思。我们注意到,斯考切波是通过对国家"结构"及"行为"的反复强调来佐证论点的。④ 同样,曼也认为"制度"和"功能"是理解国家概念的基础视角。⑤ 他们对国家的二元化理解与波兰尼、格尔茨、古德斯通、贝茨等是一致的,"首先强调的是国家的本质特征,是国家的组成结构和决策方式,然后才是结构运作所处的具体环境"⑥,这种分析进路实际上受到社会理论"结构/能动"这对"二元对立的概念范畴"⑦的影响,能动指"个人或团体影响其环境的能力",结构是"界定行为者可能采取的行为范围的物质条件"。⑧ 如此可以获得对国家的更深刻理解,为越过"保护带"抵达概念"硬核"提供切入路径。⑨

---

① 黄冬娅:《比较政治学视野下的国家分殊性、自主性和有效性》,《武汉大学学报(哲学社会科学版)》2009 年第 4 期。

② 张长东:《比较政治学视角下的国家理论发展》,《北大政治学评论》2018 年第 1 期。

③ 任剑涛:《建国的三个时刻:马基雅维利、霍布斯与洛克的递进展现》,《社会科学战线》2013 年第 2 期。

④ Theda Skocpol, "Bringing the State Back In: Strategies of Analysis in Current Research," in *Bringing the State Back In*, edited by Peter B. Evans, Dietrich Rueschemeyer, and Theda Skocpol, Cambridge University Press, 1985, pp.3-43.

⑤ Michael Mann, "The Autonomous Power of the State: Its Origins, Mechanisms and Results," *European Journal of Sociology*, 1984, 25(2).

⑥ [美]乔尔·S. 米格代尔:《社会中的国家:国家与社会如何相互改变与相互构成》,李杨等译,江苏人民出版社,2013 年,第 252 页。

⑦ [英]安东尼·吉登斯、菲利普·萨顿:《社会学基本概念》,王修晓译,北京大学出版社,2019 年,第 33 页。

⑧ [英]大卫·马什、格里·斯托克:《政治科学的理论与方法》,景跃进等译,中国人民大学出版社,2006 年,第 280 页。

⑨ [英]伊姆雷·拉卡托斯:《科学研究纲领方法论》,兰征译,上海译文出版社,2005 年,第 55~62 页。

国家中心论路径体现为结构性视角,主要表现是:无论是对国家组织特性的强调还是对国家位置属性的剖析,都是通过确认国家的可识别结构来说明其组织自主与主体自为的;尽管研究者强调国家是一个独立的行动者,但其归根结底仍受制于具体的结构背景。斯考切波指出国家的自主行为是在一系列结构性要素的作用下实现的,而"国家本身就是一个具有自身逻辑和利益的结构"①,通过对行为者施加影响才能构建起以制度为核心的权力基础。

社会中心论与合作论路径则关注特定背景下的国家—社会互动过程,反映为能动性视角。无论是社会抗拒国家还是国家与社会协作,国家的基本偏好、与社会接触的具体策略以及如何实现目标等问题始终是二者的共同关切。国家的行动模式及实践历程还反映为以结果为导向的研究进路,关键内容就是国家何以提升行动效力。

综上所述,通过对两种维度及三种路径内含分析视角的阐释,可以初步构建起一种研究指向:首先,自主性和有效性涵盖国家的组织和行为特征,分别揭示出国家力量的结构性基础及能动化过程。将之结合可以更好地将国家的主体、中介和结果联结起来,以便全面考察国家之于社会的实践进程;其次,单从任一维度所强调的内容上看,自主性意为免受外力控制及依凭自我意志,有效性指国家面对社会约束的统治力度,而现有认知未能使其在形式上兼容:国家中心论和社会中心论者割裂了二者的关联,只集中关注国家结构或能动的某一方面;合作论路径表达出结合二者的态势,但其操作方式模糊不清,使之陷入杂糅状态;再次,以一种平衡视角看待自主性和有效性维度在能力概念中的配置,将之视为一组不可分离的核心要件,可以更好地反映一种现实——国家既无法完全隔离于社会,但也不能湮没于社会之中。

---

①　Michael Mann, *The Sources of Social Power*: *Volume 2*, *The Rise of Classics and Nation-States*, 1760-1914, *Cambridge University Press*, 1993, p. 52.

二、概念重构:对自主性能力和有效性
能力的理论合成

　　针对概念构造方面的不足,研究者也一直在尝试改进,较典型的两种做法为:以福山(Fukuyama)、维斯等为代表的西方学人,主张将自主性转化为国家能力,构建起"治理""治理性互赖"等有影响力的议题;①国内学者以自主性囊括能力,倾向构造合成式自主性概念。②两者以相反方式进行概念吸纳,而都围绕中心概念加以理论合成,但都存在消弭被吸纳内容的倾向:前者未能从更基础的视角审视议题,后者未能以可靠案例验视概念。鉴于能力已获得广泛应用,本文将自主性纳入其中,尝试构建一个合成式概念框架。

　　"国家学派"将国家视为一个具有特定活动边界的行动主体,③自主性和有效性表现为这一主体的资质条件和作用于外部环境的力量空间,这是构建合成式概念的逻辑起点。由于结构侧重主体的组织要素,能动反映主体的意图目标,它们可进一步通过"实践"勾连起来:"有了结构,个体的创造性行动才有可能实现;反过来,个体的重复行动加在一起,可以再生产和改变社会结构。"④能力因而表现为由国家主体衍生出来的合成式内容:国家的构成、边界、位置等对应于结构方面,国家—社会的互动过程对应于能动视角。能力是联结国家—社会关系的节点,互动过程表现为自主性与有效性的相互作用,既有对结构方面的型

①　Francis Fukuyama,"What Is Governance?" *Governance*, 2013, 26 (3); Linda Weiss and John M. Hobson, *States and Economic Development*: *A Comparative Historical Analysis*, Polity Press, 1995.

②　张彩玲、张志新:《国家自主性:转型期中国有效治理的一个维度研究》,《青海社会科学》2017 年第 1 期;马天航、熊觉:《理解"国家自主性":基于概念的考察》,《学术月刊》2018 年第 8 期。

③　本文因循"国家学派"的理论脉络,避免陷入讨论"谁之自主性"的问题,参见张勇、杨光斌:《国家自主性理论的发展脉络》,《教学与研究》2010 年第 5 期。

④　[英]安东尼·吉登斯、菲利普·萨顿:《社会学基本概念》,王修晓译,北京大学出版社,2019 年,第 35 页。

塑，又有在能动方面的交融，现代国家在交界面上生产着权力、价值等要件，展现出利维坦的整体效能。

如果将自主性与有效性一起纳入能力内容，国家能力即是由自主性能力和有效性能力组成的合成式概念，在经验分析中往往以"对政策过程的研究"作为分析框架，[①]以便透视国家—社会间的复杂关系和国家的行动过程。在这一框架中，政策制定和执行这两个关键阶段与合成式能力概念的核心内容基本契合：诺德林格区分出四种国家—社会的偏好组合，展现出自主性在政策制定阶段的主导影响；[②]米格代尔提出的四类能力发生于政策执行环节，有效性差异就是各种能力"实际取得的效果"[③]。"国家自主性的程度与代议机构对行政权力的制约能力和压力集团的活跃程度有直接关系"[④]，有效性大小则受制于竞争社会控制的政治过程。国家能力可界定为国家自主制定并通过社会有效执行政策的能力，包括中央政府在政策过程中呈现的两方面力量：自主性能力是国家不受国内外特定势力干涉、能够独立制定政策的能力；有效性能力指国家通过社会贯彻意志以实现自我意图的能力。[⑤]

相较曼对"专制性"与"基础性"权力的划分，合成式能力概念旨在更完整地看待国家的制度和行为逻辑，努力克服在"专制""基础"表述中可能存在的价值倾向。[⑥]如前文所述，自主性并不意味着对专断性的提倡，在更多情境中表现为对国家公共属性的述说。而作为国家的固

---

① Luciana. Cingolani，"The State of State Capacity：A Review of Concepts，Evidence and Measures，" *UNU-MERIT Working Paper Series on Institutions and Economic Growth*，October 10，2013.

② ［美］埃里克·A.诺德林格：《民主国家的自主性》，孙荣飞等译，江苏人民出版社，2010年，第24～27页。

③ ［美］乔尔·S.米格代尔：《强社会与弱国家：第三世界的国家社会关系及国家能力》，张长东等译，江苏人民出版社，2009年，第5页。

④ 张勇、杨光斌：《国家自主性理论的发展脉络》，《教学与研究》2010年第5期。

⑤ 国内外学者表达过相似观点，本文进一步合成并验证概念框架，参见朱天飚：《比较政治经济学》，北京大学出版社，2006年，第95页；Agustina Giraudy，"Conceptualizing State Strength：Moving Beyond Strong and Weak States，" *Revista de Ciencia Política*，2012，32（3）.

⑥ 有学者也已注意到此问题，参见张禹：《国家能力与国家概念再审视》，《武汉大学学报（哲学社会科学版）》2021年第3期。

有特性,强制不仅贯穿国家由传统向现代形态的演进始终,①还在其化身为特定观念和弥散性符号中得以充分彰显。现代国家通过对自主性能力的强调才可能实现对个体的支配和塑造,在与有效性能力衔接时,自主性能力的变化往往意味着国家对自身功能的调适,以实现整体机能的有序运转。

在国家构建的不同阶段,自主性能力和有效性能力也各对应着不同关切:前者侧重亨廷顿(Huntington)所强调的政治秩序,后者关注秩序确立后的持续发展。② 对“处于现代化之中”的国家来说,稳定的政治秩序在发展时序上具有优先性,一国在立国初期应专注制度建设,强化自主性能力更为紧要;进入发展阶段,国家应致力于调适与社会的关系,维护和巩固合法性,凸显有效性能力的影响。两种能力在实际运行中绝非相互绝缘的,它们始终相互支持、互为倚靠,合力促成国家权力的整体施展:在政策制定层面,自主性能力发挥显性影响,反映国家能否独立制定政策,有效性能力提供隐性支撑,通过促成与社会沟通使国家及时收知需求反馈;在政策执行层面则正好相反,有效性能力发挥着显性影响,促成国家达成目标,转由自主性能力提供隐性保障,赋予贯彻过程以必要的政治权威。

在复杂的政治实践中,国家能力状况处于交替转换的动态变化之中,自主性能力与有效性能力通过不同的配置生成四种相异的形态(表1):

表1　合成式国家能力概念的四种形态

		自主性能力	
		弱	强
有效性能力	弱	弱国家	中能力国家 I
	强	中能力国家 II	强国家

资料来源:作者自制。

---

① [德]马克斯·韦伯:《学术与政治》,冯克利译,生活·读书·新知三联书店,2013 年,第 55 页。

② [美]塞缪尔·P. 亨廷顿:《变化社会中的政治秩序》,王冠华等译,上海人民出版社,2008 年,第 10~19 页。

　　弱自主性—弱有效性能力的组合构成弱国家（weak state），此情形常见于一些缺乏前现代政权史的国家中。由于政治制度并未实质性确立，内外部环境限定国家职能的发挥。国家在制定政策时很难规避内外各种势力的牵绊，在政策执行中也无力聚合资源以巩固自身结构。它们大多政治衰败、社会动荡、经济不振，几乎被动接受外来援助或制度移植。在发展过程中也难以实现改革性突破，以地方强人为代表的传统势力始终构成对国家的巨大阻挠。

　　具备强自主性—强有效性能力的是具有完整力量构成的强国家（strong state）。这类国家秩序巩固、经济持续繁荣，保持着与社会属性相异的制度化权力，也能将目标意志贯彻到社会当中。强国家在制定和执行政策时可以灵活确定发展目标，其自主性和有效性能力基本构建起相互强化的联结机制，国家和社会可以各守其序、互利共生。任何一例强国家的出现还代表着国家构建史上的成功典范，而如何强化国家能力也始终是各国领导人关注的焦点问题。

　　在以上两种情形之间还存在两种形态，本文称为"中能力国家"（intermediate state），这两种模式表征出能力的"蹩脚"状况，各存明显瑕疵。

　　中能力国家Ⅰ是强自主性—弱有效性能力组合，它们在决策上不受相关势力干涉，但在执行中却显得步履维艰。现实中有两种情形：一是传统集权国家，权力构成较为封闭，对社会不能形成稳定统治。该类国家实际是非现代的，本文不做详细探讨；二是部分发展中国家，一方面在精英—民众间已建立起集中的动员型政治，领导人可以自主设定政策目标；另一方面，由于对社会未进行有力整合，其碎片化情状将国家力量排除在传统规则之外。国家与社会是相互隔绝的，在政权之下，一个强大的"网状社会"依旧存续着。长此以往，不仅国家目标难以实现，由传统社会滋生的离心势力还会与政权间发生意想不到的冲突，使国家体制整体衰微。

　　最后是由弱自主性—强有效性能力构成的中能力国家Ⅱ，现实中往往对应于一些非原生的发达国家。尽管它们常被视作国家成功的典范,但单方面的国家"有效"无法遮掩其先天缺陷——自主性能力十分屠弱,不仅在对外交往中受制于人,在对内治理时也为特定势力所俘获。如果这种失衡状况无法改观,它们将很难实现持续发展,国家主体性将遭到严重侵蚀。特别当面对重大危机时,这些国家很难挣脱结构性枷锁,在发展方向上的错误可能会酿成难以预料的灾难。

在确立起对不同国家的归类的同时,合成式概念也对一些变体国家具有解释力,[1]例如:俘获型国家指国家的公益性遭到特定势力渗透和把持,或为私人资本,或为民粹力量,反映出国家在政策制定方面的权力缺失,对应于弱国家或中能力国家 II 的情形;掠夺型国家指政府对人民和社会进行劫掠的情况,本质上属一种非现代国家,其能力构成处于未成型态势,可划入双弱类型;食利型国家的自主性主要源于其资源基础,[2]统治者"无需关注汲取机构的建设就能发财致富"[3],形式上可能表现为强自主性—弱有效性能力组合,总体上与社会缺乏稳定的制度化联系。

合成式国家能力概念构建起自主性与有效性维度之间的关联,反映出国家结构和能动方面的统一。而任何理论模式都不可能与现实情势完美契合,要使概念具有经验分析上的可操作性,还需构建起与概念结构相对应的测量指标。[4]

三、国家能力的强弱差异:测量指标体系及案例验视

米格代尔曾表示:"社会科学家们设计的各个指标无一能够成功地

① Karen Barkey and Sunita Parikh, "Comparative Perspective on the State," *Annual Review of Sociology*, 1991, 17(1).
② Kiren Aziz Chaudhry, "The Price of Wealth: Business and State in Labor Remittance and Oil Economies," *International Organization*, 1989, 43(1).
③ Theda Skocpol, "Rentier State and Shi'a Islam in the Iranian Revolution," *Theory of Sociology*, 1982, 11(3).
④ [美]加里·戈茨:《概念界定:关于测量、个案和理论的讨论》,尹继武译,重庆大学出版社,2014 年,第 60 页。

揭示国家能力之间的差别。"①国家活动的广泛性及能力内涵的繁杂化确实给测量工作带来较大挑战，但本文在确立概念结构的基础上仍尝试构建一个综合指标体系，以区分能力的强弱差异。

　　现有研究普遍以有效性作为能力的主要内容，在指标建构方面做了大量有益探索。定量研究者验证了不同维度相互独立或强化的趋势，构建起一些复合性测量标准：福廷（Fortin）以税收、基础设施、腐败程度、产权保护、契约履行等评测能力强弱；②亨德里克斯（Hendrix）评估了 19 种衡量方式，指出官僚质量和创收能力是国家能力的主要内容；③李（Lee）等主张以人口年龄信息衡量国家能力并以之开展跨国分析；④在一项新近的研究中，研究者对既有测量方式进行了全面评述，认为税收占 GDP 比重、制度化、国际国别风险指南（ICRG）数据集组成的综合性指数可以对能力进行全面估量。⑤

　　既有研究基本将强制、汲取和行政厘定为能力的核心维度，合成式能力框架也基本涵盖了这三项内容：作为国家根本属性，强制是国家实现自主并开展行动的保障，是自主性和有效性能力的共同基石；国家存续依靠社会汲取资源，行政（即执行）则是与之相对应的方面，二者均构成有效性能力的中心内容。进一步地，为应对指标取舍的信度和效度问题，⑥本文参考相关做法并结合概念框架筛选和改进指标——针对自主性和有效性能力分别确立指标和测量内容并交代设计策略和原因；以此为基础，结合案例对测量体系进行验视，在实际运用中考察适

①　[美]乔尔·S. 米格代尔：《强社会与弱国家：第三世界的国家社会关系及国家能力》，张长东等译，江苏人民出版社，2009 年，第 293 页。

②　Jessica Fortin, "A Tool to Evaluate State Capacity in Post-Communist Countries, 1989–2006," *European Journal of Political Research*, 2010, 49(5).

③　Cullen S. Hendrix, "Measuring State Capacity: Theoretical and Empirical Implications for the Study of Civil Conflict," *Journal of Peace Research*, 2010, 47(3).

④　Melissa M. Lee and Nan Zhang, "Legibility and the Informational Foundations of State Capacity," *Journal of Politics*, 2017, 79(1).

⑤　Jonathan K. Hanson and Rachel Sigman, "Leviathan's Latent Dimensions: Measuring State Capacity for Comparative Political Research," *The Journal of Politics*, 2021, 83(4).

⑥　Robert Adcock and David Collier, "Measurement Validity: A Shared Standard for Qualitative and Quantitative Research," *American Political Science Review*, 2001(3).

用性。

（一）衡量自主性能力

为避免陷入由权力性质问题引发的争议,我们对自主性能力的理解侧重对国家公益属性的关切。由于国家处于"国内社会政治秩序—跨国关系的交汇面上"①,自主性包括对外自主和对内自主两个方面,但要对之进行衡量是很困难的——既缺乏研究成果的支撑,也因国际—国家—社会关系的宏大性而难以提炼出与内容吻合的指标。尽管如此,国家的生存和发展根本上离不开两种基础性取向:对外须谋求主权独立和完整,对内需维持中立性地位。按此逻辑,可以国家主权内容及制度化理论为基础,尝试做出衡量。

首先,由于"安全主权、经济主权和文化主权是民族国家的主权行为的最重要的不可或缺的鼎足支柱"②,结合韦伯国家"垄断疆域内暴力"及国家经济自主知识,可选取"外国驻军"和"经济自主发展程度"指标来测量对外自主性。③ 这是因为安全主权即政治主权,如一国不能在领土上建立起独立的防务体系(而允许外军驻防),很难想象在对外活动中能独立自主;全球化背景下各国经济联系日趋紧密,但一国在对外经济活动中能否保持自主反映其是否为外来势力所渗透,可以假设,若过度依赖外部援助,该国将很难实现经济自主。

其次,基于制度化理论,④杰克曼(Jackman)提出"制度实际年龄"和"领导人代际更替年龄"两大指标,具有一定可靠性;由于二者往往同

---

① Theda Skocpol,"Bringing the State Back In: Strategies of Analysis in Current Research," in *Bringing the State Back In*, edited by Peter B. Evans, Dietrich Rueschemeyer, and Theda Skocpol, Cambridge University Press, 1985, p. 8.

② 肖佳灵:《国家主权论》,时事出版社,2003 年,第 304 页。

③ 文化主权概念的模糊性使其难以衡量。测量经济自主的启示参见康灿雄:《裙带资本主义——韩国和菲律宾的腐败与发展》,李巍等译,上海人民出版社,2017 年,第 36~44 页,数据来源参见表 2。

④ [美]塞缪尔·P. 亨廷顿:《变化社会中的政治秩序》,王冠华等译,上海人民出版社,2008 年,第 11~14 页。

步增减,在操作中可合并为一项指标作为衡量参考。① 本文还关注国家领导人的出身和履历背景,将其与"产业部门的集中度、雇佣情况、销售情况和行业高层协会"②等进行比照,综合反映国家的自主水平。

(二)衡量有效性能力

有效性能力表现为由汲取和执行组成的互动结构,③税收指标是测量汲取的核心标准,公共产品质量常被用以反映执行强弱。研究者围绕测算精细度存有一些分歧,如针对国家税收总额占 GDP 比重指标,④罗杰斯(Rogers)等认为应代之以最难征收的所得税标准,⑤而相比大部分研究以多维政策绩效作为分析对象,福山等强调须排除那些与国家关键职能无关的内容。⑥

这些指标反映西方国家征税体制和政治过程,后发展国家受经济水平、产业结构、施政理念等影响,可能会以非税收形式作为获取资源的途径;一些国家可能主动变更征税项目、降低额度甚至减免税额等;当然,部分国家还通过简单移植发达国家制度,可能在短期内取得统计上的良好绩效。另一方面,现实中即便是能力最强的国家也不可能在所有领域均表现不俗,弱国家可能在某些方面运转不错。政策施行还受到执政者动机、偏好等影响,这都会使测量出现偏差。

综合参照既有文献,本文构建起以"中央政府总收入占 GDP 比重"为主,以世界治理指数(WGI)中"政治稳定与不存在暴力""政府效能"

---

① ［美］罗伯特·W. 杰克曼:《不需暴力的权力——民族国家的政治能力》,欧阳景根译,天津人民出版社,2005 年,第 211～215 页。

② 康灿雄:《裙带资本主义——韩国和菲律宾的腐败与发展》,李巍等译,上海人民出版社,2017 年,第 15 页。

③ Timothy Besley and Torsten Persson, "The Origins of State Capacity: Property Rights, Taxation, and Politics," *American Economic Review*, 2009, 99(4).

④ B. Guy Peters, *The Politics of Taxation: A Comparative Perspective*, Blackwell Publishing Ltd., 1991.

⑤ Melissa Ziegler Rogers and Nicholas Weller, "Income Taxation and the Validity of State Capacity Indicators," *Journal of Public Policy*, 2014, 34(2).

⑥ Francis Fukuyama, *State-Building: Governance and World Order in the 21st Century*, Cornell University Press, 2004.

两指标为辅的测量体系。相较税收，中央政府总收入可更全面地反映国家通过国库运营、国企经营增补收入的事实；从数据水准和完整度方面考虑，WGI 数据能较好对行政效度进行考察。[①] 至此，本文构建出一个综合性指标体系，维度内容、测量指标、资料来源信息如表 2 所示。

表 2　综合性测量指标体系

	内容	指标	来源
自主性能力	对外自主	驻军	历史资料
		经济自主	https://data.oecd.org/oda
			https://www.wider.unu.edu/project/grd-%E-2%80%93-government-revenue-dataset
	对内自主	制度及更替年龄	历史资料
		领导人出身及经历	
有效性能力	汲取	中央政府总收入占 GDP 比重	https://www.wider.unu.edu/database/data-and-resources-grd
	执行	政治稳定与不存在暴力	https://info.worldbank.org/governance/wgi
		政府效能	

资料来源：作者整理。

（三）案例验视

亚洲东部各国相互毗邻且文化相近，在发展历程中几乎面临相似境遇，各国大多也已形成较固定的"费改税""分税管理"为主的体制，政局基本保持稳定，为观察国家能力状况的优良场域。本文选取区域内 20 个国家以验视衡量指标，呈现能力差异。[②]

自主性能力包括对外和对内两方面内容，在具体测算时对"外国驻军""经济自主程度""制度及领导人更替年龄""领导人出身及经历"四个指标进行赋值：在某一方面被认定自主计为 0.25，不自主计为 0，在各

---

① Jonathan K. Hanson and Rachel Sigman, "Leviathan's Latent Dimensions: Measuring State Capacity for Comparative Political Research," *The Journal of Politics*, 2021, 83(4).
② 由于资料缺乏、历史及税制等原因，未将朝鲜、文莱、东帝汶纳入分析。

方面均实现自主计为 1。需指出:由于安全主权的重要性,只要一国仍存在或允许外国驻军即被判定为对外不自主;对经济自主程度的判断则通过考量各国在不同阶段接受外援的情况得出;另通过计算制度及领导人更替年龄,参考领导人出身及经历,综合判断其对内自主情况。由此可大致测算出各国的自主性能力表现:总分≤0.5 的为弱自主国家,0.75 的为中自主国家,只有得分为 1 的才是强自主国家(见表 3)。

表 3　自主性能力表现

国家	对外自主		对内自主		得分	判断
	驻军	经济自主程度	制度及更替年龄	领导人出身及经历		
中国	0.25	0.25	0.25	0.25	1	强
日本	0	0	0.25	0.25	0.5	弱
韩国	0	0	0	0	0	弱
蒙古	0.25	0	0	0.25	0.5	弱
越南	0.25	0.25	0.25	0.25	1	强
老挝	0	0	0	0.25	0.25	弱
缅甸	0.25	——	0	0	0.25	弱
柬埔寨	0.25	0	0	0	0.25	弱
泰国	0	0	0	0	0	弱
菲律宾	0	0	0	0	0	弱
马来西亚	0.25	0.25	0.25	0.25	1	强
新加坡	0	0	0.25	0.25	0.5	弱
印尼	0.25	0.25	0	0	0.5	强
印度	0.25	0.25	0.25	0.25	1	强
尼泊尔	0.25	0	0	0.25	0.5	弱
孟加拉国	0.25	0	0	0.25	0.5	弱
巴基斯坦	0.25	0.25	0	0.25	0.75	中
斯里兰卡	0	0	0	0.25	0.25	弱
马尔代夫	0	0	0	0.25	0.25	弱
不丹	0	0	0	0.25	0.25	弱

资料来源:作者自制。

在有效性能力方面,"中央政府总收入占 GDP 比重"指标采用的 GRD 数据基本覆盖各国在 1980—2020 年间情况。考虑到数据缺失、制度差异、突发事件等可能影响数据表现的情形,拟用策略为:将数据划分为 1980—1991、1992—1997、1998—2007、2008—2012、2013—2020 年五个时段,通过比较各时段内平均值大小来呈现能力变化态势;2012 年后,各国都基本进入较稳定发展阶段,可集中分析其在 2013—2020 年间三项指标的综合表现——通过计算平均值,运用 Stata 进行主成分分析,发现三者只有一个公因子,旋转后的因子分析结果如表 5 所示;进一步采用回归方法,将之合成为一个反映有效性能力的综合性指标,各国综合得分在表 6 最后一列显示。

为研究方便,本文将得分为正的国家判定为强有效性能力,将老挝等视为弱有效性能力。参考能力的长时段变化态势(表 4),除新、马、斯三国出现明显递减趋势外,大多数国家均能保持能力的稳定态势,这说明表 4 和表 6 的分析结论基本相符,印证了"国家初始能力水平是随后能力水平的强决定因素"[①]的观点。

表 4 中央政府总收入表现(1989—2020 年)

国家	中央政府总收入占 GDP 比重(各时段内的平均值)					总体趋势
	1980—1991	1992—1997	1998—2007	2008—2012	2013—2020	
中国	—	—	25.97%	23.46%	23.30%	持平
日本	—	21.62%	20.73%	20.19%	22.66%	持平
韩国	20.94%	21.31%	24.31%	25.90%	26.19%	增
蒙古	31.94%	17.34%	22.47%	26.30%	23.91%	减—增
越南	11.44%	16.52%	17.70%	19.81%	18.58%	增
老挝	5.56%	5.67%	10.66%	13.67%	15.74%	增
缅甸	11.78%	6.81%	5.72%	19.71%	17.56%	减—增
柬埔寨	—	8.19%	9.86%	11.81%	18.00%	增

---

① Jessica Fortin, "A Tool to Evaluate State Capacity in Post-Communist Countries, 1989–2006," *European Journal of Political Research*, 2010, 49(5).

续表

国家	中央政府总收入占 GDP 比重(各时段内的平均值)					总体趋势
	1980—1991	1992—1997	1998—2007	2008—2012	2013—2020	
泰国	16.26%	18.94%	18.08%	19.34%	20.43%	增
菲律宾	13.77%	15.83%	14.09%	—	—	持平
马来西亚	24.16%	21.94%	19.05%	20.00%	17.64%	减
新加坡	26.22%	26.37%	21.38%	17.31%	18.14%	减
印尼	15.17%	13.88%	15.43%	15.50%	12.88%	持平
印度	18.10%	18.09%	18.75%	19.74%	19.80%	持平
尼泊尔	7.04%	7.85%	9.29%	12.61%	19.81%	增
孟加拉国	5.57%	7.77%	8.35%	10.10%	10.31%	增
巴基斯坦	13.10%	13.26%	12.59%	13.02%	14.37%	持平
斯里兰卡	16.96%	16.33%	13.75%	12.51%	12.73%	减
马尔代夫	17.03%	21.34%	23.70%	20.46%	25.81%	增
不丹	15.23%	19.94%	20.66%	23.61%	20.75%	增

注:部分国家在不同时段存在数据缺失。

资料来源:作者自制。

表 5　旋转后的因子分析结果

	因子得分	公因子
中央政府总收入占 GDP 比重	0.5206	0.7289
政治稳定与不存在暴力	0.7269	0.4716
政府效能	0.6437	0.5856

资料来源:Stata16 运行结果。

表 6　有效性能力比较(2013—2020 年)

排名	国家	中央政府总收入占 GDP 比重因子	政治稳定与不存在暴力因子	政府效能因子	综合得分
1	新加坡	0.1814	2.514642	0.2233711	1.490077
2	日本	0.2266	1.640769	0.5584119	1.33406
3	韩国	0.2619	1.269941	0.5213739	1.005718
4	蒙古	0.2391	−0.371114	0.8334723	0.5353032
5	不丹	0.2075	−0.7274659	0.8633738	0.4935459

续表

排名	国家	中央政府总收入占 GDP 比重因子	政治稳定与不存在暴力因子	政府效能因子	综合得分
6	马尔代夫	0.2581	−0.5506668	0.8216621	0.4194695
7	马来西亚	0.1764	1.01517	−0.1228611	0.4161473
8	中国	0.233	0.0622814	0.2264383	0.2137592
9	越南	0.1858	−0.2866909	0.1828179	0.0799358
10	老挝	0.1574	−0.846131	0.2431869	−0.0952246
11	泰国	0.2043	0.3855058	−0.3210494	−0.1724334
12	柬埔寨	0.18	−0.654358	0.1024025	−0.2289315
13	印度	0.198	−0.0643474	−0.2917296	−0.3279799
14	斯里兰卡	0.1273	−0.0558983	−0.4574734	−0.3741823
15	印尼	0.1288	0.0562226	−0.6206859	−0.4792832
16	尼泊尔	0.1981	−0.9322034	−0.56093	−0.5707493
17	缅甸	0.1756	−1.143341	−0.4148088	−0.9962416
18	孟加拉国	0.1031	−0.798501	−0.9579196	−1.197474
19	巴基斯坦	0.1437	−0.5138136	−1.33499	−1.545516
	菲律宾	—	—	—	—

注:GRD 数据集缺失菲律宾在 2013—2020 年的数据,参考其它指标及资料,其应属弱有效性能力。

资料来源:Stata16 运行结果。

综上分析,基于对各国能力强弱的判定,合成式能力概念框架得到初步验视,20 国的能力差异呈现出二维分布(图 1):马来西亚、中国、越南的自主性和有效性能力都较强,三国是区域内的强国家;印度的自主性能力较强,但有效性能力偏弱,是案例内唯一的中能力国家Ⅰ;蒙古、日本、新加坡等属中能力国家Ⅱ,自主性能力较弱但有效性能力较强,其中日、韩、新三国也是被认定的发达国家;数量最多的是以孟加拉国、缅甸、泰国等为代表的弱国家,其自主性能力容易遭到内外势力的侵蚀,有效性能力受到结构性束缚,可能长期徘徊于能力谱系的孱弱一端。①

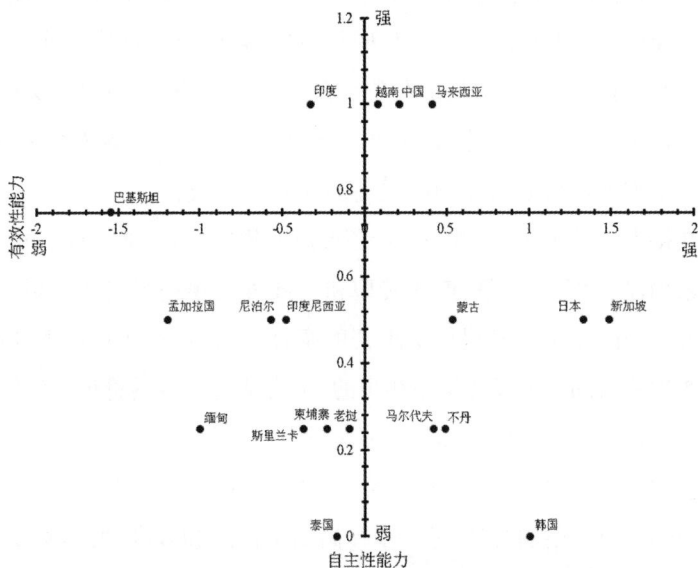

图1　合成式国家能力概念框架下亚洲东部国家的差异性分布

四、结语

　　国家能力概念的模糊不清阻滞着国家理论的科学化取向。本文因循"国家学派"的研究进路,切入既有三种认知路径的理解分歧,认为它们割裂或杂糅了国家自主性和有效性维度,使能力概念的含义愈趋含混繁杂。对此,可以结构—能动相统一的架构构建起一个合成式能力概念框架——国家能力包括自主性能力和有效性能力两个方面,二者结合有助于更细致地考察国家力量的结构性基础和能动化过程,并能深化对国家活动逻辑和模式的理解。

　　以合成式能力概念框架为基础,本文还尝试构建了一个综合测量指标体系,通过对亚洲东部20国的案例验视初步说明了框架的适用

————————

①　由于缺乏相关数据,未标出菲律宾的位置。

性。事实上,大多数国家的能力十分孱弱,其中一些国家还表现出能力失衡状况,可能存在潜在和难以预料的风险。只着眼于有效性能力会忽视国家安全、制度建设、观念认同等重要事项,自主性能力作为重要的保障性前提,对国家的长治久安和现代化发展发挥着持续影响。以中国为代表的"双强"国家,能够在政治文明建设、经济持续繁荣、社会和谐治理方面取得成功,离不开国家能力的强力支撑。

在接下来的工作中,可进一步拓展研究视野,以合成式能力概念对如国家构建、冲突与战争、产业转型和发展等议题进行实证分析,或能为理解其中的作用机制提供更缜密的阐释。当然,本文对自主性能力和有效性能力的合成式建构是初步的,仍有待更充分的论证,亟待继续回答的问题包括:在理论层面,两种次能力之间的逻辑关系有待进一步确证,它们之间的联结机制也需进一步挖掘;在经验层面,对能力强弱的评测仍需更严格的验证,进一步提高测量信度和效度、聚焦维度—指标—案例之间吻合度的工作应成为未来研究的重要议程。

政治发展与政治文化理论的演进

任梅香　　唐靖雯 *

内容摘要　政治发展催生了政治文化理论并推动着它的不断演进,同时,政治文化也是政治发展的动力,是对政治发展的文化解释,因此,从政治发展的角度理解政治文化和从政治文化的角度理解政治发展,在阐释两者之间相互关系的基础上解读政治文化的发展,是深刻认识和阐释政治文化理论的最重要的路径。从公民文化理论到世界价值观变迁理论和社会资本理论发展的方法、概念、理论和类型学建构,既有其发展的内在逻辑,也有其反映和解释现代化和政治发展进程的理论进展。

关键词　政治发展;政治文化;逻辑演进

尽管政治文化是一个现代概念,对其进行科学研究也不足一百年的时间,但人类对政治文化的关注或认识有着悠久的历史。在中国古代,一些思想家认为只有德行和文化才能使国家强大,认为使中华区别于蛮夷的重要因素并不在于武力的强弱和经济的盛衰,而是文化和礼仪的高下。孔子曰:"为政以德,譬如北辰,居其所而众星共之。"《春秋左传》有云:"中国有礼仪之大,故称夏;有服章之美,谓之华。"西方古代

---

*　任梅香,上海师范大学哲学与法政学院博士研究生,主要研究方向为政治哲学。唐靖雯(通讯作者),上海师范大学哲学与法政学院硕士研究生,主要研究方向为政治文化。

的思想家对政治文化有更高的关注,亚里士多德就指出:"一个城邦,一定要参与政事的公民具有善德,才能成为善邦。"他认为一个城邦人民的教育、习性和品德会影响政体的变化和走向。

近现代以来,随着资本主义市场化的发展和全球化的推进,世界各地的联系越来越紧密,使人们可以感受到不同国家的政治文化,可以对它们进行比较研究,这大大地加深了人们对政治文化的认识。1956 年加布里埃尔·阿尔蒙德在《比较政治制度》一文中第一次提出了政治文化的概念:"任何政治系统都嵌入在一定的对政治行为的体系化态度之中,而这种体系化的态度就是政治文化。"[①]在阿尔蒙德和西德尼·维巴共同撰写的《公民文化》一书中,他们对政治文化进行了进一步的界定和全面的阐释,建构了政治文化理论。这也标志着政治文化正式成为政治学的一个主要学术分支领域。

公民文化理论的诞生与政治发展尤其是民主的政治制度有着密切的关联,它实际也是政治发展尤其是民主化的产物。阿尔蒙德指出:"一个稳定的、有效的民主政府的发展,不仅仅依赖于政府和政治的结构,也依赖于人们对政治秩序的取向——依赖于政治文化。"[②]在阿尔蒙德看来,政治文化作为一种影响政治行为主体的准则、模式和原则,可以在相当程度上影响一个国家的政治发展和民主化进程。

一、公民文化的理论来源

阿尔蒙德的公民文化理论来源包括欧洲近代以来的自由主义思想、社会理论、社会心理学以及心理文化学中的部分因素等。由于公民文化这一概念是对欧洲自由民主思想和公民权利理论的直接继承,因此,就这个概念本身而言,它既是公民文化理论的核心内涵,又不是其

---

① Gabriel Almond, "Comparative Political Systems," *The Journal of Politics*, Vol. 18, No. 3, 1956, pp. 391, 409.

② [美]加布里埃尔·阿尔蒙德、西德尼·维巴:《公民文化——五个国家的政治态度和民主制度》,张明澍译,商务印书馆,2014 年,第 586 页。

创新的主要所在,而它的主要贡献则是它所建构的公民文化的理论体系,包括对公民文化概念和政治文化理论体系的行为主义的科学的方法论的测量和界定,它所建立的与政治发展相联系的村民文化、臣民文化和公民文化所构成的政治文化的类型学。在这之中,公民文化理论对文化人类学和心理文化的借鉴尤为重要。

文化人类学

文化人类学通过研究人与自然的关系,人与人之间的关系(包括社会组织、社会制度、习俗以及社会文化的关系),人与自己内心的关系(包括信仰、知识、态度、取向以及精神文化的关系)①,总结出的系统化的知识、信仰和价值观②。因此,文化人类学是解释人类文化的特质、各文化之间的异同和文化发展规律的学问,也即文化学。格尔茨认为文化是一种群体共有的观念系统,是一种客观的、整体的、共同的意义网络,文化不是个体的认知系统,而是公共整体的,是客观的不以个人意志为转移的,是具有公共象征含义的系统,它反映的是整体的观念认知。文化是被一定群体的大多数人所共有的。③ 强调了文化的客观性与整体性。

从个人的角度来说,文化的含义与象征是与生俱来的,因为人从出生以来,这种含义与象征就已经存在于社会之中。个体的存续可能对文化的传播有一定的影响,但只是一些局部强弱的变化,文化的意义系统不会因此发生本质的变化。认识文化的内涵并进行概念的建构是文化人类学研究的目的,而达此目的需要正确的研究路径。在《文化的解析》中,格尔茨认为文化是一种情境(context),主要是为了帮助人们理解情境中的语言和行为的含义,而就是身处这一情境中的人会对一些语言学上面的简略表达习以为常,但是外来的人可能会感到迷惑,并且

---

① 张雪慧:《文化人类学理论方法系要》,《社会科学》1992 年第 3 期。
② [美]R. M. 基辛:《文化·社会·个人》,甘华明、陈芳译,辽宁人民出版社,1988 年,第 2 页。
③ Clifford Geertz, *The Interpretation of Cultures*, Basic Books, 1973, p.14.

对一些深层次含义的表达难以理解。这就要求研究者在研究开始之前不能带入自己的预判,而要深入其中,将对研究对象的行为的理解作为研究的核心。本尼迪克特指出了一个在做问卷调查时一个重要的前提条件:研究者在做问卷调查的时候一定要熟悉当地的生活方式,如果不了解当地的文化环境、生活方式和心理倾向,那么问卷调查并不能提供科学有效的信息。例如在《菊与刀》中指出,日本人对于政府的观念与美国人截然不同,在美国,无论持何种政治态度的美国人都将政府视为阻碍个人自由的祸害,这就是研究者在进行问卷调查之前必须了解的内容。

格尔茨认为,文化研究必要的步骤是要进入研究对象的生活领域,唯有这样,研究者才有可能了解研究对象,并且与研究对象进行对话。进而,他认为在这一研究过程中具体的技术性方法并不是最重要的,而"深描"(thick description)才是人类学研究方法的核心。格尔茨将深描比喻为"试图去阅读一个充满陌生感、模糊、不完整甚至逻辑不自洽的和充满偏见注释与评论的稿子,这个稿子由转瞬即逝的人的行为构成"①。与"'浅描'(thin description)这一简单记录研究事件中的主体、行为和对象的研究方法不同",深描力图反应研究现象背后的文化内涵与文化结构。因为任何行为只有基于深层次的意义系统,才是有内涵的,才是可以被正确理解与认知的,如果脱离了意义,一个普通的社会行为就不具备它被赋予的社会意义,甚至不复存在。因此,"深描"的主要关注点在于对意义的理解,而不是进行因果关系的解释;这样的文化研究更多的是一种探究深层含义的阐释学,而不是追寻规律的科学。②

围绕着阐释或"深描",文化人类学主要有两种研究方法:田野调查法和跨文化比较法。这种田野调查,主要是进行民族志研究,就是深入研究对象的所处环境,通过民族志深入了解其环境的意义,并面对面的去和研究对象接触,通过近距离的观察,在此基础上找出研究对象行为

---

① Clifford Geertz, *The Interpretation of Cultures*, Basic Books, 1973, p. 10.
② 胡鹏:《政治文化新论》,复旦大学出版社,2020 年,第 127 页。

背后的深层文化含义,探究文化的内涵与特质,以完成"深描"。由于文化具有整体性,从对于一些特定文化情境的充分了解中就可以推断出该文化下大部分人的行为模式。例如,本尼迪克特在《菊与刀》中指出,日本人相互行礼是一种公认的习惯性行为,这种习惯性行为的归纳与总结,没有必要对所有的日本人或者大部分日本人进行统计与调查,几个例子就足以证明。跨文化比较的方法则主要是对各种文化进行比较,也是一种较早的案例比较。它的目的是确定不同文化之间的差异性与共同性,展现文化的多样性和趋同性,揭示文化发展的规律。也正因为如此,跨文化比较不是纯粹的比较,它要在田野调查或案例研究的基础上进行,在对比较的对象或单位有一定的认识的基础上才能展开。同时,田野调查或质性研究也要通过跨文化比较来确定特定文化的特点,没有不同文化间的比较,没有对不同文化的异同的认识,对一种文化的"深描"及特质的认识就不可能深入。所以,田野调查法和跨文化比较法在传统上都是推动文化人类学研究的不可或缺的方法。

心理文化学

与文化人类学将文化视为超越个体的整体存在不同,心理文化学是以个体的心理活动或个体为核心,将个体的心理倾向汇总而成的文化倾向,它强调了文化的主观性。心理文化学秉持"主观性"的文化观,认为群体中的个体态度倾向的集合就是文化。心理文化学的研究出发点是个人的心理态度,探讨个人的心理态度与文化交融的过程与发生机制,然后进行汇总分析,以人的这种主观倾向来解释社会和政治现象。它认为只有在个人的主观认识中去理解和阐释文化,才是有意义的。

与文化人类学认为是文化情境影响人的选择和行为方式不同的是,心理文化学认为是人的心理态度引导人的行为方式,认为行为者的心理认知会驱动自己在特定的环境下做出特定举动,并且这种内心的心理倾向也会影响自己对他人行为和心理的解读。因此,人的个体主观性决定或影响着人们认识世界和与他者打交道的方式。由此,在同一种文化的氛围下,拥有同一种心理倾向的个体,对社会政治现象的解读会相似,会减少彼此之间的冲突、模糊与焦虑,并且将彼此的行为定性为具有社会政治意义。但从另一个方面来说,这种解读也可能陷入一种认识上的扭曲,这种解读更倾向于他们确定的事物,而不是正确的事物,甚至可能模糊两者之间的界限。

与文化人类学主要应用阐释方法不同,文化心理学产生之初就坚持科学主义的方法论,以建构认知模型和以调查问卷、个体访问所支撑的大样本分析为主要研究方法,研究过程更具有演绎性和实证性,由此可以对个体的行为进行深入的解读。心理文化学并不是像精神领域的分析理论一样,将人的社会行为完全归结于个人的心理倾向,它更关注的是人的心理态度的习得性,即如果获得特定的心理态度与倾向的途径才是它们研究的重点,因此,心理文化学认为个人所处的文化环境对于他们模仿学习社会行为规范是很重要的。个体与外界的交往经历也是他们构建内心心理态度与倾向的基石。在贝特丽丝·怀特(Beatrice Whiting)和约翰·怀特(John Whiting)的研究模型中,认为个人的心理的塑造与形成与文化是相互作用的关系,但不是完全重叠、更不是相互决定的关系。在他们的研究模型中,个人的一些行为与社会组织的关系密不可分,个人的行为既是由其心理导引的,在很多时候也是由社会组织的规定所导致的,个体的选择不时会受制于社会组织的角色设定、期待与安排。从幼儿成长为成人的一些常规的行为规范、模型都是他们通过在社会中的生活与学习获得的。① 所以,人的心理倾向是在不断进步与变化的,因为个体是置身于一种特定的环境之中,环境的变化和社会化过程是一个不可避免的主客观相结合的变化过程,这一过程与之前的文化传统相互影响、相互吸收,最终会影响甚至改变个体的行为倾向。

---

① ［美］马克·华德·罗斯:《冲突的文化——比较视野下的解读与利益》,刘苹侠译,社会科学文献出版社,2013 年,第 50 页。

文化人类学和心理文化学的对比

文化人类学和心理文化学是两种不同的文化研究视角,可以分别从研究视角、概念界定、分析单位、现象表征、研究方法和研究目的六个方面对文化人类学和心理文化学的差异进行了对比。

从研究视角或起点来看,文化人类学将文化视为超越个体的集体意识的映照,因此它的文化的本体是客观而整体主义的;心理文化学则将文化视为个体的心理倾向以及由此导引的行为模式,通过个体内心世界的倾向与态度来向外延伸至行为,进而得出外部世界的一般性规律和普遍性倾向,因此它的文化本体是主观而个体主义的。从概念界定来看,文化人类学将文化看成是超越个体的意义网络,而心理文化学则将文化界定为个体观念意识的集合。从文化的分析单位和文化现象来看,文化人类学更关注集体层面的态度倾向,具体的文化现象就是宗教、符号、话语、仪式等,而心理文化学则更关注个体层面的心理状态,具体的文化现象是政治态度、政治倾向等。从研究的目的和方法来看,传统的文化人类学主要关注对意义的阐释与理解,韦伯和格尔茨都反对将自然科学的一些方法运用于文化研究,对于文化意义的解释要基于理解和阐释。

因此,文化人类学的研究方法主要是运用田野调查和对民族志的解读或"深描"以及跨文化比较等方法,这需要研究者深深地扎根本地的文化,通过参与式观察、访谈等近距离接触的方法对于当地的文化进行理解与解释。也正因为如此,传统上文化人类学的结果往往是展现文化的多样性。对于共同性的探讨并非没有,但由于提炼共同性需要概括文化内的特定的维度,这需要牺牲复杂性或"深描",要更多地应用科学的比较方法,因而传统上这不是文化人类学的主要研究目的和结果。但现在的文化人类学也在越来越多的应用比较方法甚至统计方法来研究文化的共同性。而心理文化学主要是关注个体的心理是如何影响人的行为的,这种心理行为是如何形成文化的,所以它的研究方法就是要建构心理倾向和行为联系的研究模型和建立在对个体的心理倾向和行为进行调查基础上的大样本数据分析。

相比于文化人类学,心理文化学在微观上的研究更加精准,结论也更具有科学性。但是从宏观上来说存在着不确定性,因为宏观因素和环境并不完全或简单是微观因素的总和或累积,因此,心理文化学无法解释与预测处于不同文化情景中的个体的哪些心理倾向可以被培养,哪些不能被培养;也无法解释同一文化情境为什么能培养某一种特定的心理倾向与行为模式,也可能培养出另一种截然不同的心理倾向与行为模式。在宏观领域,由于文化人类学是对现存和客观性文化的解释,因而其对文化的解释可能更为合理。

文化人类学和心理文化学的研究路径的不同会在一定程度上导致到它们所秉持不同的文化观。文化人类学的整体主义使文化难以被主观地改变,所以它客观上认为不同地区的人们会保持自己的生活方式与行为模式,这种独特性或差异性应该受到尊重,并在此基础上建立起一个可以包容多样性的世界。① 心理文化学力图发现、归纳、总结世界文化变迁的一般性规律,认为个体的主观努力可能改变文化,因而可能建立一致性,并认为世界各族人民都可以通过复制这一规律而得到更好的生活。当然,这两种传统的或经典的文化模式之间的差异也在不断缩小,因为它们相互借鉴对方的研究方法和路径,尤其是全球化导致的各种文化的相互渗透,致使两种文化观的支持者认为各种文化间都存在着广泛的差异性与共同性。

二、政治发展公民文化理论的构建

公民文化理论的出现有其深刻的理论和实践背景,它是在文化理论长期发展、行为主义理论兴起和世界性的政治发展尤其是"第二波民主化"从欧洲扩展到亚非拉的推动下所产生的,换言之,它是在深厚的理论积淀和迫切的实践需要的推动下、在阿尔蒙德等人的天才构建下

---

① [美]鲁斯·本尼迪克特:《菊与刀》,吕万和译,商务印书馆,1990 年,第 11 页。

应运而生的。它以欧洲近代以来的民主政治思想为核心,以文化人类学的理论和方法为基础,以行为主义及心理文化学的理论及其它们的个体主义方法为主要理论和研究路径,进行了新的概念和理论建构,即将政治文化界定为个体政治态度的汇总。进而将政治态度细分为政治认识、政治情感和政治评价,以调查和访谈进行测量,在此基础上进行大样本分析,并根据调查研究的结果将世界各国的政治文化划分为村民型、臣民型和参与型三种主要类型及其由三种类型混合而成的各种亚类型,从而建立起系统的公民文化理论。

阿尔蒙德和维巴在文化研究中首先使用了统计分析方法,他们对美国、英国、德国、意大利和墨西哥五个国家的民众个体的政治态度进行了问卷调查和访谈,对每一个国家的调查样本量设定为1000[①]。这份问卷包含了许多指标来测量五个国家的民众的政治取向,其中主要包括:对政府和政党的认识、党派倾向、政治参与的热情与能力、民主的态度、人际关系与社会信任、社会组织参与度、政治社会化程度等。然后将各个国家的调查问卷汇总、分析和归纳,在此基础上界定各国的政治文化的质性特点和量性的程度和范围,再进行跨国比较,以确定各国政治文化的基本特质及其混合程度。由此可见,政治文化的各种概念无一不是以与政治体制关系为参照来界定的,而其理论体系则是以政治发展为基础进行建构的。

阿尔蒙德和维巴将政治文化划分为三种类型,分别是村民型、臣民型以及参与型政治文化。将政治文化看成是广义上对政治体系、对体系的输入和输出、以及对作为政治主体的自我认知和评价的取向。村民型政治文化是指四种政治取向的出现频率都为零的文化,民众对于属地的认同要强于对国家的认同,不指望政治体系会给自己带来改变,也不期待从政治体系中得到什么。臣民型政治文化在体系输出方面的取向频率较高,但是输入的部分和主动参与的自我取向都接近于零,这

---

① Sidney Verba,"On Revisiting the Civic Culture: A Personal Postscript," Almond and Sidney Verba eds., *The Civic Culture Revisited*, Sage, 1989, pp. 394-410.

意味着臣民型政治文化中的民众已经意识到一定的政府权威,并且会对它有一定的看法和评论,以及评价它合法或不合法。臣民型政治文化中的个体仅仅关注政治结果,对政治过程漠不关心,基本特征在于服从;在一个还没有分化出输入结构的社会中存在着纯粹的臣民型文化。参与型政治文化中的社会成员既对政治体系有明确的认知,也重视政治结构和过程,对政治体系的输入和输出都有明显的关切;其基本特征是个体对政治体系的参与。这三种类型的政治文化是一种"理想状态",也是研究者设计的一种研究性或工具性类型,而现实中的政治文化更多的是三种类型的混合体,例如参与型政治体系中的民众不仅可以是积极参与政治生活的个体,也可以是愿意服从法律和权威的臣民,同时又可以是更加松散的初级社会群体的成员。

阿尔蒙德和维巴还对现实中的五个国家的政治文化类型进行了具体总结。美国和英国是他们心中理想的具有公民文化的国家,他们将美国的政治文化称之为"参与型公民文化",这也是最为理想的一种类型。英国的政治文化是臣民型和公民型的混合体,并且更加靠近臣民型,因此英国的政治文化被成为"恭敬型公民文化"(deferential civic culture)。联邦德国的政治文化则十分矛盾,虽然民众熟知政治事务,对政治系统也比较信任,也会积极参与政治生活,但是参与的质量不高,形式多于实质,具有"政治冷漠和臣民特性"(political detachment and subject competence),因此被称之为犬儒主义的政治文化类型。墨西哥的政治文化被界定为"疏离而有希望"(alienated and aspiration)的状态。① 这是因为墨西哥的民众对于政治体系并不熟悉,也不认为政府可以为自己的日常生活带来些什么,但是相较于联邦德国和意大利,墨西哥民众却对政治体制充满信心。意大利的民众对政治体系的态度更多表现出一种冷漠与不信任,国家的荣誉感比较低,参与政治生活并不积极,明显缺乏社会信任。阿尔蒙德和维巴将这种政治文化称为"疏离型

---

① [美]加布里埃尔·阿尔蒙德、西德尼·维巴:《公民文化——五个国家的政治态度和民主制度》,张明澍译,商务印书馆,2014 年,第 20~35 页。

政治文化"（*alienated political culture*）。① 所以，五国的政治文化都是三种政治文化的比例不同的混合型文化。当然，对这些国家政治文化的调查与分析是发生在 70 年前，目前这些国家的政治文化都已经发生了很大的变化，是向着公民文化和后现代文化的方向发展。

公民文化的理论建构是以政治发展尤其是民主化为基础进行的，这是既是它理论建构的起点，也是它的研究视角。公民文化第一次将现代化进程和政治发展及政治制度联系到了一起，指出了它们之间的因果关联，从而使政治观念和政治价值重新回归现代化理论视野。② 同时，公民文化以民主化为基础，打破了以往政治研究的精英主义价值偏向，摒弃了传统上将政治发展更多地归结为精英的政治设计的观念，将研究的关注重点从政治精英转向了普通公民，并且认为政治的发展是由普通公民自发参与政治生活而推动的。③ 沿着这一研究方向，公民文化理论的研究者借助行为主义理论和方法，探讨民众的政治态度与政治行为的关系，以及这种政治行为是如何影响政治变迁的。这一研究路径和研究视角深刻的启迪了后来的研究者，也成为了政治文化研究的主导视角。例如阿尔蒙德和维巴在公民文化研究中，区分了不同教育水平的公民的政治态度，这使后来的研究者开始关注包括教育程度、性别、收入等人口学因素对于政治态度的影响，直到今天，几乎所有的政治态度和价值观的实证研究都会将人口学因素纳入分析框架。④

从方法论来看，公民文化研究是第一次运用大样本的统计分析方法进行理论建构和解决初衷问题的。阿尔蒙德和维巴是政治学界首次使用定量分析方法来研究政治文化，他们在界定相关概念并对其进行分解的基础上，对概念进行测量，通过大量的问卷调查和访谈收集科学

---

① Gabriel Almond, Sidney Verba. *The Civic Culture: Political Attitudes and Democracy in Five Nations*, Princeton University Press, 1963, pp. 308-314.

② Christian Welzel and Ronald Inglehart, "Mass Beliefs and Democratic Institutions", Carles Boix and Susan Stokes eds., *Oxford Handbook of Comparative Politics*, Oxford University Press, 2007, pp. 297-316.

③ Filippo Sabetti, "Democracy and Civic Culture", Carlex Boix and Susan Stokes eds., *Oxford Handbook of Comparative Politics*, Oxford University Press, 2007, pp. 340-362.

④ 胡鹏：《政治文化新论》，复旦大学出版社，2020 年，第 54～56 页.

性的样本,并对这些数据进行分析,得出了相应的结论。这也是文化研究最早系统地应用科学方法进行研究的探索。尽管在此之前文化人类学研究中也有具有一定实证性的调查访谈,但没有系统而科学的大样本分析。

阿尔蒙德和维巴认为臣民型政治文化和参与型政治文化的核心区别在于民众是否关心政治过程而非政治结果。他们提问:"请想一想中央政府(华盛顿、伦敦、波恩、罗马、墨西哥城),你觉得他们的行为,如法律的制定和推行对你的日常生活有影响吗? 是有很大影响,有一些影响,还是没有影响?"他们根据调查结果,得出结论,美国的政治文化类型更倾向于参与型政治文化,而意大利的政治文化类型更接近臣民型政治文化。这也是学界第一次将政治文化中定量研究的问题用定性的方式表达出来,将定量研究与定性研究相结合,在政治学研究中进行了最早的定性比较分析。

进而,阿尔蒙德和维巴还对民众对于竞选这种政治态度、对民众的社会生活态度与政治生活态度之间的关系进行了大样本的调查与分析。问题的原文为:"有人认为竞选活动是必要的,以便大众分辩候选人和议题,也有些人认为选举会引发很多矛盾和问题,不要更好。你觉得竞选活动是否必要?",以及"你是否关注了最近一次的全国选举总统的竞选活动? 是非常关注,关注了一些,还是没有关注?"以上问题都展现了民众对于政治生活的态度和社会信任的程度。他们分析的结论是:如果民众生活在一个社会信任度低的社会中,就很难在政治生活中进行良好的合作。通过比较五国数据,得出结论:美国和英国的民众的社会信任程度较高,而意大利、联邦德国和墨西哥三国的受访者的社会信任程度相对较低。

以政治发展为基础建构的类型学,有力地支撑了公民文化的理论体系。在公民文化研究之前,传统的文化人类学主要是从纵向或横向上对文化进行分类,前者依照人类发展史进行了纵向的文化分类,即原始文明、农耕文明到工业文明的类型学,从宏观和纵向上划分了人类发展的进程。第二种是横向的文化分类,这种分类依照不同的划分标准而建立了不同的类型学,例如以地缘差异、种族差异、阶级差异、宗教差异和意识形态差异等进行了文化分类,建立相关的类型学,例如东西方文化的类型学,不同宗教的类型学,或欧美、东亚、中东和非洲的类型学等,以反映不同文化的特质及其它们之间的差异性和相似性。

为支持公民文化理论而建构的类型学是什么,又有哪些贡献呢?首先,与以往广义的文化分类不同,它聚焦政治文化的分类,它提供了一条从村民文化、臣民型文化到参与型文化的纵向的文化变迁路径,填补了这一领域类型学的空白;其次,公民文化理论的类型学反映了政治发展与政治文化的关系,公民文化这一概念反映了与民主化一致的政治文化的最新变化,这使与政治发展或民主化相一致的文化变迁被纳入政治文化的类型学;最后,尽管它提供的是一条纵向而宏观的政治文化发展的类型学,但由于其以行为主义理论和实证主义的科学方法为支撑,加之对现存的各种混合型类型的研究和认定,使其实际上聚集于当代政治文化的量性变化和界定,是一种较之以往的文化研究或分类更为精细的研究和量性分类,例如,根据一定的量性差异将美国的政治文化界定为"参与型公民文化",而将英国的政治文化界定为"恭敬型公民文化",就是一种更为细化的类型划分。

三、政治发展与"世界价值观变迁"理论的构建

文化理论的作用取决于它对社会现实和社会发展的解释能力,但由于其概念的模糊性,难以清晰地阐述因果关系,因而这一直是文化理论需要解决的核心问题,也是其发展的动力所在。从传统的文化人类学到心理文化学,到政治文化各种理论的建构和发展,莫不如此。在行为主义的演绎理论和以个体为单位的统计分析方法支持下建构的公民文化理论在解决这一缺陷时已经有很大进步,但因为概念问题也难以取得完全令人信服的进展。所以,政治文化研究和以实证主义方法为支撑的文化研究要想取得实质性的发展,仍需要在对文化概念进行更精确的阐释上下功夫,尤其是要阐明它引导行动或推动社会政治发展

的因果联系。后来的有雄心的政治文化研究者都在概念的界定、测量以及研究设计方面进行优化和提升,并阐释其与社会政治变迁的因果关系。英格尔哈特对世界价值观变迁理论的建构就是沿着这一研究路径发展的,他企图从对实践或政治发展的回应,即通过对政治文化理论的构建来解释和回应现代化尤其是后现代世界的变迁,并在这场伟大的实践中来证实价值观变迁理论。

英格尔哈特认为,经典的现代化理论(包括公民文化理论),只包括从农业社会转变到工业社会的文化变迁,而没有论及从工业社会到后工业化所引发的第二次文化变迁。在世界价值观变迁理论中,英格尔哈特最初提出了两个重要的概念,即"物质主义价值观"和"后物质主义价值观",这是这一理论的核心概念。物质主义价值观,也称为现代主义价值观,主要是指人的物质生存观,是对经济增长、物价波动、就业率、失业率以及社会秩序和社会稳定的基本态度;后物质主义价值观,也称为后现代主义价值观,是指对超越人的物质生存需求的个人自由与政治参与的基本态度。① 进而,英格尔哈特又提出了"传统价值观""世俗理性价值观""生存价值观"和"自我表达的价值观"等一整套概念体系,阐释了它们之间的关系,从而建构了世界价值观变迁理论的体系。

英格尔哈特指出,传统价值观导向下的人对于宗教十分重视,对离经叛道的事情不宽容,反对离婚、堕胎、同性恋倾向,同时对于国家荣誉有很强的认同感,绝对服从权威;世俗理性价值观导向的人则正好相反,他们的价值观倾向于世俗化、理性化和科层化,对于"离经叛道"的事务更为宽容,同时也不太服从权威;生存价值观也即物质主义价值观,更加重视与生存相关的事情;自我表达的价值观则拥有比后物质主义价值观更为宽泛的内涵与外延,相较于后物质主义价值观的个人自由与独立选择,自我表达的价值观对于外来的群体更加宽容,同时重视

---

① Ronald Inglehart, "The Silent Revolution in Europe: Intergenerational Change in Post-Indus-trial Societies," *American Political Science Review*, Vol. 65, No. 4, 1971.

环境保护,对于多元主义的价值观与生活方式也更加包容。①

英格尔哈特的世界价值观变迁理论是以现代化和政治发展为基础的,它阐释了现代化进程是如何导致个体的价值观尤其是政治价值变迁的。英格尔哈特认为,工业化造就了现代社会和具有"现代性"的价值观,他在《现代化、文化变迁与民主》一书中详细介绍了这一变迁的过程:首先,伴随着经济现代化而来的,是各国逐步提升福利待遇,飞速增长的经济给人们带来了充足的物质资源,使人们不再担忧生存问题;其次,教育资源和大众传媒的普及,增加了人们的智力资源,使人们的认知得到了质的飞跃与解放;最后,经济现代化带来了社会现代化,社会关系也在不断的复杂化和多元化,传统的社会关系对人们的束缚在不断减小,这些都潜移默化中改变了人们的交往模式。简而言之,经济现代化提高了人们的认知水平,减少了人们的传统束缚,增加了人们的选择余地,使人们变得更加独立自主。② 高度工业化的经济发展会使人们的价值观倾向于世俗理性,由传统价值观转变为世俗理性的价值观。到了后工业化社会中,文化的变迁主要表现在生存价值观转变为自我表达的价值观。③ 但当经济形势不好时,人们的传统价值观和生存价值观会重新成为主流。在调查中发现,经济发达的国家,持有后物质主义价值观的人越多,而经济不太发达的国家,持有物质主义价值观的人越多,物质条件越富足的社会越可能产生持有后物质主义价值观的群体。

与传统的文化人类学和心理文化学一样,英格尔哈特认为代际更替也是文化变迁的重要原因。④ 基于社会化和现代化理论,英格尔哈特提出了两个假说:匮乏假设(scarcity hypothesis)和社会化假设(socialization hypothesis)。匮乏假设主要是阐释了经济的发展与物质生活的富

---

① Ronald Inglehart, *Cultural Evolution: People's Motivations Are Changing and Reshaping the World*, Cambridge University Press, 2018, p.37.

② Ronald Inglehart and Christian Welzel, *Modernization, Cultural Change and Democracy: The Human Development Sequence*, Cambridge University Press, 2005, p.24.

③ Ronald Inglehart and Christian Welzel, *Modernization, Cultural Change and Democracy: The Human Development Sequence*, Cambridge University Press, 2005, p.20.

④ Ronald Inglehart and Christian Welzel, *Modernization, Cultural Change and Democracy: The Human Development Sequence*, Cambridge University Press, 2005, p.38.

足让人们更加倾向于世俗理性价值观和自我表达价值观;而社会化假设则是认为人们的价值观是由成年之前的环境所塑造并固定化的,[①]将两个假设结合起来,就得到了英格尔哈特的价值观变迁理论:当一个国家或地区的经济稳步发展,社会化进程稳步向前的时候,生于物质富足、社会稳定的新生代就会形成和父辈不同的价值观,并且这种不同的价值观会在成年之后固定下来,而随着经济的持续发展、社会的长期稳定,这种代际之间的价值观更替就会引起大范围的文化变迁。

这种代际之间的价值观变迁是以马斯洛的行为心理学的需求层次理论为核心和支撑的。需求层次理论把人类的需求分为由低到高的五个层次,分别是生理的需求、安全的需求、情感和归属的需求、尊重的需求和自我实现的需求。马斯洛的观点是,如果人类的低层次的需求得到了满足,他就会向高层次的需求发展,追求高层次的需求是人类行为的驱动力。[②] 因此,一个国家的经济发展水平和国民受教育程度直接影响了这个国家大多数人的需求层次。在发达国家,因为长期的经济平稳发展与社会和平稳定,安全的生存环境已经被视为是理所当然的一件事,不再会被认为是需要被重视的优先倾向;而在不发达国家,在安全的生存环境还没有完全实现的情况下,生存的物质需求是高于其他一切需求的最优先需求。[③]

从核心的概念建构来看,英格尔哈特将解释文化变迁的关键概念由个体的"表面的"态度"深化"到价值观层面,这在相当程度上可以解决政治态度的不稳定而造成的测量不准确的问题。个体的政治态度可能会依具体情境的不同和对政治甚至特定的政治事件和政治行为的不同理解而发生变化,相对价值观而言通常处于一种不稳定和多变的状态,这会使研究者对个体态度的调查、测量和分析也不够准确。与此不

---

① Ronald Inglehart, *Cultural Evolution: People's Motivations Are Changing and Reshaping the World*, Cambridge University Press, 2018, p.15.

② A. H. Maslow. "A Theory of Human Motivation," *Psychological Review*, 1943, pp. 370-396.

③ [美]罗纳德·英格尔哈特:《发达工业社会的文化转型》,张秀琴译,社会科学文献出版社,2013 年,第 251 页。

同的是,价值观则是个体的心理结构的核心部分,是其中较为稳定的核心而系统的因素,不易随着情景和事件的变化而发生变化。同时它也是与个体情感密切相关联的系统的心理倾向,是个体对于客观世界的评价体系,是个体行为的基本准则与行为规范,它甚至是一种信仰,可以激励个体为了实现目标而奋斗,因此,相较于政治态度,价值观要稳定的多。因此,以测量公民的价值观来替代政治态度来界定文化的内涵更为准确和客观。①

从方法论来看,首先,世界价值观变迁理论是以对大范围和大量的跨国和跨时的调查资料进行统计分析来支撑的,换言之,由于它对处于不同发展水平或不同时代的大量国家进行了大量的取样调查,获得了大量的数据,使研究者对处于传统社会、现代化社会和后现代社会的国家都有客观的了解,可以对传统、现代和后现代的价值观进行充分的直接比较,因而使其论证更为精确和有力。

其次,英格尔哈特也考虑到了从个体到整体的转换困境问题,即不能由个体价值观的简单汇总来得出整体性的结论。为解决这一困境,英格尔哈特在调查访谈中更加考虑通过概念设计来联结个体与整体的联系,以进行个体与整体之间的关系转换。他通过设计一套"大多数人是可以信任的吗"的概念让被调查者回答,将个体意识与集体意识联系起来,从而在相当程度上解决了个体到整体的转换困境。由此,公民个体对于这一类问题的回答代表的已经不仅仅是他自己的态度和价值观,而是其身处于社会中,对于其集体的信任和整体文化状况的判断,思考和体现的是这个集体或者社会中大多数人所共有的一种价值观和文化倾向。这种研究层次的连结和转换,使从对个体调查的汇总中概括出整体的价值观就相对可信。尤其是较公民文化的调查访谈而言,英格尔哈特的世界价值观研究的调查更加广泛、普遍,其调查范围从 20世纪 70 年代西欧的几个主要国家发展到今天的 100 多个国家和地区,并且调查的时间跨度达到了 50 多年,基本覆盖了世界 90% 的人口,有

———————

① 李路曲:《政治文化理论的逻辑演进》,《天津社会科学》2020 年第 4 期。

这种跨时代的大量的调查数据支撑,研究的可信度大大更高了。

最后,英格尔哈特提出了由传统价值观、现代价值观与后现代价值观等概念所构成的一种纵向的或发展的类型学,由此构成世界价值观变迁的理论体系。同时它又是一种更为精细、动态的类型学,由此为价值观变迁的研究提供了有效的分析工具与比较框架,这表现在它虽然涵盖了人类价值观变迁的整个历程,但它主要是通过大样本分析和量性数据来阐述世界价值观或文化变迁过程,它更敏锐地抓住了时代转型时期后现代文化的产生及其内涵。

四、作为政治文化的"社会资本"理论的构建

资本是一个经济学的概念,社会资本也是作为一个经济学术语被提出和应用的,是指物质资本和人力资本等经济概念。后来布迪厄(Bourdien)和科尔曼(Coleman)把这一概念引入了社会学领域。布迪厄作为第一个改变社会资本内涵的学者,在他的《临时笔记》一文中对社会资本进行了社会学的定义:"社会资本是实际或者潜在资源的集合,并与默认或者承认的关系所组成的持久性网络有关,同时这些关系是制度化的。"沿着社会网络和社会资源这一思路,科尔曼建构了社会资本的理论,他于 1988 年发表了《社会资本在人力资本创造中的作用》一文。在科尔曼看来,社会中存在的社会资本既不是固定在个人身上,也不是固定在物质生产工具之中,而是存在于人与人之间的关系结构之中。[①] 社会行动者要参与社会活动,就一定会参与到社会交易和控制力的转化中来,这就导致了一种持久的社会关系——权威关系、信任关系和双方认可的规范的权利分配关系——的形成。在这种关系网络中,

---

① J. S. Coleman, "A Rational Choice Perspective on Economic Sociology," Smelser and R. Swedberg eds., *The Handbook of Economic Sociology*, Princeton University Press, 1994, p. 302.

人们可以根据自身的需要而激活相应的关系资源。① 与理性选择理论将人视为纯粹的"经济人"以及文化人类学将人视为纯粹的"文化人"或"社会人"不同,科尔曼试图将两者结合起来,即将理性行为规则与特定的社会环境联系起来。科尔曼将理性行为看成是生产社会资本的重要因素,同时将社会资本视为理性个体的资源,从而将结构视角与功能视角相结合。就结构视角而言,在"资本"前加上"社会"这一定语,摒弃了极端的个人主义假设,将社会结构因素引入理性行为分析中,强调社会资本寄存于社会结构之中;就功能视角而言,在"社会"后面加上经济学的"资本",通过"资本"的性质凸显社会结构因素对理性个人的资源意义,关注"嵌入"社会结构中的行动者受惠于社会结构的个人性结果,从而将微观个人动机与群体的社会结构结合起来。②

　　"社会资本"一词被普特南引入政治学领域,或者说,社会资本在普特南的意义上已经主要不是一个经济学和社会学概念了,而是一个政治文化的概念了。普特南认为:"社会资本是能够推动和协调行动来提高社会效率的信任、规范和网络。"③他运用博弈论和理性选择理论等来分析信任、规范和网络之间关系和各自的作用,并强调了社会资本对于社会稳定、民主以及经济发展具有十分重要的意义。肯尼斯·纽顿(Newton)对普特南的社会资本做出三方面的解释。首先,从信任这一关键词可知,社会资本的核心是人们之间相互合作、同情、理解、信任的主观选择的态度与价值观;其次,规范指的是社会结构与关系的一种特性,这种特性使社会行动变的更加容易;最后,网络是一种将家庭、工作、朋友、邻居以及公私生活联系起来的人格关系网络。④ 这种高度的社会资本是具有生产性的,并且是解决集体行动困境的一条有效路径。

---

① ［英］凯特·纳什、阿兰·斯科特主编:《布莱克维尔政治社会学指南》,李雪等译,浙江人民出版社,2007 年,第 242～243 页。
② 李惠斌、杨雪冬主编:《社会资本与社会发展》,社会科学文献出版社,2000 年;张会芸:《社会资本的文化主义转向及其困境——以罗伯特·帕特南的理论为例》,《华中科技大学学报》2015 年第 1 期。
③ Robert Putnam, *Making Democracy Work*, Princeton University Press, 1993, p.167.
④ 李惠斌、杨雪冬:《社会资本与社会发展》,社会科学文献出版社,2000 年,第 380、387 页。

　　文化的产生依赖于个体的社会化,因此文化所表达的是多数个体的人格的共同体现。社会资本是否是一种政治文化,要看其是否具有宏观性和普遍性。为此,普特南将社会资本的研究对象从个体收益转变为宏观的政治现象。这一转变有两个层次:

　　首先,为了解决理性选择理论中"理性人"假设而导致的个体主义路径困境,普特南的社会资本理论明显带有组织的嵌入性特点,主要表现为社会资本的解释、研究对象不再是个人,取而代之的是具有客观性的社会结构和社会网络,社会资本的所有权不再是公民个人,而是为社会的网络所共有,这一网络是在一定范围内的人际交往关系。这种超越"个人"的"我们"的观念,也是不再将集体观念看成是由个人观念汇总而成的观念,突出社会资本是具有相当的"客观性"的"社会网络"的价值,①只有公民或理性个体处于一定的社会网络之中,不断的进行交往和合作,以形成互惠、信任、安全的规范网络。普特南的社会资本理论通过将个体与集体联系起来,肯定了个人和社会之间的相互影响,没有将个人与社会对立起来,因此在一定程度上避免了一些范式框架常见的难以调和的紧张与矛盾,也比较公民文化理论和世界价值观变迁理论更为注重对文化的"客观性"和"整体性"的建构。

　　其次,这种客观性的社会资本要突破情境限制而走向宏观或具有普遍性,需要长期的交往、积累和传播。普特南以社会资本作为着力点,强调民众作为有意识的理性个体在社会生活中不断的交际与合作,②这种合作关系不断扩展,形成路径依赖,并融入历史的演进中,从而打通了情境性与普遍性之间的壁垒,将理性选择理论与文化路径柔性融合,使"文化"在情境性和普遍性之间能够顺利转化,从而形成一种惯性的、无意识的文化倾向。即开始是有意识的理性选择行为,逐步在历史的进程中成为了无意识或者潜意识的行为导向;而一些特定情境

---

① ［美］罗伯特·普特南《独自打保龄:美国社区的衰亡与复兴》,刘波译,北京大学出版社,2011 年,第 7 页。
② 张会芸:《社会资本的文化主义转向及其困境——以罗伯特·帕特南的理论为例》,《华中科技大学学报(社会科学版)》2015 年第 1 期。

的文化规范与文化倾向也随着时间的推移变成了普遍的文化氛围。这就是"在集体行动的逻辑和社会资本的概念基础之上,将理性选择视角和历史选择视角结合起来"①,借助路径依赖理论将政治信任与理性选择联结起来,以形成政治文化层面上的社会资本理论。

支撑社会资本理论的类型学是由"优质的社会资本"和"劣质的社会资本"两个概念或类型变量构成的,在"劣"与"优"之间是一条连续的量的变化的直线,它涵盖从古至今的所有的社会资本的类型。但这一类型学主要反映的或要解决的问题是社会资本的质量与政治绩效与民主政治之间的关系,它既可以进行定性研究,也可以进行定量研究,或者说是将定性与定量结合起来的定性比较分析。在当代的实际运用中,人们更关心社会资本与政府绩效之间的关系这种定量性质的问题,以解决本国的发展问题。因此,这也是一种更为精细的类型学。

社会资本与经济和政治绩效有着密切的关系。普特南认为,一个缺少社会资本的社会,不可能有很好的发展。福山认为,不同的国家可以按照社会信任的充沛程度,划分为高信任度社会和低信任度社会。在低信任度社会中,人们更加信任和自己具有一定血缘关系的人,据此人们将交往范围限制在一定的范围内,这使他们很难脱离家庭血缘亲属关系,很难形成自发自愿的社会团体,更不容易形成大规模的社会组织,也难以形成合力共同参与公共事务的治理,这就无法适应现代化的市场和社会流动,经济无法发展。而在一个有着高信任度的社会中,人们可以选择与自己无血缘关系的人打交道,使选择和交往范围大大扩展,由此可以促进市场经济的发展。②

我们可以做一项关于中国南北社会资本差异对经济发展的影响的基本的经验分析,来观察社会资本的作用。根据社会资本理论,社会资本是维系市场经济运行的基本纽带,社会资本的水平或强弱对市场经

① ［美］罗伯特·普特南:《使民主运转起来——现代意大利的公民传统》,王列、赖海榕译,江西人民出版社,2001 年,第 17 页。
② 漆程成:《国家建构优先于民主转型——福山对"转型范式"的反思及其超越》,《比较政治学研究》2022 年第 2 辑。

济的发展起着重要的作用。在市场经济发展的现阶段,中国尤其是北方地区遇到了社会信任问题,需要大力地培育社会信任或社会资本以提高市场经济的发展水平。为什么东北地区的社会资本水平较低呢?在整个 20 世纪,东北一直是我国经济最发达的地区。在计划经济的时代,作为老工业基地,东北一直被誉为"共和国的长子"。但是,东北地区的这种经济领先优势并没有延续到市场经济时代,近几十年来,它与东南地区的差距在不断的拉大。两相比较,两者之间差距的基本原因就是社会资本之间的差距,东北地区浓厚的计划经济氛围和路径依赖使其没有形成优质的社会资本,市场经济难以发展起来。①

现在,政府、企业界和经济学界,对提振北方经济的基本路径已经达成共识,这就是要改善营商环境和培育市场主体,换言之,北方的营商环境较差并缺乏市场主体,前者是社会资本缺乏的问题,后者是指缺乏有为的企业家和企业,从根本上来说,也还是社会资本的问题,因为没有很好的社会资本,企业家无法施展自己的才能,企业的生产和经营都会受到阻碍。所以,尽管北方地区的市场经济较弱有政府治理水平较低和对市场监管不到位的问题,但根本问题还是社会资本没有培育起来。对于培育社会资本而言,政府的作用有限,政府只能通过在一定程度上维持市场秩序而发挥为社会资本发展保驾护航的作用,同时过度强大的政府监管会干预甚至抑止市场主体自主的活力,不利于社会资本的培育,所以,建立社会资本主要是通过自下而上的建立起社会信任体系。客观来说,改革开放以来市场经济有了很大的发展,但是,要想进一步发展,就要继续强化与之匹配的社会规范与秩序,尤其是在北方,仍然在依靠政府进行治理,在市场中时常出现集体行动的困境,社

---

① 2021 年 3 月 27 日晚,央视播出了 6 集政论专题片《扫黑除恶——为了国泰民安》中的第二集《依法重击》,其中再现了甘肃兰州的一起特大"套路贷"案件。这个"套路贷"犯罪集团的嫌疑人有 253 人,涉嫌非法放贷的 APP 和网站 1317 个,累积非法放贷金额高达 62.73 亿元,获利 28 亿余元,涉及的受害人多达 39 万余人,其中有 89 人因被逼债而自杀身亡。与此相关,在 2015—2019 年间,全国的网贷 P2P 爆发式增长,达数千家,但几乎无贷不诈,受害者达上亿人,造成了大量的诈骗和坏账,导致国家不得不采取强力手段清零 P2P。造成这种状况的主要原因就是我们社会没有建立成熟的信用体系,从根本上来说就是还缺乏社会信任。

会资本在这样的环境下很难有良好的发育。

　　具体来说,改革开放后我国的经济和社会发生了转型,过去的以计划经济为基础的传统道德和社会信任在市场化以后已经不能适应新的社会经济状况,因此,随着社会改革开放的逐步深化,社会信任水平急剧降低。在我国南方,由于较少有计划经济国有大工业的历史包袱,实行市场化的改革又早,因此,在市场中的社会信任和社会资本就较早地发育起来。而北方由于计划经济国的大工业的历史包袱较重,形成了严重的路径依赖,在经济和社会管理中一直依赖国家的直接投资、直接的帮助和直接治理,因而难以完成市场化的转型。作为单一制的中央集权国家,自上而下地进行政治输出,下级必须执行上级的指示,其优点是行政体系内部的运作效率较高,容易集中力量办大事。这种由国家决策或者国家决定主要事项的管理模式,是一种威权主义的单中心化的组织化的领导行为或治理模式,甚至不能被称之为集体行动,而社会资本主要是一种非正式的人格性网络,由人与人之间的公私生活联系在一起,并且这些非正式网络是松散的、不断变动的、多中心的和非组织化的,它的一个重要特征是互惠规范,这要求互动双方的地位是平等的,不能具有太大的地位差距。因此,过度强调政府权威的管理方式不利于在政治体系的输出端发挥与市场相协调的作用,不利于市场主体和营商环境的培育,不利于在市场和社会层面培育社会信任体系,不利于市场经济的发展。

　　因此,发展市场经济,从根本上来说不能忽视对社会资本的培育,而这需要较长时间的努力。这首先需要有自主的市场主体和社会经济组织。社会资本不是空中楼阁,需要一定的土壤和基石,而自主的市场主体和社会经济组织是培育社会资本的主要力量和因素,它们本身也是社会资本的主要载体。① 培育自主的市场主体和社会经济组织主要依靠市场,同时政府也要起到一定的保驾护航的作用,同时,政府要在遵守规范的基础上为市场主体做好服务和指导。

---

① 何增科:《公民社会与第三部门》,社会科学文献出版社,2000 年,第 4～5 页。

　　政府的作用首先是做好教育。教育是十分重要的增加社会资本的途径,阿尔蒙德在《公民文化》一文中明确指出,教育水平的提高会缩小各国之间的差异,政治文化的性质在很大程度上取决于受教育的状况,例如,人口中受教育较少的阶层往往构成臣民型和村民型的文化。福山也认为教育是政府最有权力直接生产社会资本的领域。教育不仅仅是学习专业知识的过程,还是习得社会公序良俗、社会规范与准则的过程,从而传播社会资本。[①]　其次,建立合适的法律也是不可或缺的,它是保护社会资本发展的基本规范,否则社会资本可能无序发展,还可能走入恶性循环。其中最基本的法律保障就是要保障公民基本的财产权利和公共安全,这才可能会间接的培育出社会资本。马斯洛的需求层次理论指出,如果连最基本的生存的需求都满足不了,那么"信任"等这些更高层次的需求更不可能得到保证。迭戈·甘贝塔在《西西里黑手党:私人保护的事物》中就提出一个观点:在意大利的某些地方,因为政府并没有履行为公民保护财产这一职责,西西里黑手党就被当地居民认为是他们财产的私人保护者,[②]这是黑手党发展的一个重要原因。当公民对自己的私有财产或自己的生活都不具备基本的安全感时,就难以对他人产生信任,也不可能产生优质的社会资本。

---

① 周红云主编:《社会资本与民主》,社会科学文献出版社,2011 年,第 167～187 页。
② Diego Gambetta, *The Sicilian Mafia: The Business of Private Protection*, Cambridge, Harvard University Press, 1993.

当代西方民主治理价值的复合结构*

牟　硕　樊　浩**

内容摘要　价值分析是民主治理研究的重要主题。本文以平等和效率为核心分析民主治理在价值取向上形成的复合结构以及内在的紧张关系。本文认为，以平等和效率为核心，当代西方的民主治理形成了复合结构的价值体系。在这些价值要素当中，平等和效率的价值冲突，表现为价值理性与工具理性、过程导向和结果导向，构造了民主治理价值内在紧张的根本原因。当代西方新公共行政、民主行政、民主治理等理论的升级，越来越重视民主、平等、公平等价值，构建内在价值体系的和谐，构成了合力效应。

关键词　民主治理；价值取向；平等；效率

民主与治理是当代西方政治学最重大的两个主题，反映了当代西方政治实践的制度架构，同时背后蕴含着明确的价值取向。当代西方民主治理在确立其目标体系的过程中逐渐形成了明确的价值取向，这是由民主与治理的目标导向决定的。人世间有很多的价值性概念，它激励着人们永远地前进。如以人民为中心、共享发展、公平、正义、自

---

*　本文系作者主持的国家社科基金项目"当代西方民主治理的理论与实践研究（20BZZ015）的研究成果。

**　牟硕，政治学博士，天津师范大学马克思主义学院副教授，主要研究方向为民主理论。
　　樊浩，天津师范大学政治与行政学院博士研究生，主要研究方向为民主理论。

由、平等、法治、宽容等。① 价值通常表现为抽象性和支配性的概念,具有终极性、绝对性和一定程度的普遍性。从当代西方民主治理的目标体系来看,平等是民主的轴心诉求,而治理以效率为主要的价值导向。当民主与治理复合,形成民主治理的制度体系时,其背后的平等与效率的价值与出现复合,从不同的角度决定着民主治理的政治实践。那么,作为当代西方政治制度核心的民主治理在价值取向上形成了怎样的结构,其内在关系又是怎样的呢? 本文就这一问题进行研究,希望能够展示民主治理背后的价值取向结构及其内在关系。

一、民主治理价值的内在紧张

平等是民主的核心价值诉求。从词源上看,民主意味着"人民的统治"。在古希腊的城邦当中,产生了最原始的直接民主的实践形式,城邦公民平等地参与到城邦民主政治当中,平等分享城邦政治权力。随着近现代政治共同体规模的扩大,小国寡民的直接民主制度失去了存续的土壤,代议制民主逐渐成为现代西方民主的最主要形式。通过选举和代表两个关键性机制,使民主的平行价值得以延续。托克维尔将身份平等视为民主的要义,意指社会各种力量差异的逐渐消失而日益走向平等的一种社会状态,从而在规范意义上论证的民主的价值指向。

当代西方民主逐渐形成了以平等、公平为核心的系列价值观。在当代西方国家占据主导地位的程序性民主观,更加将程序的公平公正视为民主的判别标准,②以程序机制的方式作为维护平等的基本方式。当代民主越来越与政治平等和/或多数统治联系在一起。③ 人们通常认为,如果人民应该统治,那么他们必须在平等的基础上统治。在平等的

---

① 燕继荣:《民主的精神与民主的实现方式》,《政治学评论》2022 年第 1 期。
② Saffon Paula and Nadia Urbinati, Procedural Democracy, the Bulwark of Equal Liberty, *Political Theory*, Vol. 41, No. 3, 2013.
③ Ben Saunders, Democracy, Political Equality, and Majority Rule, *Ethics*, Vol. 121, No. 1, 2010.

基础上,当代西方民主政治中强调程序透明、广泛参与、公平竞争、"一人一票"和"同票同权"等理念,都是平等价值在民主政治中的外化。尽管当代西方民主政治在内外因素的综合作用下,已经产生了种种异化的表现,产生的种种民主乱象也正在逐渐背离了其理念。但是,从纯粹的规范意义上来看,平等作为民主的核心价值诉求,一直得到了延续。即任何政治权力的不平等都是对民主理想的偏离。①

与民主强调平等价值不同,治理以效率为主导的价值诉求。从含义上来看,效率是有效地使用社会资源以满足人类的愿望和需要,是投入与产出之间的比率关系。从历史上看,西方公共行政和公共行政学从诞生之日起就是以效率作为价值导向的。西方现代行政学脱胎于工业化时代,深受管理主义的影响。现代行政学奠基人威尔逊、古德诺等人提出的政治与行政二分法,就是把行政与政治分开,将国家意志的表达和执行分开。他们甚至认为:"只有承认了存在着一种可以完全不受政治影响的、得到行使的行政职能之后,行政效率才会变得可能。"②尤其是在"政治与行政二分法"的理论架构中,国家意志的执行和国家意志的表达产生了分立,行政活动作为执行国家意志,更多的是以绩效为导向,而不是追求价值的实现。紧张的日程安排,繁重的工作负担,使他们无暇顾及什么是应该做的和为什么要这样做。实际行动充斥着现代社会,人们已经无暇反思价值问题和原则问题。③

在这种逻辑的影响下,治理理论和实践的兴起和繁荣过程中,效率都是主导性的价值取向。特别是新公共管理运动对效率则是推崇备至。新公共管理以"3E",即经济(Economy)效率(Efficiency)和效益(Effectiveness)为其核心价值追求,吸收了商业管理的顾客至上、市场竞争、目标驱动等价值理念,强调优化公共管理的投入和产出比率,提升

---

① Ingham Sean, Representative Democracy and Social Equality, *American Political Science Review*, Vol. 116, No. 2, 2022.

② Frank Goodnow, *Politics and Administration: A Study in Government*, Transaction Publishers, 2003, p. 147.

③ [美]特里·库伯:《行政伦理学:实现行政责任的途径》,张秀琴译,中国人民大学出版社,2001年,第5页。

治理的绩效。而在当代较为通用的各种治理评价指标或评价指数当中,效率都是重要的构成要素。福山更是认为,效率是有效治理能力和善治的重要指标和价值导向。治理作为政府制定和执行规则及提供服务的能力,与民主价值并没有必然的联系。①

平等代表了价值理性,效率突出了工具理性,两者在民主治理的体系当中存在着明显的内在紧张,甚至会形成冲突。在民主治理的理论与实践当中,民主体现了平等,是民主治理的价值理性;治理需要效率,更偏重于工具理性。平等强调从某些具有实质性的价值理念的角度来锚定民主治理中民主行为的合理性,同时也构成了民主治理价值体系当中以公平、正义、人民主权等价值体系的核心。这种价值理性通过有意识地对民主治理赋予伦理的、美学的、宗教的或作任何其他阐释的,从而无条件地信仰这些价值,不管是否取得成就。② 而治理据以为基础的工具理性则是通过精确计算的方法达致目的,是一种技术主义价值观,也被称为"效率理性"。在西方民主治理的体系当中,两者之间本来就存在的内在紧张会彰显出来,并发展为直接的冲突。一方面,西方传统的公共行政长期以来奉行效率原则,强调公共行政的工具性价值,通过科层制建构了工具理性的"铁笼",甚至据以排斥行政的价值理性取向,这就使得民主治理的内在价值出现紧张。另一方面,而平等则更具有批判性和反思性,为不断反思和调整民主运行的弊端提供了批判性工具,不断提升民主治理中的民主性要求。

平等更偏重过程导向,效率偏重结果导向,两者在民主治理的实践当中也会形成紧张和冲突。平等的价值既有过程性的内涵,也有实质性的要求,但在民主治理过程中,平等更强调程序性上的平等,比如一人一票、多数决定等。这种价值选择为每一个人在民主治理过程提供了参与的机会和尊重,使人与人之间的差别尽可能地缩小,保障过程的合理性。与之不同,效率侧重于结果的合理性,即使成本与收益之间的

---

① Francis Fukuyama, What is Governance?, *Governance*, Vol. 26, No. 3, 2013, p. 350.
② ［德］马克斯·韦伯:《经济与社会》(上卷),林荣远译,商务印书馆,1997 年,第 61 页。

比例关系处于最优,最经典的评判标准就是帕累托最优(Pareto Optimum),使社会资源的配置、经济福利等达到最优状态,这是一种结果导向。阿瑟·奥肯甚至肯定地指出:"追求效率必然创造出不平等。"①登哈特等人也认为,通过生产工具改进、流程再造、绩效测量等主要目的是在客观上提高公共组织的运行效率和公共服务的供给效率,但这一观点却忽视了人们对公共行动的主观判断和价值评判。②

　　平等和效率之间存在着的这些价值张力,延伸到民主治理的复合发展过程和体系构造当中,使民主治理的价值取向存在着内在的张力和对立性。在如何确定价值观的优先顺序上,民主与治理却存在着一定的分歧。③ 作为民主治理体系中的同等重要的两种价值取向,民主治理价值体系的内在张力、选择性困境甚至是一定程度的价值紧张,在本质上就来源于效率和平等本身存在着的对立性。阿瑟·奥肯指出了平等和效率之间面临的价值选择性困境,他指出,如果二者都被重视,并且任何一方都没有对于另一方的绝对优先权,那么在他们冲突的地方就应该发现妥协,在这种情况下,为了效率就要牺牲某些平等,并且为了平等也要牺牲某些效率,因此,在两者之间,必须做出一种权衡。④

　　平等和效率的价值冲突,构造了民主治理价值内在紧张的根本原因。民主强调的是平等,治理强调的是效率,两者在价值取向上的差异导致了两者在主体、程序和目标等方面的不同。到底是效率优先,还是平等优先,使当代西方的民主治理沿着不同的发展轨迹形成了不同的理论流派。一方面,过分追求效率反而会对平等产生危害。奥肯因此认为,人们崇尚自由竞争以及由竞争所产生的激励,这种取向让市场成为一种"刺激和引导生产效率,以及促进和创新的、非集中化和有效率

---

① [美]阿瑟·奥肯:《平等与效率:重大的抉择》,陈涛译,中国社会科学出版社,2013年,第1页。

② [美]珍妮特·登哈特等:《新公共服务:服务,而不是掌舵》,丁煌译,中国人民大学出版社,2004年,第159~161页。

③ Valerie Braithwaite, The Value Balance Model and Democratic Governance, *Psychological Inquiry*, Vol. 20, No. 2–3, 2009.

④ [美]阿瑟·奥肯:《平等与效率:重大的抉择》,陈涛译,中国社会科学出版社,2013年,第61页。

的系统",但这一系统因强调收入差异带来的效率刺激作用,在结果上加剧了收入分配、发展机会等方面的不平等。① 另一方面,过分追求平等也会影响效率。效率意味着资源的有效分配,倾向于将资源配置到最能发挥效率的领域,并由相应的主体来使其效率发挥到最大。但这会影响到平等,拉大社会的贫富差距,并将这种经济上的不平等扩展到政治当中来,从而直接影响到民主治理。

通过对相关理论和实证研究的归纳我们发现,当代西方民主治理常常面临着的平等和效率的两难困境。当代西方国家在效率和平等中间常常呈现出"钟摆式"的运动,在自由资本主义阶段往往过于重视效率,突出资本积累和市场调节,忽视了平等的建设,激化了矛盾,二战后,后发现代化国家也一味地加快发展速度,过度强调效率。也有一些国家过于突出平等,从而造成了效率的低下。一些较发达的市场经济国家,为了缓解社会矛盾,都在致力于平等措施的实施,尤其是北欧的斯堪的纳维亚半岛国家。当代西方国家常常过分偏重于效率和平等,从而造成一定程度的困境之后,又再重新向对立的方向调整,进而产生了"民主的治理困境"和"治理的民主困境"②,在"制度供给不足的民主制度"和"民主合法性不足的治理实践"之间徘徊。一些治理绩效较高的国家不被视为民主国家,而一些所谓的民主国家却频频面临着制度供给能力的困境,社会不公正的现象屡屡发生,反过来又损害了民主制度的合法性根基。

二、民主治理价值的合力效应

当代西方公共行政学说在发展过程中逐渐重视平等,试图统一效率与公平,形成了新公共行政理论。1968 年,沃尔多和弗雷德里克森等

---

① [美]阿瑟·奥肯:《平等与效率:重大的抉择》,陈涛译,中国社会科学出版社,2013 年,第 60 页。
② 佟德志:《治理吸纳民主——当代世界民主治理的困境、逻辑与趋势》,《政治学研究》2019 年第 2 期。

公共行政学理论家在美国西拉丘兹大学的明诺布鲁克会议中心召开了一次学术会议，会议的论文于 1971 年以《走向一种新公共行政：明诺布鲁克观点》的书名结集出版。与传统公共行政学只强调更好的服务、更少的花费相比，新公共行政学增加了是否增进社会公平的新目标，并以之作为新公共行政的理论基础，这标志着新公共行政理论的诞生。新公共行政理论的基础与核心，就是对政治与行政二分法展开学理性批判，认为公共行政不仅仅是执行政策的工具，还应担负广泛的社会责任，需要通过积极回应社会公众的需求而实现公共行政的民主政治责任和义务，特别是要重视社会平等和民主的价值重要性，将效率与民主的价值体系一起来，需要考虑公共服务的供给能否维护或促进社会平等。

　　新公共行政成为西方在民主治理的框架内将效率与公平融合起来的转折点，是将原本紧张甚至冲突的平等与效率融合起来，形成合力效应的起点。马克·霍哲认为，明诺布鲁克会议与新公共行政所认识到最为显著的价值观有社会公平、代表性、响应、参与和社会责任感，新公共行政理论一直紧紧围绕着上述民主价值而展开，直到 1988 年，第二次明诺布鲁克会议讨论的重点仍是公众需要与可用资源的不平衡以及资源如何被用来解决社会问题，会议还广泛地讨论了行政官员通过在他们的工作中采用民主的过程去保护民主和推动民主的作用。[①] 文森特·奥斯特罗姆认为，从官僚行政到民主行政是一个"哥白尼式的转折点"[②]。

　　当代西方行政学在发展过程中基本秉持了这一观点，意识到了行政活动不能完全与价值割裂开来，这一理论观点也处于不断的发展过程中。达尔在《公共行政学：三个问题》中就曾指出，人们绝不能把规范性因素从行政中排除出去，科学本身并不能在"应然"与"实然"的巨大

---

① 马克·霍哲、张梦中：《新公共行政：寻求社会公平与民主价值》，《中国行政管理》2001 年第 2 期。

② ［美］文森特·奥斯特罗姆：《美国公共行政的思想危机》，毛寿龙译，上海三联书店，1999 年，第 169 页。

差别间架起一座桥梁;此外,用机械化的"行政人"来创立一门科学也是不可能的,公共行政本身必须开展对人本身的研究,此外,公共行政也并非仅仅是狭隘的技术与程序方面的知识,它也需要与历史、社会以及更为广泛的环境发生联系。① 波兹曼则从公共价值的角度论证了政府失灵与市场失灵模型下诸多价值之间的失衡问题并强调在统一两种模型的基础上综合考虑效率与公共性的平衡。② 当代的新公共服务所强烈关注的是公民权利、公共利益、社会责任等民主行政的核心价值,而效率则被置于这些民主价值之下的一个子价值。新公共服务理论认为效率和生产力等价值观不应丧失,但应当被置于民主、社区和公共利益这一更广泛的框架体系之中。③

治理更加突出了复合的标准和价值。有效的治理必须以民主的价值规范为基础,特别是平等、公平和法治等基本价值。当代西方民主治理研究当中,世界治理指数(WGI World Governance Index)被越来越广为接受,并且产生的实证研究结果具有高度的稳定性,具有比较稳定的衡量效果。④ 世界治理指数列举的八项"善治"的标准,其中就包括包容性、公平性、透明度、问责制、合法性、合法性、绩效和能力。这些充分地说明了,民主治理指的是复合了民主价值的新型治理理论,它以法治、参与性、透明性和责任制为前提,致力于在政策制定和实施过程中增强政策合法性、提升政策执行效率,并使决策结果符合社会成员的普遍福利。赫斯特也从权力平等的角度总结了民主治理的基本特征,公民有机会参与到供给公共服务以及不同机构提供服务的决策之中,从而使民主治理可以超越国界,公共服务供给本身呈现多元化倾向,民主的组织形式以地域的不同可以分为不同层次,基于此,民主责任的实现

① Robert Dahl, The Science of Public Administration, *Public Administration Review*, Vol. 7, 1947.

② Barry Bozeman, Public-value Failure: When Efficient Markets May Not Do, *Public Administration Review*, Vol. 62, No. 2, 2002.

③ 珍妮特·哈特:《新公共服务:服务而非掌舵》,《中国行政管理》2002 年第 10 期。

④ Gallego-álvarez, Are Worldwide Governance Indicators Stable or Do They Change over Time? A Comparative Study Using Multivariate Analysis, *Mathematics*, Vol. 9, No. 24, 2021.

则转变为一种更为全面的整体过程。①

　　在民主治理的复合体系中,尽管治理在一定程度上突出效率,但也未忽视平等的重要作用。在价值理念上,治理突出效率,但也吸纳了民主的平等价值,从而融合了可能发生冲突的多种价值。平等的引入可能会伤害到效率,参与的增加可能会对政治稳定带来冲击,但是,民主治理的复合发展本质上就是要追求平等和效率的统一,使得民主治理的体系能够体现出复合的价值追求,从而将平等与效率在一定程度上得到复合。比如,治理体系可以让市场、企业等高效主体参与到国家治理当中来,同时为公民的参与提供空间,将平等的价值内置进来。② 在更宏观的角度上,只有将民主回应的质量和国家效力(State Effectiveness)结合起来时,发展是最有效的,看似对立的民主反应和治理能力在此成为相互依赖且彼此平衡的统一体。③

　　西方国家的民主治理改革充分说明了,没有平等作为基础,效率也无法得到充分的实现,"善治"这一目标更是无从谈起。一些西方国家公共部门的改革充分证实这一内在统一性逻辑。如果没有平等这一重要的民主价值,善治无法实现和保证。拉丁美洲一些国家的公共部门私有化改革构成了典型的案例,凯瑟琳·伯施(Katherine Bersch)通过对巴西和阿根廷交通和卫生部门的改革路径和成效进行了详细的对比分析,巴西的渐进式改革取得了成功,而阿根廷的激进式改革则相对不太成功,不太受欢迎的"渐进式方法",即采用渐进改革反而在提高国家治理能力方面更为成功,与之相反,阿根廷在 20 世纪 90 年代接受了激进的自由化议程试图,对交通和卫生部门进行激进的私有化,只成功地分裂了系统并扩大了不平等和不公正,这一鲜明的差距,揭示了循序渐进的变革在促进问责制、增加透明度和强化制度方面比政治意愿推动

---

① Paul Hirst, Democracy and Governance, *Debating Governance*, 2000, pp. 13–35.

② 佟德志:《治理吸纳民主——当代世界民主治理的困境、逻辑与趋势》,《政治学研究》2019 年第 2 期。

③ Pippa Norris, *Making Democratic Governance Work: How Regimes Shape Prosperity, Welfare, and Peace*, Cambridge University Press, 2012, p. 8.

的全面改革更有效,更能够实现了民主与善治的融合,一个民主国家的表现越来越取决于其政府的质量,而不是单纯地体现在效率这单一的维度上。[1]

一些学者认为分权改革产生的权力下放,不仅能改善参与和问责制,还能更好地提供公共服务,同时对平等和效率具有推进作用。[2] 贾米勒·巴尔卡特(Jamil Barkat)对世界银行数据库和全球治理指标数据库中 29 个国家 2004—2016 年间平衡面板数据进行了实证分析,结果表明,强有力的治理是减贫的必要条件,及时执行政策更有可能减轻贫困,增加经济平等,进而对平等起到了显著的推进作用。[3] 此外,传统理论观点认为,民主程序存在着繁琐性,具有较高的程序成本,会对效率产生负面影响,而韩国立法机关预算审议期的长度对预算效率的影响,韩国立法机关的预算审议期从 60 天延长到 90 天。采用已编入预算但未使用的资金作为预算低效率的指标,作者发现,当立法机构审议时间延长时,预算效率反而得到了提升,对效率具有促进作用。[4] 同时,如果民众享有平等的监督权,对民主治理开展监督,也会促进效率的提升。例如,经济和财政透明度越高,关于公共服务合同以及城市规划和公共工程的信息越多,市政当局的效率就越高,也就是说,公共行政部门的稀缺资源得到了更好的管理因为他们必须执行使行政管理更加透明的政策,这将有利于对服务用户和上级政府当局(地区/中央)的监督。[5] 当然,一些实证研究得出的结论与具体国家的国情高度相关,同时也受到了一系列结构性条件的制约作用,然而,这种研究得出的结论,确实

---

[1] Katherine Bersch, *When Democracies Deliver: Governance Reform in Latin America*, Cambridge University Press, 2019, p.1.

[2] Mark Robinson, Does Decentralisation Improve Equity and Efficiency in Public Service Delivery Provision? 2007, p.1.

[3] Jamil Barkat et al., Do Effective Public Governance and Gender (in) Equality Matter for Poverty? *Economic Research−Ekonomska IstraŽivanja*, Vol.35, No.1, 2022.

[4] Kim Bong Hwan and Hoyong Jung, Does Longer Deliberation by the Legislature Increase the Efficiency of the Government Budget? *Public Money & Management*, 2021.

[5] Javier Cifuentes−Faura, et al., Relationship Between Transparency and Efficiency in Municipal Governments: Several Nonparametric Approaches, *Public Performance & Management Review*, 2022.

能够在一定程度上证实效率和平等的统一性关系,并且具有一定范围的普遍意义。

关于民主治理中平等与效率关系的问题,当代西方学界开展了大量的规范和实证研究,对已有的理论观点进行了修正和补充。这些研究普遍发现,民主治理复合价值体系中,平等和效率的统一性也展现在一些具体的维度上,这也进一步证实了效率和平等价值具有内在统一性和非分离性。在一定外部条件的约束下,平等和效率价值甚至会表现出存在高度的正相关关系,进一步突出了效率和平等价值的统一性。

民主治理需要复合的价值取向形成合力效应。民主以平等为主要的价值取向;治理以效率为主要的价值取向。以两种价值为核心,民主治理形成了复合结构的价值取向。然而,民主治理要想形成内在自洽,尤其是和谐发展,就必须要在复合的要素结构基础上达致合力效应。从这个意义上分析民主治理内在价值取向的统一性,就有着十分重要的意义。平等和效率不仅存在着对立的一面,也有着统一的一面,为民主治理价值取向的统一性奠定了基础。平等和效率的关系是辩证的、具体的和历史的。随着民主治理复合发展的不断深入,人们也越来越认识到平等和效率之间并非完全对立,不可调和,平等和效率也在多个具体维度上具有统一性。这种关系特性不仅为民主治理的复合发展奠定了规范和现实的可能性,也构成了民主治理价值取向统一性的重要基础。

民主治理内涵的平等和效率具有规范意义上的统一性,相辅相成,相得益彰,也是有可能形成的合力效应的。一方面,效率为平等的实现奠定了物质基础。平等的逐步实现只有在发展生产力、提高经济效率、增加社会财富的基础上才有可能。没有效率的平等是一种低水平的平等,是"贫瘠"的平等。效率的充分实现,能够促进物质的丰富和繁荣,为充分实现平等奠定物质保障,而低效率的平等会产生或加剧贫穷,以平均主义为底色的低效,因为物质匮乏,从而会引发更多的社会问题,威胁民主治理的复合发展及其稳定程度。另一方面,平等也是效率的保证。特别是在政治生活中,平等的重要作用在于建构平等的分配制度,平等分配权益和相关利益,维护多元主体的平等地位,从而提高社会主体不断提高效率的积极性和主动性,为不断提高效率贡献主体性的动力。我们既不能将简单把平等理解为将富人拖到穷人的水平,也不能一味地追求效率,平等和效率都需要经过严格的审查和反思。[1]

民主治理合力的形成取决于民主治理价值的合力。从核心要素来看,平等和效率之间形成合力的可能使得当代西方的民主治理有可能形成合力。一般来讲,一种制度或行为能够得以延续,在很大程度上取决于其内在价值的一致性。如果内在价值相去甚远,尤其是互相冲突,会在一定程度上消解制度与行为的效力,甚至会使制度分崩离析,使行为失去合法性。同样,民主治理之所以可能,在很大程度上是因为民主与治理共享了相同或相近的价值,并能在冲突的价值中达成和谐。这来自两个方面的努力:一个方面,民主需要在强调平等的同时注重效率,对传统民主政体下的绩效观念进行修正;同时,治理也修正了传统政治与行政二分法和科层制当中强调效率、忽视平等的倾向,开始将民主理念以及一些具体机制引入到治理过程当中,从而使治理具有较好的民主性。[2] 事实上,现代民主基本上在日常政治当中摒弃了传统民主中低效率的直接民主。当代西方的代议制民主、程序民主也会考虑到民主可能带来的结果,从而将民主限制在一些高度政治性的事务上,在经济事务、公共管理等领域,民主的运用就显得格外谨慎。

三、结论与讨论

综上所述,我们可以看到,当代西方的民主治理形成了一个多种价值要素形成的复合结构。平等与效率之间既对立又统一,成为民主治理价值结构当中最核心的要素,也民当代西方民主治理价值内在紧张

---

[1]　Sankara Subramanian, *Equality, Efficiency and "Levelling Down", Inequality and Poverty*, Springer, 2019.

[2]　佟德志、王毅刚:《民主治理何以可能——民主与治理融合的理论分析与实践趋势》,《吉林大学社会科学学报》2022 年第 4 期。

的核心。效率和平等因价值导向的实际差异，使民主治理的价值取向产生了难以调和的选择性困境。民主的平等价值和治理的效率价值具有内在的差异，进而造成了民主治理的理论和实践层面产生了种种张力，造成了民主与治理在价值导向层面上产生了差异性甚至是对立性。但两者的相互消长使得一些管理者在决策时做出不同的取舍，造成了民主治理的价值选择困境。

同时，民主和治理在价值取向上也展现出了统一性。以效率为导向的民主目标调整和以平等为导向的治理目标调整，在本质上反映了民主与治理在多个价值维度上能够达成和谐，形成合力效应，这也是当代西方民主治理能够形成复合结构的重要原因。就实践来看，民主治理在价值上也确实形成了这种一致性。从世界范围内的国家发展现状角度来看，民主发展程度较高的国家，治理绩效一般也较高，而民主发展程度较低，社会阶级差距较大、固化较为严重的国家，也难以取得良好的治理绩效，二者之间具有相互促进的作用，这也迫使人们开始重新认知效率和平等的价值关系，并且开始挖掘二者之间的统一性。

通过上述分析，我们发现，当代西方民主治理的价值取向集中展现为效率和平等的对立统一的内在逻辑。这一逻辑反映了民主治理复合体系在价值取向上的发展过程和理论形态。总体来看，民主以平等为轴心价值，治理以效率为轴心价值。一方面，效率和平等在规范和实践层次上都展现出了难以调和的紧张或冲突，极具对立性，效率的工具指向和平等的价值指向、效率的结果指向和平等的过程指向之间都存在着不可弥合的冲突。与西方民主不同，中国民主政治的新叙事以全人类共同价值的民主来展开，这与西方政治学中关于民主化的叙事完全不同。① 这就在很大程度上避免了一些不必要的价值冲突。事实上，也正是中国民主这种复合价值的展开使得中国民主能够很好地实现治理。中国的民主具有鲜明的治理性，伴随着治国理政的全过程。全过

---

① 苏长和：《民主的政治叙事与民主的中国道路》，《政治学评论》2022 年第 1 期。

程治理与全过程人民民主相伴随。①

这种内在的价值冲突，也进一步延展到了民主治理的复合发展过程中，使民主治理的价值体系呈现为双重面向，造成了价值选择的两难境地，甚至在特定场景中二者之间会成为负面的影响因素，对其中任一因素的强调会侵犯到另一方面的价值。一方面，效率和平等也存在着规范和实践意义上的统一性。效率为平等奠定了基础，平等也为效率提供了动力和保障，二者之间能够形成正向推进的正面作用。这种正向推进的关系也在民主治理的复合体系当中有所体现，特别是当代西方行政学的发展历程从早期的强调效率逐渐开始认识到了平等的重要作用，为效率和平等的统一奠定了学理性的基础。当代西方民主治理的价值取向就集中表现为平等和效率两大价值之间的对立统一关系，实现平等和效率的动态均衡。另一方面，总体来看，平等与效率构成了民主治理的主导价值取向，如何实现这两大价值之间的平衡，则在很大程度上影响了民主治理的现实效力和未来发展。

民主治理的复合发展过程在价值取向维度，就集中表现为从实践和规范双重维度入手，对平等和效率之间进行调试、整合和动态均衡，不仅要在规范意义上进一步挖掘二者之间的统一性基础，也尽力在实践中找到合理的外部环境和约束条件，促进平等和效率的统一，充分推进平等和效率之间形成正向推进的复合效应，并且也越来越重视二者统一所产生的复合效应。值得注意的是，效率和平等的关系是具体的和历史的，当代西方民主治理价值取向的对立统一关系，不仅造就了民主治理理论和实践的丰富性、生动性和多样性，如何处理二者之间的对立统一关系，也在很大程度上影响着民主治理的未来发展趋势，决定了民主治理在当代西方国家的生命力和影响力。因此，从理论角度来看，正确认识效率和平等的对立统一关系，并且在民主治理的复合实践中正确地处理平等和效率的关系，积极又谨慎地协调好平等与效率的动

---

① 徐勇：《单一制中国的纵横向民主》，《政治学评论》2022 年第 1 期。

态平衡,积极利用外部条件的合理约束,在平等和效率相统一的基点上推进民主治理的复合发展,是需要持续关注的重大理论和现实问题,决定了民主治理的发展走向。

当代西方民主治理制度的比较分析*

张安冬**

内容摘要 当代西方民主治理的实践当中,存在着各种各样的制度安排。民主治理的概念唤起了政策制定和执行的新形式,专家机构、审计机构、司法机构等各种形式的机构伴随着科层制机构而出现。运行机制呈现出市场化、网络化、协同化、法治化的趋势,实现了治理机制的多元化。在选举程序之上,愈发注重协商、问责、司法审查等程序操作。国家应用服务外包、地方治理、跨辖区司法和伙伴关系等政策工具将特定目标转化为具体行动的路径和机制。比较分析发现,西方民主治理的各种制度安排在近年来不断相互交流和借鉴,已经明显有越来越多的共同之处,呈现出复合性、多辖区、多元主体和网络四个主要特征。

关键词 民主治理;制度;机构设置;运行机制;程序操作;政策应用

　　"治理"一词如今已经无处不在,世界银行和国际货币基金组织将"善治"作为贷款的条件,欧盟发布了关于"治理"的白皮书,美国林务局亦呼吁"合作治理"。在最一般的层面上,治理指的是社会协调的理

---

* 本研究是国家社科基金重大项目"美式民主的理论悖论与实践困境"(21&ZD160)的前期研究成果。

** 张安冬,政治学博士,天津市社会主义学院讲师,主要研究方向为政治学理论。

论和问题以及所有统治模式的性质。更具体地说,治理指的是各种新的治理理论和实践,及其带来的困境。这些新的理论、实践和困境不像之前那样强调等级和国家,而是更强调市场和网络。治理趋势的延续和扩大正在改变我们所知的政府,改变国家和社会参与的结构,从横向到纵向,从严格控制到分散,从公共到私人。同时,对民主控制、代表性和问责制提出新的挑战。

民主治理衍生于治理的相关理论,是复合了民主价值的新型治理理论,在制度安排中以法治、参与性、透明性和责任制为前提,致力于在政策制定和实施过程中增强政策合法性、提升政策执行效率,并使决策结果符合社会成员的普遍福利。① 新的治理实践遍及发达国家和发展中国家,突出特征是公共问题很少归属于特定机构或地区管辖范围。国家权力的范围和界限是什么? 志愿部门发挥什么作用? 在国家缺乏有效控制的地区,治理是如何发生的? 等一系列问题都意味着民主治理需要制度安排来跨越管辖区,连接各级政府的人员,并动员各种利益相关者。制度和特定的制度变量对政治输出具有主要影响。② 在当代西方民主治理的实践当中,存在着各种各样的制度安排。本文从机构设置、程序操作、运行机制、政策应用等四个方面对当代西方民主治理的制度安排做一个比较分析,以期扩展我们对当代西方民主治理的认识。

一、机构设置

20 世纪八九十年代的公共部门改革从科层体制向更多地利用市场、准市场和网络转变,特别是在提供公共服务方面。如此理解,民主治理表达了一种普遍的信念,即国家越来越依赖其他组织来确保其意图,交付其政策,建立一种新的管理模式,其基础是来自所有公共、私人

---

① 佟德志、林锦涛:《当代西方民主治理研究的前沿与热点——基于 SSCI 文献的可视化分析》,《国外社会科学》2022 年第 3 期。
② 赵可金:《区域国别学的理论与方法》,《政治学评论》2022 年第 2 辑。

和志愿部门的复杂机构设置。国家机构对这些组织网络是指导和监督而非指令的关系。

(一)科层政府

虽然在民主治理实践中,国家发生了变化,但不能夸大新的治理做法取代旧的等级结构的程度。基于对研究文献的回顾,肯尼斯·梅尔(Kenneth Meier)和格雷戈里·希尔(Gregory Hill)认为,一般来说,网络和科层制度之间的区别在实践中不如在理论中重要。相反,网络可能在一定程度上表现出科层特征,会更加有效。[①] 治理技术和实践的扩大和深化,没有改变传统的民主授权和控制原则。虽然提出了新的问责问题,但这些调整是对政府和社会在面临新的政策挑战时日益相互依存的回应。然而,只要公共政策依赖于通过代议制机构提供的权力和资源,科层行政结构将仍然是自由代议制治理的核心。

在国家治理能力中,最重要的方面之一是国家和政府机构解决重大政治、经济、社会、文化和生态问题的决策能力,即确保公共政策的正确性和有效性。[②] 如果国家与其他组织处于平等地位,那么这些组织都倾向于削弱彼此的权威,公共政策就可能不断地来回摇摆,导致政策不稳定。相比之下,如果国家发挥强有力的领导作用,就可以确保政策执行过程的一致性。在民主治理的背景下,科层政府的角色从权威垄断者转变为权威管理者,其职能模式从"划船"(rowing)转变为"掌舵"(steering)。"掌舵"包括为公共政策制定一个广泛的战略,也许还包括政策目标的具体说明。"划船"包括政策的实际执行,尤其是服务的提供。[③] 即使不直接参与服务提供,政府也发挥着远比资助服务更为重要的作用,政府为提高服务质量、效率和有效性而建立的组织和激励机制

---

① Kenneth Meier and Gregory Hill,"Bureaucracy in the Twenty-first Century," in *The Oxford Handbook of Public Management*, edited by E. Ferlie, L. E. Lynn, Jr. and C. Pollitt, Oxford University Press, 2005, pp. 51-71.

② 严强、胡玥:《中国特色社会主义的新型政治民主诉求》,《政治学评论》2022 年第 1 辑。

③ Laurence Lynn,"The Myth of the Bureaucratic Paradigm: What Traditional Public Administration Really Stood For," *Public Administration Review*, 2001, Vol. 61, pp. 144-160.

对服务结果有着重要的影响。

实际上,曾被认为是科层机制替代品所出现的合作者之间的信任,在实践效能中显现的问题,成为科层机制必要性的原因。伊丽莎白·格雷迪(Elizabeth Graddy)和拉斐尔·博斯蒂克(Raphael Bostic)研究了美国经济适用房政策的变化,结论是,一致的全国范围的计划,无论是由司法机构还是立法机构制定的,对于有效克服地方对经济适用房开发的抵制都是至关重要的。然而,在许多国家,没有区域或州一级当局的强制执行机制来确保地方建造经济适用房,也没有对这些住房的实现情况进行跟踪。这种分散的政策监督方法不仅难以产生足够的信息来评估政策遵守情况,而且很可能使经济适用房供应不足的情况持续下去。①

毫无疑问,随着国家和全球背景下公共政策的目的和手段变得更加复杂和政治上更具争议性,民主治理的制度表现也在不断演变。许多新的行政工具和技术可供决策者和公共管理者使用。然而,目前的研究和实践表明,国家及其科层机制在民主治理中的作用和重要性并没有下降。网络,市场等组织更多地是补充而不是取代更传统的公共行政结构和控制手段。

(二)专家机构

将专家和专家机构纳入民主环境是民主治理制度安排的重要组成,强调专家知识作为国家如何更好地管理社会、经济和行政事务的作用。在民主治理中,公共官员和其他政策顾问利用专业知识来制定适当的政策,而当选的政治家监督政策过程,从而确保官僚国家仍然值得信赖。按照这一模式,产生了智库等政策顾问的机构设置。

智库浪潮于20世纪70年代在西方兴起,其理论发展是建立在西方政治社会体系结构上的,强调智库的政策属性也强调智库的社会功能。

---

① Elizabeth Graddy and Raphael Bostic, "The Role of Private Agents in Affordable Housing," *Journal of Public Administration Research and Theory*, 2010, pp. 181–199.

专门研究智库的美国学者詹姆斯·麦甘(James McGann)指出,智库是"学术界和政策集团之间的桥梁,以一种独立的地位为公共政策提供建议,将生涩的学术语言转换为简明的政策性语言传播给政策制定者和公众"①。美国乔治亚大学政治学教授霍华德·威尔达(Howard Wiarda)将智库描述为"生产观点并进行售卖,试图影响政策的非营利性机构"②。

根据美国宾夕法尼亚大学"智库与公民社会项目"(Think Tanks and Civil Societies Program)发布的《2019 年全球智库报告》(*2019 Global Go To Think Tank Index Report*),在民主治理中发挥积极作用的既有标榜"独立""客观"的美国智库,亦有以依附性为鲜明特征的英国政党智库。美国智库不仅是民主治理多端主体中的重要角色,并且通过"旋转门"机制将知识与权力结合起来。英国政党智库历史悠久,比如"公民"(Demos),费边社(Fabian Society),公共政策研究会(Institute of Public Policy Research)等,与政党长期保持着若即若离、休戚与共的关系。

(三)审计机构

民主治理中国家能力下降的观点是监管和审计扩大的主要推动力之一。网络和市场可能会以威胁民主问责的方式削弱国家领导权威,特别是当市场和网络已经扩张到国家无法再控制的程度。参与政策过程的专业行动者的数量有所增加,权力现在分散在众多这样的角色中,所有行为者相互依存的事实可能意味着没有人对最终结果负责。当选官员不再能够对实际上提供许多公共服务的非当选行为者实施任何有效的控制。这种缺乏控制的情况妨碍了对政策实施的适当评估,损害了民主完整性。对如何控制市场和网络的担忧引发了监管和审计机构的激增。

---

① James McGann, *Think Tanks and Policy Advice in the United State*, Routledge, 2007, p. 16.
② Howard Wiarda, *Think Tanks and Foreign Policy*: *The Foreign Policy Research Institute and Presidential Politics*, Lexington Books, 2010, p. 30.

迈克尔·鲍尔(Michael Power)所提出的"审计爆炸"和"审计社会"的概念展现出西方国家民主治理中各种审计实践日益增长的程度。①政府审计、内部审计和社会审计组成了西方国家全覆盖的审计监督网络,监督范围涵盖公共资金、政府权力运行和责任履行、治理服务、风险管理等领域。在一项实证研究中,克里斯托弗·胡德(Christopher Hood)、奥利弗·詹姆斯(Oliver James)和科林·斯科特(Colin Scott)得出结论,在英国,监管的规模和范围在20世纪70年代和90年代之间急剧扩大。仅在这几年中,监督机构的数量就增加了20%以上,而员工人数增加了约90%,额外的资金和支出也随之增加。许多国家正在发展广泛的技术官僚监管体系,以监督非政府机构在治理中的作用。②

美国审计署的演变过程和职能发展历史,展现了政府审计服务国家治理的职能拓展和职权完善的过程。1921年美国根据《预算与会计法案》(The Budget and Accounting Act)成立了审计署(General Accounting Office,GAO),其职责是调查公共资金使用的相关事项,主要检查政府支出的合法性和充分性。2004年,GAO更名为政府问责署(Government Accountability Office),负责政府各项政策和项目的评估、公共行政管理的相关推动,在改进美国政府绩效和公共行政管理,促进政权稳定和经济发展方面发挥重要作用。

(四)司法机构

西方国家的民主治理中,公民和志愿组织越来越多地求助于法院而不是民主机构来主张和保护权利。同时,政客们越来越多地诉诸于法院来界定和执行政策。有时,他们利用法院来回避他们认为不是中立而是容易被其政敌操控的官僚机构;有时利用法院作为控制州和地方政府的工具;有时则是利用法院将一项政策的成本从政府税收转移

---

① Michael Power, *The Audit Society: Rituals of Verification*, Oxford University Press, 1997.
② Christopher Hood, Oliver James and Colin Scott, "Regulation of Government: Has It Increased, Is It Increasing, Should It Be Diminished?" *Public Administration*, 2000, Vol. 78, pp. 283-304.

强加给私人行为者。

司法机构在美国政治中的角色反映了专家意见,特别是非多数机构作为大众民主的制衡。联邦党人在美国宪法辩论中明确提出了这一论点。在《联邦党人文集》(*The Federalist Papers*)第 10 卷中,詹姆斯·麦迪逊(James Madison)主张分权,在这种情况下,司法机关成为对立法机关多数主义性质的制衡。同样,在第 78 卷中,亚历山大·汉密尔顿(Alexander Hamilton)认为,司法必须独立,不对公众负责,这样才能有效对抗多数人的暴政。[1] 二战后,美国宪法第十四修正案中关于正当程序和平等保护的条款被用来将宪法确定的权利从联邦一级扩展到各州。这一纳入使各群体权利无法在州一级获得保障时能够向最高法院上诉。举例来说,在布朗诉托皮卡教育局案(Brown v. Board of Education of Topeka)中,非裔美国人使最高法院推翻了种族隔离。吉迪恩诉温赖特案(Gideon v. Wainwright)保障了罪犯获得公费法律代理的权利。

在英国,新工党改革,特别是对大法官办公室的改革,旨在使司法机构的运作更加有效和透明。尽管上议院多年持反对态度,但新工党政府于 2005 年通过了《宪法改革法案》(*Constitutional Reform Act 2005*, CRA)。取消大法官办公室的提议遭到了强烈的反对,最终,政府决定保留这一部门,但从根本上限制其权力。从历史上看,大法官(The lord chancellor)是一个重要的跨部门角色,负责协调司法部门的行动和政府的议程,同时承担着上议院议长和司法机构首脑的双重职责。CRA 将这两种角色分开,将后者的职责交给最高法院首席法官(lord chief justice)。使司法机构负责人更加独立是对集权和缺乏透明度关切的回应,推动了政府各部门之间日益扩大的分权。[2]

---

[1] James Madison, Alexander Hamilton, and John Jay, *The Federalist Papers*, edited by T. Ball, Cambridge University Press, 2003.

[2] Mark Bevir, *Democratic Governance*, Princeton University Press, 2010, p.162.

二、运行机制

民主制度下各种制衡机制带来的决策和施政效率低下,可能会产生失败的治理。① 现代西方民主治理认识到科层制政府的治理缺陷及其带来的民主困境,进而不断地强调扩展治理主体,实现治理目标的多元化。在运行机制层面,民主治理实践在科层机制基础上,出现了市场化、网络化、协同化、法治化的趋势,实现了治理机制的多元化。

(一)市场化

20 世纪后期开始的公共部门改革试图取消一些国家职能,将其他职能引入竞争,并将私人管理技术引入公共部门。新自由主义者将国家自上而下的等级组织模式与市场的分散竞争结构相比较。他们的结论是市场更具优越性,在可能的情况下,市场或准市场应该取代公共行政的官僚模式。对效率的追求使他们呼吁国家将组织和活动转移到私营部门。

一是国家资产私有化。市场化最极端的形式是私有化,即资产从国家转移到私营部门。此后,国家很少或根本不承担向公民、企业或其他国家机构提供相关商品或服务的责任。私有化的实践首先出现在英国,一些国有企业在证券交易所上市,其他则通过管理层收购等方式出售给员工,或是卖给了个别公司或财团,经历显著私有化的行业包括电信、铁路、电力、天然气等。

二是企业通过竞争成为公共服务的提供者。在私有化被认为不合适的地方,新自由主义者提倡通过准市场和消费者选择的方式将激励结构引入公共服务的提供。典型方式包括外包(指国家在竞争的基础上与一个私人组织签订提供服务的合同)、内部市场(internal market,当政府机构能够从几个内部供应商或外部供应商那里购买支持服务时,

---

① 周光辉:《现代国家建构与中国式民主道路》,《政治学评论》2022 年第 1 辑。

内部市场就出现了,这些供应商反过来作为独立的业务单位运作)、管理合同(management contract,涉及根据特定的合同安排将设施的运营移交给私营公司)和市场测试(market testing,也称为有管理的竞争,发生在管理服务提供的安排是通过与私营部门竞争者相比的投标方式决定的时候)。

三是按照私营部门的模式改革公共部门管理的有益尝试。新公共管理(new public management,NPM)将私营部门的规范和做法带入公共部门,其目的是将关注点从程序和正式过程转移到对绩效的衡量上。NPM 的相关特征包括分散化、以产出为导向、竞争加剧和客户化。分散化涉及将政策决策与政策实施分开,这为管理者提供了管理的自由。以产出为导向包括试图确定资源和产出之间的关系,以及努力更有效地利用资源以确保高质量的产出。竞争产生于组织内部或组织之间内部市场的创造,这些内部市场旨在让公共部门承受与私营部门相关的竞争压力,从而消除或至少减少效率低下。最后,客户化包括对服务对象需求的更大响应。

(二)网络化

民主治理是通过错综复杂的机构和分散职能的模式实现的。治理分散在覆盖不同领域和交付不同职能的组织中,发生在由部门、机构以及其他社会和政治行动者组成的网络中。网络本身通常是自组织的,并且至少在一定程度上独立于行政中心。网络化是对以正式宪法机构为中心的政治和政府传统观点的矫正。①

网络化过程中,政策网络的基础是行为者之间的商谈过程,以及物质和政治资源的交换。与市场协调相反,集体目标和目的是可能的,这是网络作为治理工具发挥作用的先决条件。决策是多边的——所有参与者都试图找到一个共同的解决方案。因此,网络中的关系主要是横

---

① Mike Marinetto, "Governing beyond the Centre: A Critique of the Anglo - Governance School," *Political Studies*, Vol. 51, 2003.

向关系,网络参与者专注于解决共同的问题,通过整合资源发挥作用。网络的特点是功能不同,即网络参与者具有不同的功能和作用,遵循自己的行动逻辑,并带来不同形式的知识和技能。

例如,20 世纪 70 年代,人们对行政机构的迟钝反应日益不满,作为回应,澳大利亚提出了全政府运行机制(whole of government approach),旨在改善治理,特别是通过建设网络来克服分散化。社会福利联络中心(Centrelink)就是其中一个典型的机制设计。1997 年澳大利亚在公众服务部之下建立了社会福利联络中心,以统一提供一系列福利金和相关服务,这些福利金和服务以前是由许多不同的机构提供的。截至 2007 年,Centrelink 拥有超过 1000 个投递点,为大约 650 万澳大利亚人提供服务,代表 31 个部门和机构,提供 119 种不同的服务,总价值为 663 亿澳元。社会福利联络中心和其他在全政府方案下创建的组织不仅将各种公共部门行为者联系起来,亦是旨在加强中心控制或指导其他行为者的能力,专注于(中央)政府的政策和行动议程。

(三)协同化

民主治理中提倡科层官僚体制、市场和网络的协同复合。21 世纪以来,一系列越来越敏感的新问题陆续出现,包括恐怖主义、环境保护和人口老龄化,其中许多问题与安全和公平等集体产品的关系比与效率的关系更大。另一方面,新公共管理改革中公共服务是由许多不同组织提供的,导致公共部门的分裂和服务提供的碎片化,从而有了协调和管理的新需要。协同化发展所出现的运行机制包括"联合治理""多重政体""核心行政"和"政策网络"等相互关联的方案。

一是联合治理(joined-up governance)。联合治理的主旨是促进参与公共政策的组织之间的横向和纵向协调。联合治理中,决策的特点是寻求将所有参与的机构聚集在一起,而执行的特点是寻求协调参与提供服务的机构之间的活动。二是多重政体(differentiated polity)。多重政体由各种相互依赖的政府、部门和机构组成。差异化的政体有着模糊的边界,权力和权威在其中向下、向上和向外流动。在差异化的政体中,中央政府只是参与政策过程的几个公共、自愿和私人行为者之一,即使这个中心在网络中有卓越的地位,也很少能支配和控制政策。三是政策网络(policy network)。差异化政体由一个通过政策网络运作的核心行政部门组成。这些网络由政府和社会行为者组成,他们之间的互动产生了政策。这些行为者往往是相互依存的,通过正式的机制或非正式的实践联系在一起。四是核心行政(core executive)。民主治理的机制设计中包含参与制定和实施公共政策的各种组织,这些组织通常有不同的动机、愿景、资源和时间范围。核心行政由与这些组织谈判并在它们之间进行仲裁的机构组成,其职能是整合政府政策。

美国在国土安全方面的实践突显出民主治理协同化的运行机制。"9·11"恐怖袭击使美国安全机构进行了大规模的改革。最初主要是"机构间协调",但政策行为者越来越多地将其与联合治理方法联系起来。在联邦层面,布什政府通过建立一个新的内阁级部门来应对"9·11"事件。国土安全部(Department of Homeland Security, DHS)跨越传统界限,横向(机构之间)和纵向(不同级别的政府之间)进行合作和协调,汇集了 22 个不同的机构,通过与联邦、州和地方各级的情报机构以及私营和志愿部门组织合作来收集信息。

(四)法治化

民主政治和治理运转,都会强调法治建设。法治不仅以制度化的方式巩固民主,同时还会为社会提供良好的市场化环境,以可预期的规制来推动治理目标的实现。[①] 对新治理的民主回应进一步建立在法律的开放性、参与性和多元化的基础上。法律意识和法律关系因此在各种日常治理实践中变得更加突出。

广义来看,法治化概念可用来描述使法律在国家和社会中成为更强大和更普遍的力量的各种变化。法治化不仅体现了法律范围的拓

---

① 佟德志、王毅刚:《民主治理何以可能——民主与治理融合的理论分析与实践趋势》,《吉林大学社会科学学报》2022 年第 4 期。

展,也体现了对法官和法院解释和应用法律的日益依赖。法律作用的扩大对公民社会甚至国家机构本身的民主进程范围带来张力,这些程序限制了民主决策的空间。拉斯布伦(Lars Blichner)和安德斯·莫兰德(Anders Molander)确定了五种不同类型的法治化,并强调不必同时发生。第一种是宪法法治化,这是一个过程,通过这个过程,政治制度的规范被创造或改变,以提高法律制度的能力和作用。这一过程不仅指行政和福利国家的扩大,而且也指司法审查的扩大。第二种类型的法治化可能发生在法律法规扩张或日益分化的时候。第三,当政府内外的社会行为者越来越多地引用法律来解决冲突时,法治化就发生了。第四种类型的法治化被认为是法官和法院在立法中起着越来越重要的作用。第五种类型的法治化是一个模糊的过程,在这个过程中,人们越来越多地用法律术语来定义自己和他人。[1]

三、程序操作

鉴于治理分布在各种私人、志愿和公共行为者之间,权力和权威在多个网络中更加分散,国家的作用已经从对社会的直接治理转变为几种干预模式的"元治理",从通过官僚科层机构的指挥和控制转变为对相对自主的利益相关者的间接指导。非国家行为者在提供公共服务方面的作用越来越大,选举制度并不能对民主治理中的每一个行为者进行具体问责,这导致人们希望提高国家监督这些其他行为者的能力。出于上述考量,在选举程序之上,民主治理的制度安排中出现了协商、问责、司法审查等程序操作。

(一)协商

由于新治理的兴起和新信息技术的出现,公民的直接参与变得更

---

① Lars Blichner and Anders Molander, "What Is Juridification?" *Northwestern Journal of International Law and Business*, 1996, Vol. 97.

加重要,也更有可能。罗伯特·普特南(Robert Putnam)曾指出,在一代人或更长的时间里,美国民众与政府的直接接触一直在稳步急剧下降。① 因此,民主治理在程序操作中试图通过增加社会资本,扩大社会融入(social inclusion)回应政治参与率下降所带来的政体合法性担忧。更具参与性的形式可能产生更有效的政策,在对话和协商中,各种政策参与者可以交流彼此的关注点、偏好和解决方案,有助于就公共利益达成共识,促进社会公民的共同行动。

乔恩·埃尔斯特(Jon Elster)将协商民主定义为"自由平等的公民通过讨论做出决策"②。根据艾米·古特曼(Amy Gutmann)和丹尼斯·汤普森(Dennis Thompson)的观点,协商民主是在合理的多元主义环境下唯一可以接受的政治概念,因为它包含了所有理性的人可以同意的最低政治要求,是"道德上持不同意见的人可以合作的基础"③。在协商民主中,公民和政府官员"致力于做出决定,他们可以通过给出和商议其他人可以接受的理由,向受其约束的每个人证明这些决定是合理的"④。

阿肯·冯(Archon Fung)和埃里科林·赖特(Erikolin Wright)试图超越对协商民主原则的阐述,描述其一些具体的制度特征。一个特征是将公共决策权下放到获得授权的地方单位,这种权力下放有助于将决策权从技术专家手中转移到普通公民手中。第二个特征是建立基于授权的地方单位之间以及这些单位和更集中的当局之间的联系的网络。最后一个制度特征是创建国家机构来引导授权的地方单位采取集体行动。尽管国家机构可能因此协调权力下放,但其本身将被重塑为

---

① Robert Putnam, *Bowling Alone: The Collapse and Revival of American Community*, Simon and Schuster, 2000.

② Jon Elster, *Deliberative Democracy*, Cambridge University Press, 1998, p. 1.

③ Amy Gutmann and Dennis Thompson, *Democracy and Disagreement*, Harvard University Press, 1996, p. 93.

④ Ranjoo Seodu Herr, "Cultural Claims and the Limits of Liberal Democracy," *Politics & Society, Social Theory and Practice*, 2008, Vol. 34.

一种动员的、协商的、民主的和基层的组织形式。①

　　在当代西方民主治理的实践当中,存在着丰富多元的协商实践。早在20世纪70年代,德国地方层面已经在零星地开展协商性程序的探索,如调解、规划小组和圆桌会议等。2012年德国巴登-符腾堡州海德堡市制定的公民参与准则(Leitlinien für mitgestaltende Bürgerbeteiligung)带动了德国公民参与的制度化和规范化。准则规定了严谨的程序和工作机制。例如,由市民与行政机构的代表在平等合作的基础上制定参与方案,参与方案应适应具体的项目要求,但应包含以下七个方面的内容:协商对象,流程规划,方法选择,参与者选择,反馈程序,评估标准和时间以及经费规划等,并对细节一一作出安排。海德堡市协商民主制度化方面的创新在德国显示出良好的示范作用,2013年4月,德国城市大会在其出版的《一体化城市发展中的参与文化》一文中,倡导德国城市效仿海德堡等城市,制定准则并将其法定化。②

(二)问责

　　"问责"这一概念伴随着现代主义而来,涉及对受公共政策影响的人的意见和利益作出回应的法律义务。这种响应取决于那些受影响的人是否可获取与评估政策相关的信息,而响应力则取决于受影响者是否有权迫使公职人员采取适当行动。在20世纪之前,"问责"很少出现在字典或百科全书中。代议制民主在历史上一直与民选政务官制定政策、事务官执行政策联系在一起。事务官对当选的政治家负责,而当选的政务官又对选民负责。这种责任(responsibility)既指政治家和官员的品质,也指他们与公众的关系。政治家和官员有责任回应人民的要求、愿望和需求。③ 在评价民主运行质量时,"政府回应性"被视为重要

①　Archon Fung and Erikolin Wright,"Deepening Democracy: Innovations in Empowered Participatory Governance," *Politics & Society*,2001,Vol. 29.

②　冷慧:《德国协商民主的探索——以海德堡模式为例》,《德国研究》2015年第4期。

③　Mark Bevir,"Democratic Governance: A Genealogy," *Local Government Studies*, 2011, Vol. 37, No. 1.

的衡量指标,它是指政府对公众的诉求或民意是否有制度化、持续性的回应。①

　　新的治理理论质疑并打破了过去的责任线。在新治理中,会出现由私营部门和志愿部门行为者执行甚至制定的政策。通常很少有问责线将这些行为者与当选官员联系起来,或者即使存在,这种问责线也太长,没有效果。本身存在于科层制层级中的行政问责制从理论上解释了在管理不善的情况下如何分配责任和寻求补救,但没有提供一种评估和应对不同水平绩效的方法,外包和合伙企业的兴起使得向服务提供商问责也变得越来越困难。此外,复杂的参与者网络使得委托人几乎不可能让任何一个代理人对某一特定政策负责。可见,行政问责形式在网络化的各类组织中已无法适用,民主治理需要新的方法来确保回应的条件。

　　民主治理的理论基础,包括理性选择理论和网络理论,都强调对公共部门绩效问题的关切,这也在实践中带来了程序问责制向绩效问责制的转变。绩效问责制主要根据利益相关者对产出的满意度来确定合法性,目标、基准、标准和指标为监测和审计各种参与行为主体、组织和公共机构的绩效提供了基础。程序问责主要适用于垂直的权力和责任主导线,如科层制中上下级之间的关系,而绩效问责制可以嵌入行为者网络之间的横向交流,在横向关系中,各种行为者相互制衡。马克·康西丁(Mark Considine)等制度主义者还试图发展一个横向的责任能力概念,在一个尊重公共价值、以人(而不是结果)为中心的框架中主张更加强调导航能力,也就是说,在新治理的多维领域自由地正确使用权力。②

(三)司法审查

　　政治家和公民受到民主治理理论的启发,以赋予法律更广泛作用

① 孟天广:《比较政治中的中国民主路径》,《政治学评论》2022 年第 1 辑。
② Mark Considine, "The End of the Line? Accountable Governance in the Age of Networks, Partnerships, and Joined-up Services," *Governance*, 2002, Vol. 15.

的方式来应对新的世界,将更多权力交给法官和法院,以试图解决效力和监督问题,填补问责制的漏洞。总体而言,司法体制的发展,以及随之而来的监管意识,促使许多地方政府和行政机构越来越多地从法律角度审视和管理自己。

从宪法意义上讲,司法审查指司法机关审查立法机关的行为及行政机关的行为的合宪性并使违宪的立法机关的行为、行政机关的行为归于无效的权力。从行政法意义上讲,指法院审查行使行政权力的个人或团体的行为或决定的合宪性、合法性,不论这种行为或决定是立法性的、行政性的或司法性的。20世纪70年代末,英国法律委员会倡导了一系列加强司法审查的程序改革,其中一些改革在《最高法院法》(*Supreme Court Act 1981*)中获得通过。特别是,该法简化了在公法纠纷中援引法律补救措施的程序,这使司法审查变得更加容易和普遍。

司法审查意味着保护个人权利不受政府干涉和多数人的暴政,因而长期以来被认为是对民主的一个重要限制。在西方看来,民主和法治之间存在冲突,司法领域里不能实行民主。① 民主主义者一直批判司法审查是一种法律化甚至武断的统治形式,缺乏适当的问责结构。新治理理论动摇了这一观点,引发了对代议制民主主张的质疑,这种质疑态度使司法审查程序成为代议制的一个有吸引力的补充。代议制机构难以对复杂的政策过程负责,更无法确保尊重个人权利。因此,司法审查是必要的,既是对侵犯个人权利的一种约束,也是确保公众信任和行为合法性的一种方式。

四、政策应用

政策的制定与执行是治理能力的核心指标。② 民主治理是多中心

---

① 佟德志:《全过程人民民主战略布局的历史与逻辑》,《政治学评论》2022年第1辑。
② 杨光斌、张舒:《历史政治学与中国自主的政治学知识体系建构》,《政治学评论》2022年第2辑。

主义的,众多相对独立的参与者之间并不是纯粹的等级关系,而是关于来自政治和社会经济生活不同领域的各种行为者之间的复杂交织。这意味着重新定义各级政府在公共事务中的角色。虽然治理涉及国家与社会之间关系的变化,但国家仍然是核心的政治权力中心。因此,民主治理实践中,国家需要应用具体的政策工具将特定目标转化为具体行动的路径和机制。政策应用会受到具体政策环境的影响,同一种政策工具在不同政策环境中可能发生完全不同的作用。

(一)服务外包

公共部门组织与非政府行为者签订合同在本质上并不新鲜。然而,合同外包的戏剧性蔓延是新的治理最引人注目的特征之一。外包不仅是提供服务的一种手段,也是建立复杂的行动者网络的一种手段。政府"外包"给盈利性公司、非营利组织或其他政府来生产或提供服务。尽管提供服务的工作被外包出去,但服务仍然是公共的,主要由税收资助,关于服务的数量、质量、分配和其他特征的决定由公共决策者作出。外包可以使公共部门组织获得其内部人员无法提供的商品、服务和专业知识。政府领导者还利用外包来搭建与关键选区和社区的桥梁。

戴维·奥斯本(David Osborne)和泰德·盖伯勒(Ted Gaebler)通过对诸多相关案例的研究以说明外包的好处。首先,外包服务使政府以及赢得合同的服务提供方能够专注于他们最擅长的领域。服务提供商可以专注于确保高效和优质的服务交付,而国家和公共机构可以专注于决策。其次,关注方向有助于更果敢的决策风格。当国家行为者不必担心计划将如何实施时,他们可以在想法上更大胆、更有创造性。最后,关注方向有助于采取更全面的政策制定方法。当国家行为者参与到现有项目的运作实施中时,他们关注的是项目本身,而不是项目要解决的社会问题。对执行的关注会使政府机构以分散的方式处理政策问题,而大规模的社会问题常需要通过一系列不同的政策来解决。通过外包服务,国家行为者可以制定更全面的方案,从各个角度处理复杂社会问题的各个方面。①

澳大利亚和荷兰已经将福利等典型的政府服务外包出去。例如澳大利亚就业网络（Australian Job Network）创建于 1998 年，在 10 年的时间里，从"激进的实验"转变为成熟的制度。有证据表明，澳大利亚就业网络以之前系统一半的成本提供了更多的就业成果。同时，游说也随着合同的签订而增加，供应商已经成为一个独特的利益集团和强大的游说力量，可以直接接触到高级公务员和部长。② 美国俄亥俄州政府利用地方委员会来监督精神健康政策，但依靠非营利健康组织来运作相关设施和项目。地方委员会不向其政策所针对的人群提供服务，而是专注于确保政策得到执行，并信任非营利组织的专业人士能够提供高质量的医疗服务。

（二）地方治理

从 20 世纪 90 年代中期开始，地方治理一词越来越普遍，用来描述地方政治和政府的变化。在这种系统中，关于地方问题的公共决策越来越多地发生在超出传统管辖边界并跨越公私界限的多机构网络背景下。

决策权的分散或多或少是当代地方治理系统的特点，这在民主（参与和回应）和职能（确保对贯穿各领域的复杂问题采取综合、联合的办法）领域都提出了挑战。面对民主挑战，一些国家选择了协商和共同决策机制的创新和/或民众参与的形式（比如英国、荷兰、法国和瑞典），而另一些国家也诉诸公民投票民主的形式，如直接选举市长。传统上，这是美国许多地方的情况，但最近德国也采取了这种民主改革路线。面对职能方面的挑战，总的趋势是加强地方政府的行政部门。在一些国家，这是通过加强合议行政领导的地位来实现的（比如瑞典、荷兰和联

---

① David Osborne and Ted Gaebler, *Reinventing Government*: *How the Entrepreneurial Spirit is Transforming the Public Sector*, Addison-Wesley, 1992.

② Steven Cohen and William Eimicke, "Contracting Out," in *The Sage Handbook of Governance*, edited by Mark Bevir, SAGE Publications, 2011, p.240.

合王国），而其他国家则更多地依靠强有力的市长领导（比如德国、美国和法国）。除了加强地方政府的行政部门之外，地方政府在治理网络中仍然是一个重要的角色。在这些网络中，地方政府行为者的力量在很大程度上取决于中央与地方关系的历史国家模式，也就是路径依赖。这导致了截然不同的治理制度：地方政府治理（瑞典和德国）；市政网络治理（荷兰）；政权治理（美国）；多级伙伴关系的治理（英国和法国）。①

（三）伙伴关系

许多国家政府都将伙伴关系作为解决社会排斥（social exclusion）问题的手段。新的合作关系不仅不同于社团主义合作，也不同于与NPM 有关的合作，而是对市场化和 NPM 失败的回应，是对民主赤字和公民参与水平下降的担忧的回应，也是有意识地促进网络治理这一大趋势的一部分。横向上主要有公私伙伴关系（public-private partnership，ppp），纵向上主要是地方伙伴关系。

公私合作伙伴关系的出现是一种典型的复合型治理体系。人们越来越发现，在一个相互关联的一体化社会中，政府必须承担在创建和维持可行的经济、减少贫困和提高生活水平方面的新角色。但实现这些目标，仅仅依靠政府是不够的。在一体化社会实行有效管理，意味着以民主、透明和参与的方式，通过公共管理部门、私人部门、民间社会组织和国际组织间的合作，政府建立起合作和伙伴关系。② 到目前为止，在国家治理的过程中，公私合作伙伴关系越来越广泛地运用在民主治理过程当中，在保证公平的基础上，促进了民主治理的效率。③ 合作关系不同于外包，因为它们体现了联合决策和生产，而不是委托代理关系。以一种管理视角反映了政治、经济和社会三个领域之间更普遍的边界

---

① Bas Denters, "Local Governance," in *The Sage Handbook of Governance*, edited by Mark Bevir, SAGE Publications, 2011, p. 362.

② Dennis A. Rondineli, "Governments Serving People: The Changing Roles of Public Administration in Democratic Governance," *Public Administration and Democratic Governance: Governments Serving Citizens*, A United Nations Publication, 2006, p. 6.

③ 佟德志：《当代世界民主治理的主体复合体系》，《政治学研究》2020 年第 6 期。

变化。合作各方贡献价值和资源(金钱、财产、权力、声誉),在合作框架内共享责任和成果风险。

地方伙伴关系可以根据是自上而下还是自下而上来进行区分。一些研究表明,如果伙伴关系是自下而上建立的,则更有可能促进受排斥和弱势群体的融入。一方面,地方伙伴关系可能基于某种社团主义模式:国家可能发起伙伴关系,以确保相关利益攸关方的代表性。这些合作关系往往围绕着当地经济、政治和行政精英的利益,通常是通过将一个被边缘化的地区(以其精英为代表)重新融入资本主义经济来解决排斥问题。另一方面,地方伙伴关系可以由公民自己建立。这些伙伴关系不太关注商业、培训和工业产权方面的主流投资,而是更有可能参与非正规或社会经济,包括信用社、志愿协会和地方交流网络。后一种伙伴关系更接近于一个多形式、多层面和多层次的治理社会。

在美国,社区警务兴起于 1990 年前后,包括增加与社区成员的协商、通过权力下放(devolution)增加灵活性、增加与其他机构和社区组织的伙伴关系以及以问题为导向的预防犯罪方法等。在警察、其他公共机构、社区团体和公民之间伙伴关系的基础上形成和管理网络。在英国,《警察改革法案》(Police Reform Act, 2002)不仅扩大了国务大臣的权力,还扩大了地方社区在维持治安中的作用。2004 年内政部绿皮书《维持治安:共同建设更安全的社区》(Policing:Building Safer Communities Together)明确强调了"合作维持治安"的重要性,同时确定私营部门是打击犯罪的关键"伙伴"。

五、结语

民主与治理是 20 世纪末兴起的两大潮流,到 21 世纪初方兴未艾,深刻地影响了世界政治的基本走向,两者合流形成的民主治理更是格外引人瞩目。民主治理的概念唤起了政策制定和执行的新形式,新公共管理、市场化和各种形式的共治伴随着科层制机构而出现,差异化的政治机构对代议制民主设计中的政府和公共行政带来挑战。同时,愈发注重将国家与公民社会联系起来的机制、程序和政策,更加广泛的政策网络,扩大公共讨论和行动,以及有意识地试图让新的社会行为者参与政策过程。

制度必然要在一定边界的组织场域中发生作用,不同场域的制度形态具有显著的差异特征。高效的制度设计中,起作用的并非某一单独的制度要素,而是制度要素的不同组合。从实践上看,不同的国家、不同的领域,在民主治理机构设置、运行机制、程序操作、政策应用等各个方面都有不同,从而形成了不同的制度安排。通过对当代西方民主治理制度的比较分析,我们发现,西方民主治理的各种制度安排在近年来不断交织碰撞、相互交流和借鉴,已经明显有越来越多的共同之处。在构成要素方面,主要包括网络、市场、科层等结构要素;选举、协商、预算、法治、审计、协同、外包等技术要素以及民主和绩效等目标要素。

总体来看,当代西方民主治理制度呈现出以下四个主要特征,即复合性、多辖区、多元主体和网络。复合性指的是将既定行政系统与市场机制和非营利组织结合起来;多辖区指的是制度安排将不同政策部门和不同级别政府的人员和机构结合在一起;多元主体指的是各种各样的利益攸关方长期存在于政策制定和执行过程中;网络指的是机构安排、不同层次的治理机制和多元利益相关者在网络中联系在一起。

当今大国之间的竞争,在根本上是制度之争,而制度竞争力体现在制度整合能力、政策制定能力和政策执行能力等所构成的治理能力上。[①] 民主治理的有效运转不仅需要自身内在的制度安排,还需要其他制度建设与之相适应。实际上,政治民主与治理有效的关系并非总是那样和谐,以实现二者为面向的制度设计常常存在张力,出现了制度悖论与实践困境。通过制度安排推进民主与治理的融合是考验民主治理的重大主题。

---

① 杨光斌、张舒:《历史政治学与中国自主的政治学知识体系建构》,《政治学评论》2022年第 2 辑。

西方协商系统与中国协商民主体系：
系统分析框架下的比较及启示 *

程香丽 **

内容摘要　2012 年后中西协商民主出现了相似的发展方向，即系统方向。由于西方协商系统与中国协商民主体系使用了不同的话语体系，所以，以系统的内涵和特点为统一的分析框架对两者作比较分析。比较结果表明，两者都重视分工、时空联系和系统功能，都是协商民主和选举民主相结合的产物，都体现了协商民主对所在政治系统的适应；但是分工的对象不同，时空联系所处的系统层次不同，并且在系统功能上有明示和暗含之分，在结合动因上有被动妥协和主动建构之分，在适应方式上有理论调适和顶层设计之分。相似之处揭示的一般规律是，协商民主应尽可能适应所在政治系统，充分利用既有政治制度和存量资源。因此，中国协商民主体系在党的领导下主动选择内嵌式发展模式展现了中国智慧。相异之处使得西方协商系统的时空结构形式对中国协商民主体系具有借鉴意义，有助于各子系统构建环节完整的议事协商闭环，并做好衔接配合，进而促进协商民主的制度化和系统化。

---

　*　本文系山东省社会科学规划研究项目"基于全过程人民民主理念的基层协商系统构建研究"（22CZZJ01）的阶段性成果。
　**　程香丽，政治学博士，曲阜师范大学政治与公共管理学院讲师，主要研究方向为中西方协商民主。

关键词 协商系统；协商民主体系；系统分析框架

协商民主是人类社会政治文明发展之树结出的硕果，不仅使中国拓宽了实现人民民主的渠道和途径，凸显了发展社会主义民主政治的独特优势和制度自信，还使陷入竞争性选举和票决民主困境的西方自由民主得以弥补缺陷和不足。2012 年后，中西协商民主出现了相似的发展方向，即系统方向。西方协商民主的系统转向以 2012 年学界出版《协商系统（deliberative systems）：大规模的协商民主》一书①为标志，中国协商民主的系统转向以 2013 年党的十八届三中全会作出"构建程序合理、环节完整的协商民主体系（consultative democracy systems）"的战略部署为标志。中西协商民主系统转向至今已近 10 年，各自在理论和实践上都有不少进展，初步具备了比较分析的基础。

目前，国内学者金安平②、陈家刚③、张毅④、罗维⑤、孙德海⑥、郭红军⑦、李传兵⑧等人已从内涵外延、前提条件、理论基础、文化土壤、生成路径、实践形态、政治定位与功能等方面对中西协商民主的差异作了充分的比较研究。由于中西协商民主在系统转向之后仍会存在这些差异，所以本文将着重点放在分析西方协商系统和中国协商民主体系的相似之处上，从相似之处入手，更深入地比较两者的似与异。由于两者在系统发展方向上最相似，本文将以此入手，作比较分析。

西方协商系统从理论层面来看是指包含了协商理想和最佳实践路

① John Parkinson & Jane Mansbridge eds., *Deliberative Systems*: *Deliberative Democracy at Large Scale*, Cambridge University Press, 2012.
② 金安平、姚传明：《"协商民主"：在中国的误读、偶合以及创造性转换的可能》，《新视野》2007 年第 5 期。
③ 陈家刚：《当代中国的协商民主：比较的视野》，《新疆师范大学学报（哲学社会科学版）》2014 年第 1 期。
④ 张毅：《中西协商民主比较研究》，《云南行政学院学报》2015 年第 3 期。
⑤ 罗维：《中西协商民主制度与实践比较》，法律出版社，2016 年。
⑥ 孙德海：《中西方协商民主同构异质的学理分析》，《中州学刊》2018 年第 2 期。
⑦ 郭红军：《中西协商民主：比较与启示》，《中州学刊》2018 年第 12 期。
⑧ 李传兵：《社会主义协商民主的制度逻辑与路径选择——兼析中西方协商民主的制度差异》，《马克思主义研究》2019 年第 6 期。

径的规范性理论，从经验层面来看是指由多样场所和多元行动者等要素构成的，具有一定的时空结构，能够发挥协商、民主和决策功能的复杂整体。中国协商民主体系从理论层面来看是指学术界的理论和党的顶层设计的复合体；从经验层面来看是指由协商的主体、客体、渠道、方式、过程等要素构成的制度体系。由于两者使用的话语体系不同，所以，如要作比较分析，首先需要置于统一的分析框架下。系统（systems）是"由若干要素以一定结构形式联结构成的具有某种功能的有机整体"①，其内涵和特点可以为中西协商民主的系统方向的比较提供统一的分析框架。本文将在此分析框架下作比较分析。

一、西方协商系统：协商民主系统的
要素、结构和功能

西方协商民主在系统转向之前经历了近二十年的理论探讨时期和十多年的制度化建设时期。公民协商论坛尤其是通过科学抽样产生的微型公众是协商民主的制度化身，最能近似地实现协商民主的规范性理想，它在协商民主人士的推动下，在世界范围内得到了广泛的实验实践和经验研究。这种理论和实践层面的共同发展使得西方协商民主在系统转向时已达到了"成熟"。不过，这种"成熟"是在人为打造的公民协商论坛中实现的，带来了包容性欠缺、协商与决策断裂、合法性有限、解放性不足等问题。西方协商系统是来化解这些问题的，它主要关注在公民协商论坛之外还可以在哪里协商，除协商公民之外还有哪些协商行动者，不同场所、不同行动者的协商如何基于各自的功能优势联结成为一个功能齐全的有机整体。从系统分析框架来看，这些问题其实涉及到协商民主系统的要素、结构和功能问题。

---

① 钱学森等：《论系统工程（新世纪版）》，上海交通大学出版社，2007年，第289页。

(一)协商民主系统的要素:多样场所和多元行动者

西方协商系统引入了系统思维、分工理念和功能主义观念,这使得"在哪里协商""谁来协商"或"谁对协商系统有用"的问题有了更多的答案。西方协商系统理论家为突出协商系统的包容性,着力证成一些通常被排斥在协商民主视野之外的场所和行动者的协商性或对协商系统的用处,例如,家庭私人领域、司法机关、行政机关等场所;行政官僚、利益集团、社会运动、新闻媒体等行动者。迄今为止,由协商系统理论家证成的场所和行动者如表 1 所示。不过,由于它们都难以独自发挥协商、民主和决策功能,还需要基于各自的功能优势联结成为一个功能齐全的有机整体。从系统分析框架来看,这些场所和行动者都是协商民主系统的要素。

表 1　协商民主系统的要素:多样场所和多元行动者

主要场所		主要行动者	具有协商性或对协商系统有用的例子
国家机构	立法机关	议员	立法辩论
	司法机关	法官	宪法辩论
	行政机关	首席执行官和政治任命人员	行政决策中的科层协商
		行政官僚	对法律、政策的具体执行和自由裁量权的行使的解释
社会领域	政治公共领域	专家学者	在协商活动中可扮演四种可接受的专家顾问角色①

---

① 当议题在科学和价值两方面都有广泛共识时,专家可以扮演纯粹科学家的角色,将自己限定为概述所在领域的知识状况;或者可以扮演一个科学仲裁者的角色,负责回答有关特定技术问题的询问。在科学与价值都有争议的情况下,专家可能会选择充当议题倡导者,公开推动某个议题提上政治议程,同时谨慎地指出,自己的政治论点并不直接来自科学专长;或者他们可能成为政策备选方案的诚实中间人,将技术和政治考虑结合起来,澄清现有的政策选择,并为决策者确定新的选择。根据议题背景和专家的个人喜好,这四个角色中的任何一个都可能是合适的。不过,人们永远不会接受隐形的议题倡导者——他们不把自己的科学主张与自己的政治观点区分开来,还假装前者直接导致后者。引自 Jr Roger Pielke, *The Honest Broker: Making Sense of Science in Policy and Politics*, Cambridge University Press, 2007, pp. 151, 154-156.

主要场所		主要行动者	具有协商性或对协商系统有用的例子
社会领域	政治公共领域	政党	在协商系统中可发挥认知、激励和辩护方面的功能
		(特殊/公共)利益集团和活动家	作为(特殊/公共)利益倡导者促进公共领域的宏观协商
		社会运动	既可促进协商系统的包容性，又可创建新的协商空间
		新闻媒体	媒介协商的载体
		政治评论员	作为意见领袖促进公共领域的宏观协商
		非政府组织	作为自我任命的话语代表促进公共领域的宏观协商
		普通公民	参与公共领域的多种形式的政治交流
	家庭私人领域	普通公民	进行非正式的日常政治谈话
特设协商论坛	党派协商论坛	利益集团和活动家等	管制谈判、政策对话、原则性谈判等
	公民协商论坛	普通公民	公民陪审团、共识会议、协商民意测验、公民大会

资料来源：作者自制。

(二)协商民主系统的结构：多样场所和多元行动者的联结

尽管具有协商性或对协商系统有用的场所和行动者很多，但还需要它们基于各自的功能优势联结成为一个功能齐全的有机整体。西方协商系统理论家探讨了将多样场所和多元行动者联结成为一个功能齐全的有机整体的结构形式问题。

1. 空间结构形式：多样场所的衔接

哈贝马斯的"双轨制协商政治"最早勾勒了协商系统的民主协商场所和正式决策场所相衔接的空间结构形式，即"协商系统＝公共领域＋

国家机构＋选举和投票"①。在此基础上,亨德里克斯和德雷泽克提出了更抽象的空间结构形式,即"协商系统＝宏观话语领域＋微观话语领域＋混合话语领域"②和"协商系统＝公共空间＋授权空间＋传播机制和问责机制"③;迈克尔·尼博提出了更具象的空间结构形式,④如图1所示。尼博认为,一个完整的协商民主理论必须整合协商系统的所有场所、机构、机制等——内部协商、私下讨论、非正式社交网络、公民组织、利益集团、政党、国家机构、媒体、微型公众、投票和选举,这使得如此构建的协商系统除了几个明显的例外(如内部协商、微型公众等),几乎与一个民主国家的政治系统无异。

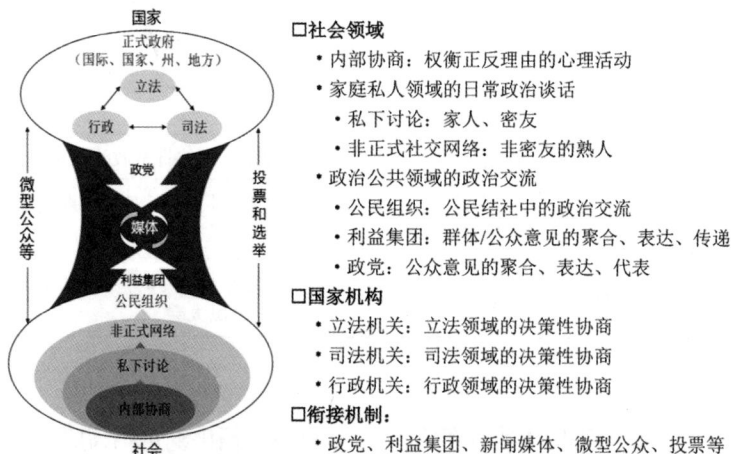

图1 西方协商民主"系统"的空间结构:多样场所的衔接

资料来源:Michael Neblo, *Deliberative Democracy Between Theory and Practice*, Cambridge University Press, 2015, p.18.

---

① Jürgen Habermas, *Between Facts and Norms: Contributions to a Discourse Theory on Law and Democracy*, Polity Press, 1996, pp.360-366.

② Carolyn Hendriks, "Integrated Deliberation: Reconciling Civil Society's Dual Role in Deliberative Democracy," *Political Studies*, Vol.54, No.3, 2006.

③ John Dryzek, "Democratization as Deliberative Capacity Building, *Comparative Political Studies*," Vol.42, No.11, 2009.

④ Michael Neblo, *Deliberative Democracy Between Theory and Practice*, Cambridge University Press, 2015, pp.17-25.

2.时序结构形式:多元行动者的组合

古丁和帕金森分别基于代议制民主和决策过程描绘了多元行动者相组合的时序结构形式。古丁认为,在代议制民主运行的不同阶段可由不同的行动者实现不同的协商理想,如表2所示,如此,便可以通过一个系统整体来实现所有的协商理想。帕金森认为,在决策过程的不同阶段,可让不同的行动者各显其能,如表3所示,如此,便可以通过一个系统整体来实现合法协商民主的所有原则——广泛参与、审慎协商、合法决策、有效落实、有力监督。

表2　西方协商民主"系统"的时序结构:基于代议制民主
运行过程的多元行动者组合

	代议制民主的运行过程			
	党团会议	议会辩论	竞选运动	选举后谈判
行动者	本党成员	代表各政党的议员	广大选民	各政党
主要实现的协商理想	真诚理想	理性辩护	开放的参与和考虑共同善	对各自需要的尊重和旨在达成理性驱动的共识

资料来源:Robert Goodin, "Sequencing Deliberative Moments", *Acta Politica*, Vol.40, No. 2, 2005.

表3　西方协商民主"系统"的时序结构:基于决策
过程的多元行动者组合合

	决策过程			
	问题界定	方案讨论	正式决定	执行和监督
利益集团和活动家网络	提出议题并努力使其突显	对影响进行研究并提出解决办法;表达不同视角的观点	监测过程	监测结果和必要时提出质疑
专家	研究和提出议题	对影响进行研究并提出解决办法	——	监测结果和必要时提出质疑
行政官僚	研究和提出议题	管理宏观协商进程;收集论点并提供给决策者	——	实施决策
微观协商技术(微型公众等)	——	为他人提出的论点提供协商焦点	推荐行动方针,包括反对意见	评估执行情况

续表

	决策过程			
	问题界定	方案讨论	正式决定	执行和监督
媒体	研究和提出议题,使其突显	提出支持和反对不同来源的不同解决办法的论点	对决定以及支持与反对决定的理由进行报道	监测结果并在必要时提出质疑
议会	开放议程建立程序,启动宏观协商进程	就来自更广泛的公共领域的论点进行辩论	作出具有约束力的集体决策;交流支持和反决定的理由	监测执行
直接民主技术	通过请愿等,启动宏观协商进程	——	通过公民投票作出具有约束力的集体决定	——

资料来源:John Parkinson, chapter 7 The institutions of a legitimate deliberative democracy, in John Parkinson(author), *Deliberating in the Real World*: *Problems of Legitimacy in Democracy*, Oxford University Press, 2006, p.160.

(三)协商民主系统的功能:协商、民主和决策

西方协商系统是一个包含了协商理想和最佳实践路径的规范性理论,在引入功能主义观念后,协商理想的实现就体现在系统的功能作用的发挥上。由于协商系统将协商民主的合法性由"某种程度上取决于使公民及其代表更加知情的协商质量"[1]修订为"取决于协商性、民主性、决策性和现实可行性之间的平衡"[2],所以通常认为一个协商系统最起码应发挥协商、民主和决策三大功能。

1. 协商功能

在对协商功能的理解上,存在两种观点,一种是以曼斯布里奇等人为代表的最低标准的认知功能观点,它认为协商最起码应该能够增进

---

[1]　Jane Mansbridge et al., A Systemic Approach to Deliberative Democracy, in *Deliberative Systems*: *Deliberative Democracy at Large Scale*, edited by John Parkinson and Jane Mansbridge, Cambridge University Press, 2012, p.1.

[2]　Robert Goodin, If Deliberation Is Everything, Maybe It's Nothing, in *The Oxford Handbook of Deliberative Democracy*, edited by Andre Bächtiger, John Dryzek, Jane Mansbridge, and Mark Warren, Oxford University Press, 2018, p.888.

对有关事实和见解的认识和了解程度;①;一种是以德雷泽克为代表的最高标准的"真正协商"(genuine deliberation)观点,它认为必须同时具备非强制性、②个人的特定主张与更具一般性的主张相关联、③互惠性④三个条件才是"真正协商"。在这两种观点的适用上,首先,一个协商系统必须能够发挥认知功能,这是它能够持续存在的必要条件;其次,根据系统的分工理念,在一个协商系统中不必所有的场所和行动者都是"真正协商",但是必须要有场所和行动者是"真正协商"。

2. 民主功能

指协商过程的平等参与、充分开放和包容。曼斯布里奇等人认为,在切实可行的平等基础上纳入多重和多元的声音、利益、关切和主张,是使协商过程更民主的核心要素。谁来参加协商,影响着协商的范围和内容。对于被排除在外的人,协商不会产生民主合法性。⑤ 简言之,一个运转良好的民主协商系统,如果没有可被所有公民(包括被排除在外的公民)合理接受的强有力的理由,就不能系统性地将任何公民从这一过程中排除出去。从正面来说,还应积极创造平等参与的机会,促进协商系统的包容性。

3. 决策功能

指协商系统具有决策性,能够对集体决定或社会结果产生影响。

---

① Mansbridge, A Minimalist Definition of Deliberation, in *Deliberation and Development: Rethinking the Role of Voice and Collective Action in Unequal Societies*, edited by Patrick Heller and Vijayendra Rao, The World Bank, 2015, pp. 27–50.

② 指以非强制的方式引发参与者对自己偏好的反思。

③ 指个人应该根据更具一般性的原则来证明和修正他们的主张和偏好,这有助于在协商者之间引发共同善或公共理性。虽然对话者可能不能平等地共享或根本不共享一些更普遍的价值,但关键是遵循这个标准可以使协商者超越利己主义的论证。

④ 指个人用那些不同意自己观点的人能够发现意义并可以接受的方式进行交流,这意味着个人对自己主张的辩护应该关注他人的偏好和利益,从而对他人及其主张表现出一定程度的尊重。

⑤ Jane Mansbridge et al., A Systemic Approach to Deliberative Democracy, in *Deliberative Systems: Deliberative Democracy at Large Scale*, edited by John Parkinson and Jane Mansbridge, Cambridge University Press, 2012.

这是一个在早期的协商民主理论中存在争议的问题。帕金森[1]和汤普森[2]认为,协商民主如要配得上"民主"这个标签,就必须有直接的政治和政策后果,并有资源和执行的支持。古丁和德雷泽克[3]以及尼迈耶[4]认为,结果重要性有很多种形式,并不是所有的协商都涉及实际政策的制定。贝奇泰格和帕金森认为,"其实分歧比表面上看起来要少,因为这些主张处在不同的分析层面上。如果说一个协商系统必须具有直接决策性,同时又认为其中的某些个别时刻不一定具有决策性,这并不矛盾"[5]。这是一种典型的系统观点,即一个协商系统必须具有决策性,但基于分工不必要求每个协商场所和协商时刻都具有决策性。

二、中国协商民主体系:协商民主系统的 子系统及其制度化和系统化

中国协商民主在系统转向之前经历了 50 多年的"自在存在"的协商实践期和 10 多年的"自为存在"的本土协商民主形成时期。2012 年,以协商民主写入党的十八大报告为标志,中国人民民主实现了协商转向。2013 年,以党的十八届三中全会作出"构建程序合理、环节完整的协商民主体系"的战略部署为标志,中国协商民主出现了系统转向。由于两次转向几乎没有时间间隔,是在本土协商民主实践的制度化水平还比较低,本土协商民主理论和经验研究还不够完善的起步期出现系

① John Parkinson, Democratizing Deliberative Systems, in *Deliberative Systems: Deliberative Democracy at Large Scale*, edited by John Parkinson and Jane Mansbridge, Cambridge University Press, 2012, pp. 151-72.

② Dennis Thompson, "Deliberative Democratic Theory and Empirical Political Science," *Annual Review of Political Science*, Vol. 11, 2008.

③ Robert Goodin & John Dryzek, "Deliberative Impacts: The Macro-Political Uptake of Mini-Publics," *Politics & Society*, Vol. 34, 2006.

④ Simon Niemeyer, Scaling up Deliberation to Mass Publics: Harnessing Mini-publics in a Deliberative System, In *Deliberative Mini-publics: Involving Citizens in the Democratic Process*, edited by Kimmo Grönlund et al., ECPR Press, 2014, pp. 177-202.

⑤ André Bächtiger & John Parkinson(authors), *Mapping and Measuring Deliberation: Towards a New Deliberative Quality*, Oxford University Press, 2019, p. 89.

统转向的，所以中国协商民主在系统转向之后面临着制度化和系统化的双重任务。

中国共产党是中国各项事业的领导核心，亦是中国协商民主体系建设的领导核心，它通过顶层设计将协商民主体系建设任务在党政企事群各方力量之间作了分工，明确了由各主体责任者分工负责的协商渠道。所以，虽然中国协商民主体系是由协商主体、协商客体、协商渠道、协商方式、协商过程等要素构成的制度体系，但它主要关注作为重要抓手的协商渠道，协商民主的制度化和系统化都是围绕着各协商渠道进行的。鉴于中国的"协商渠道"概念与西方的"协商场所"概念颇为相似，具有可比较性，因此，本文在系统框架下分析中国协商民主体系时侧重分析其协商渠道。从协商渠道的视角来看，经验层面的协商民主体系是一个由各协商渠道构成的广泛多层、程序合理、环节完整的制度体系。通过系统分析框架下的比较可以发现，各协商渠其实是协商民主系统的子系统。

（一）协商民主系统的子系统：各协商渠道

中国的"协商渠道"概念与西方的"协商场所"概念颇为相似，例如，"人大/议会协商""政府协商""社会组织/公民组织协商""基层协商"等，但是两者的内涵却有很大差异。西方的"协商场所"是一个"在哪里协商"的有界空间的概念，例如，议会协商是议员在议会中的协商，政府协商是总统、州长、市长等首席执行官及其政治任命成员在政府中的协商。由于有界空间设定了参与者的范围和空间的功能，若干协商空间和行动者必须联结在一起才能构成一个功能齐全的协商民主"系统"。

中国的"协商渠道"是一个由各主体责任者分工负责的议题性协商民主系统的概念，具体而言，由党、人大、政府、政协、人民团体、基层自治组织、企事业单位、社会组织作为主体责任者，分别负责各自职责范围内议题的协商工作（如表 4 所示），即牵头发起、（委托）组织协商活动，汇集整理、传递或吸纳协商意见，构建"程序合理、环节完整"的议事协商闭环。如此，就形成了由主体责任者分工负责的，基于议题提出、商议、决策和落实的议事协商闭环的议题性协商民主系统。协商议题不同，在议事协商过程中所处的阶段不同，协商场所和行动者也会不同。因此，对一个协商民主系统而言，"协商渠道"是介于微观"要素"和宏观"系统"之间的中观"子系统"。

表 4 各协商渠道：主体责任者、分工负责的协商议题和主要参与者

	主体责任者	分工负责的协商议题	主要参与者	是否为决策者
政党协商	党中央和地方各级党委	党和国家大政方针、经济社会发展重要问题	民主党派、无党派人士、工商联	是
人大协商	各级人大	立法规划、法案起草协调、立法论证、咨询、评估、草案公开征求意见	有关国家机关、社会团体、专家学者、人大代表、政协委员、社会公众等	是
政府协商	各级政府	经济社会发展重大问题、重大公共利益或重大民生问题等	人大代表、政协委员、民主党派、无党派人士、工商联、人民团体、社会组织、社会公众	是
政协协商	各级政协	国家和地方的大政方针以及政治、经济、文化、社会领域的重要问题	中国共产党、民主党派、无党派人士、工商联、人民团体、各族各界代表	否
人民团体协商	各级人民团体	涉及所联系群众切身利益的问题	利益相关的群众	否
基层协商	乡街、村社	涉及本地居民切身利益的问题，反映强烈的实际困难和矛盾纠纷	利益相关的群众	自治议题是
	企事业单位	涉及本单位职工切身利益的问题	利益相关的职工	自治议题是
社会组织协商	社会组织	涉及所服务群众切身利益的问题	利益相关的群众	否

资料来源：作者自制。

七条协商渠道即是中国协商民主体系的七个子系统，这些子系统具有如下特点：第一，主体责任者的能动性赋予各子系统一定的能动性。第二，协商议题和协商参与者的重叠性使得各子系统具有一定的交叉性。第三，主体责任者牵头发起协商活动，并使其形成一个议事协商闭环的责任感使得各子系统具有逻辑闭环趋向。从系统的概念来看，各子系统也正是基于这种逻辑闭环趋向而被称为议题性协商民主系统的。当然，由于政协、人民团体和社会组织等并不是官方决策者，在使这种逻辑闭环趋向成为现实上确有难度，所以，还需要与官方决策者及其子系统做好衔接配合。

（二）子系统的制度化：构建环节完整的议事协商闭环

由于各子系统具有一定的能动性和逻辑闭环趋向，可以有效地承接中国协商民主出现系统转向之后的制度化和系统化的双重任务，所以，它们成为中国协商民主体系建设的重要抓手，协商民主的制度化也主要是通过各子系统的制度化来推进的。从目前党中央发布的关于政协协商、基层协商和政党协商的实施意见①来看，子系统的制度化主要是围绕着"议什么（协商内容）——谁来议（协商主体）——怎么议（协商形式和协商程序）——议的效力（协商成效）"的议事协商闭环进行的，如表5所示。

表5　三个子系统的制度化：构建环节完整的议事协商闭环

	议什么	谁来议	怎么议	议的效力
政党协商	五类议题	三类人员	三种协商形式 + 各自的程序要求	建立健全协商成果采纳、落实和反馈机制
政协协商	五类议题	五类人员	七种 + 六种（拓展）协商形式	
基层协商	五类议题	十三类群体性主体 + 四类个体性主体	以协商的主体、时间、地点、事由等命名的若干协商形式 + 协商前、协商时、协商后的程序要求	

资料来源：作者自制。

---

① 即《关于加强人民政协协商民主建设的实施意见》《关于加强城乡社区协商的意见》《关于加强政党协商的实施意见》《中国共产党政治协商工作条例》。

从各子系统的协商实践来看也是如此。人民政协是专门协商机构,这里以全国政协的双周座谈会为例。从 2013 年 10 月 22 日全国政协召开第一次双周协商座谈会算起,截至 2022 年 5 月 30 日,全国政协共召开 139 次双周协商座谈会。从双周座谈会的运行来看,构建了从"议什么"到"谁来议"和"怎么议"再到"议的效力"的议事协商闭环,如表 6 所示。

表 6　全国政协的双周座谈会:环节完整的议事协商闭环

环节	主体/行动	具体内容
议什么	以宏观协商设置协商议程	在由专委会、政协委员、各民主党派等广泛征集议题的基础上制定年度协商计划
谁来议	多方来源的协商代表	党政部门负责人、政协委员(自愿和邀请)、专家学者、行业代表等
怎么议	协商前的宏观协商	参会的政协委员深入一线调研,做好前期准备
	协商时的微观协商	(1)1 位部门负责人简要介绍情况 (2)5 位委员、专家学者作预约发言,其他人自由发言 (3)与会部门负责人针对发言中的相关问题作互动发言 (4)出席会议的副主席视情况发言 (5)会议主持人作归纳性总结讲话
	协商后的协商成果传递	写入《政协信息专报》,报送党中央
议的效力	确保协商成果与决策相衔接	(1)协商结果直接作为相关部门的决策参考 (2)如转化为决策,通过民主监督确保落实 (3)协商过程间接影响参会部门人员的偏好

资料来源:张等文、樊倩倩:《双周协商座谈会:新时代政协协商制度创新的重要载体》,《中央社会主义学院学报》2022 年第 3 期。

总之,环节完整的议事协商闭环既是党的十八届三中全会对协商民主"系统"内涵的界定,又是各子系统的逻辑闭环趋向的体现,还是协商民主制度化的线路。目前,基层协商中名目繁多的制度创新也都是围绕着构建环节完整的议事协商闭环进行的,例如,集、筛、晒、议、转、督的"六步"议事法、"44733"议事协商机制①、四议两公开②、一组两会③、"1＋N＋X"协商委员会④等。

（三）子系统的系统化：做好衔接配合

从实践来看，不同子系统在构建环节完整的议事协商闭环上面临着不同的困难。例如，官方主体责任者的子系统在"议什么"的议程设置环节可能会存在群众诉求把握不准确、回应不到位的问题，非官方和半官方主体责任者的子系统可能会存在协商成果难以转化为决策、难以落实的问题，这些困难单靠各子系统本身是无法解决的，还需要在各子系统的上层系统即协商民主体系中去寻求解决之道，这就提出了在各子系统的上层系统中实现子系统的系统化的问题。从目前党中央发布的关于政协协商、基层协商和政党协商的实施意见来看，已对各子系统的系统化问题作出了回应，这主要体现在各子系统"做好衔接配合"的话语和实践中，具体包括三种衔接形式：

第一，一个子系统的主体责任者参与其他子系统的协商活动。例如，《关于加强社会主义协商民主建设的意见》规定，在人大的法案起草协调和立法论证、听证、评估上，人大专门委员会、工作委员会应加强与政府有关部门的沟通协商；在政府作出的涉及特定群体利益公共决策上，政府应加强与相关人民团体、社会组织的沟通协商。这些规定为一个子系统的主体责任者参与其他子系统的协商活动提供了依据，例如，政府有关部门参与人大协商子系统的协商活动；人民团体、社会组织参与政府协商子系统的协商活动等。当一个子系统的主体责任者参与其他子系统的协商活动时，可以将本子系统的协商意见带入到其他子系

---

① "44"是指协商民主议题四议、四不议；"7"是指基层协商民主七步骤：收集议题、确定议题、拟定方案、协商议事、督促落实、结果公示和居民评价；"33"是指基层协商民主类型分为专题、问题和常规等三协商，基层协商民主的内容、过程和结果三公开，确保基层协商民主有序规范运行。

② 即村党支部会提议、村"两委"会商议、党员大会审议、村民代表会议或村民会议决议以及决议公开、实施结果公开。

③ 党小组牵头提议、户主会协商议决、理事会执行落实。

④ "1"基层党组织书记，"N"具有相对稳定性和代表性的7类人员，"X"为相关利益方。

统的协商活动中,促进更进一步的协商意见的产生。

第二,不同子系统的协商参与者在一定程度上重叠。例如,民主党派、无党派人士、工商联既是政党协商的参与者,又是政协协商的参与者,还是政府协商和人大协商的参与者;人大代表、政协委员既是人大协商和政府协商的参与者,又可以是基层协商的参与者。不同子系统的协商参与者在一定程度上的重叠,带来了信息、观点、专业知识、提案、建议等在不同子系统之间的流动,促进了不同子系统之间的衔接配合。

第三,非官方、半官方主体责任者的子系统与官方决策者有效衔接。这是最关键的衔接配合,如果这种衔接配合缺失,非官方、半官方主体责任者的子系统就不能形成一个环节完整的议事协商闭环,就会面临是否是一个真正的"子系统"的身份危机。目前是通过直接和间接两种方式做好衔接配合的。直接方式如人民政协与党政机关、基层自治组织与基层党政机关的直接衔接,间接方式如党委和政府密切其与人民政协的联系,人民政协密切其专门委员会和人民团体的联系,人民团体密切其与相关领域社会组织的联系,通过这样一条由非官方到半官方到官方的传输带实现社会组织与党委和政府的间接衔接。

三、中西协商民主系统:系统分析框架下的比较

在统一的系统分析框架下比较不同话语体系下的西方协商系统和中国协商民主体系,可以更深入、更具体地分析其中的相似和相异之处,如表 7 所示。

(一)中西协商民主系统:基于系统内涵的比较

从系统内涵即分工、联系和功能的角度进行比较,可以发现中西协商民主系统有如下相似和不同之处:

1.都重视分工，但分工对象不同，系统层次也不同

表7　系统分析框架下中西协商民主系统的比较

系统分析框架		西方协商系统	中国协商民主体系
内涵	分工	要素（协商场所和行动者）	子系统（协商渠道）
	联系	时序结构形式	子系统的环节完整的议事协商闭环
		空间结构形式	子系统的衔接配合
	功能	协商、民主和决策功能（明示）	环节完整的议事协商闭环（暗含）
特点	层次性	一层的系统	两层的系统
	整体性	西方协商民主＋西方竞争性选举民主（被动妥协）	中国协商民主＋中国选举民主（主动建构）
	环境适应性	西方协商民主对所在政治系统的适应（理论调适）	中国协商民主对所在政治系统的适应（顶层设计）

资料来源：作者自制。

中西协商民主系统都重视分工，但是西方协商系统是在各具功能优势的多样场所和多元行动者之间进行分工，在这种分工下单个场所和行动者难以独自发挥协商、民主和决策功能，必须与其他场所和行动者联结起来才能形成一个功能齐全的有机整体，所以它们是协商民主系统的要素。中国协商民主体系是在各协商渠道之间进行分工，更具体而言，是基于各主体责任者职责范围内的协商议题的分工。由于各主体责任者负责推动协商活动历经议题提出、商议、决策和落实的全过程，所以各协商渠道其实是由主体责任者分工负责的议题性协商民主系统，是协商民主系统的子系统。这种分工对象的不同使得西方协商系统是个一层的系统，中国协商民主体系是一个两层的系统。

2.都重视时空联系，但时空联系所处的系统层次不同

如前所述，西方协商系统非常重视多样场所和多元行动者之间的时空联系，提出了诸多理论模型。其实中国协商民主体系也很重视各子系统的时空联系，各子系统的制度化是在各子系统的议事协商诸环节之间建立起时序联系，而各子系统的系统化是在各子系统之间建立起空间联系。因此，中西协商民主系统都重视时空联系。不过，由于西

方协商系统是个一层系统的概念,时空联系都处在同一层系统中;而中国协商民主体系是个两层系统的概念,时空联系处在不同层次的系统之中——时序联系是在下层系统即协商民主体系的子系统之中,空间联系是在上层系统即协商民主体系之中。

3. 都重视协商、民主和决策功能,但有明示和暗含之分

西方协商系统引入功能主义观念,将对协商理想的追求转化为对协商、民主和决策功能的追求。由于"功能"在逻辑上具有优先性,是"要素"和"结构"的意义和价值所在,是判定一个协商系统是否存在的关键,所以,西方协商系统尤其重视"功能",有诸多的理论探讨。中国协商民主体系由于制度化的任务还比较艰巨,所以非常重视由各主体责任者分工负责,推动其子系统构建环节完整的议事协商闭环。这其实也体现了对"功能"的重视,因为推动构建环节完整的议事协商闭环就是推动在"议什么"的议程设置环节发挥民主功能,在"怎么议"的方案讨论环节发挥协商功能,在"议的效力"的决策环节发挥决策功能。不过,这种重视隐在了构建环节完整的议事协商闭环的话语和实践中。

(二)中西协商民主系统:基于系统特点的比较

从系统特点即整体性和环境适应性的角度进行比较,可以发现中西协商民主系统有如下相似和不同之处:

1. 都是协商民主与选举民主相结合的产物,但在结合动因上有被动妥协和主动建构之分

就西方协商系统而言,从其要素(场所和行动者)来看,在公民协商论坛及其协商公民①之外,还包括社会领域和国家机构的诸多场所和行

---

① "协商公民"一词最早是由塔利·孟德尔伯格(Tali Mendelberg)提出的。从"经典核心"协商的角度来看,理想的公民协商者必须履行严格的行为义务,正如马林·戈伯(Marlène Gerber)等人所言,他们必须"理性、以共同善为取向、深思熟虑、尊重他人、善解人意、好奇并乐于接受更佳论证"。Tali Mendelberg, The Deliberative Citizen: Theory and Evidence, In *Political Decision-making, Deliberation and Participation*, edited by Michael Delli Carpini, Leonie Huddy and Robert Shapiro, JAI Press, 2002, pp. 151-194; Marlène Gerber et al., Deliberative Abilities and Influence in a Transnational Deliberative Poll (Europolis), *British Journal of Political Science*, Vol. 48, 2016.

动者；从其结构和功能来看，只有公民协商论坛、社会领域和国家机构以一定的结构形式联结为一个有机整体，并且能够发挥协商、民主和决策功能时才是一个协商系统。因此，协商系统必定是协商民主与既有政治制度，尤其是竞争性选举民主相结合的产物。就中国协商民主体系而言，各子系统的主体责任者是既有政治制度的组成部分，协商民主体系建设的线路埋在了既有政治制度框架中，因此亦是协商民主与既有政治制度相结合的产物。但是有所不同的是，西方协商系统是协商民主向竞争性选举民主的被动妥协，中国协商民主体系是基于协商民主和选举民主的共生关系的主动建构。

西方协商民主是在批判西方选举民主的基础上兴起的，它在发展之初尤其强调与选举民主的"竞争""聚合"不同的"协商""共识"特性，当时协商民主的合法性观念就是"某种程度上取决于使公民及其代表更加知情的协商质量"。所以，协商民主在出现系统转向之前尤其重视协商质量，倾向于在一个远离竞争性选举政治的"避风港"（公民协商论坛）中试验和实践协商民主。然而，"避风港"里培育的协商民主虽然制度化、规范化和程序化程度很高，但包容性欠缺、与大众政治脱节、协商与决策断裂、合法性有限、解放性不足等一系列问题也随之凸显出来，严重影响协商民主的合法性。这些问题在协商民主自身的框架内很难解决，甚至是无解的，所以西方协商民主在"协商质量"和"大众广泛参与""公共决策影响力"之间面临着艰难的选择。在这种困境下，西方协商民主向竞争性选举民主妥协，它承认如果不在其制度框架内发展协商民主，就只能是协商民主的"独角戏"，既缺乏选举授权和大众参与意义上的民主合法性，又难以对现实政治中的公共决策产生实质性影响。西方协商系统是这种被动妥协的产物。

中国协商民主和中国选举民主是共生关系。新中国的人民代表大会制度是由具有临时宪法地位的《中国人民政治协商会议共同纲领》确立的。党中央领导讲话和政府官方文件也一直在肯定并强调这种共生关系,如"选举和协商是中国社会主义民主的两种重要形式"①、"选举民主与协商民主相结合拓展了社会主义民主的深度和广度"②等论断所示。基于这种共生关系,党中央通过顶层设计主动建构协商民主和选举民主的有机结合体——中国协商民主体系。具体而言,沿着党、人大、政府、政协、人民团体、基层自治组织、企事业单位、社会组织等既有渠道,在选举民主制度框架内铺设协商民主体系建设的线路,并以协商民主的"鲶鱼效应"激活选举民主的"一池春水"。

2. 都体现了协商民主对所在政治系统的适应,但在适应方式上有理论调适和顶层设计之分

中西协商民主系统是各自的协商民主和选举民主相结合的产物,体现了协商民主对自身所在政治系统的适应。不过,由于西方协商系统是一个包含了协商理想和最佳实践路径的规范性理论,中国协商民主体系是在党的统一领导下实务界的实践、学术界的理论和党的顶层设计有效互动的产物,所以西方协商系统主要是通过理论调适,中国协商民主体系主要是通过党的顶层设计来实现这种适应的。

就西方协商系统而言,是通过三个方面的理论调适来实现这种适应的:首先,它将协商民主的规范理想由"经典核心"协商理想③修订为连续谱式协商理想④,如此,协商可以发生在一系列从正式(代表大会、公共集会)到非正式(公共领域、日常政治谈话)的场所。其次,它将最佳实践路径由"一体式"的微观协商修订为"分布式"的系统协商,如

---

① 江泽民:《参加七届全国人大四次会议、全国政协七届四次会议的党员负责同志会上的讲话》,1991 年 3 月 23 日。
② 国务院新闻办公室:《中国的政党制度》,2007 年 11 月 15 日。
③ "经典核心"协商理想包括平等参与、不存在强制性权力、相互给出理由、真诚、共同善取向、尊重和倾听、反思和权衡、心态开放、旨在达成共识、公开、负责等,被认为形成了一个具有内聚力的整体。另外,协商民主在促进民主的协商转向时为了与其他民主形式相区分,有意无意地刻意强调了其协商性,所以协商民主的规范性理想一般也被简称"协商理想",其实协商理想中捆绑了民主理想,如平等参与、公开、负责等。随着协商民主的系统转向,协商理想中的协商要素和民主要素已作区分,但在称呼上仍用"协商理想"。
④ 例如,协商理想中的相互给出理由(理性论证 + 感性因素)、共同善取向(共同善 + 私利)、旨在达成共识(达成共识 + 澄清冲突)、真诚(真诚 + 策略)、公开(公开 + 非公开)等都有了更弱意义上的含义,而且协商理想也不再捆绑民主理想。

此，公共领域以及活跃其中的政党、利益集团、活动家、社会运动、新闻媒体等行动者，国家机构以及活跃其中的政治代表、行政官僚、技术专家等行动者可以与公民协商论坛及其协商公民合力实现所有的协商理想。最后，它修订了协商民主的合法性观念，使得协商质量达到一定临界点后，就远不如民主性、决策性和现实可行性更加重要。通过理论调适，西方协商系统可以容纳从局部来看协商质量很低，甚至非协商、反协商，但从整体来看有积极作用的场所和行动者，因而可以适应以竞争性选举民主为核心的政治系统。

就中国协商民主体系而言，党中央基于协商民主和选举民主的共生关系，没有另起炉灶发展协商民主，而是通过顶层设计在既有政治制度框架内铺设协商民主体系建设的线路，也即是在党的统一领导下，由各级党委、人大、政府、政协、党派团体以及基层自治组织、企事业单位、社会组织分工负责，合力推进协商民主体系的建设。如此，协商民主以一种内嵌于政治系统之中的方式实现了对政治系统的适应。

四、中西协商民主系统：系统分析框架下比较的启示

通过系统分析框架下中西协商民主系统的比较，既可以总结提炼相似之处，探寻中西协商民主发展的一般规律；又可以辨明差异之处，一方面为世界范围内的协商民主发展贡献中国智慧，另一方面为中国协商民主体系建设提供借鉴。

（一）中国协商民主体系展现的中国智慧：党领导下的内嵌式发展模式

通过系统分析框架下中西协商民主系统的比较，可以发现中国协商民主体系在党的领导下主动选择了内嵌式发展模式。这种发展模式指的是政党、国家机构、政治组织、社会组织等通过政治改革和创新将协商民主的理念、技术和方法运用于自身运作之中，并通过制度化过程将其协商民主创新的具体做法常规化、长效化和稳定化，从而在既有政

治制度之中建立起新的协商民主制度。① 它不是在既有政治制度之外另起炉灶,而是在既有政治制度框架内铺设协商民主体系建设的线路,在充分利用制度存量的基础上积极创造制度增量。② 具体而言,在党的统一领导和顶层设计的指导下,由各级党委、人大、政府、政协、党派团体以及基层自治组织、企事业单位、社会组织分工负责,围绕其职责范围内的议题构建具有逻辑闭环倾向的议题性协商民主系统,将协商民主建设内嵌于本组织的运作过程之中。

其实,西方协商系统也开始逐渐靠近这种发展模式。西方协商民主最初选择了在竞争性选举民主之外另起炉灶的发展模式,它以"协商""共识"而非"竞争""聚合"来宣示自身的合法性,并在一个远离党派竞争和大众政治的"避风港"中进行协商民主试验和实践。这种发展模式虽然使西方协商民主达到了成熟,但也存在缺乏大众广泛参与和公共决策影响力的缺陷,西方协商民主出现系统转向其实就是来调适这种发展模式的。它不再寻求在"避风港"中人为设计一种理想的协商模式(如微型公众),而是重视对竞争性选举民主的适应和改造——审视既有的政治制度(如议会、法院、政府、政党、利益集团等)和政治实践(如罢工和抗议等),试图发挥、增加和最大化其协商潜力,或寻找它们有助于协商系统持续有效运行的方式。不过,由于协商民主建设在大多数西方国家缺乏一个坚强的领导核心,所以在利用既有政治制度和存量资源上困难重重,目前仍停留在协商系统理论家的理论构想阶段。

(二)西方协商系统具有的借鉴意义:时空结构形式

首先,空间结构形式对中国协商民主体系的各子系统做好衔接配合具有借鉴意义。西方协商系统对空间结构形式进行了较充分的理论探讨,其共性是将民主协商场所和正式决策场所通过衔接机制联结为

---

① 谈火生、于晓虹:《中国协商民主的制度化:议题与挑战》,《华中师范大学学报(人文社会科学版)》2017 年第 6 期。
② 陈家刚:《基层协商民主的实践路径与前景》,《河南社会科学》2017 年第 8 期。

一个有机整体。借鉴这些空间结构形式可以绘制中国协商民主体系的空间结构图（如图3所示），更直观地分析各子系统的衔接关系。例如，党组织、人民政协、人民团体、社会组织等主体责任者可以在基层议题上集结，进而在基层推动多个子系统的协同发展。另外，还可以根据各子系统的主体责任者是否为决策者将其分为自治性协商、咨询性协商和决策性协商三类，由于咨询性协商在构建环节完整的议事协商闭环上有困难，所以在做好咨询性协商与决策性协商的衔接配合上，党组织、人民政协、新闻媒体、结构化的协商论坛等衔接机制可以发挥重要作用。

其次，时序结构形式对中国协商民主体系的各子系统构建环节完整的议事协商闭环具有借鉴意义。借鉴表3，可以构建一个基于决策过程，并根据不同阶段的不同任务需要，选择适当的协商形式，发挥适当的功能作用的议事协商闭环。在议程设置阶段，主要任务是提出需要采取集体行动的议题，所以在这一阶段应促进各式各样的非正式宏观协商，让形形色色的人们都有平等的发声权，发挥大众民主的功能。在方案讨论阶段，主要任务是为提上协商议事日程的议题寻找解决方案，并讨论各个备选方案的预期效果、风险程度、可行性、公平性、回应性等，所以这一阶段应发起和组织介于非正式和正式之间的混合协商，也即由多方代表参与的正式公共讨论活动，发挥审慎协商的功能。在正式决策阶段，主要任务是由法定机构按照法定程序作出具有法定约束力的权威决策，应通过正式的微观协商达成共识性的协商决议，或者通过票决作出正式决定，发挥权威决策的功能。在执行和评估阶段，主要任务是执行决策方案，监控执行效果，由此引发的协商活动开启了新一轮的协商和决策周期。这样从议程设定到方案讨论再到正式决策构成了一个环节完整的议事协商闭环，而决策方案的执行和评估则启动了新一轮的议事协商闭环。

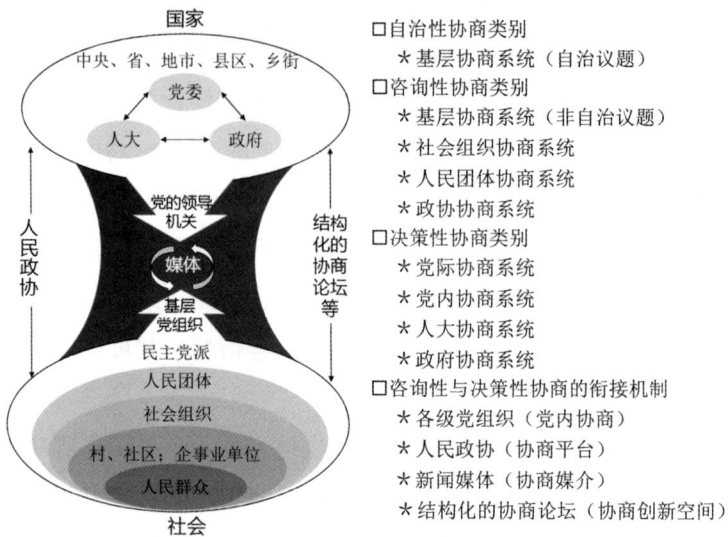

图 3　中国协商民主体系的空间结构：各子系统的衔接
资料来源：作者自制。

五、结语

在统一的系统分析框架下对不同话语体系下的西方协商系统和中国协商民主体系作比较分析。从系统内涵即分工和联系的角度来看，中西协商民主系统都重视分工以及分工基础之上的时空联系。但是，分工的对象不同，西方协商系统是要素（协商场所和行动者）的分工，中国协商民主体系是子系统（协商渠道）的分工。这种分工对象的不同使得中西协商民主系统的层次也不同，西方是个一层的协商民主系统，中国是个两层的协商民主系统。而这又使得时空联系所处的系统层次也不同，西方协商系统的时空联系都处在同一层系统中，中国协商民主体系的时空联系则处在不同层次的系统中——时序联系是在下层系统即协商民主体系的子系统之中，空间联系是在上层系统即协商民主体系之中。从系统内涵即功能的角度来看，都重视协商、民主和决策功能，但由于在西方功能是判定一个协商系统是否存在的关键所在，所以对此作出诸多的理论探讨，而在中国由于协商民主制度化的任务还比较艰巨，所以将其隐在了由各子系统构建环节完整的议事协商闭环的话语和实践中。

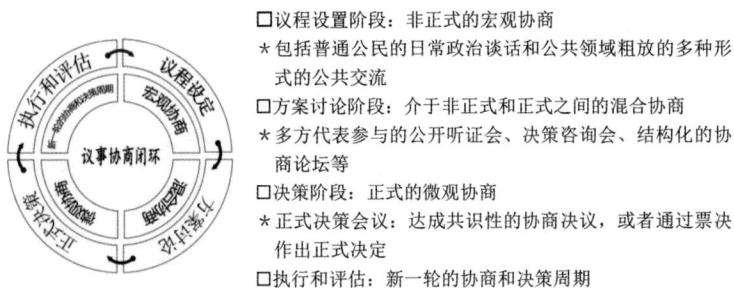

□议程设置阶段：非正式的宏观协商
＊包括普通公民的日常政治谈话和公共领域粗放的多种形式的公共交流
□方案讨论阶段：介于非正式和正式之间的混合协商
＊多方代表参与的公开听证会、决策咨询会、结构化的协商论坛等
□决策阶段：正式的微观协商
＊正式决策会议：达成共识性的协商决议，或者通过票决作出正式决定
□执行和评估：新一轮的协商和决策周期

图4　各子系统的时序结构：基于决策过程的议事协商闭环

资料来源：作者自制。

从系统特点即整体性和环境适应性的角度来看，中西协商民主系统都是协商民主与选举民主相结合的产物，都体现了协商民主对所在政治系统的适应，但从结合动因和适应方式来看，西方协商系统是西方协商民主向西方竞争性选举民主的被动妥协，主要是通过理论调适的方式来适应所在政治系统的；中国协商民主体系是基于中国协商民主和中国选举民主的共生关系的主动建构，主要是通过顶层设计的方式来适应所在政治系统的。

通过如上比较分析可以发现，中西协商民主系统揭示的一般规律是，协商民主应尽可能适应所在政治系统，充分利用既有政治制度和存量资源。就此而言，中国协商民主体系展现了中国智慧，即在党的领导下主动选择内嵌式发展模式。西方协商民主在出现系统转向之后，也开始逐渐由"另起炉灶"的发展模式转向重视对竞争性选举民主的适应和改造，不过目前仍停留在理论构想阶段。

通过如上比较分析还可以发现，西方协商系统和中国协商民主体系在对话上的困难很大程度上源于两者的系统层次不同，西方是个一层的协商民主系统，中国是个两层的协商民主系统。当然，这种系统层次的不同很大程度上源于中西协商民主在出现系统转向之后面临的任务不同,西方主要是协商民主系统化的任务,中国则是协商民主制度化和系统化的双重任务。不过,也正是由于系统层次的不同,西方协商系统的时空结构形式可为中国协商民主体系所借鉴,用来促进中国协商民主的制度化和系统化。

多族群国家的资源分配

——基于马来西亚恩庇民主的分析[*]

吴昀潇[**]

内容摘要 在一些多族群的新兴民主国家,为什么资源分配会产生地理分布上的差异? 现有研究多是关注族群的多样性对于公共物品供给的影响,而本研究将异质性地区的分配问题置于选举激励下的族群庇护网络之中,解决了群体投票识别的问题。本文以马来西亚1964年大选为例,论证了以巫统为首的联盟以倾向性分配方式来构建族群庇护网络,并对目标群体实施奖惩机制,解释了选举动机下安置计划的州分布差异。通过地区间的比较,发现受选举周期的影响,联盟对于资源分配呈现了周期性:选举前,联盟不仅给核心选区的马来人更多资源,而且将部分资源转移给摇摆选区;选举后,联盟根据选举结果对特定群体提供有选择的奖励或进行惩罚。

关键词 恩庇民主;资源分配;庇护网络;安置计划;联盟;马来人

一、研究问题

在一些多族群国家,为什么资源分配会产生地理分布上的差异?

---

* 本文系 2020 年复旦大学陈树渠比较政治发展研究中心项目“多族群国家的政党竞争与资源分配”和 2020 年上海第二工业大学校基金“‘一带一路’沿线国家的族群关系与政治稳定研究”的阶段性成果。

** 吴昀潇,政治学博士,上海第二工业大学讲师,主要研究方向为比较政治、政党政治。

比如,在马来西亚1964年大选后,为什么作为马来半岛最贫困且马来人聚居的吉兰丹州(Kelantan)没有享受到政府的土地安置计划,而只占贫困人口两成的柔佛州(Johor)、森美兰州(Negri Sembilan)和彭亨州(Pahang)[1]却获得大量安置计划的投资? 为什么联邦土地发展局推行的安置计划对于改善马来西亚的贫困并不显著?

多族群国家的资源分配是非常重要的议题,这方面的研究主要关注族群的多样性对于公共物品供给的影响。[2] 但本研究并不是直接通过族群异质性来测量地区的公共物品供给,而是将这一问题置于选举激励下的庇护网络之中,通过对目标群体实施嘉奖与惩罚,解释了选举动机下政治主导的投资地理上的差异。简而言之,将有关公共物品供给的问题以庇护资源的视角来分析。

庇护主义(clientelism)被认为是不成熟民主国家的重要特征。[3] 本文发现在选举激励下,统治党通过庇护网络对特定群体实施奖惩,解释了异质性地区资源分配上的差异。本文以"巫统"(United Malays National Organization,又称马来民族统一机构)为首"联盟"(the Alliance)的族群庇护网络为重点,比较马来西亚1964年选举前后联邦土地发展局安置计划的地理分布差异,验证了族群庇护网络下的嘉奖与惩罚机制。联盟从选举中识别出马来人支持群体,将资源向那些群体所在地区倾斜,而反对党支持者所在地区则未享受到政府的投资。

本研究主要有以下几方面的改进。第一,本文将异质性地区的分配问题置于选举激励下的庇护网络之中,以庇护资源的视角来分析,回应了族群异质性与资源分配这一重要议题里的理论争论。庇护资源作为一种交换选民政治支持的手段,承担着对目标群体实施"奖惩"的功

---

① Ahmad Fauzi Abdul Hamid, "Diverse Approaches to Rural Development in Malaysia: The FELDA and Darul Arqam Land Settlement Regimes," *Humanomics*, 2000, Vol. 16(1).

② Kimenyi Mwangi S., "Ethnicity, Governance and the Provision of Public Goods," *Journal of African Economies*, 2006, Vol. 15; Edward Miguel and Mary KayGugerty, "Ethnic Diversity, Social Sanctions, and Public Goods in Kenya," *Journal of Public Economics*, 2005, Vol. 89.

③ Philip Keefer, "Clientelism, Credibility, and the Policy Choices of Young Democracies," *American Journal of Political Science*, 2007, Vol. 51(4).

能。本文的论证还对于核心选民和摇摆选民的理论争论提供了更多经验支持。第二,文章回应了庇护主义的现有解释,反驳了经济视角认为政党更偏好贫困选区的观点。本文从为什么安置计划对于改善马来族群的贫困并不显著这一问题出发,基于族群群体投票的可观察性,发现联盟通过族群庇护网络将安置计划投资到农村,但是最贫困的地区没有获得该计划,加剧了资源分配的不均衡。第三,本文从更为广泛的层面回答了"族群偏好"是否不利于民主的巩固这一问题。族群庇护网络以一种非正式的规则存在,甚至在某些程度上取代了正式制度的运行,使得大量的正式规则变得无效。之前已有研究表明族群偏好被认为"有害"于政治文化。① 本文的研究支持了这个负面影响。

在接下来的几部分首先基于恩庇民主的相关研究,总结并评述了庇护主义的现有解释及测量问题。在此基础上,本文提出在选举激励下,多族群国家的政党通过族群庇护网络,对特定的群体实施奖惩,从而导致了资源分配地理上的差异。在实证部分,本文以马来西亚统治党联盟偏向马来人的庇护网络为重点,比较马来西亚 1964 年选举前后联邦土地安置计划地理分布的差异,验证了族群庇护网络下嘉奖与惩罚机制,并回应了土地安置计划相关竞争性解释。

二、文献回顾与理论建构

(一)多族群国家的恩庇民主

在现代民主政治形成之前,庇护关系就已经出现。在传统社会中,政治庇护关系主要表现为一种交换关系。庇护者(patron)与被庇护者(client)通过交换达到了互惠互利的结果。而民主制度的发展促成了

---

① Robin Burgess, Remi Jedwab, Edward Miguel, Ameet Morjaria, and Gerard Padró i Miquel, "The Value of Democracy: Evidence from Road Building in Kenya," *American Economic Review*, 2015, Vol. 105(6).

一种"政党庇护主义"的模式,现代政治中的"政治分赃"(pork-barrel)和"政治机器"(political machine)实际上就是较为典型的庇护现象。① 政党运用庇护网络在选举中构建和维护他们的支持群体,在竞选时也运用庇护网络来影响选民行为。新兴民主政体中,恩庇侍从(patron-client)关系作为一种重要的非正式制度存在。② 通过庇护网络,政客与其选区形成互动,这种互动多是建立在物质奖赏或资源分配的基础之上。③ 而这种利益交换不仅使得政治家获得政治支持,也让支持者保持了"忠诚",起到了大型庇护机制的作用。庇护网络正是以这种非正式制度影响着正式选举规则的运行。

在多族群的新兴民主政体,庇护网络常常沿着族群的边界结构化。根据钱德拉(Chandra)印度族群政党的研究和康韦尔(Cornwell)1964 年美国城市政治机器的研究,庇护和族群的出现通常息息相关。④ 钱德拉还提供了一个模型来解释族群和庇护之间的关系,⑤ 即恩庇-民主(patronage-democracy)的概念,通常国家控制了就业机会和服务等各种资源,在这种情形下,选民往往倾向于支持本族群政党,因为他们期望政客提供物质利益给本族群的成员,政客为了获得或维持权力必须要设法满足族群的期望。在恩庇民主的环境中,族群的多样性成为选举竞争重要的资源。政党更多地是基于地区之间的联盟和族群忠诚来动员选民。⑥ 有研究表明,选民是否被包括到庇护网络中,这与控制资源的政

---

① 陈尧:《庇护关系:一种政治交换的模式》,《上海交通大学学报(哲学社会科学版)》2012 年第 4 期。

② Nicolas Van de Walle, "Presidentialism and Clientelism in Africa's Emerging Party Systems," *Journal of Modern Africa Studies*, 2003, Vol. 41(29).

③ Allen Hicken, "Clientelism," *Annual Review of Political Science*, 2011, Vol. 14.

④ Kanchan Chandra, *Why Ethnic Parties Succeed*, Cambridge University Press, 2004; Elmer Cornwell, "Bosses, Machines, and Ethnic Groups," *Annals of the American Academy of Political and Social Science*, 1964, Vol. 353(1).

⑤ Kanchan Chandra, *Why Ethnic Parties Succeed*, Cambridge University Press, 2004.

⑥ Leonard Wantchekon, "Clientelism and Voting Behavior: Evidence from a Field Experiment in Benin," *World Politics*, 2003, Vol. 55(3); Gabrielle Lynch and Gordon Crawford, "Democratization in Africa 1990-2010: An Assessment," *Democratization*, 2012, Vol. 18(2).

客是否来自他们族群紧密相关。① 在这种族群多样化的政治情境下，新兴民主国家的选举联盟往往是基于狭窄的地理或者族群选区来建造。

选举联盟及其庇护网络的构建需要花费大量私人物品、就业机会、土地、现金以及提供发展性的公共物品。总的说来，庇护者提供了各种排他或非排他的物品，一般分为三种：公共物品（public goods），主要是有偏向性的有利政策，这种排他性较弱；俱乐部物品（club goods），如对特定的产业部门提供财政优惠或有利措施、对特定地区的公共投资等；私人物品（private goods），如就业机会和特定经营许可证等。② 不少研究已经证实了这一点。比如印尼在民主化之后，政府在教育上投入巨大，未能提升教育质量，但发现教师数量的增加与选举相关。③ 再比如20世纪90年代肯尼亚进入多党竞争时期，为了赢得选民支持，政客要保证其支持者在地方资源分配上有优先权，或是为支持者提供人身安全保护。④ 由此可见，选举联盟及其族群庇护网络的构建与运作，实际在某种程度上塑造了多族群国家的资源分配。

（二）庇护主义的现有解释

庇护主义被认为是不成熟民主国家的重要特征，广泛存在且影响力深远。但是庇护主义研究是一个被低估的领域。这一领域的文献大多聚焦在买票，即竞选时运用选择性的资源分配来影响选民行为：投票、弃权或者改变选民的投票结果，⑤，并衍生出政客与选民的庇护主义

① Daniel Posner,"Regime Change and Ethnic Cleavages in Africa," *Comparative Political Studies*, 2007, Vol. 40(11).

② Jonathan Hopkin, "Conceptualizing Political Clientelism: Political Exchange and Democratic Theory," Paper Presented at ASPA Annual Meeting, Philadelphia, 2006.

③ Jan H. Pierskalla and Audrey Sacks. "Personnel Politics: Elections, Clientelistic Competition and Teacher Hiring in Indonesia," *British Journal of Political Science*, 2020, Vol. 50(4).

④ Daniel Branch, *Kenya: Between Hope and Despair*, 1963−2012, Yale University Press, 2011.

⑤ Horacio Larreguy, John Marshall, and Pablo Querubín,"Parties, Brokers, and Voter Mobilization: How Turnout Buying Depends Upon the Party's Capacity to Monitor Brokers," *American Political Science Review*, 2016, Vol. 110; Simeon Nichter, "Vote Buying or Turnout Buying? Machine Politics and the Secret Ballot," *American Political Science Review*, 2008, Vol. 102.

策略等。关于是什么驱动了庇护主义政治,一些文献认为是选举制度或者不成熟民主的相关特征,[1]这对于解释庇护主义在国家间的差别有一定作用,但是并不足以解释一国内部地区间的差异。

庇护主义在地区间的差异主要从经济视角来解释。经济视角认为庇护主义偏好贫困的选区,因为拉拢贫困选区比富裕选区所需求的资源更少。这个结论得到大量的支持,这些研究展示了贫困的地区更容易有庇护主义,[2]贫穷的选民更容易接受和回应金钱或者其他庇护形式。[3] 在不发达的地区,政治行为更容易表现为庇护主义的形式。[4] 需要注意的是,庇护政治与不发地区这个关系可能是非线性的。除了经济视角,还有学者从地方民主化(subnational democratization)的研究中寻求解释,提出地方庇护主义的差别源于"州(state)是否有能力独自谋生"[5]。不过地方民主化的解释与经济视角在某种程度上是相关的。依赖国家预算导致了集中管控,而对国家资源的依赖进一步造成了权力的集中。由此可见,庇护主义在地区间的差异需要更进一步的实证研究。

现有研究对于庇护主义的测量多采用问卷调查的方式。不少研究是根据几大洲的晴雨表(如"非洲晴雨表",Afrobarometer)或者是选举后的社会调查来测量庇护主义。由于庇护主义在一些地区被认为有负面色彩,这些调查也会面临受访者的回避,从而导致了测量的误差。比如柯斯坦奇(Corstange)研究庇护主义,数据来源于 2009 年黎巴嫩选举

① Keefer Philip and Vlaicu Razvan, "Democracy, Credibility, and Clientelism," *Journal of Law, Economics & Organization*, 2008, Vol. 24.
② Philip Keefer, "Clientelism, Credibility, and the Policy Choices of Young Democracies," *American Journal of Political Science*, 2007, Vol. 51; Herbert Kitschelt and Steven Wilkinson, "Citizen-politician Linkages: An Introduction," in *Patrons, Clients and Policies: Patterns of Democratic Accountability and Political Competition*, edited by Herbert Kitschelt and Steven Wilkinson, Cambridge University Press, 2007.
③ Susan C. Stokes, "Perverse Accountability: A Formal Model of Machine Politics with Evidence from Argentina," *American Political Science Review*, 2005, Vol. 99.
④ Karen Remmer, "The Political Economy of Patronage: Expenditure Patterns in the Argentine Provinces, 1983-2003", *Journal of Politics*, 2007, Vol. 69.
⑤ K. M. McMann, *Economic Autonomy and Democracy: Hybrid Regimes in Russia and Kyrgyzstan*, Cambridge University Press, 2006.

之后的社会调查,测量的是在选举中是否有候选人提供各种物品。调查中问及受访者"哪些因素会影响自己的投票决定? 答案包括:提供了私人服务、就业机会或其他资源"①。研究发现受访者回应率低。由于方法论上的挑战,导致庇护主义经常被低估。

有鉴于此,本文将基于选举激励下支持群体的视角,为庇护主义在地区间的差异提供解释。支持群体的识别,一方面避免了问卷调查方式存在的测量问题,另一方面对既有理论解释进行检验。

(三)本文的解释框架

本文所讨论资源分配产生了族群地理分布上的差异,是将异质性地区的分配问题置于选举激励下的庇护网络之中,从而构建了以此为核心的解释框架(图1)。不少研究都指出庇护网络的实质是将个人赞助奖励或地方利益以分赃形式与选民进行交换。② 也就是说这种交换

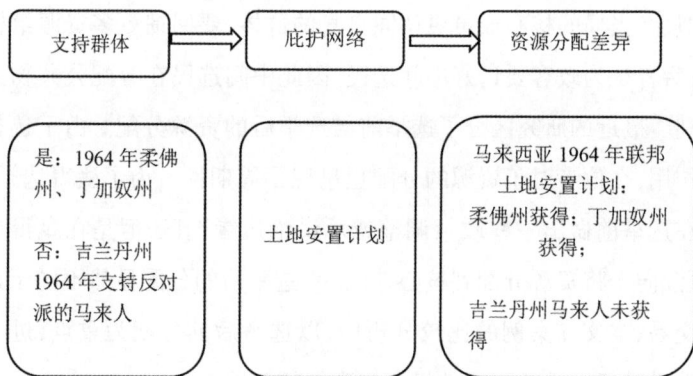

图1　本文的分析框架

资料来源:笔者自制。

---

① Daniel Corstange, "Clientelism in Competitive and Uncompetitive Elections," *Comparative Political Studies*, 2018, Vol. 51(1).

② Ferejohn John, *Pork Barrel Politics*: *Rivers and Harbors Legislation*, *1947−1968*, Stanford University Press, 1974; Susan C. Stokes, "Perverse Accountability: A Formal Model of Machine Politics with Evidence from Argentina," *American Political Science Review*, 2005, Vol. 99.

是建立在选民支持的基础上。那么选民的支持如何被检验是亟待解决的问题。在本文的解释框架中,支持群体的识别和庇护网络的构建与运作是关键。

支持群体的识别方面,选举是一种庇护关系可观察的工具。一般来说,政党难以观察到个体投票的结果,但是在某些情况下可以观察到群体选举的结果。这就需要群体是可识别的,即不同群体的选举支持程度是可观察的。在异质性社会,群体的识别多是基于语言、宗教、族群或者地理等维度。哈勒(Hale)2007 年发现族群有聚居的特点,因此族群在地理上的集中使得"族群投票"是一个很清晰的指标。[1] 也就是说,特定条件下的群体选举支持度是可以被检验的。

在满足群体可识别的条件上,政党如何对群体实施奖惩机制? 换而言之,庇护资源如何在群体间进行分配? 这个问题一直存有争论,主要聚焦在分配给核心选民[2]还是中间选民[3]。前者强调由于意识形态的相似性,当局的核心成员更认同自身的群体,要回馈更多资源给核心选民;后者认为政客要讨好中间选民,因此中间选民在分配公共物品中更有利。最近的研究区分了选举前与选举后的资源分配。由于选举周期的作用,在位者对于资源的分配也呈现了周期性。为了赢得选举,在位者在选举前做出一些政策调整或承诺给边缘选区,但是在赢得选举后,更倾向于将资源分配到核心选区。[4] 选举后的分配显然不同于选举前的交易,本文在案例的比较分析中,以选举后的分配为重点,进一步解释选举动机下政治主导的投资地理上的差异。

---

[1] Henry Hale, "Correlates of Clientelism: Political Economy, Politicized Ethnicity, and Post-communist Transition," in *Patrons, Clients and Policies: Patterns of Democratic Accountability and Political Competition*, edited by Herbert Kitschelt and Steven Wilkinson, Cambridge University Press, 2007.

[2] Gary W. Cox and Mathew D. McCubbin, "Electoral Politics as a Redistributive Game," *Journal of Politics*, 1986, Vol. 48(2).

[3] Assar Lindbeck and Jorgen Weibull, "Balanced-budget Redistribution as the Outcome of Political Competition," *Public Choice*, 1987, Vol. 52(3).

[4] Woo Chang Kang, "Electoral Cycles in Pork Barrel Politics: Evidence from South Korea 1989-2008," *Electoral Studies*, 2015, Vol. 38.

在满足群体识别和奖惩机制的条件下,本文认为在选举激励下,统治党通过族群庇护网络,对特定群体实施奖惩机制,从而导致了资源分配地理上的差异。在本文的解释框架中,对特定群体实施的奖惩机制是指,统治党的支持群体通过庇护网络享受到倾向性的资源分配,而反对党的支持群体未获益。本文以马来西亚统治党联盟的族群庇护网络为重点,论证了联盟政府以发展性公共物品等倾向性分配方式来构建偏向马来人的庇护网络,比较马来西亚1964年选举前后联邦土地安置计划地理分布上的差异,验证了族群庇护网络下的嘉奖与惩罚机制。

三、案例的选择

本研究主要选取了马来西亚(1957—1969年)案例,其政体得分为10分,属于新兴民主政体。[①] 在族群构成上,马来西亚以马来人、华人和印度人三大族群为主体,并且族群有相对聚居的特点。这可以追溯到马来西亚殖民时期,英国殖民者与地方首领都偏好以族群同质性作为一种管理的方式,即"分而治之"。对于本研究来说,族群聚居的特点满足了群体可识别的条件,可以观察到恩庇民主下的"族群投票",作为政党实施庇护资源奖惩机制的重要指标。

马来西亚在殖民地时期就形成了马来人、华人和印度人族群分化的结构。英国对于马来西亚的殖民统治以发展有利可图的出口型经济为目标。殖民政府认为马来人主要是农民,所以鼓励马来人留在土地上。[②] 为了开辟种植园和锡矿业,英国又从中国和印度引入了大量劳工进入马来西亚。在殖民政策下,不断涌入规模庞大的外国移民,与马来人共同构成了马来半岛的多样性。马来人、华人和印度人群体在经济上的不同角色,也造就了他们在地理分布上的不同。这些差别在马来

① *Polity IV Individual Country Regime Trends*, *1946-2013*, http://www.systemicpeace.org/polity/mal2.htm, accessed August 18, 2020.
② [美]芭芭拉·沃森·安达娅、伦纳德·安达娅:《马来西亚史》,黄秋迪译,中国大百科全书出版社,2010年。

西亚独立之后也没有发生重大的改变。马来人主要聚居在吉兰丹州和丁加奴州,其次在玻璃州和吉打州也占据了主导;而华人主要在霹雳州、槟榔州和雪兰莪州聚居。[①] 族群聚居的结构在没有外部因素干预的情况下是相对稳定的(表1)。马来人与华人在不同州聚居,使得"族群投票"在竞争性选举环境下是一个相对清晰的指标。也就是说,族群的选举支持是可以被检验的。

表 1　1970 年马来半岛各州族群占比

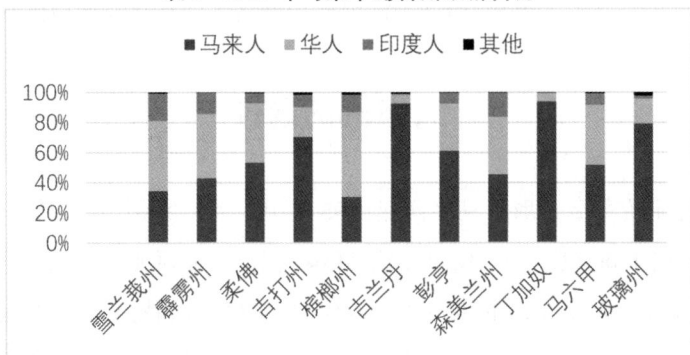

数据来源:Department of Statistics, Community groups, 1970 Population and Housing Census of Malaysia, 1972.

　　文解释框架的核心是族群庇护网络的构建与运作,马来西亚的政党政治始终与族群有着密不可分的联系,满足了这方面的条件。在马来西亚独立前,各个族群为了争取和维护本族群的利益,形成了各自的政党组织。根据霍洛维茨(Horowitz)的研究,在亚洲、非洲、加勒比海地区的族群异质性社会,政党有一个沿着族群边界组织的倾向。[②] 马来西亚政党也是如此,各个党派都有相应的族群支持群体。

　　自 1957 年独立后,马来西亚就保持连续不间断的宪政政府。但是议会选举并没有导致任何权力的变化,成立于 1955 年的"联盟"一直保

---

① Christopher Geoffrey Huby,"The Federal Land Development Authority: National Planning and National Unity in Peninsular Malaysia," Ph. D. diss., SOAS University of London,1982.

② Donald Horowitz, *Ethnic Groups in Conflict*, University of California Press, 1985.

持统治地位。"联盟"主要由三个党派组成,分别是马来民族统一机构,又称"巫统",在联盟中占据统治地位,支持者主要是马来人;马华公会(Malaysian Chinese Association)为联盟第二大党,支持者是华人;马来西亚印度国大党(Malaysian Indian Congress),为联盟第三大党,支持者为印度人。

马来西亚反对党林立,1964 年大选前存在数十个党派。在议会选举中争得席位,对联盟形成一定威胁的党派,主要有泛马来亚伊斯兰党(Persatuan Islam Sa-Malaya)、民主行动党(Democratic Action Party)和人民进步党(People's Progress Party)等。就支持群体来说,泛马来亚伊斯兰党是相对保守的穆斯林政党,争取马来土著人的利益,对于信仰穆斯林的马来土著有很强的吸引力。民主行动党主要支持者为非马来人,特别是城镇地区的华人。人民进步党的上层领导不少是印度人,主要得到霹雳州的印度人和华人支持。由此可见,这些反对党也是有各自的族群支持者,维护本族群支持者的利益。

马来西亚各个政党沿着"族群"的维度进行竞争,而其中形成的族群庇护网络是理解资源分配的关键。统治党联盟作为三个政党的联合,意在代表马来西亚三个主要族群,塑造一种族群之间相互合作的形象。但事实是"巫统"在联盟中占据绝对的主导地位,并在 1959 和 1964 年的选举联盟巩固了自己的统治地位。1959 年大选,联盟赢得了51.77% 的选票,其中巫统赢得了 35.75% 的选票,[①]巫统占到了联盟总票数的近七成。1964 年大选,巫统也占到联盟总票数的近三分之二。马来人作为联盟最大的支持群体,以巫统为核心的联盟构建了偏向马来人的族群庇护网络,而华人与印度人的利益则在一定程度上被搁置。这种倾向性的族群庇护网络构建也符合本文的解释框架。

下面关于族群庇护网络的构建及奖惩机制实施部分,本文主要采

---

① Dieter Nohlen,Florian Grotz and Christof Hartmann,*Elections in Asia and the Pacific:A Data Handbook. Volume II: South East Asia, East Asia, and the South Pacific*, Oxford University Press,2002.

用比较历史分析方法,用于马来西亚内部不同地区的比较,刻画了资源分配在族群地理分布上的差异。国家内部地区间的比较,控制了一个国家的固定效应,减少了一些主观的选择效应,更不容易受到选择偏误的影响。通过比较历史分析,揭示多族群国家的选举激励与资源分配的因果机制,注重竞争性解释的检验。

四、族群庇护网络构建与联邦安置计划

倾向性资源分配是庇护网络构建与运作的惯常方式。不少研究运用联邦预算和财政决算来检验倾向性分配,①本文论证联盟构建族群庇护网络也参照这一方式。马来人主要居住在农村,以巫统为首的联盟通过国家发展计划等将资源倾向农村马来人,不断增加农业农村方面的财政支出,这其中最为显著的例子是联邦土地安置计划。1956 年开始的联邦土地安置计划逐渐成为马来西亚最主要的土地投资。② 联邦土地安置计划的项目资金来源于政府财政,③这是本文选取其作为研究对象的重要依据。在有限的预算情况下,安置计划的执行成为构建统治党的族群庇护网络重要手段。

1956 年 7 月 1 日在吉兰丹州成立马来西亚联邦土地发展局(Federal Land Development Authority,简称 FELDA)。联邦土地发展局承担的是农村发展任务,增加农业生产率和农民收入。联盟政府通过给马来

---

① Jim F. Couch and William F. Shugart II, *The Political Economy of New Deal Spending*, EdwardElgar, 1998; Valentino Larcinese, Leonzio Rizzo, and Cecilia Testa, "Allocating the U. S. Federal Budget to the States: The Impact of the President," *Journal of Politics*, 2006, Vol. 68(2).

② Christopher Geoffrey Huby, *The FRDERAL Land Development Authority: National Planning and National Unity in Peninsular Malaysia*, University of London Library, 1985.

③ 在马来西亚第二个五年计划(Second Malaya Plan, 1961—1965)和马来西亚第一个五年计划(First Malaysia Plan, 1966—1970)中,土地发展方面的支出分别为 191M$ 和 335.0 M$,占农村农业发展比例分别为 35% 和 37.2%,而 FELDA 占到土地发展比例分别高达为 91.6% 和 91%。FELDA 几乎成为当时土地发展的代名词。参见 Christopher Geoffrey Huby, *The FRDERAL Land Development Authority: National Planning and National Unity in Peninsular Malaysia*, University of London Library, 1985.

人提供贷款和农业设施采购等形式,对农村马来人提供了政治庇护,意在获取安置计划成员的政治支持。联邦土地发展局的一项重要工作就是安置计划,将农村地区贫困人口迁往新兴地区重新安置,最初的启动资金有一千万令吉,第一个定居计划包括了 2946.88 公顷的土地。[①] 安置计划主要针对的是贫困马来人,分配土地给一些 21 到 50 岁之间、有劳动力的农民。[②] 每户能分得几英亩的土地种植橡胶或者油棕。[③] 这对于贫困的农民是很具吸引力的。安置计划之所以能成为统治党构建偏向马来人庇护网络的重要手段,可从其管理方式和实施内容方面进一步分析。

首先,安置计划项目是要构建类似合作社的模式,[④]重塑连接社区成员的中间人,并在此过程中构筑以巫统为首统治党的庇护网络。在庇护网络的构建中,中间人往往起到了联系选民与政客的作用,他们能够在各种问题上获得信息,组织地方资源,嵌入社区,有能力在选民与政客之间笼络关系。在传统的马来西亚农村,一般乡村领导是有宗教影响力、有声望或者是经济上有地位的人(比如地主、农场主或者是吃公粮的人),他们也是庇护网络中所谓的掮客(brokers)。这些地方精英本质上是其社区经济和社会结构的核心。[⑤] 安置地区政治上的代理人则不同于传统农村的标准。安置地区的管理是以街区(block)为单元,

---

① Noreen Noor Abd Aziz, Wan Haslin Aziah Wan Hassan, and Nur Adilah Saud, "The Effects of Urbanization Towards Social and Cultural Changes among Malaysian Settlers in the Federal Land Development Schemes (FELDA), Johor Darul Takzim," *Procedia-Social and Behavioral Sciences*, 2012, Vol.68(5).

② Arif Simeh, Tengku Ahmad, and Tengku Mohd Ariff, *The Case Study on the Malaysian Palm Oil*, Regional Workshop on Commodity Export Diversification and Poverty Reduction in South and Southeast Asia, Bangkok, 2001.

③ Colin MacAndrews, *Land Settlement Policies in Malaysia and Indonesia a Preliminary Analysis*, Institute of Southeast Asian Studies, 1978.

④ Josiane L. Massard, "Are Malaysian Land Settlers (new) Peasants? Antropological Observation of a Nascent Community," in *Agricultural Expansion and Pioneer Settlements in the Humid Tropics*, edited by Walther Manshard, William B. Morgan, United Nations University Press, 1988.

⑤ James Scott, "Patron-Client Politics and Political Change in Southeast Asia," *American Political Science Review*, 1972, Vol.66(1).

街区的领导(ketua belok)虽然不具备传统农村精英的声望和影响力,在经济地位上也与一般的安置人员一样,①但要通过成员选举产生。在庇护网络构建中,安置计划中的街区领导处在社区成员与政客之间的独特位置,成为维护统治党庇护关系的中间人。庇护政治需要依靠这些意见领袖和社交网络中心的人,联盟也需要塑造政治精英连接社区成员的中间人。此外,在庇护网络构建中,统治党巫统的基层组织也起到了承接的作用。特别是在支持巫统的地区,制度化的地方巫统分支组织就起到了一个社区首领的作用,可以保障地区得到更多的政府资助。②

其次,安置计划实施内容一个重要变化是,种植的主要作物由橡胶转为油棕,强化了庇护网络参与者的"忠诚度"。之前安置计划的参与者是被橡胶种植所吸引,因为橡胶种植有很高的收入前景。③ 1961年联邦土地发展局推动了油棕树种植计划,这反映了巫统有意利用土地发展计划作为一种获取农村马来人支持的工具。④ 从经营方式上看,安置计划推进的油棕种植项目都是集约化程度较高的种植园。集约化的生产方式也就需要投入较多的劳动力、资金和技术等。联盟政府将产量不高的橡胶园和椰子园改种油棕,同时对油棕种植提供贷款,扶持油棕加工厂。⑤ 现实是改种油棕一方面促进了经济规模化,另一方面使得参与者依赖于经济上的贷款。结果,油棕成为安置计划不断增加种植

---

① Josiane L. Massard, "Are Malaysian Land Settlers (new) Peasants? Anthropological Observation of a Nascent Community", in *Agricultural Expansion and Pioneer Settlements in the Humid Tropics*, edited by Walther Manshard and William B. Morgan, United Nations University Press, 1988.

② A. B. Shamsul, *From British to Bumiputera Rule：Local Politics and Rural Development in Peninsular Malaysia*,Institute of Southeast Asian Studies, 1987.

③ Harcharan Singh Khera, "The State and Peasant Innovation in Rural Development：The Case of FELDA Oil Palm Schemes," in *Malaysian Economic Development and Policies*, Conference Proceedings Series Number 3, edited by Chee, S., and Khoo Siew Mun, Malaysian Economic Association, 1975.

④ Christopher Geoffrey Huby, *The FRDERAL Land Development Authority：National Planning and National Unity in Peninsular Malaysia*, University of London Library, 1985.

⑤ 钟继军、唐元平：《马来西亚经济社会地理》,世界图书广东出版公司,2014年,第14页。

的作物,从1964年到1970年之间的42个新计划有32个都种植油棕。[①]油棕种植的规模化效益明显,但也使得参与者在财政上更为依赖政府的支持,强化了参与者的"忠诚度"。

联邦土地发展局的安置计划以农村马来人为主,着重使联盟的核心支持群体受益。到1970年代,开发了大约25万公顷的土地,共实施了大约150项计划。这项安置计划包括了400个社区,占到马来西亚16%的国土总面积。[②] 基于族群界限的庇护网络下,巫统的核心农村选区几乎都被安置计划触及到。根据联邦土地发展局的抽样调查,安置人员的族群分布是:马来人占96%,华人和印度人都只有1.8%,其他为0.5%。[③] 显然,农村马来人是这一项目最主要的受益族群,而华人和印度人则被搁置一边。

以上考察了安置计划实施的方式及内容,揭示了统治党偏向马来人的庇护网络构建。需要注意的是,尽管农村地区主要人口是马来人,但不同地区、不同州也有差异:有的支持巫统,还有的支持反对党。为了进一步检验以巫统为首联盟的族群庇护网络如何作用于地区之间的资源分配,本文接下来将安置计划置于选举激励下,进行地区间的比较分析。

五、安置计划的州分布检验

在选举激励下,以巫统为首的联盟通过族群庇护网络对特定群体实施奖惩。这就需要进一步区分出统治党的支持群体。由于马来西亚各族群在地理上聚居的特点,使得一些州的族群选举支持度是可观察的。以1964年大选为例,巫统为首的联盟在此次大选中赢得了104个

---

① R. Wikkramatileke, "Federal Land Development in West Malaysia 1957 – 1971," *Pacific Viewpoint*, 1972, Vol.13(1).

② [美]芭芭拉·沃森·安达娅、伦纳德·安达娅:《马来西亚史》,黄秋迪译,中国大百科全书出版社,2010年。

③ Ozay Mehmet, "Evaluating Alternative Land Schemes in Malaysia: FELDA and FELCRA," *Contemporary Southeast Asia*, 1984, Vol.3(4).

席位中的 89 席,仅在吉兰丹州失利,比 1959 年大选增加了 14 席。① 选举结果提供了一幅统治党与反对党政治支持地区的图景。据此,联盟通过族群庇护网络奖惩机制的运作,对特定地区的群体提供奖励或进行惩罚。这就需要进一步检验奖惩机制的运作与安置计划的州分布,并且由于选举的周期性,还要区分大选前后安置计划在地区上的投资差异。

(一)选举激励下的安置计划州分布检验

联盟政府实施的联邦土地安置计划比较大的工程有彭亨州三角洲河口工程,占地大约 13.2 万公顷;柔佛州农具工程,占地大约 148.5 万公顷;彭亨州农具工程,占地约 100 万公顷。② 但是这些比较大的工程都不是在马来西亚贫困的州实施。大部分的安置计划参与者也并不是来自马来西亚最贫困的地区。③ 虽然马来人被认为是这项计划的主要受益者,但是贫困马来人聚集的吉兰丹州在 20 世纪 60 年代并未享受到该计划。要理解安置计划投资地理上的差异,需要进一步厘清统治党是如何在大选前后通过庇护网络对特定群体实施奖惩。接下来以柔佛州、丁加奴州和吉兰丹州为例,检验奖惩机制下的安置计划州分布。其中柔佛州和丁加奴州为正面案例,而吉兰丹州为负面案例。

柔佛州的安置计划是统治党族群庇护网络下的直接产物。柔佛州的马来人占据半数左右,其余为华人和印度人。自马来亚 1955 年第一次选举以来,柔佛州就一直处于联盟的绝对控制之下。在 1964 年大选中,反对党未获得任何席位。此外,联盟也牢牢把控了柔佛州的州议会。因为每个州有关土地的具体政策由各州行政委员会(State Executive Council)制定,这些成员来自各州议会,在议会中保持绝对多数的政

---

① Dieter Nohlen, Florian Grotz and Christof Hartmann, *Elections in Asia and the Pacific: A Data Handbook*, Oxford University Press, 2002.

② Ozay Mehmet, "Evaluating Alternative Land Schemes in Malaysia: FELDA and FELCRA," *Contemporary Southeast Asia*, 1984, Vol. 3(4).

③ Ahmad Fauzi Abdul Hamid, "Diverse Approaches to Rural Development in Malaysia: The FELDA and Darul Arqam Land Settlement Regimes," *Humanomics*, 2000, Vol. 16(1).

党更有话语权。处在联盟绝对控制下的柔佛州,是联盟的核心选区之一,获得了大量的土地资源。柔佛州政府宣称自 1957 年,已经开发了 260000 英亩土地作为商用农地。[1] 1964 年大选之后,联盟政府继续向柔佛州投资,到 1969 年,柔佛州通过联邦土地发展局得到安置计划的人数要多过其他任何州。[2] 柔佛州的政客将参与联邦土地安置计划视为一种回报选民的有效方式。[3] 从族群构成来看,马来人始终是土地安置计划的核心受益者。到 1970 年,柔佛州马来人享受到的联邦安置计划占到了所有州总和的三分之一。[4] 同时柔佛州华人也是马华公会的票仓,马华公会是联盟中的第二合作伙伴。华人理应在这一地区被联邦安置计划覆盖到,但是实际上能享受到该计划的华人是极少的。从选举的结果来看,联盟政府通过联邦土地发展局将土地分配给柔佛州的支持群体,联盟也在此核心选区得到了积极的回应。正面案例柔佛州验证了以巫统为首的联盟将联邦土地安置计划大量倾斜给了马来人,而华人等其他族群则鲜有获益。

表 2　丁加奴州与吉兰丹州 1964 和 1959 年大选政党席位

政党	丁加奴州		吉兰丹州	
	1959 年大选席位	1964 年大选席位	1959 年大选席位	1964 年大选席位
泛马来亚伊斯兰党	4	1	9	8
联盟	1	5	1	2
其他	1	—	1	—

数据来源:Dieter Nohlen, Florian Grotz, and Christof Hartmann, *Elections in Asia and the Pacific: A Data Handbook. Volume II: South East Asia, East Asia, and the South Pacific*, Oxford University Press, 2002.

---

[1]　*Straits Times*, January 23, 1969.

[2]　Federal Land Development Authority, *Annual Reports*, Kuala Lumpur, 1969.

[3]　Dorothy Guyot, "The Politics of Land: Comparative Development in Two States of Malaysia," *Pacific Affairs*, 1971, Vol.44(3).

[4]　R. Wikkramatileke, "Federal Land Development in West Malaysia 1957 - 1971," *Pacific Viewpoint*, 1972, Vol.13(1).

丁加奴州是统治党进行嘉奖机制的一个例证。丁加奴州的马来人占九成以上,是巫统与反对党泛马来亚伊斯兰党争夺的重点。丁加奴州是一个摇摆州,在 1964 年之前的两次大选,丁加奴州先是被以巫统为首的联盟控制,后又处于泛马来亚伊斯兰党控制之下。丁加奴州在泛马来亚伊斯兰党控制之下,未获得联盟政府的任何补助计划,正如吉兰丹州在泛马来亚伊斯兰党治下从未接收到过联邦诸如外围转让计划(Fringe Alienation Scheme)的补助。[1] 这是统治党利用资源分配实施"惩罚"的一个佐证。经过 1964 年选举,丁加奴州又成为联盟的主要支持地区之一,形势就发生了改变(表 2)。联盟为了从反对党手中夺得丁加奴州,在 1964 年大选前向丁加奴州投资了一系列安置计划。丁加奴州的土地发展项目在短期内迅速扩张,但并非有效:很多安置人员之前是渔民,因缺乏种植经验,转型农民失败;农业发展项目建在了沙地等不合适的土壤,也出现了很高的失败率。[2] 1964 年以巫统为首的联盟夺得丁加奴州之后,为了回馈政治上的支持,对丁加奴州的马来人提供了土地、学校和清真寺等。丁加奴州在联盟控制的第一年,就获得 7500 英亩的土地开发项目。[3] 1964 年大选丁加奴州的权力交替后,在土地安置计划公共支出上的差异,验证了统治党通过族群庇护网络将资源分配给其支持群体,解释了选举动机下投资地理上的差异。

吉兰丹州作为西马来半岛最贫困的州,且马来人口占到 90% 以上,为什么没有享受到这一计划? 这背后存在的政治动机要远多于经济动机。联邦土地发展局当时是在吉兰丹州成立,成立初的第一个计划就在吉兰丹州的阿逸拉那(Ayer Lanas)实施,但是进展缓慢,几近停摆。[4]

---

[1] 外围转让计划是由中央政府于 1962 年在安置地区外围实施的,作为一项针对小佃农的补充计划。参见 Tunku Shamsul Bahrin, "A Preliminary Study of the Fringe Alienation Schemes in West Malaysia," *Journal of Tropical Geography*, 1969, Vol. 28.

[2] Dorothy Guyot, "The Politics of Land: Comparative Development in Two States of Malaysia," *Pacific Affairs*, 1971, Vol. 44(3).

[3] Dorothy Guyot, "The Politics of Land: Comparative Development in Two States of Malaysia," *Pacific Affairs*, 1971, Vol. 44(3).

[4] R. Wikkramatileke, "Federal Land Development in West Malaysia 1957 – 1971," *Pacific Viewpoint*, 1972, Vol. 13(1).

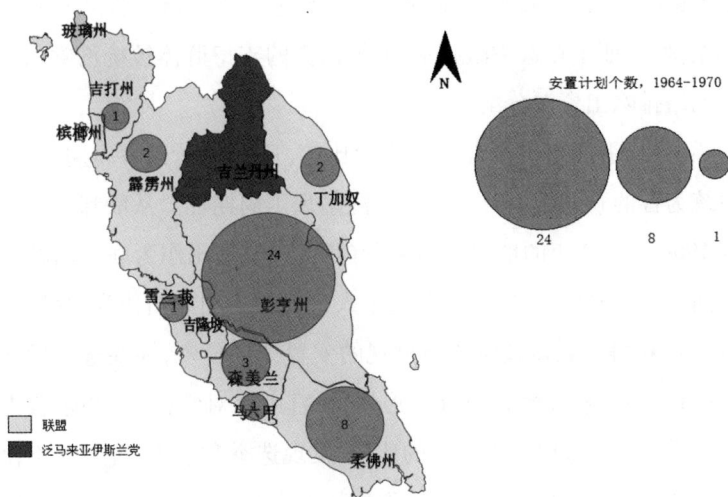

图 2　1964—1970 年马来西亚半岛安置计划——州分布图

来源:笔者自制。

令人讶异的是在 20 世纪 60 年代联盟政府加速推进土地安置计划的过程中,贫困的吉兰丹州竟未分得一杯羹。主要因为吉兰丹州是由反对党泛马来亚伊斯兰党控制,而统治党主导的计划并未使得反对党的支持群体获益。1959 和 1964 年两次大选,吉兰丹州都是由泛马来亚伊斯兰党控制(见表 2)。在此期间,泛马来亚伊斯兰党是巫统最为强劲的反对力量。泛马来亚伊斯兰党控制的州政府还实施了针对州内农民的土地安置项目,以期构建反对党自身的庇护网络。不过此项目的补贴远不如联邦土地安置计划。以巫统为首的联盟利用联邦土地安置计划回应了对大选结果的不满,这在第二个马来亚计划(1961—1965)的分配中表现很明显。对比获得联盟政府大量投资的州,吉兰丹州未获安置计划也是统治党的"惩罚机制"的一个例证。联邦土地安置计划实施的目标就是提升参与者的社会经济地位,而不是依照人口重新分配土地。[1]　因此,对于未获投资的地区和贫困群体,在某种意义上是一种经

---

[1]　T. S. Bahrin,"Land Settlement in Malaysia: A Case Study of the Federal Land Development Authority Projects," in *Land Settlement Policies and Population Distribution in Developing Countries*, edited by A. S. Oberai, Praeger, 1988.

济层面的损失,并且资源分配的不均衡会进一步加剧。吉兰丹州作为负面案例,验证了在选举激励下,非统治党的支持群体被统治党的族群庇护网络排除出资源分配。

柔佛州、丁加奴州及吉兰丹州的比较,还发现受选举周期的影响,以巫统为首的联盟政府对于资源分配呈现了周期性。从联邦土地安置计划 1964—1970 年的地理分布来看(图 2),柔佛州作为联盟的核心选区得到了大量安置计划的投资;马来人聚居的丁加奴州作为摇摆州,在1964 年前获得了联盟政府相当可观的安置计划投资,并在选举后又获投资;同样是马来人聚居的吉兰丹州,一直由反对党控制,并未获得安置计划投资。通过以上地区间的比较,发现选举激励下,统治者不仅给核心选区的马来人更多资源,而且在大选前将部分资源转移给摇摆选区,并根据选举结果对特定群体提供有选择的奖励或进行惩罚。

(二)竞争性解释

关于土地安置计划在地区间分配的差异,还会面临两个竞争性解释的挑战,分别是经济视角和资源禀赋的因素。通过对这两个竞争性解释的进一步检验和排除,来提升本文分析框架的解释力。

经济视角认为庇护主义是在贫困率更高、乡村人口更多的地区流行。而安置计划作为统治党构建族群庇护网络最显著的例证,反驳了这一观点。从安置计划覆盖的地区来看,60 年代马来半岛最为贫困的吉兰丹州并没有享受到该计划。从结果来看,联邦土地发展局没有能够有效地消灭农村地区的贫困,[1]安置计划并未覆盖到最贫困的地区,受益人口比例不大,结果农村的不平等情况并未得到很好的改善。联邦土地发展局的安置计划所覆盖的人口也只占到了马来西亚贫困人口的两成。[2] 在 1961—1970 年也只有 58% 的土地被用于农业是比较成功

---

[1] 重新安置计划的成本估计在 RM133 亿,重新安置 443700 农村贫困家庭。参见 Ozay Mehmet, *Development in Malaysia: Poverty, Wealth and Trusteeship*, INSAN, 1988.

[2] Ahmad Fauzi Abdul Hamid, "Diverse Approaches to Rural Development in Malaysia: The FELDA and Darul Arqam Land Settlement Regimes," *Humanomics*, 2000, Vol. 16(1).

的。① 从这些方面来说,安置计划的这些措施对于改善马来族群的贫困问题并不显著,更多是出于政治上的考量。

资源禀赋因素是土地安置计划能否实施的重要替代性解释。在 60年代,马来西亚半岛的玻璃州和槟榔州也未能享受到联邦土地安置计划。有学者认为受限于土地面积,这两个州都没有什么可利用的土地来实施这一项目。② 从联邦土地发展局实施的安置计划模式来看,通常是有几千英亩的农田——橡胶或者棕油——环绕在村庄周围。③ 玻璃州和槟榔州是马来西亚面积最小的两个州,可供实施安置计划的土地有限。再者,从土壤的特性来看,一般地势平坦地区适宜种植水稻,而排水良好、地势高亢的丘陵地较为适合种植油棕和橡胶。④ 玻璃州的北部为石灰山脉,南部与大部分地区为平原,农业方面以种植稻米为主。作为马来西亚重要的米仓,玻璃州要改为种植油棕和橡胶的土壤条件不充分。而对于槟榔州而言,农业并不是其发展的核心。

事实上,土地面积、土壤特性、人口密度等资源禀赋因素,都是土地安置计划的内生性解释变量。那么,资源禀赋因素是否可以解释联邦土地安置计划在地区层面的差异呢? 很显然仅从这一因素出发,无法解释像吉兰丹州这样资源禀赋具备的地区为什么没有获得安置计划。未获得安置计划的地区是否也受到政治方面的影响,可以作进一步探究。就槟州而言,不仅是马来西亚城镇化率最高的地区之一(见图 3),也是华人聚居地。从族群人口比例来看,华人是最主要的族群,马来人次之,槟榔州并不适宜构建偏向农村马来人的庇护网络。再看玻璃州,马来人占到近八成,其余为华人和印度人等族群,应当是巫统的票仓。玻璃州虽未享受到土地安置计划,但联盟政府在马来西亚一五计划期

---

① Hock Lock Lee, *Public Policies and Economic Diversification in West Malaysia, 1957-1970*, Penerbit Universiti Malaya, 1978.

② R. Wikkramatileke, "Federal Land Development in West Malaysia 1957 - 1971," *Pacific Viewpoint*, 1972, Vol.13(1).

③ Christopher Geoffrey Huby. *The FRDERAL Land Development Authority: National Planning and National Unity in Peninsular Malaysia*, University of London Library, 1985.

④ 刘养浩:《世界油棕生产的地理扩散与发展趋势》,《山西大学报(自然科学版)》1998 年第 1 期。

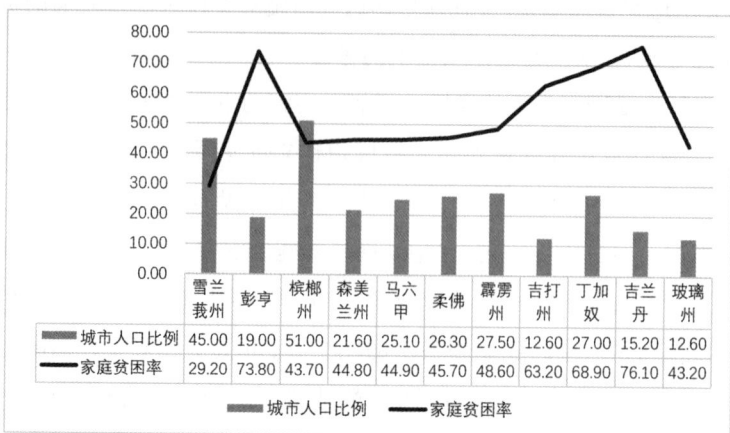

图 3   1970 年马来西亚半岛各州家庭贫困率和城市人口比①

数据来源:Jmom Kwame Sundaram and Wee Chong Hui, *Economic Development*, *Distribution*, *Disparities*, World Scientific, 2014.

间开展的穆达灌溉项目(Muda Irrigation Project)首先就是覆盖玻璃州和吉打州,而支持反对党的吉兰丹州在此期间依然被排除。② 由此可见,资源禀赋因素并不能完全解释安置计划在地区层面的差异,还需要考虑统治党恩庇的政治因素。

六、结论

本文以马来西亚 1964 年大选为例,论证了联盟政府以发展性公共物品等倾向性分配方式来构建偏向马来族群庇护网络,解释了大选动机下联盟主导的安置计划州分布差异。通过地区间的比较,发现选举激励下,统治党联盟通过庇护网络对特定地区的目标群体实施奖惩机制。这些机制在 1964 年大选充分展现,并呈现出了周期性。大选前,

---

① 家庭贫困率是指在家庭收入在贫困线之下,具体是家庭收入在 1970 年每月在 M$ 33 之下。具体参见马来西亚第一个五年计划文件。

② *Unveiling the History of the Muda Agricultural Development Authority*, http://www.mada.gov.my/?page_id =3959&lang =en, accessed April 8, 2021.

统治党不仅给核心选区的马来人更多资源,而且将部分资源转移给摇摆选区;选举后,统治党根据选举结果对特定群体进行奖励或惩罚。对特定群体进行奖惩,是政府干涉资源地理分配的重要方式,在马来西亚得到进一步检验。

　　文章对现有研究的贡献主要在于以下几方面:首先,本文将异质性地区的分配问题置于选举激励下的庇护网络之中,将资源分配与庇护主义、族群等重要议题相联系。根据族群聚居的特点,本文解决了群体投票识别的问题,并比较族群庇护网络下资源地理分配上的差异。之后的研究工作需要发展出解释多族群国家族群资源分配的一般化理论。其次,本文检验了庇护主义现有的理论解释,反驳了经济视角认为庇护主义偏好贫困选区的观点。在选举激励下,联盟通过倾向性分配方式将公共物品提供到农村选区,但是最贫困的州没有受益。从侧面说明庇护主义并不利于解决贫困问题,也不利于异质性地区的资源再分配。最后,文章为庇护民主研究中关于"收买核心选民还是摇摆选民"的争论提供了更多经验证据。本文的研究支持了统治党的资源分配呈现周期性的观点。大选前,统治党联盟向核心选区和摇摆选区都转移了庇护性资源。但选举后的分配不同于选举前的交易。大选后,统治党奖赏了忠诚的选区,同时惩罚了支持反对派的地区。

　　文章对于马来西亚恩庇民主的分析为理解 1969 年马来西亚民主的崩溃提供了理论支持。在恩庇民主的政治环境下,资源分配呈现出族群地理上的差异,从长期来看并不利于民主的巩固。1969 年的马来西亚大选揭开了长久以来族群间累积的不满。在族群庇护网络下,资源分配的相关问题转化为马来人与非马来人之间的矛盾。大选中相当一部分非马来人的选票转而投给了反对党。执政联盟没有能够获得议会三分之二多数,被视为对于马来人"特权"的威胁。① 大选随后爆发了"五一三"种族骚乱并进一步导致了民主政体的崩溃,之后马来西亚逐步构建起以巫统为核心代表马来人官僚集团利益的威权政治体制。

---

① Hua, Wu Yin. *Class and Communalism in Malaysia: Politics in a Dependent Capitalist State*, Zed Books, 1984; Jomo Kwame Sundaram, "Whither Malaysia's New Economic Policy?" *Pacific Affairs*, 1990, Vol. 63(4).

在反世界主义的十字路口相遇：
当代美俄保守主义论析*

牛霞飞**

内容摘要 当代美俄保守主义中最新且最具影响力的内容分别是特朗普保守主义与普京保守主义。在价值观底色及特定内容上，两者虽大相径庭，但都不满于当前的全球政治、经济与文化秩序，反对全球主义、普世主义，且反对政治正确、多元文化主义与身份政治，这实质上都是反对世界主义，从而呈现出一种潜在的合流之势。之所以如此，是因为当代美俄保守主义认为，世界主义在推进全球化、世俗化及普世化的实践中，对其生存及未来发展构成了挑战与威胁。这激发了当代美俄保守主义的三重相似的回应，即在国家利益方面，以孤立主义来抵御全球化的负面效应；在宗教信仰方面，捍卫基督新教与东正教价值观，更加倚重传统宗教对两国保守主义的基础性支撑作用；在国家认同方面，采取逆向身份政治的方式，反向求诸宗教及种族因素来重塑受到普世化冲击的传统国家认同。未来，美俄保守主义会不会进一步靠近，在反世界主义的道路上"携手"变成"同路人"，还需视世界主义的实践发展予以跟踪观察。

---

* 本文系教育部人文社会科学研究青年基金项目"美国'政治正确'思潮的演变机理研究"（22YJC710049）的阶段性研究成果。
** 牛霞飞，政治学博士，同济大学马克思主义学院助理教授，高校中国共产党伟大建党精神研究中心同济大学分中心研究人员，同济大学德国研究中心研究人员，主要研究方向为美国政治、比较政治。

关键词 美俄保守主义;世界主义;孤立主义复兴;传统宗教回潮;
国家认同重构

俄乌冲突震惊世界,使国际格局发生突变,俄罗斯与西方世界特别
是与美国的矛盾尖锐化,美国朝野对俄敌意陡升。但在这公开化的敌
意中,可以发现相当一部分美国保守主义者对俄罗斯表示理解甚至是
同情。其实,自 2016 年开始,特朗普及经其改造的美国保守主义就对
俄罗斯展现了亲近之意,而普京也力图将自身定义为保守主义的捍卫
者,以此来笼络美欧保守派与极右势力。

传统观点认为,美国保守主义的实质是保守自由主义,或更明确地
说,是保守建立在基督新教传统与价值观基础上的以经济自由与政治
自由为核心内容的自由主义,俄罗斯保守主义则以东正教价值观为基
础,具有明显的反自由主义倾向。甚至有观点认为,俄罗斯保守主义只
是借用了"保守主义"之名,其本质是"伪保守主义",或是颠覆自由主
义的。简言之,美俄保守主义是敌非友。

然而,即使美俄保守主义有如此巨大的或是本质性的差异,为何近
年来,两者"互生好感"乃至"眉目传情"? 这需从当前盛行的世界主义
思潮及其实践中寻找答案。因此,本文首先分析了当代美俄保守主义
的最新表现形态及其核心内容,认为它们均具有一种反世界主义的立
场。进而,本文剖析了世界主义及与其实质相同的全球主义、普世主
义、政治正确、多元文化主义与身份政治的内涵,总结了它们在国家利
益、宗教信仰及国家认同这三方面的主张,进而分析了它们对美俄保守
主义的影响,从而阐释美俄保守主义在反世界主义的十字路口"相遇"
的深层原因。

一、当代美俄保守主义的核心信条与反世界主义立场

(一)当代美俄保守主义的核心信条

当代美国保守主义的最新表现形态是"特朗普主义"或"特朗普保守主义",其关键词是"让美国再次伟大"和"美国优先"。

"让美国再次伟大"有特定的政治含义,即"美国曾经伟大过,伟大是美国人的梦想"[①],美国是"山巅之城"和"民主灯塔"。特朗普及保守派民众认为,尽管当前美国仍是世界上最自由、民主、繁荣的国家,但近几十年来,在对外政策上,由于美国过分热衷于干涉国际事务,大力支持经济全球化,反而使自身陷入贫富分化、中产阶级萎缩、民主衰退等多重危机;[②]在国内政策上,民主党及其支持者、部分共和党建制派都支持政治正确、多元文化主义、身份政治,削弱或否定基督教信仰,因而严重侵蚀并动摇了"山巅之城"和"民主灯塔"的根基。

对此,首先,特朗普主义主张在经济和对外关系方面坚持"美国优先",以恢复及增强国家实力。特朗普宣示,其"核心信仰是将美国公民放在第一位"[③],中下层民众长期以来都受到经济全球化的冲击,因此,在国内要继续坚持自由市场经济,但在国际上要重塑自由贸易。对外政策上,特朗普主义认为,美国虽在世界之中,但美国更在本土之内,因此,要坚持"本土主义",将主要的精力和资源用于解决国内问题,以美国事务为第一要务。

其次,在文化上,特朗普主义主张捍卫基督教信仰及传统价值观,

①　王建勋:《特朗普主义助推古典保守主义回归》,《探索与争鸣》2020 年第 2 期。
②　牛霞飞:《特朗普时代的美国政治危机:表现、原因及发展》,《太平洋学报》2020 年第 2 期。
③　John Wagner, "David Nakmura. Trump Tells Conservative Gathering that His Supporters Are the GOP's Future," February 24, 2017, https://www. washingtonpost. com/politics/trump - tells - conservative - gathering - that - his - supporters - are - the - partys - future/2017/02/24/5fd33764 - fab7 - 11e6 - bf01 - d47f8cf9b643_story. html, accessed March 17, 2022.

"让美国再次伟大"。其认为,多年来,政治正确大行其道,不断挤压着基督教价值观的生存空间,使美国走向衰落。只有捍卫基督教信仰,伸张民族主义、爱国主义,才能让美国重新焕发"民主灯塔"的光芒。

当代俄罗斯保守主义有多个名称,包括"普京主义""普京新保守主义""俄罗斯保守主义"及"健康的保守主义"①。"普京主义"一般被用来概括普京自 2000 年上台执政至今带有浓厚保守色彩的治国理念,而其他名称则是"普京主义"在不同阶段发展演变的结果。

"普京主义"基本承认市场经济和民主价值,但更强调以"爱国主义、强国意识、国家权威与社会互助精神"为主要内容的俄罗斯传统价值观。2005 年,为了回应西方对俄罗斯民主的质疑,普京宣示其重视言论与财产自由等,②但又着重指出,民主要适应俄罗斯的发展状况和历史文化传统,这被提炼成"主权民主",即如果没有主权,就不可能有民主。2008 年,"主权民主"被阐释为"保守主义",2009 年,它又被系统化为"俄罗斯保守主义"。2012 年普京复任总统后,进一步明确俄罗斯要选择"保守主义方向",此后普京在多个公开场合多次申明其保守主义价值观。③ 因此,"俄罗斯保守主义"又被称为"普京新保守主义",其基本内容是,政治上强调"主权民主",反对全盘西化;经济上强化国家控制,有限度地参与全球化;文化上强调民族主义和东正教价值观。

当前,俄罗斯保守主义在其文化维度上又有两方面新发展,形成了"健康的保守主义"。一是反对政治正确与多元文化主义。④ 如 2019 年,普京在接受《金融时报》采访时称,自由主义已过时,多元文化主义

---

① 普京近期曾使用多种表述来宣示其"保守主义"的理念,如 Здоровый консерватизм,即"健康的保守主义",有时是"здорового, разумного консерватизма",即"健康、理性的保守主义",有时是 разумного консерватизма,即"理性保守主义"。我国学者及媒体在描述普京的保守主义时,一般用"健康、理性、温和的保守主义"或"理性保守主义"。"健康、理性、温和的保守主义"这一说法有些冗长,斟酌之下,文章倾向于采用"健康的保守主义"这一较简洁且多次被普京使用的表述方式。
② 张昊琦:《俄罗斯保守主义与当代政治发展》,《俄罗斯中亚东欧研究》2009 第 3 期。
③ 庞大鹏:《俄罗斯保守主义的政治逻辑》,《国外理论动态》2020 年第 1 期。
④ 冯玉军:《重新回来的俄式保守主义》,《世界知识》2020 年第 23 期。

等思想不再站得住脚，①2021 年，普京再次指出，过度的平权行动及政治正确使西方价值观"经常徘徊在反人性犯罪边缘"②。二是以传统价值观为基础，在对外关系上，更明确地反对美国主导的单极全球化，主张俄罗斯要探索非西非东、非欧非亚的"第三条道路、第三种文明、第三个世界"③。

概言之，当代美国保守主义的核心信条是"让美国再次伟大"，为了实现这一目标，一是坚持"美国优先"并在一理念指导下实现对外政策的民族主义和国家利益转向，二是反对政治正确、多元文化主义与身份政治，警惕其对作为美国自由主义根基的基督教信仰的侵蚀。当代俄罗斯保守主义虽持续更新，但其核心内容基本稳定，一是宣示承认民主的价值，但又极其强调民族主义，并以此为基础打造"主权民主"来抗衡"普世民主"，二是维护东正教信仰，反对多元文化主义与普世主义。

（二）当代美俄保守主义的反世界主义立场

很明显，当代美俄保守主义存在着明显分歧，但从前文论述中可知，无论是特朗普保守主义，还是普京保守主义特别是"健康的保守主义"，都明确地表达出了一种可被称为"反世界主义"的立场。

何为"反世界主义"呢？这首先需要明晰什么是"世界主义"（cosmopolitanism）。"世界主义"一词来源于希腊语 kosmopolites，意为世界公民。它最早由犬儒主义者及斯多葛学派提出，他们认为，每个人虽是其所在城邦的公民，但更是世界公民，后者更具道德意蕴、更少狭隘性。④ 这一理念推动古希腊和古罗马时代形成了较具包容性的政治文

---

① Lionel Barber, Henry Foy, Alex Barker, "Vladimir Putin Says Liberalism Has 'Become Obsolete'," June 28, 2019, https://www.ft.com/content/670039ec-98f3-11e9-9573-ee5cbb98ed36, accessed May 20, 2022.

② "Putin Gets It. Why Don't We?" The American Conservative, October 22, 2021, https://www.theamericanconservative.com/putin-soft-totalitarianism-live-not-by-lies-wokeness/, accessed May 27, 2022.

③ 庞大鹏：《俄罗斯保守主义的政治逻辑》，《国外理论动态》2020 年第 1 期。

④ H. ten Have, M. do C. Patrão Neves, *Dictionary of Global Bioethics*, Springer Nature Switzerland AG 2021, p. 363.

化,并催生了基督教神学体系中的世界主义观念。① 之后,启蒙运动特别是法国大革命推动了现代世界主义的产生,并最终在康德的"永久和平论"中得到了较系统的阐述。② 近现代以来,随着国家间联系的加深,世界主义的理想一步步成为现实,一战后成立的国联及二战后建立的联合国很大程度上就是世界主义的产物。之后,随着苏联的解体和冷战的结束,美国成为唯一的超级大国,成为以自由主义为导向的世界秩序的主导者、普世价值的维护者和推广者,同时,经济全球化也加速发展,世界公民、全球共识的理念更加流行开来,极大地促进了世界主义思潮的兴盛。

在当代,世界主义可同普世主义、全球主义互换使用,它们都主张在全球化时代,克服对语言、文化、民族、种族、传统、社区等特殊身份的"沙文主义信仰"③,全力拥抱多样性及多元价值,支持开放、进步、人权、分配正义,主张消除暴力、促进世界和平等。

同时,世界主义同当前盛行于西方特别是美国社会的政治正确、多元文化主义与身份政治在内涵上看似存在差距,实质上可以等量齐观。

二者表面上的差别在于,世界主义希望将个人从特殊身份中解放出来,使之成为平等、无差别的世界公民,在普世共同体中享有同样的平等和尊严,其终极理想是建立一套世界宪法,建构包容不同文化、促进世界和平的全球秩序。④ 而政治正确、多元文化主义与身份政治则认为不同的群体均有其独特身份,无论是少数还是多数、非主流还是主流,其价值观及文化传统没有优劣之分,甚至少数族群的文化价值观还

---

① H. ten Have, ed., *Encyclopedia of Global Bioethics*, Springer International Publishing Switzerland, 2016, p. 775.
② Julie Emontspoolm, Ian Woodward, *Cosmopolitanism, Markets, and Consumption: A Critical Global Perspective*, Palgrave Macmillan, 2018, pp. 14-16.
③ M. Bracher, *Educating for Cosmopolitanism: Lessons from Cognitive Science and Literature*, Palgrave Macmillan, 2013, pp. 2-4.
④ Carol C. Gould, "Do Cosmopolitan Ethics and Cosmopolitan Democracy Imply Each Other?" in *Questioning Cosmopolitanism*, Stan Van Hooft, Wim Vandekerckhove, ed., Springer Dordrecht Heidelberg London New York, 2010, pp. 154-166.

要得到多数群体的承认、尊重乃至优待。① 因此，前者带有强烈的向外扩张的意蕴，后者则体现出向内收缩的特征，②前者强调人的"同质性"，后者则强调人的"差异性"。

但若深入剖析二者的理念主张，可以发现上述差别也正体现了它们的共同之处。世界主义虽然最终追求的是普世主义的理想，但它要具有现实可行性，也必须具有文化包容力，在一定时期内和一定程度上允许不同的民族国家保持其特殊性，尽力形成一种在松散单薄的一元价值框架中的多元文化共存的世界价值观图谱，即暂时承认多元以最终实现同一。而政治正确等之所以更强调差异和多元，其根本目的是要提高弱势群体及其文化价值观的地位，使之获得同主流群体及其文化价值观的同等地位和权利，即张扬差异是为了消除差别，达到平等性与同一性。所以，政治正确、多元文化主义、身份政治同世界主义一样，实质上都认识到了价值观与身份的特殊性、差异性，只不过，前者的视野在一国之内，后者则着眼全球，但双方的最终理想都是平等与普世。因此，世界主义基本可被视为是扩大版的多元文化主义或身份政治，而在一个种族、民族及文化日益多元化的国家，尤其是在美国，多元文化主义在很大程度上可被视为是缩小版的世界主义。

综上所述，世界主义基本等同于普世主义、全球主义、政治正确、多元文化主义及身份政治等思潮，为论述方便，本文将它们统称为世界主义。那么"反世界主义"就是反对这些思潮，而这些思潮也正是特朗普保守主义与普京的"健康的保守主义"所共同抵制的，因此从这个意义上说，当代美俄保守主义均是"反世界主义"的。

更进一步分析，世界主义具有三大特征：一是在国家利益方面，支持进一步的全球化；二是在宗教方面，趋向世俗化；三是在国家认同上，

---

① Martin E. Spencer, "Multiculturalism, Political Correctness, and the Politics of Identity," *Multiculturalism and Diversity*, 1994（4）; Daniel Guerriere, "Multiculturalism: American Success, Liberal Education, or Political Correctness," Modern Age, 2001（2）.

② 庞金友：《极化格局下的路线之争：后特朗普时代美国政治思潮的可能图景》，《比较政治学研究》2021 年第 2 辑。

推崇普世价值观。世界主义这三大特征激发了当代美俄保守主义的三种相似又各具特色的回应,两者以孤立主义的复兴、基督教价值观的回潮与国家认同整合的强烈诉求表达了对世界主义的反对。

二、孤立主义复兴:美俄保守主义反全球化的国家利益动因

世界主义是随着全球化和各国交往的增加而盛行的,因此,世界主义要持续发展,就要进一步支持全球化。一方面,它主张不断弱化民族国家边界,建立不同层次与类型的全球治理机制,甚至是建立消除"国界藩篱"的"世界民主联邦"①。另一方面,它也要求限制贸易保护主义,进一步提高各国经济的相互依存度。因此,世界主义具有明显的扩张倾向,反对民族主义与本土主义。②

这种世界主义从本质上说是自里根时代崛起的美国民主共和两党精英均认同的新保守主义或新自由主义的国际愿景的体现。冷战结束后,新保守主义者推动美国以这种国际愿景为基础发动了一场全球化运动,构建并不断扩张自由贸易体系,主导国际贸易规则及全球产业配置,使美国成为金融、科技与高精尖制造业中心,而传统劳动密集型制造业则被转移到发展中国家。进而,美国及其他发达国家的跨国企业资本家获得了巨额利润,本土工人享受到了廉价商品,发展中国家的经济也得到快速发展。因此,这种世界经济秩序在较长时期内塑造了一种"双赢"局面。此外,新保守主义还演化出了"新里根主义"与"布什主义",认为冷战结束后,美国应创立单极世界,实施"仁慈的全球霸权",③打造一种以美国国家利益为底色、以霸权地位为实力支撑的国际

---

① Errol E. Harris and James A. Yunker, *Toward Genuine Global Governance: Critical Reactions to Our Global Neighborhood*, Preager Publishers, 1999, pp. 43-56.

② Kathryn Rountree, *Cosmopolitanism, Nationalism, and Modern Paganism*, Palgrave Macmillan, 2017, pp. 2-3.

③ 吕磊:《美国的新保守主义》,江苏人民出版社,2003 年,第 342～343 页。

秩序,在其中,美国要推广自由民主的政治制度及公民文化,积极充当仲裁者、国际警察和世界领袖,甚至是"帝国主义者"①。

　　然而,在美俄保守主义看来,上述全球化与世界秩序损害了它们的国家利益,由此激发了其各具特质的孤立主义情绪与民族防御心理,进而形成了共同的"反世界主义"立场。

(一)国家利益受损后美国外交传统与民族主义政治文化中的回撤性孤立主义复兴

　　新保守主义所打造的全球化,确实促进了美国经济的繁荣,但2008年金融危机后,美国中下层民众更多体会到了全球化带给他们的负面后果。资本的全球流动、技术的跨国转移及知识对资本的依附等造就了人身与精神均游离于本国之外的巨富阶层及"文凭阶层"②,或曰世界主义精英。而大规模外来移民则同本土中下层民众一起,构成了"新工人阶级",美国逐渐成为一个"双层社会"。这样,对本土美国人来说,他们既受到世界主义精英的剥削,又要同外来人口争夺生存空间,这使他们开始反对两党建制派精英及其支持的全球化。

　　如果世界主义的经济秩序不断使本土民众丧失中产阶级的安全地位,那世界主义的文化帝国秩序则使他们感到,这一秩序远在天边且高高在上,侵蚀着他们的故土、放逐着他们的民族情感。一方面,世界主义精英贬斥本土美国人对外来移民的不满情绪,宣扬多元文化主义与政治正确,通过保护乃至优待少数族群且张扬其文化价值观来赢得他们的好感,为资本寻求廉价劳动力及政治家寻求选票增长而编织道德外衣。另一方面,新保守主义者及世界主义精英又极力向非西方国家推销普世价值观。但这种文化帝国主义却对非西方国家形成了压迫,造成了地区冲突,加剧了文明的冲撞,更使美国在干预他国政治、改造

---

① Irving Kristol,"The Emerging American Imperium," August 18, 1997, https://www. aei. org/articles/the-emerging-american-imperium/, accessed June 4, 2022.

② [美]厄尔·怀松、罗伯特·佩鲁奇等:《新阶级社会:美国梦的终结》,社会科学文献出版社,2019年,第30~35页。

他国文化的斗争中耗费了自身的能量,污损了自身的形象。

在这种全球秩序的弊端全面显露之际,特朗普及其支持者开始否定共和党建制派及其奉行的新保守主义,认为后者背叛了保守主义,要捍卫并回归真正的保守主义,就需要"逆全球化",坚持"美国优先"。

在特朗普及其支持者形成上述反世界主义立场的过程中,美国历史文化传统中的孤立主义思潮强势复兴。借助孤立主义,特朗普保守主义找到了向本土撤退的强大的政策传统依据与颇具正当性的民族主义话语资源。

美国立国后,孤立主义长期以来都是美国处理自身与外部世界关系的重要指导原则。米德(Walter Russell Mead)认为,孤立主义是"杰斐逊主义"和"杰克逊主义"这两大外交政策流派的重要信条。[1] 杰斐逊主义者极为珍视自由与民主,但他们认为,在国内守卫自由与民主就已不易,向海外输出民主则更可能损害本国的自由民主,因此,美国最好保持孤立,遏制在民主问题上充当传教士的冲动。杰克逊主义者同样看重自由与民主,在对外关系上,他们也倾向于孤立主义,但又具有强烈的现实主义色彩,讲求实力至上,主张摆脱国际惯例和国家道义的束缚。不过,同"杰斐逊主义"相比,"杰克逊主义"与共和党的联系更为紧密。

孤立主义虽不是二战后及冷战期间保守派所长期坚持的核心外交理念,但其一直保持着存在感。冷战后,以布坎南(Patrick Buchanan)为代表的旧保守主义者(Paleoconservatives)还一度掀起了针对新保守派及民主党的世界主义倾向的批判,要求美国回归孤立主义。[2] 只不过,在美国赢得冷战并成为全球霸主之际,布坎南的呼声被忽视了。

如前所述,经济全球化造成了美国中下层民众的经济困境,自由民

---

① [美]沃尔特·拉塞尔·米德:《美国外交政策如何影响了世界》,中信出版社,2003 年,第 92～96 页。

② Robert C. Rowland, John Jones, "Entelechial and Reformative Symbolic Trajectories in Contemporary Conservatism: A Case Study of Reagan and Buchanan in Houston and Beyond," *Rhetoric and Public Affairs*, 2001(1).

主的普世价值观在国外引发着动荡与冲突，在国内则侵蚀着本土美国人的价值观。这样，在杰斐逊主义者看来，世界主义无疑已形成了对美国自由民主的威胁，而在杰克逊主义者眼里，所谓普世价值、世界秩序已经挑战了美国利益，限制了美国的行动力。两者中的孤立主义倾向由此被激发出来。就特朗普本人来说，他是个典型的杰克逊主义者，其外交团队中的领军人物如蓬佩奥（Mike Pompeo）、布莱恩（Robert C. O'Brien）、博明（Matthew Pottinger）等也都是杰克逊主义者，他们从全球化和推广普世价值的扩张行动中后撤并集中力量解决自身问题进而遏制美国民主衰退的立场与做法，基本赢得了杰斐逊主义者的支持。

　　孤立主义还为特朗普保守主义提供了迎合普通美国人民族心理的话语资源。美国民族主义主要是建立在新教价值观基础上的以"天定命运论"和"美国优越论"为主要内容的"美国例外论"。"天定命运论"认为美国人是"上帝的选民"，传播基督教文明并代之以自由民主的价值观和制度是他们的神圣使命。因此，"天定命运论"代表了美国民族主义中扩张性的一面。但"美国优越论"却有所不同，它认为，美国的民主实践和自由制度比其他国家都要成功，在人类发展道路上，美国应作为"指路星辰"。因此，"美国优越论"更侧重于强调，美国要独善其身，发挥"楷模"的示范作用，推行霸权、进行海外干涉会玷污美国的形象，进而伤及自身，[1]这体现了美国民族主义中的收缩性的一面。

　　可以说，在国力强盛时，扩张性的"天定命运论"很容易成为美国推行世界主义的民族主义基础。[2] 但在国力相对衰落时，在世界主义的经济文化秩序消解了"美国优越论"的可信度，激发出美国人对"被外部世界剥削的不满"时，[3]"美国例外论"中消极避世的一面就会汹涌而出，形成强大的孤立主义浪潮，并因其捍卫自由民主进而使美国再度"伟

---

[1]　Michael H. Hunt, *Ideology and U. S. Foreign Policy*, Yale University Press, 1987, p. 92.

[2]　[英]阿纳托尔利文：《美国的正确和错误：民族主义视角》，孙晓坤译，中信出版社，2017年，第34页。

[3]　James Curran, "Americanism, not Globalism: President Trump and the American Mission," *Lowy Institute for International Policy*, 2018, pp. 9–11.

大"、再度"优越"的主张而赢得民众的支持,这因此成为了特朗普主义的反世界主义立场的重要民族文化支撑。

(二)国家利益遭威胁后俄罗斯意识形态与民族心理结构中的自我孤立主义复兴

对俄罗斯来说,冷战结束后,以美国为首的西方国家所推动的世界主义秩序的持续扩张以及加速发展的全球化等,不断打压着俄罗斯的国际地位,也损害了其国家利益。

欧盟与北约是世界主义的国际秩序中与俄罗斯国家利益联系最为紧密的。冷战结束后,欧盟三次大规模东扩,力主在前苏联空间中的中东欧国家推行自由民主价值观。北约则从 1999 年起五次东扩,同欧盟一样将其势力填充到前苏联空间。俄罗斯早期基本上对此予以容忍,但当欧盟与北约开始扩张到格鲁吉亚及乌克兰并在两国策动"颜色革命"时,俄罗斯开始认为,世界主义秩序已严重挑战了其核心利益,侵占了其生存空间,形成了对俄罗斯的实质性的安全威胁。[①] 若继续放任这种世界主义的扩张,俄罗斯也可能成为"颜色革命"的目标,其现行政权将会受到直接挑战。

另外,在俄罗斯看来,经济全球化也日益显现出对其国家利益的威胁。特别是当俄罗斯试图实施其所认为的合情合理的对外战略时,美欧经常利用其在全球化中的主导地位予以阻拦。[②] 例如,针对俄罗斯 2014 年兼并克里米亚的举动,西方不断升级对俄罗斯的经济制裁,2022 年初俄乌冲突爆发后,美欧更是对俄罗斯采取了经济、金融、科技等领域的"全方位"制裁。

在国家利益持续遭到威胁的过程中,俄罗斯历史传统中的孤立主义被激发出来,成为其反世界主义的重要民族心理依据。

[①] Hall Gardner, The Russian Annexation of Crimea: Regional and Global Ramifications, *European Politics and Society*, 2016(4).

[②] Raley Fisher, "Russian Geopolitical Dominance," *Praemon*, January 21, 2022, https://www. praemon. org/russian-geopolitical-dominance, accessed June 10, 2022.

对俄罗斯来说,孤立主义主要不是指其对外政策上的孤立主义,因为无论是在俄罗斯帝国期间,还是在苏联存续期间,其外交政策基本上都是扩张型的。因此,俄罗斯的孤立主义同美国的孤立主义有所区别,其主要体现为一种孤立的"意识形态和心理结构"①。这种意义上的孤立主义首先来自于同"美国例外论"相似的"俄罗斯特殊论",其认为俄罗斯是"第三罗马",是比其他民族和国家都更伟大的"具有独特的灵性、文明和价值观"的"实体"。② 1825 年,十二月党人革命失败,西化派与斯拉夫派就国家未来发展道路进行了激烈争论,但双方均认可"俄罗斯特殊论",即俄罗斯不同于西方。20 世纪初,列宁提出"一国革命论",突破了具有普世意蕴的马克思主义的革命理论,十月革命的成功、苏联的建立及社会主义模式在 20 世纪 30 年代至冷战期间所取得的成就,更加彰显了俄罗斯的"特殊性"。可以说,无论自认为是"第三罗马",还是坚持走俄罗斯独特的发展道路,亦或是在冷战中的艰难求索,俄罗斯的孤立主义都显现出了对来自西方世界威胁的防御性心理,以及在威胁中愈发坚持自我孤立、自行其是的强烈民族主义情感。

这种孤立主义深刻影响了当代俄罗斯保守主义并成为其反世界主义的重要支撑。一方面,面对欧盟及北约持续东扩的威胁,普京强力将克里米亚纳入俄罗斯版图,强化其在乌克兰的存在感,并积极建立欧亚联盟,构筑孤立于西方的"俄罗斯世界"。另一方面,面对普世价值观,普京则坚持用"主权民主"进行抵御。

此外,孤立主义还使普京保守主义的反世界主义立场显得异常强硬、缺乏妥协性。基辛格曾指出,俄罗斯"一旦遭遇挫败,则愤愤不平、怨天尤人"③,而这种情绪极易引发孤立主义。普京及其领导下的俄罗斯坚持认为,自己是世界主义秩序的受害者,④面对以美国为首的西方

① 张昊琦:《俄国孤立主义:意识形态与历史心理》,《俄罗斯东欧中亚研究》2016 年第 1 期。
② Igor Zevelev, "Russian National Identity and Foreign Policy," *Center for Strategic and International Studies*(*CSIS*), 2016(1).
③ [美]基辛格:《大外交》,顾淑馨、林添贵译,海南出版社,2001 年,第 8 页。
④ Walter Laqueur, "State of Mind: A Future Russia," *World Affairs*, 2015(5).

国家的步步紧逼,俄罗斯一直"隐忍",但其不能继续"坐以待毙",所以普京坚信其在乌克兰采取的行动是被迫反击,是其"保家卫国的最后方法"。① 因此,俄罗斯基于自我认知的世界主义秩序的威胁,形成并不断地强化着一种自认为是正当自卫甚至带有"牺牲"与"悲情"意味的孤立主义立场,这使得俄罗斯在反世界主义的过程中,即使遭到挫败、损失惨重,但它会愈挫愈勇,难以妥协。

三、传统宗教回击:美俄保守主义反世俗化的基督教价值观动因

从宗教信仰的角度看,世界主义是世俗性的。一方面,世界主义及全球化的发展推动了物质生活的丰裕。英格尔哈特(Ronald Inglehart)指出,随着经济的发达,当今西方正由物质主义价值观占主导的社会转变为后物质主义价值观占主导的社会。在前者中,民众更强调物质福利,信奉传统宗教,在后者中,民众则更看重自我价值实现,倾向于将传统宗教视为压制个性与自由的事物。② 换言之,世界主义所支持的全球化能够推动传统宗教价值观向现代世俗价值观的变迁。

另一方面,世界主义本质上是一种进步主义价值观。其认为,现代化将逐步消除非理性、迷信和神话,并导向一个宽容、理性、进步的社会。③ 同时,世界主义的世俗性主要针对的是保守主义所偏爱的传统基督教,它所理想的世界是非基督教或淡化基督教的。对于政治正确、多元文化主义及身份政治来说,基督教意味着对非主流宗教的压制,建立在基督教基础上的传统观念,如家庭、性别性向及生命权观念等,是对

---

① Al Jazeera Staff, " ' No other option ' : Excerpts of Putin's Speech Declaring War," February 24, 2022, https://www.aljazeera.com/news/2022/2/24/putins-speech-declaring-war-on-ukraine-translated-excerpts, accessed June 20, 2022.

② [美]罗纳德·英格尔哈特:《静悄悄的革命》,叶娟丽、韩瑞波等译,上海人民出版社,2016 年,第 54 ~ 56 页。

③ Olivier Tschannen, "The Secularization Paradigm: A Systematization," *Journal for the Scientific Study of Religion*, 1991(4).

个人的自由权与平等权的压制，是一元化的多数人文化对多元化的少数人文化的压制，是对居于弱势地位的少数族群的特殊身份认同的压制。因此，政治正确的重要任务是批判、反对基督教，①多元文化主义与身份政治则推崇非西方、非主流宗教。另外，多元文化主义者大多数是持后物质主义价值观的人群，他们虽然也有宗教需求，②但其要么是进步派基督徒，要么更偏爱"来自遥远国家的信仰"③。因此，世界主义的世俗性不是不要宗教，而是要接受各类进步观念的宗教。

显然，世俗性、进步性的世界主义的盛行大大削弱了传统基督教的地位。然而，在当代美俄保守主义看来，基督教传统为它们提供了生存发展的活力源泉。失去基督教信仰，保守主义也将失去自我、走向衰亡。因此，必须秉持反世界主义的立场，对世界主义的世俗化理想施加"上帝的报复"。

（一）世俗化浪潮中基督教新右翼成为美国保守主义及保守政治中的重要力量

对当代美国保守主义及保守政治来说，宗教保守派是保守阵营中最具活力的派别，也是共和党在当前日益激烈的政治极化背景下同民主党相抗衡的重要支持力量。

首先，宗教保守派、社会保守派在当代美国保守主义中具有无可替代的地位。传统宗教是美国保守主义的核心内容。在对待传统宗教及其价值观上，基督教福音派的态度非常鲜明、强硬，它坚持保卫基督教地位，坚信圣经无误论等。④福音派最初并不主张干预世俗世界，但世

---

① Harold Takooshian, Robert W. Rieber, "Introduction: Political Correctness and Social Distress in Academe: What's Old, What's New, What's Right, and What's Left?," *Journal of Social Distress and the Homeless*, 1996(2).

② ［美］罗纳德·英格尔哈特：《发达工业社会的文化转型》，张秀琴译，社会科学文献出版社，2013年，第217页。

③ ［美］罗纳德·英格尔哈特：《静悄悄的革命》，叶娟丽、韩瑞波等译，上海人民出版社，2016年，第336页。

④ Phyllis Elaine Alsdurf, *Christianity Today and Late Twentieth-Century Evangelicalism*, University of Minnesota, 2004, pp. 11-12.

界主义的盛行使福音派开始认为,"世俗的、国际化的自由主义精英"控制着政府、媒体、市场与学校。他们因而积极介入政治,以推动美国制定符合基督教价值观的政策,使美国"回归上帝、回归圣经,回归道德健全"①。

福音派还同社会保守派合作,后者虽未必是虔诚的教徒,但其基本上是老式中产阶级,其崇尚的诸如"诚实、勤勉、自我牺牲和自我控制"等价值观都来新教传统及培养这些价值观的家庭、公立学校与教会等机构。世俗化对传统社会秩序、家庭关系、性道德的冲击使他们痛心疾首。为了维护传统价值观,福音派与社会保守派成立了"道德多数派",以共同在社会道德问题上发出强硬的基督教声音。

为了更有力地捍卫传统基督教,福音派还团结了在教义及道德观上较保守的天主教,在 20 世纪七八十年代组成了"基督教新右翼"。面对世俗化,天主教比福音派的反应更早也更具精英色彩。50 年代,部分天主教知识分子或皈依天主教的保守派学者②就开始指责世俗自由主义。20 世纪六十七年代的社会失序与道德混乱等更激发了天主教的保守倾向,它由此而成为抵制"世俗化、自由化和进步化"的"伟大保守力量"。③

反世俗化的宗教联盟中还有犹太教。一般来说,犹太教教义呈现出明显的自由主义意蕴,④但一批著名的犹太教知识分子却同天主教知识分子结合而组成了新保守主义。⑤ 新保守主义中的领军人物如克斯

---

① Stephen L. Newman,"Liberalism & the Divided Mind of the American Right," *Polity*, 1989(1).

② 包括小威廉·巴克利(William F. Buckley Jr.)、拉塞尔·柯克(Russel Kirk)、小阿瑟·施莱辛格(Arthur Schlesinger, Jr)、莱因霍尔德·尼布尔(Karl Paul Reinhold Niebuhr)及弗兰克·迈耶(Frank Meyer)等。

③ Patrick Allitt,"American Catholics and the New Conservatism of the 1950s," *U. S. Catholic Historian*, 1988(1).

④ John Ehrman,"'Commentary', the 'Public Interest', and the Problem of Jewish Conservatism," *American Jewish History*, 1999(2/3).

⑤ 乔治·纳什曾指出,"新保守主义在某种程度上是美国天主教少数群体的知识分子的前沿阵地",详见 Patrick Allitt,"American Catholics and the New Conservatism of the 1950s," *U. S. Catholic Historian*, 1988(1).

利托(Irving Kristol)、贝尔(Daniel Bell)等均是犹太人，他们认为要在公共政策及个人生活中强化宗教的影响。如贝尔认为，没有宗教，资本主义就会产生巨大的精神空白和激烈的文化矛盾，①克里斯托则认为，宗教和家庭是一个体面社会的不可或缺的两大支柱。②

　　由此，为了应对世俗化和现代化洪流的共同威胁，恢复基督教的影响力，以精英化的、具有强大的政策塑造能力的新保守主义为主轴，以草根化的、具有强烈宗教热情的福音派、天主教徒等为支持力量，80年代，美国掀起了"里根保守主义革命"。自此，传统犹太-基督教信众及其关注的极富宗教色彩的家庭道德、堕胎、同性恋、教育等议题就成了美国保守政治的核心议题，也是历次大选中共和党动员基层选民的利器。

　　不过，新保守主义者虽重视宗教的作用，但如前所述，冷战后其更醉心于打造世界主义的国际秩序，他们虽热情地联合基层宗教信徒，但更看重后者的选票。换言之，对新保守主义者来说，基督教的价值更多地源于它的工具性，而非其精神性。③ 基督教信徒的大力支持是里根与布什上台连任的重要原因，但他们并未很好阻止世俗化的"后物质主义政策"的出台。④ 反而，新保守主义推动的世界主义严重冲击了基督教信仰。

　　近几十年来，共和党建制派在选举中积极挑动基督教信徒的宗教神经，选举结束后却对其敬而远之，宗教总是遭遇保守政治的背叛。这种状况使宗教与社会保守派逐渐厌烦了建制派共和党。特别是福音派教徒，他们可谓是保守主义最热情的支持者，却"饱受"建制派共和党前

----

① [美]丹尼尔·贝尔：《资本主义文化矛盾》，赵一凡、蒲隆、任晓晋译，生活·读书·新知三联书店，1992年，第130～132页。

② Irving Kristol, *Neoconservatism*：*The Autobiography of an Idea*, Simon ad Schuster, 1995, p. 232.

③ Murray Friedman, "Opening the Discussion of American Jewish Political Conservatism," American Jewish History, 1999(2/3).

④ Julian E. Zelizer, "Rethinking the History of American Conservatism," *Reviews in American History*, 2010(2).

恭后倨的"政治性心理创伤"①。最终,他们选择了特朗普,而后者在其任内较切实地推动了宗教右翼的政策议程。同时,由于强硬地捍卫传统基督教信仰,经特朗普保守主义重塑的共和党不仅得到了中西部基督教选民的拥护,还分走了民主党的一部分重要票源即宗教信仰虔诚的拉美裔天主教徒,为共和党基于传统宗教价值观的选举政治指出了新发展方向。

由此视之,传统基督教是保守主义在 80 年代后崛起的关键原因,疏远或背叛传统宗教,共和党就会在选举中失去重要支持力量。捍卫基督教价值观,如特朗普主义,就会为保守主义与保守政治注入新活力。这就使得当代美国保守主义更需抵御世俗化的世界主义,强化其安身立命的基础。

其次,传统基督教也是当前共和党同民主党斗争的重要倚仗。70年代末以来,美国政党极化现象日益突出。② 2016 年特朗普当选及其执政的四年中,政党极化演变成两党恶斗,2020 年大选更是成为两党之间的"战争",拜登执政以来,极化仍旧激烈。不过,在两党斗争中,民主党占优而共和党居于劣势。故对共和党来说,要想继续与民主党抗衡,它既要拓展选民基础,但更要稳固选民基本盘,尤其是基督教徒这样的铁杆支持者。

对传统基督徒来说,宗教生活是其基本生活方式,信仰上帝是其定义自我、获得生命价值感的重要途径。保守派民众痛心于美国宗教虔诚度的下降,其认为,民主党及其支持者在美国国内强势推行政治正确,在国外推广普世价值,造成并加速着美国的去基督教化,使美国陷入"普遍堕落和道德沦丧"的境地,③破坏、威胁着他们的生活方式。而

---

① 徐以骅:《特朗普与他的福音派高参们》,《宗教与美国社会》2019 年第 1 辑;Mark J. Rozell, *Donald J. Trump and the Enduring Religion Factor in US Elections*, in Religion and the American Presidency, Mark J. Rozell, Gleaves Whitney, ed., Palgrave Macmillan, 2018, pp. 285–296.

② Keith T. Poole and Howard Rosenthal, "The Polarization of American Politics," *The Journal of Politics*, 1984(4).

③ Dan T. Carter, "The Rise of Conservatism since World War II," *OAH Magazine of History*, 2003(2).

且,对基督徒所珍视的传统价值观,民主党及其支持者站在道德制高点上斥责其落后、反动,对他们保守基督教的行为,民主党及左翼人士又认为其因循守旧、抱残守缺。且从长历史进程来看,向进步性的世界主义或后物质主义价值观的转型趋势难以避免,传统基督教及其未来发展面临明显困境。

这样,无论是现在还是未来,基督教徒都认为,自己在与世俗世界主义的斗争中处于守势,因而感到悲观与愤怒,这种危机感与捍卫基督教价值观的紧迫感使他们成了美国选民中特别有战斗力的群体。由此,共和党为了获得基督教选民的支持,在两党斗争中获得优势,就更需要抵抗世俗的世界主义。

(二)世俗化冲击下东正教价值观成为俄罗斯保守主义合法性的强力支撑

如前所述,普京保守主义的核心内容有二,即"主权民主"与东正教传统。在当代俄罗斯,"主权民主"与东正教可谓是共生共荣,前者为后者的复兴和繁荣提供了权力支持,后者则为前者提供了较强的合法性论证。

传统上,俄罗斯东正教会基本上都是巩固王权及沙皇实施专制的意识形态工具,学界由此认为"东正教是国王兼教宗的宗教"[①]。苏联解体后,为复兴东正教,其主动入世,历史上"教权"对"政权"的依附性合作关系[②]重新发挥作用。两任牧首即阿列克谢二世(Alexei II)及基里尔(Kirill I)均积极参与国家重大政治活动,加强与历任总统的联系,他们与普京也都有着亲密的私人友谊关系。根据宪法,俄罗斯实行"政教分离",但普京上任后,东正教很快被视作"立国之本",逐步获得了

---

① ［日］松里公孝、阎德学:《对东正教两大常识的误读》,《俄罗斯学刊》2018 年第 5 期。
② Christopher Marsh, "Russian Orthodox Christians and Their Orientation toward Church and State HRISTOPHER MARSH," *Journal of Church and State*, 2005(3).

"准国教"的地位。[①]

在东正教得到普京政权的支持而繁荣发展的同时，它也对其"投桃报李"，成为"主权民主"的重要价值观支柱。东正教的核心教义是"弥赛亚意识"，即"救世主精神"，它在两方面论证了"主权民主"的合理性和合法性。一方面，"弥赛亚意识"意味着，在两个罗马灭亡后，俄罗斯临危受命，成为"第三罗马"，承担着拯救及传承东正教的责任。苏联解体特别是此后用"全盘西化"的方式进行改革所造成的混乱局面意味着俄罗斯又一次面临危机，这使俄罗斯人的"弥赛亚意识"再次升腾起来，使其拒绝已被自身经验证明失败了的美欧民主模式，强调俄罗斯特殊性，成为"主权民主"形成的价值观基础。[②] 另一方面，"主权民主"还强调稳定、秩序，这暗含着要仰赖集权式的领导人来实现有序的民主化进程，而"弥赛亚意识"强调"救世主"在"拯救"过程中的引领作用，这使俄罗斯民众普遍具有一种依赖权威、崇拜强人的心理。苏联解体后，俄罗斯国内问题重重，国际地位明显下降，俄罗斯人不喜叶利钦对西方国家特别是美国的"软弱"态度，更渴望作风强硬的"救世主"带领他们走出黑暗走向光明，而普京的出现及其提出的富有威权色彩的"主权民主"则相当程度上满足了俄罗斯人的这种心理期望。

此外，当代俄罗斯保守主义必须捍卫东正教传统的根源还在于，无论从历史还是现实来看，东正教在俄罗斯人的精神与道德生活中都占据着不可替代的地位。

对历史上的俄罗斯人来说，东正教是他们苦难生活中的重要慰藉。对于宗教及其作用，马克思曾指出，"宗教是被压迫生灵的叹息，是无情世界的感情，正像它是没有精神的制度的精神一样。宗教是人民的鸦

①　Christopher Marsh, "Russian Orthodox Christians and Their Orientation toward Church and State HRISTOPHER MARSH," *Journal of Church and State*, 2005(3).
②　Zoe Knox, *Russia Society and the Orthodox Church: Religion in Russia After Communism*, Routledge Curzon, 2005, pp. 105-131.

片"①。美国人信仰新教是其实现自我价值的积极行动,但对俄罗斯这样一个长期经受战乱的民族来说,宗教就是使他们忘却尘世痛苦的"鸦片",信仰东正教就是忍受必然要经历的人生苦难的消极行为。由于信教,俄罗斯人获得了极大的心灵抚慰,进而又使其养成了听天由命的忍耐及服从心理。②

东正教也是俄罗斯人在长期的专制与不自由中寻求精神自由的重要途径。在沙皇统治时期,东正教虽要求信徒顺从专制制度,但也鼓励其过"灵性生活",从内心中寻求自由。季霍米罗夫(Lev Tikhomirov)认为,东正教道德孕育了俄罗斯的"真正的"君主专制制度,③其中,沙皇虽拥有无限权力,但要将完全的精神和道德领域的自由留给普罗大众,也就是说,沙皇有"行动的自由",人民有"思想的自由"。此外,东正教的"弥赛亚意识"除了有"救赎"世人的含义外,还有"自我救赎"之意,④这充分体现在俄罗斯文学中的各类小人物极力为自我尊严而抗争的心路历程上。

可以说,东正教这种强调"灵性生活"、要求为民众留下心灵自由的空间及"自我救赎"以获取内心解放的主张,塑造了俄罗斯人在身体上承受压制与不自由、在心灵上追逐自由的"另类自由之路"。隐藏在俄罗斯人服从世俗政权的外在行为背后的,是其在精神世界上的相对独立与不服从。因此,苏联时期虽打压东正教,实行无神论,但部分俄罗斯人还保有东正教信仰。⑤

东正教的上述作用,奠定了其从 90 年代至今在俄罗斯民众精神道

---

① Andrew M. Mckinnon, *Opium as Dialectics of Religion: Metaphor, Expression, and Protest*, in Marx, Critical Theory, and Religion: Studies in Cricital Social Science, Warren S. Goldstein ed., Brill LEIDEN BOSTON, 2006, pp. 11–30.

② 靳会新:《俄罗斯民族性格形成中的宗教信仰因素》,《俄罗斯学刊》2014 年第 1 期。

③ 许金秋:《俄罗斯帝国保守主义政治现代化理论》,《江汉论坛》2018 年第 4 期; Kyril Tidmarsh, "Lev Tikhomirov and a Crisis in Russian Radicalism," *The Russian Review*, 1961(1).

④ 张杰:《民族精神的铸造:东正教与俄罗斯文学》,《江海学刊》2017 年第 4 期。

⑤ Derek H. Davis, "Editorial: The Russian Orthodox Church and the Future of Russia," *Journal of Church and State*, 2002(4); Philip Walters, "The Russian Orthodox Church and the Soviet State," *The Annals of the American Academy of Political and Social Science*, 1986.

德生活中的重要地位。一方面,无神论文化毕竟在苏联长达七十余年的时间里主导了俄罗斯社会,它的崩塌使俄罗斯人陷入价值观危机,而东正教就如久别重逢的亲人,再次抚慰了俄罗斯民众的迷茫与不安焦虑的心理,自然就成为了他们重建道德伦理规范的主要价值观资源。另一方面,后苏联时代俄罗斯快速的政治、经济、文化变革带来了一系列问题,特别是以资本主义方式发展经济而导致的贫富两极化、经济混乱、贪污腐败等问题,以及进步主义的、世俗性的西方价值观对俄罗斯伦理道德的冲击等,使俄罗斯人倾向于借助本身就反对野蛮市场经济的东正教来思考、批判上述经济与社会文化问题。同时,也更认同东正教中谴责堕胎、同性恋及警惕世俗主义等的保守性教义。[1] 结果,俄罗斯人虽一定程度上接受了民主制、市场经济等,但却坚持用东正教去抵御其破坏性的内容。

由此视之,东正教及其价值观对俄罗斯人如此重要,普京保守主义要想继续得到俄罗斯民众的认同,就要坚定地捍卫东正教信仰,反对世俗性的世界主义。

四、国家认同重构:美俄保守主义反激进
普世化的逆向身份政治动因

世界主义及全球化的发展使自由民主的普世价值观被广泛传播。身处各个民族国家的人们既感受到价值观的趋同性,也不断意识到自身与他者的差异性,由此而塑造着一种激进普世化的国家认同观:在超国家体系中,人们是世界公民,要遵循全球层面的统一的自由民主规范,在一国之内,人们是特殊的族群团体的一份子,要遵守国家层面的自由民主秩序。这样,无论是在大的“地球村”还是在小的社群,对民族国家的认同都变成了对自由民主的认同。而这种自由民主就是一种纯

---

[1]　Geoffrey Evans, Ksenia Northmore-Ball, "The Limits of Secularization? The Resurgence of Orthodoxy in Post-Soviet Russia," *Journal for the Scientific Study of Religion*, 2012(4).

粹的政治运作规范及世俗性意识形态,也被哈贝马斯(Jürgen Habermas)称为在现代性的"世界主义社会"中的"宪政爱国主义"。①

激进普世化的国家认同观具有相反的两重面向。一是,它力图向上超越传统民族国家认同,要求抛弃对民族国家的忠诚,转向对"泛"民族的特别是对普世共同体的忠诚,因而具有同质性及普遍性。二是,它主张人们淡化对统一的国民身份的关注,向下回缩到次国家、少数民族种族、亚文化及 LGBTQ 等的身份认同,因而具有异质性、多样性。但是,这矛盾的两重面向的激进普世化的国家认同却又具有一致性,其实质都是要改造传统国家认同,后者往往强调对国家的认同就意味着对主体的民族种族及主流文化宗教的认同。第一重面向从外部以普遍主义为理由贬斥传统国家认同的民族种族文化信仰等的特殊性基础,第二重面向则从内部攻击传统国家认同的多数民族种族及主流文化对少数族群身份认同的压制。

这样,传统民族国家认同就日益受到激进普世化的内外夹击,可谓处于风雨飘摇之中。在全球化、世俗化与激进普世化的进程中,美俄保守主义基本都处于守势,因此,为捍卫并重塑传统国家认同,两者极力反对激进普世化,并不约而同地采用了逆向身份政治的方式。

(一)美国国家认同遭普世主义威胁后反向强调国家认同的宗教及种族基础

特朗普保守主义认为,对美国国家认同的外部威胁主要应归咎于新保守主义者主导建立并得到民主党支持的鼓吹一元、世俗、普世又兼容多样性的文化帝国秩序。同时,为了推进全球化,迎合世界主义精英的经济利益与文化趣味,新保守主义者也附和民主党及左派人士,大力推行政治正确等,在内部削弱传统美国国家认同。得到双方共同支持的国家认同理念有多种称谓,如"美国信念""美国信条""美国意识形

---

① Xun wu Chen, *The Essentials of Habermas*, The Springer, 2021, pp.159-161.

态"、美国公民宗教及公民民族主义等。① 其实质是,一个人不论其信仰、出生地、阶级、肤色、性别等,只要认同美国宪法及自由民主,就是美国人。在这一前提下,国家要允许、鼓励甚至帮助少数族群保持自己的文化特质,明确批判以往的用盎格鲁-撒克逊新教文化所进行的同化。

美国保守主义者从 20 世纪末开始就对激进普世化的国家认同观进行了批判与反思,其甚至发动了一场至今仍在进行的文化战争。在这场战争中,最初,像格莱泽(Nathan Glazer)、施莱辛格(Arthur Schlesinger, Jr)等人虽然批判激进普世化,但前者主张用"价值中立"的原则来对待各族群的特殊身份认同,后者则坚信"美国信条"一向处于"自我更新"中,从而可以对抗激进普世化的威胁。② 这实质上还是更接近激进普世化的国家认同观。另一些保守主义者如纽豪斯(Richard John Newhaus)要求恢复基督教对公共生活提供道德指引的作用,施密特(Alvin J. Schmidt)则呼吁坚持以白人盎格鲁-撒克逊新教文化为基础的同化机制。③ 这一时期,非欧洲地区移民的激增加剧了文化战争的紧迫感,对此,亨廷顿(Samuel Huntington)指出,人种和民族属性不再能界定美国,只能用文化即盎格鲁-撒克逊新教文化及意识形态即美国信念这两种因素来确定美国国家特性,新教文化是美国信念的精髓,若前者遭到侵蚀,那么单凭美国信念将不足以保持美国国家特性,也不足以激起民众

---

① "美国信念"和"美国信条"的内容,参见 G. K. Chesterton, *What I Saw in American*, Dodd, Mead and Co., 1922; P. Drucker, "Organized Religion and the American Creed," *The Review of Politics*, 1956(3);"美国意识形态"的内容,参见 S. M. Lipset, *American Exceptionalism: A Double-Edged Sword*, Norton, 1996, p. 31;美国公民宗教的内容,参见 Robert N. Bellah, "Civil Religion in America," *Daedalus*, 1967; F. Bonkovsky, "American Civil Religion-and Others," *Worldview*, 1976(10);美国公民民族主义的内容,参见 Michael Lind, *The Next American Nation: The New Nationalism and the Fourth American Revolution*, Free Press, 1995, pp. 90~91; Herbert McClosky, "Consensus and Ideology in American Politics," *American Political Science Review*, 1964.

② Nathan Glazer, *Ethnic Dilemmas* 1964-1982, Harvard University Press, 1983, p. 143;[美]小阿瑟·M. 施莱辛格:《美国的分裂:对多元文化社会的思考》,王聪悦译,上海译文出版社,2021 年,第 112~118 页。

③ J. Coleman, "Religion in the Public Square - Richard John Neuhaus: The Naked Public Square: Religion and Democracy in America," *The Review of Politics*, 1985(1); Alvin J. Schmidt, *The Menace of Multiculturalism: Trojan Horse in America*, Praeger, 1997, p. 176.

对美国在感情上的深刻认同。①

　　不过,这一时期,美国民主制度总体上运行良好,因此,虽然激进普世化冲击着新教文化,但上述保守主义学者对世界主义威胁美国国家认同的担忧还未得到大众的共鸣,这意味着,美国信念再加上受到了部分侵蚀的新教文化还能在一定程度上维系国家认同。

　　以美国信念为主的或激进普世化的国家认同的有效性是有条件的,一旦用以吸纳、团结多元化身份群体的自由民主本身蜕化,国家认同便容易陷入危机,而当今的美国正在上演这一幕。在全球化进程中,美国贫富差距拉大,甚至被认为进入了一个“新镀金时代”②,社会变得左右撕裂,凝聚力大大下降。结果,在美国民主运作中,就体现为政治极化、两党斗争、否决政治等。由于这种民主赤字现象愈发严重,保守派民众开始认为,不要基督教、只要美国信念的国家认同理念同质却空洞,多样却脆弱,美国正徘徊在国家分裂的边缘。

　　因此,特朗普保守主义开始极力反对激进普世化,其以新教价值观为基础,着力从宗教及种族这两大维度重塑美国的国家认同。

　　一是特朗普主义重申基督教价值观,强化美国作为基督教国家的身份认知。如前所述,特朗普在选举中倚重福音派,他还积极满足福音派的政策主张,如颁布旨在“允许教会和其他宗教组织在政治上变得更活跃”③的行政令,多次申明基督教价值观对自由民主的重要性。右翼民众则更坚定其宗教信仰,在关于美国本质及其起源的叙事中,坚信“美国自诞生时就是延续着基督教传统的国家”④。一些保守派学者则重新阐释杰斐逊的“政教分隔之墙”,认为其本意并不是要求政教分离

① ［美］塞缪尔·亨廷顿:《谁是美国人——美国国民特性面临的挑战》,程克雄译,新华出版社,2010 年,第 247 ～248 页。
② ［美］拉里·M. 巴特尔斯:《不平等的民主:新镀金时代的政治经济学分析》,方卿译,上海人民出版社,2012 年,第 1 页。
③ Kevin Liptak, Trump Signs Executive Order to "Vigorously Promote Religious Liberty"［EB/OL］. May 5, 2017, CNN, https://edition. cnn. com/2017/05/03/politics/trump-religious-liberty-executive-order/index. html.
④ Jeremy K Yamashiro, Abram Van Engen, Henry L Roediger III, "American Origins: Political and Religious Divides in US Collective Memory," *Memory Studies*, 2022(1).

或世俗化,更不是不要基督教,而是要推进宗教自由。① 激进的宗教右翼人士甚至呼吁美国放弃国家在宗教问题上的中立态度,利用政府力量来打击世俗自由主义。②

二是特朗普主义力图通过运作种族及移民议题来强化国家认同。面对白人人口比例的持续下降,特朗普政府大力改造移民政策,试图保持白人主体地位,阻止美国变为少数族裔占多数的人口结构形态,减缓美国国家认同被进一步削弱的趋势。③ 同时,突破"政治正确"的限制,不仅将具有"白人至上"种族色彩的"狗哨政治"从隐蔽的边缘角落带向保守政治的中心地带,且为了吸引白人,打造与少数族裔的身份政治相似的"白人身份政治",突出美国国家认同的白人种族基础。

可见,由于基督新教不断被削弱,白人人口及地位不断下降,两者正从多数变为少数。因此,特朗普主义虽反对普世主义,但在应对国家认同危机并重塑国家认同的过程中,其对新教价值观及白人主体地位的强调,实质上又同它视为威胁的世界主义的国家认同方式具有一致性,或者说它遵循乃至放大了世界主义中强调特殊性的身份政治的逻辑,因而可被称为逆向身份政治。

(二)俄罗斯国家认同遭普世主义损害后反向求诸东正教对国家认同的塑造作用

苏联解体后,叶利钦等俄罗斯领导人及自由派知识分子试图用西方式的"包容性公民身份"来塑造普世主义的国家认同,④同时,主张遵

---

① M. Andrew Holowchak, "Duty to God and Duty to Man: Jefferson on Religion, Natural and Sectarian," *Sophia*, 2016; Thomas E. Buckley, *Thomas Jefferson and the Myth of Separation*, in *Religion and the American Presidency*, Mark J. Rozell, Gleaves Whitney ed., Palgrave Macmillan, 2018, pp. 45-57.

② Sohrab Ahmari, "Against David French-ism," *First Things*, May 29, 2019, https://www.firstthings.com/web-exclusives/2019/05/against-david-french-ism, accessed July 2, 2022.

③ 牛霞飞:《左右之战:当代美国政治极化的社会文化根源》,《世界经济与政治论坛》2022年第 3 期。

④ Valery Tishkov, "What is Rossia? Prospects for Nation-Building," *Security Dialogue*, 1995 (1); Valery Tishkov, *Ethnicity, Nationalism and Conflict in and after the Soviet Union*, Sage Publications Ltd., 1996, p. X.

循"自由民主的国际主义原则"，与"西方一体化"。① 这些使俄罗斯人燃起了对自由民主会带来物质丰裕及俄罗斯将继续维持类似苏联时期的大国地位的期待。但是，激进的"休克疗法"却使俄罗斯陷入困境，全盘西化的民主化改革也挫折重重，而西方世界则继续视俄罗斯为异己分子，对其满怀疑虑。这样，对俄罗斯精英及民众来说，普世主义一方面意味着混乱，另一方面使他们承受着"帝国解体"所带来的羞辱失落及在国家认同上的茫然失措。所以，从叶利钦执政中后期，保守主义势力、民族主义者就逐渐不满于亲西方的普世主义国家认同，他们更倾向于或只能从其传统中寻找重构国家认同的资源。②

对保守主义者来说，东正教是俄罗斯历史最长且唯一没有断裂的传统，是俄罗斯塑造民族国家认同的核心要件。自 988 年"罗斯受洗"后，东正教就成为基辅罗斯的国教。13 世纪至 15 世纪末，蒙古-鞑靼人占领罗斯，但东正教一直存续且逐步成为莫斯科公国塑造俄罗斯民族意识的有利因素。拜占庭帝国灭亡后，俄罗斯成为"第三罗马"，东正教及"弥赛亚意识"成为其民族意识的核心。到 17 世纪，俄罗斯内忧外患不断，但东正教始终是俄罗斯抵御外敌侵扰的精神动力，也是其政治社会稳定的核心标志。彼得大帝时期，东正教受到启蒙思想的冲击，教权也被削弱，但东正教依然同沙皇权威一起构成了俄罗斯塑造帝国认同的基础。对此，乌瓦罗夫（Serge Uvarov）指出，俄罗斯的官方民族性就是三位一体的"东正教、专制制度与国民性"③。苏联时期，尽管无神论取代了东正教信仰，但在卫国战争期间，东正教还成为激发民族情感的爱国力量。④ 对东正教在俄罗斯民族意识中的作用，别尔嘉耶夫（Nicolas Berdyaev）评价道："俄罗斯人的灵魂是由东正教铸成的。"⑤亨廷顿

① ［俄］德米特里·特列宁：《帝国之后：21 世纪俄罗斯的国家发展与转型》，新华出版社，2015 年，第 227 页。

② Vera Tolz, "Forging the Nation: National Identity and Nation Building in Post-Communist Russia," *Europe-Asia Studies*, 1998(6).

③ Walter Laqueur, "After the Fall: Russia in Search of a New Ideology," *World Affairs*, 2014(6).

④ Paul B. Anderson, "The Orthodox Church in Soviet Russia," *Foreign Affairs*, 1961(2).

⑤ 转引自张杰：《民族精神的铸造：东正教与俄罗斯文学》，《江海学刊》2017 年第 4 期。

虽认为俄罗斯长期都是一个"无所适从的国家",但它是"东正教文明的核心国家",若俄罗斯成为西方国家,东正教文明将不复存在。[①]

因此,东正教自然成为了当代俄罗斯保守主义重构国家认同的最重要资源。普京时代,俄罗斯采取了一系列措施来挖掘东正教在重塑国家认同方面的作用。如在教育中推行"东正教伦理""东正教文化基础"等课程,在军队中推行政教合作等。[②] 东正教还从宗教角度来阐释国徽及重大节日等,帮助塑造国家认同。普京则经常公开声明东正教与俄罗斯的同一关系,认为没有东正教,就没有俄罗斯,普京第三任期后,更加强调东正教对巩固国家认同的重要性。[③] 如今,东正教对俄罗斯人来说已超越了宗教信仰的范畴而成为国家标志、民族符号。[④]

值得注意的是,当代俄罗斯的保守主义者也都明确反对激进普世化,力主将东正教作为重构俄罗斯国家认同的基础。索尔仁尼琴(Alexander Solzhenitsyn)是极富盛名的反苏斗士,一生都在追求自由与民主,但他也立场鲜明地反美反西化,这看似矛盾,却反映了其对国家认同的思考。他认为,包括美国在内的西方国家抛弃传统宗教,变得世俗化、激进化,而这将使"西方文明在各个方面陷入绝境",俄罗斯要避免被

---

① [美]塞缪尔·亨廷顿:《文明的冲突与世界秩序的重建》,周琪等译,新华出版社,2009年,第119页。

② John D. Basil, "Problems of State and Church in the Russian Federation: Three Points of View," *Journal of Church and State*, 2009(2); U. Archana, "Religion and Religiosity in Russia: An Overview," *International Studies*, 2016(3-4).

③ Helge Blakkisrud, *Blurring the Boundary Between Civic and Ethnic: The Kremlin's New Approach to National Identity under Putin's Third Term*, in The New Russian Nationalism: Imperialism, Ethnicity and Authoritarianism 2000-2015, Pål Kolstø, Helge Blakkisrud ed., Edinburgh University Press, 2017, pp.256-259.

④ Alexey D. Krindatch, "Changing relationships between Religion, the State, and Society in Russia", *GeoJournal*, 2006(4); John P. Burgess, "Christ and Culture Revisited: Contributions from the Recent Russian Orthodox Debate," *Journal of the Society of Christian Ethics*, 2011(1).

"腐蚀"，①就要将自己的现在与未来锚定在东正教这一传统上，在信仰中寻找国家认同。正是对西方文明已陷入危机的认知，及借重东正教强化俄罗斯国家认同的主张，使索尔仁尼琴与普京保守主义产生了强烈共鸣。

如果索尔仁尼琴是要退回东正教传统以回避激进普世化的破坏，那么杜金（Alexander Dugin）则是进攻性地主张以东正教为基础来构筑"欧亚帝国"的国家认同。② 一方面，杜金提出了"新欧亚主义"的地缘政治文明论，认为俄罗斯要冲破普世性的"大西洋主义"的压制，保卫文化身份，塑造强有力的国家认同，就要以东正教价值观为纽带建立"欧亚秩序"，在其中，俄罗斯要使自身成为反"全球化和新世界秩序"的中心力量。另一方面，杜金还提出了"第四政治理论"，他认为，自由主义、共产主义及法西斯主义是西方三大经典政治理论，后两者已式微，而自由主义由于强调极端个人主义、贬斥传统、无休止重申解放但又趋向"普遍、单极和单一的历史目的论"③，最终将导致社会解体和文明危机。对此，"第四政治理论"要求用东正教信仰为基础的"特殊样式的现代性"来取代"后自由主义"的现代性，建立以俄罗斯为中心的文明-文化联盟。④

---

① Alexander Solzhenitsyn, "A World Split Apart," Solzhenitsyn's Commencement Address, Harvard University, June 8, 1978, https://www. solzhenitsyncenter. org/a-world-split-a-part, accessed July 24, 2022; Aleksandr Solzhenitsyn, "Misconceptions about Russia Are a Threat to America," *Foreign Affairs*, 1980(4); Robert W. Thurston, Eugen Loebl, John R. Dunlap, Alexander Dallin, Aleksandr Solzhenitsyn, "Mr. Solzhenitsyn and His Critics," *Foreign Affairs*, 1980(1).

② Dmitry Shlapentokh, "Dugin Eurasianism: A Window on the Minds of the Russian Elite or an Intellectual Ploy?",*Studies in East European Thought*, 2007(3).

③ Alexander Dugin, John B. Morgan(ed. & trans.), *Eurasia Mission: An Introduction to Neo-Eurasianism*, Arktos, 2014, pp. 101-114.

④ Israel Shamir, "ReviewReviewed Work(s): The Fourth Political Theory by Alexander Dugin," *World Affairs: The Journal of International Issues*, 2014(1); Anton Shekhovtsov, "Reviewed Work(s): Eurasian Mission: An Introduction to Neo-Eurasianism by Alexander Dugin; The Fourth Political Theory by Alexander Dugin," *The Russian Review*, 2016(3); E. Chebankova, "Russian Fundamental Conservatism: In Search of Modernity," *Post-Soviet Affairs*, 2013(4).

杜金被认为是"普京的大脑"或克里姆林宫的"灰色领袖",①在普京利用东正教来重构俄罗斯国家认同时,杜金的理论为其提供了更具针对性的叙事。一是普京借助地缘政治、东正教信仰、文化历史等理由来建立欧亚联盟,并为克里米亚入俄及在白俄罗斯、乌克兰等保持影响力乃至建立"大俄罗斯"的民族认同而辩护。二是在国家认同的性质上,普京认为美欧等国抛弃了基督教信仰,已陷入国家认同与文明认同的危机,而俄罗斯由于坚持东正教,因而是真正的欧洲国家,是西方文明及其火种的继承者,②以基督的东正教价值观为基础的俄罗斯式的国家认同将更具优越性及道德神圣性,因而可以成为世界主义国家认同模式的替代选项。

综上,苏联解体后,在遵照普世价值观来构筑国家认同遭遇失败时,同当代美国保守主义一样,俄罗斯运用了逆向身份政治的方式,反向求诸塑造了其民族性的东正教传统来重塑当代俄罗斯的国家认同。

五、结论与讨论

世界主义的理想与实践由来已久,它虽尊重并拥抱多元性,但最终希望消除文化、民族、种族等的特殊身份并减少隔膜与冲突,进而形成平等、自由、民主、包容的世界秩序,在这一意义上,世界主义等同于全球主义、普世主义。世界主义与盛行于西方社会尤其是美国社会的政治正确、多元文化主义与身份政治有细微差别,但实质相同,其终极目的都是消除差别、实现平等、建立以普世价值为基础的世界共同体。

当代美俄保守主义的最新表现形态是特朗普主义与普京保守主义,它们虽存在实质性不同,但核心信条却都传达出一种"反世界主义"

① Alexander Höllwerth,"Putin vs Putin: Vladimir Putin Viewed from the Right by Alexander Dugin and Gustaf Nielsen," *The Russian Review*, 2015(4).

② Richard Arnold and Ekaterina Romanova,"The 'White World's Future?' An Analysis of the Russian Far Right," *Journal for the Study of Radicalism*, 2013(1); Kari Roberts,"Understanding Putin," *International Journal*, 2017(1).

的立场。本文着力分析了它们共享此种立场的深层原因，即，世界主义的全球化、世俗化及普世化的主张与实践对当代美俄保守主义构成了威胁与挑战。这一是使它们坚持回归孤立主义，以克服其所认为的全球化对其国家利益的损害，二是促使它们捍卫基督新教与东正教的地位，以加固传统宗教及其信奉者对保守政治的支持，三是激发了它们对传统国家认同遭到削弱的危机感，促使它们以逆向身份主义的方式，借助传统宗教、种族等因素来重塑国家认同。

　　从中短期看，世界主义的发展具有不确定性。在国际上，它面临着新兴国家的质疑。在俄罗斯，精英与民众基本都对其满怀疑虑。而它在美国虽居于优势地位，且俄乌冲突对美国当前整体民意的影响不利于特朗普主义的反世界主义主张，也对保守阵营有分化作用，但应看到，特朗普及其支持者仍在持续反击多元文化主义，而承载世界主义的政策理念的民主党当前也面临着经济下滑、社会撕裂、外交失败等诸多困境。从长期看，世界主义虽代表着进步的方向，其发展不易被逆转，但它所推动的全球化、世俗化及普世化若不加调整，进一步冲击美俄保守主义及其支持者的利益，威胁其视为生存基础的传统宗教及价值观，则可能强化美俄保守主义的反弹。

对革命成因的关键节点分析

——1911 年的清朝和 1789 年的哈布斯堡王朝

尚俊颖[*]

内容摘要 现有的革命理论特别是第三代革命理论倾向于中长时段视角和结构性分析,难以解释革命爆发的时间以及关键政治行动者的作用。在革命研究中引入整合结构、局势和行动者并着重突出行动者因素的关键节点分析,能够较好地解决上述问题,或将对第四代革命理论的构建特别是其"能动转向"有所贡献。本文以政治继承为关键节点,对清朝 1911 年辛亥革命、哈布斯堡王朝 1789 年匈牙利贵族抗争和布拉班特革命的成因进行分析。分析发现,伴随着权威落差的政治继承制造了统治者—精英之间关系的紧张局势,形成关键节点;统治者进而选择激进的改革策略侵损精英利益,最终导致精英反叛,催生了革命。

关键词 关键节点;革命成因;政治继承;改革策略;精英反叛

一、引言

革命为什么发生? 按照公认的革命理论代际划分,第二代革命理

---

* 尚俊颖,北京大学政府管理学院博士研究生,主要研究方向为比较政治、革命政治学。

论总体上认为革命源于现代化进程中的政治与社会失序,第三代革命
理论则聚焦那些重大的革命运动,应用比较历史方法,分析导致革命的
宏观结构性因素。① 我们已经熟稔于这两代革命理论的区别,却容易忽
略二者的共性:它们的分析视距都是长时段或中时段的,②无论是现代
化还是阶级关系的演变,往往都是几十年乃至上百年的累积性结果。
这类理论的长处在于解释"革命性危机"的生成,但难以解释革命为何
在特定时刻爆发。③ 如果说社会革命研究还可以忽略"特写",只进行
中长时段的结构性分析,那么政治革命研究就绝不能如此。与社会革
命相比,政治革命与权力的分配、行使、斗争、协调关系更加紧密,对短
时段内的局势的变动和行动者的策略更加敏感。这是由二者内涵的差
异决定的:社会革命是"国家、阶级结构及支配性意识形态快速而根本
的改造"④;而政治革命是"一种转换现有政治制度和政权合法性的努
力,伴随着削弱现有权威的大众动员和非制度化行动"⑤。由此观之,政
治革命未必完全是在历史必然性的轨道上"发生"的,也是可以"制造"
和规避的。

　　如何将结构、局势和行动者整合为连贯的因果叙事?"关键节点/
历史关节点"(historical critical juncture)分析能够带来启发。在政治学
中,"关键节点"框架是由科利尔夫妇(Ruth B. Collier & David Collier)奠
定的,其构成要素包括先行条件(antecedent conditions)、裂隙(cleavage)
或危机、关键节点及其遗产、竞争性解释和遗产终止。他们认为,关键
节点是一个具有显著变化的时期,这样的时期往往是由某种结构的断

---

①　John Foran,"Theories of Revolution Revisited: Toward a Fourth Generation?" *Sociological Theory*,1993(11); Jack A. Goldstone,"Toward a Fourth Generation of Revolutionary Theory," *Annual Review of Political Science*,2001(4).

②　关于"历史三时段"的区分,参见[法]费尔南·布罗代尔:《地中海与菲利普二世时代的地中海世界》(第一卷),唐家龙、曾培耿等译,商务印书馆,2017 年,第 7～10 页。

③　Wickham-Crowley,"Structure Theory of Revolution," in *Theorizing Revolutions*, edited by John Foran, Psychology Press, 1997, pp. 36-70.

④　[美]斯考切波:《国家与社会革命》,何俊志、王学东译,上海人民出版社,2007 年,第 4 页。

⑤　Jack A. Goldstone,"Toward a Fourth Generation of Revolutionary Theory," *Annual Review of Political Science*,2001(4).

裂所开启,各个国家在这样的时期做出不同的选择,生成不同的制度遗产。[1] 马洪尼(James Mahoney)从两个方面发展了上述框架。一是凸显了结构与能动的关系:"关键节点是结构力量相对不确定的时刻,在这个时刻,有意识的行动者能以比常态下所允许的更能动的方式塑造结果。"[2]二是引入"路径依赖"概念,注重连接关键节点与最终结果之间的"反应序列"。卡波奇(Giovanni Capoccia)和凯莱曼(Daniel Keleman)进一步延伸了马洪尼的观点。对于能动性,他们提出政治学的关键节点分析应该关注"有影响力的行动者,例如政治领袖、决策者、官僚、法官作出的决定,并且审视他们如何在制度易变期将结果推向一个新的均衡"[3]。对于关键节点后的历史叙事,他们特别强调这一叙事必须是由理论引导的(theory-guided narrative),不能停留于事件描述。那么,如何在关键节点分析中把原有的结构性因素和节点处的行动者选择整合起来?斯莱特(Dan Slater)和西蒙斯(Erica Simmons)在科利尔夫妇"先行条件"基础上提出的"关键性前因"(critical antecedent)概念回应了这个问题,他们认为"关键性前因就是在关键节点之前发生的,并与关键节点期间的运行因素相结合产生差异化结果的因素或条件"[4]。这让研究者获得了一个在无限追溯与过早截断之间寻求恰当平衡的理论工具,是关键节点分析走向成熟的重要一步。

无论是"结构力量相对不确定的时刻"还是"制度易变期",都体现出关键节点与偶然性(contingency)的联系。尔马科夫(Ivan Ermakoff)认为,历史社会学的偶然性分析只能建立在对人类个体能动性的负面解读(negative reading of agency)的基础上,其关键在于识别个体负面行为及其"放大"为重大集体性影响的机制。这些机制包括:领导人的行

[1] Ruth B. Collier & David Collier, *Shaping the Political Arena: Critical Junctures, The Labor Movement, and Regime Dynamics in Latin America*, University of Notre Dame Press, 2006.

[2] James Mahoney, *The Legacies of Liberalism: Path Dependence and Political Regimes in Central America*, The John Hopkins University Press, 2001, p. 7.

[3] Giovanni Capoccia & R. Daniel Kelemen. "The Study of Critical Junctures: Theory, Narrative, and Counterfactuals in Historical Institutionalism," *World Politics*, 2007(59).

[4] Dan Slater & Erica Simmons, "Informative Regress: Critical Antecedents in Comparative Politics," *Comparative Political Studies*, 2010(43).

为或领导人本身的更替（金字塔式），改变权力平衡（中枢式），引发一系列类似行为（序列式）和改变其他人的信念（认知性）。① 实际上这几种机制已经超出了偶然性的范畴——如果权力的平衡那么容易打破，抑或是人们的信念那么容易改变，多半反映出当时的局势已然处于相当的不确定性之中，而局势的形成则与更长时段中的结构性趋势密不可分。基于能动因素的偶然性分析只有嵌入到更宏观的结构–局势中才能获得充分的因果效力。从这个意义上说，关键节点分析并不是单纯的偶然性分析，而是一种"寓偶然于必然之中"的多层次分析。

本研究尝试以 1911—1912 年清朝的辛亥革命以及 1789—1790 年哈布斯堡王朝的匈牙利贵族叛乱、布拉班特起义②为例，呈现关键节点分析在革命成因研究中的优势。在这两个案例中：伴随着权威落差的政治继承使得国家与统治精英之间的关系陷入充满相互不确定性的状态，造就了关键节点；新任统治者出于某些原因选择激进的集权策略，导致精英反叛，为革命创造了条件。此因果链条包含三个重要概念：政治继承（political succession）、改革策略（reform strategy）和精英反叛（revolt of elite）。

二、分析框架与竞争性解释：一个文献回顾

（一）精英与精英反叛

要探讨精英反叛需要先界定什么是精英。本文所说的精英是指这样一群人：他们的政治支持对于统治者非常重要，例如统治者的家族成员、中央和地方的高级官员、军事将领和经济资源所有者，如果他们反

---

① Ivan Ermakoff,"The Structure of Contingency," *American Journal of Sociology*,2015(121).
② 指奥属尼德兰布拉班特地区人民反对奥地利哈布斯堡王室的神圣罗马帝国皇帝约瑟夫二世统治的起义。1789 年 10 月 24 日,布拉班特公国的律师诺特（Van der Noot）和翁克（Jan Frans Vonck）发动起义,宣布布拉班特独立。奥地利立即派军队前去镇压,但被义军击败。同年 12 月,诺特和翁克在布鲁塞尔组成新政府,宣布成立布拉班特合众国。参见熊武一、周家法等:《军事大辞海·上》,长城出版社,2000 年,第 622 页。

叛也即撤回支持(withdrawal of support),当前的统治者甚至政体将面临严峻的挑战。这类似于梅斯奎塔(Bruce Bueno de Mesquita)提出的"致胜联盟(winning coalition)",即能够确保统治者掌握权力的最小规模的核心支持者①。在这一定义下,精英的政治支持可以被理解为统治者政治生存的"弱必要条件"。第三代革命理论已经揭示了精英分裂和精英反叛对于革命的意义:"精英之间的冲突程度决定了民众动员的效力。"②塔罗(Sidney Tarrow)指出:"高层精英的分化不仅为缺少资源的团体进行集体行动提供了刺激,它们还促使部分缺少权力的精英分子成为'民众的领袖'。"③

更重要的问题是精英为什么反叛。从合法性角度来看,要么是统治者因为无能或暴虐引发普遍的不满,或者信仰系统的变迁冲击了原有的合法性,也动摇了精英的忠诚。④ 从利益或者说理性选择的角度看,精英反叛是因为反叛的收益预期超过了继续支持统治者的收益预期,这种转变可能由以下情况导致:(1)精英的利益被统治者的改革侵损,⑤或其得到的回报水平由于经济衰退、通货膨胀等原因而降低;⑥(2)精英预期到自己无法从统治者那里得到原有水平的回报,甚至自身安全会受到威胁——这可能是因为政治继承带来的统治精英更新;⑦也可能是因为统治者为了巩固自己的安全和权力而先发制人;⑧(3)统治者与精英之间的实力对比发生变化,精英获得了独立的资源因而得以

① Bruce Bueno de Mesquita, et al., *The Logic of Political Survival*, MIT Press, 2005, p. 51.

② Richard Lachmann, "Agents of Revolution: Elite Conflicts and Mass Mobilization from the Medici to Yeltsin," in *Theorizing Revolutions*, edited by John Foran, Psychology Press, 1997, pp. 73–101.

③ [美]塔罗:《运动中的力量》,吴庆宏译,译林出版社,2005年,第105页。

④ [英]芬纳:《统治史》,王震、马百亮译,华东师范大学出版社,2014年,第23页。

⑤ [美]斯考切波:《国家与社会革命》,何俊志、王学东译,上海人民出版社,2007年。

⑥ [美]戈德斯通:《早期现代世界的革命与反抗》,章延杰等译,上海人民出版社,2013年,第33页。Bruce Bueno de Mesquita, et al., *The Logic of Political Survival*, MIT Press, 2005.

⑦ Bruce Bueno de Mesquita & Alastair Smith, "Political Succession: A Model of Coups, Revolution, Purges, and Everyday Politics," *Journal of Conflict Resolution*, 2017(61).

⑧ Milan W. Svolik, "Power Sharing and Leadership Dynamics in Authoritarian Regimes," *American Journal of Political Science*, 2009(53).

摆脱对统治者的依赖。这几种情况既可能单独出现，也可能同时或者接续发生。

（二）改革策略与革命

托克维尔展示了改革与革命的悖论：为了避免革命而推行的改革却每每变成革命的"催化剂"。一向毫无怨言仿佛若无其事地忍受着最难以忍受的法律的人民，一旦法律的压力减轻，他们就将它猛力抛弃。对于一个坏政府来说，最危险的时刻通常就是它开始改革的时刻。[①] 托克维尔的关注的是大众，而斯考切波则关注精英：改革侵犯了在政权中有牢固地位的支配阶级的利益，因国家与支配阶级的矛盾不可调和而失败，最终导致国家无力应对内忧外患，革命爆发。

改革之所以会引发革命，很大程度上要归咎于改革策略的失当。亨廷顿（Samuel P. Huntington）认为，有智慧的改革者会灵活地把"闪电战"和渐进的"费边式"策略结合运用，尽可能降低改革的阻力。他批评了约瑟夫二世和光绪帝"全线出击""贪多求快"的策略，"几乎所有与现存社会有利害关系的社会集团和政治势力都觉得受到了威胁……起了唤醒和激发潜在的反对派力量的作用"。相比之下，凯末尔"小心翼翼地把问题一个个分开，在每一次改革中赢得那些在另外地改革中或许会持反对态度的人的默许甚至支持"[②]。但亨廷顿没有点出的是，上述正反案例之间的区别除了改革策略的激进/稳健之外，还有权威的差距。凯末尔是为土耳其立下卓越功勋的军事领袖，而约瑟夫二世（Joseph Ⅱ）和光绪帝（包括宣统朝的摄政王载沣）却都是立足未稳的新主，且其权威明显不及前任统治者。正是这种伴随着权威落差的政治继承让统治者与精英之间的关系紧张起来，并诱发了激进的改革。

---

① ［法］托克维尔：《旧制度与大革命》，冯棠译，商务印书馆，2007 年。
② ［美］亨廷顿：《变化社会中的政治秩序》，王冠华、刘为译，上海人民出版社，2009 年，第 317～320 页。

（三）伴随着权威落差的政治继承

政治继承（political succession）指"一个国家内领导权易手的过程。这是国内政治生活中最为敏感的时刻,因为它是对政权的各种制度和程序最透彻的检验……对政治继承作出安排是走向有秩序的政治生活的第一步。然而仅仅有安排还是不充分的,为了使之确实有效,这些安排还必须为全体百姓以及现任的领导者和渴望高就的领导者所承认"①。实际上,清晰并得到普遍承认的继承规则只是政治继承平稳有序的必要条件而非充分条件。例如,在王朝国家中,即便嫡长子继承制清晰且被普遍承认,但倘若君主没有男性后代,政治继承也很可能导致政局动荡。② 再者,即使继承人选与制度要求完全匹配,前后两代领导人的差异也可能破坏政治稳定。卡尔沃特（Peter Calvert）指出,政治领袖之间并没有"可替换性",就领导力、团队（集团）、任务和情境这四个方面而言,每个人都是独一无二的。③

如果新领导人的权威与前任相比有明显落差,局势就更不容乐观。俞可平指出,权力是迫使对方服从的制度性强制力量,而权威是一种使对象因信服而顺从的影响力,两者的区别是强制服从和自愿服从。④ 在王朝国家中,尽管新任君主和前任君主在法理意义上都是君主,拥有相同的"制度性强制力量",但二者的权威可能天渊悬隔。换言之,政治继承有时会伴随着明显的权威落差。一般来说,前任君主在位时间越久,功绩越大,控驭政治精英的技艺越高,新任君主的权威落差就越大。权威落差会带来两方面的政治风险。一方面,体制内外潜在的反抗者可能会将其当作一个政治机会,趁"主少国疑,大臣未附,百姓不信"时采取行动。另一方面,新任君主会因难以控驭前任君主留下来的精英而

---

① ［英］戴维·米勒、韦农·波格丹诺等:《布莱克维尔政治学百科全书》,邓正来等译,中国政法大学出版社,2002 年,第 620 页。
② 例如,明正德帝无嗣引发了嘉靖帝与朝臣的"大礼议",哈布斯堡的查理六世无子引发了奥地利王位继承战争。这两个事件对各自国家都产生了极其深远的影响。
③ Peter Calvert, *The Process of Political Succession*, Springer, 1987, p.245.
④ 俞可平:《权力与权威:新的解释》,《中国人民大学学报》2016 年第 3 期。

感到威胁,进而采取较为激进的政治控制手段,而这往往会成为起义革命的序章。

(四)竞争性解释

在展开历史叙事之前,有必要对这两个案例的竞争性解释作一简要辨析。起义革命成因固然复杂,但其解释路径无外乎国内/国际,精英/民众,政治/经济/文化/军事这三个维度。本文在前两个维度上分别侧重国内因素和精英因素,在第三个维度上以政治因素为主线,旁及经济/文化/军事因素。在任何单一因素都难以驱动历史变革的晚清,[①]以具有权威性价值分配功能的政治因素作为因果叙事的主线至少是"最不坏的选择"。更何况,清末新政和约瑟夫二世改革对两场革命的导因作用受到史家广泛认同。要分析这两场革命的成因就必须研究这两场改革,而要研究好这场改革,就必须去理解主要利益相关方的政治行动。

与单一经济/文化/军事因素或其中某一个因素主导的组态机制相比,对本文来说更具竞争性的是以国际因素或民众因素为主的解释路径,但二者对本文两个案例的解释力都有限。先看民众因素。在 1789 年的哈布斯堡王朝,匈牙利和布拉班特的抗争显然是一场"自上而下的革命",其动力来自捍卫贵族和神职人员的特权。[②] 辛亥革命也被史学家称为是"士变而非民变"[③]。尽管 1910—1911 年清朝的民变数量出现了一个小高潮,[④]但与 1851—1864 年太平天国运动时期仍然不在一个

---

① 辛松峰:《辛亥革命》,载俞可平主编:《政治通鉴》(第二卷),中国大百科全书出版社,2021 年,第 117～120 页。
② Jan Roegiers & Niek CF Van Sas, "Revolution in the North and South, 1780–1830 ," In *History of the Low Countries*, edited by Johan C. H. Blom & Emiel Lamberts, Berghahn Books, 2006 , p.295.
③ 转引自罗志田:《革命的形成:清季十年的转折》,商务印书馆,2021 年,第 2 页。
④ 王先明:《士绅阶层与晚清"民变"——绅民冲突的历史趋向与时代成因》,《近代史研究》2008 年第 1 期。

数量级。正如郭卫东所说,辛亥革命主要是中上层社会的革命。[1] 因此,精英政治视角对于这两个案例来说是可取的。

再看国际因素。布拉班特起义确实受到法国大革命的外部影响,[2] 但更多还是 1787 年反抗运动的内生性延伸;匈牙利贵族的议价能力无疑来自其居于奥地利和土耳其之间的特殊地缘位置,但他们的忠诚或反叛最终还是取决于哈布斯堡君主对该位置的重视程度。辛亥革命发生在一个被帝国主义深度影响的半殖民地国家中,但世界市场冲击导致的小农破产[3]要在当时尚未成为革命的动力;被迫卷入世界体系给清王朝带来的"失道"压力的确是清末一系列改革的根本动因,[4]但改革究竟是如何导致了革命,仍需从政权内部探求。归根结底,尽管国际因素十分重要,但其中大多数终究还是要通过国内因素发挥作用。

三、从慈禧到载沣:集权改革破产与高层精英反叛

精英反叛在清王朝的覆灭中起到了至关重要的作用,其标志有两个:一是武昌起义后许多督抚要么主动投身革命宣布本省独立,要么托病辞职;[5]二是袁世凯消极镇压武昌起义,最终利用南北议和逼迫清帝退位。推翻爱新觉罗家族的,与其说是因为武昌新军的炮火,不如说是统治精英群体的分裂。为何会出现这一局面?

"执政太后的去世,意味着清王朝失去了自太平叛乱以来维系这个

---

① 郭卫东:《视角转换:清朝覆亡原因再研究——为纪念辛亥革命 90 周年而作》,《史学月刊》2002 年第 1 期。

② Jan Craeybeckx, "The Brabant Revolution: A Conservative Revolt in a Backwards Country?" *Acta Historiae Neerlandica*, 1970(9).

③ [美]巴林顿·摩尔:《专制与民主的社会起源——现代世界形成过程中的地主和农民》,王茁、顾洁译,上海译文出版社,2012 年,第 475 页。

④ 罗志田:《革命的形成:清季十年的转折》,商务印书馆,2021 年,第 5 页。

⑤ 宣布独立者有 3 位:江苏巡抚程德全、广西巡抚沈秉堃和安徽巡抚朱家宝;托病辞职者有 6 位:陕西巡抚杨文鼎、河南巡抚宝棻、山东巡抚孙宝琦、两江总督张人骏、直隶总督陈夔龙、黑龙江巡抚周树模;占到清朝所有地方督抚(27 位)的三分之一强。

解体国家的一个强手。"①慈禧之所以为"强手",在于她拥有足够的权威和掌控政治局面的能力。尤为重要的是,慈禧与袁世凯的关系十分紧密。袁在清末已经成为帝国主要军事力量的实际领导人,从天津小站练兵开始,他逐渐建立了对效忠于他本人的北洋新军,清末新政启动后更是以直隶总督身份兼任练兵处会办大臣,控制全国新军编练。② 武装力量的私人化对政权安全构成重大威胁,只是,由于慈禧与袁世凯之间深厚的忠诚信任关系和慈禧的权力平衡术,这种威胁尚未成为心腹大患。汉族高官的崛起是晚清政治史的老生常谈,但人们容易忽略慈禧所构建的权力分享格局的另一面——满族亲贵用事。有清一代自雍正朝始,严禁皇室亲贵担任行政职务,但这一"祖制"在咸同年间被恭亲王奕訢打破,此后礼王世铎、庆王奕劻先后主持军机,制衡着汉族官员的崛起。③ 慈禧努力协调着高层政局中的满汉矛盾,至少维持着中枢部门满汉大臣人数在表面上的均衡。

　　随着慈禧春秋渐高,她也开始着手限制袁世凯的权力:一方面将他从直隶总督调任军机大臣,时人多以为"明升暗降";另一方面让富有军事经验的满人铁良出任陆军部大臣,并将北洋六镇中的四镇划归铁良统领。但这些削弱和制衡措施为时已晚,袁在军队中的根基已难动摇,以至于武昌起义之后奉命镇压的荫昌根本指挥不动北洋军。④ 另外,在1907 年的丁未政潮中,袁世凯和奕劻联手促使慈禧罢免了政敌瞿鸿禨和岑春煊,这反倒使权力平衡进一步向袁世凯倾斜。⑤ 尽管慈禧随即又调张之洞入军机处掣肘袁世凯,但张之洞毕竟年事已高。当摄政王载沣从慈禧手中接过清王朝实际上的最高权力,他面对的正是这样一个棘手的政治局面。更棘手的是,他的权威远远不如慈禧,这使朝局中潜

---

① 李约翰:《清帝逊位与列强(1908—1912)》,张瑞芹、陈泽宪译,江苏教育出版社,2006年,第 13 页。
② 练兵处总理大臣奕劻与袁世凯是政治盟友,练兵处总提调和下设三司的长官都是北洋军将领。
③ 马勇:《1911 年中国大革命》,社会科学文献出版社,2011 年,第 158～169 页;薛伟强:《满汉矛盾与晚清政局(1884—1912)》,河北师范大学博士论文,2012 年。
④ 马勇:《1911 年中国大革命》,社会科学文献出版社,2011 年,第 403 页。
⑤ 高旺:《晚清中国的政治转型》,中国社会科学出版社,2003 年,第 97～98 页。

存的紧张态势陡然显现。

就载沣与袁世凯的关系而言,一方面,载沣显然难以像慈禧那样控制手握重兵的袁世凯,袁世凯和北洋系对载沣的权力构成明显威胁;另一方面,由于当年袁世凯戊戌告密出卖其兄长光绪帝,载沣原本就对袁充满反感,曾在1906年的一次官制改革会议上激烈反对袁提出的责任内阁方案。[①] 实际上,袁世凯也知道倘若慈禧归天,形势将对自己不利,他在1902年接任直隶总督后的一封家书中如是写道:

> 朝中公正老臣都已谢世,朝政尽入贵胄之手,弟此次得跻高位者,赖有太后之宠眷耳。然而慈宫春秋已迈,犹如风中之烛,一旦冰山崩,皇上独断朝政,岂肯忘怀昔日之仇,则弟之位置必不保。目前得过且过,太后苟有不测,弟即辞官归隐……[②]

就载沣与满族亲贵的关系而言,慈禧在位时期形成的亲贵用事传统使得亲贵竞相争权几成定局,而载沣无力加以约束。与慈禧相比,载沣的权威实在薄弱:虽贵为皇父摄政王,但论年资势力不如奕劻,论政治履历不如载泽,论军事能力不如铁良,甚至自己手中的摄政地位都成为被觊觎的对象。例如在1908年,铁良为谋求更大的权力,劝说隆裕太后训政以架空载沣,载沣得知此事后随即罢免了铁良的陆军部尚书职务。这虽有助于巩固自身权力,但也损失了一个制衡袁世凯的砝码。在两宫百日大丧前夕,双方围绕财政权和中美互派大使问题的冲突,更让载沣感受到袁的野心和跋扈。[③] 最终,在载泽、善耆等人的鼓动下,载沣做出了以足疾为由将袁世凯开缺回籍的决定。这使政权与军权产生严重分裂:"袁世凯大约从此时开始与满洲贵族统治集团离心离德,摄政王用自己的手为大清王朝制造了最强有力的敌人……为后续政治的

[①] 侯宜杰:《二十世纪初中国政治改革风潮》,中国人民大学出版社,2009年,第77~86页。
[②] 转引自王开玺:《晚清政治史:数千年未有之变局·下卷》,东方出版社,2016年,第45页。
[③] 李永胜:《摄政王载沣罢免袁世凯事件新论》,《历史研究》2013年第2期。

发展埋下了伏笔。"①

　　开缺袁世凯,打响了载沣及亲贵少壮集团集权的第一枪,却并没有达到立威的预期效果,反而在朝野内外引发了广泛的质疑和担忧。袁世凯既是李鸿章之后支撑清廷的重臣,也是督抚和汉族官员的代表,还被立宪派视为朝中支持预备立宪的开明人物甚至是未来内阁总理大臣的人选。"庚子以前,李合肥之世界也;庚子以后,袁项城之世界也。合肥既死,项城又去位,不审更推何人支此残局?"②他的开缺被解读为清廷削弱督抚权力、强化满汉畛域和放缓立宪脚步的强烈信号。③ 统治者和精英之间的紧张局势不仅未能松弛,反而更加紧张。

　　如果说开缺袁世凯是载沣和少壮亲贵集团出于政权安全考量的不得已而为之,那么他们之后的一系列举措并没有与精英们和解的迹象。为了消除北洋系的威胁,载沣启动军事改革,任用兄弟载涛和载洵掌管军谘府和海军,又任命从未有过带兵经历的荫昌掌管陆军。这一安排间接导致了皇族内阁的产生,因为载沣一方面必须要让掌握军权的亲信进入内阁,另一方面以他的权威基础,难以从奕劻和那桐的"庆那公司"中抢走席位,也无力约束载泽、毓朗等满族亲贵对内阁席位的觊觎,就只能去压榨督抚和汉族官员的权力。④ 在清末新政特别是编练陆海军之"急务"耗费大量国帑的背景下,载沣政府推行财政监理尝试加强财政集权,也引发了督抚们的各自抵制。⑤

　　在集权改革侵蚀精英(特别是督抚和汉族高官)利益的同时,风起云涌的立宪运动为他们提供了另一种政治选择。1910 年,在东三省总督锡良的领衔之下,18 位督抚联署要求朝廷立即组织内阁并于次年召开国会,这次上书的人数规模超过所有督抚的三分之二。侯宜杰指出:

---

① 马勇:《1911 年中国大革命》,社会科学文献出版社,2011 年,第 158～169 页。
② 孙宝瑄《忘山庐日记》,戊申十一月十一。转引自薛伟强:《满汉矛盾与晚清政局(1884—1912)》,河北师范大学博士学位论文,2012 年。
③ 周增光:《失败的集权与立威——载沣驱袁事件再研究》,《北京社会科学》2016 年第 10 期。
④ 彭剑:《皇族内阁"与皇室内争》,《华中师范大学学报(人文社会科学版)》2011 年第 2 期。
⑤ 刘增合:《纾困与破局:清末财政监理制度研究》,《历史研究》2016 年第 4 期。

"以前督抚握有一省实权,处理地方大政基本可以自专,实力足可与中央抗衡,现在亲贵把持朝政,督抚权势削弱,心有不甘。中央干涉地方财政,束缚了督抚办理各项新政的手脚,而限年筹备立宪的规划又事事责成于督抚,尤使督抚对中央产生反感。"①面对财政监理时督抚们的抵制还只是个体行动,这次对立宪开国会大政方针的表态则已经露出了集体性反叛的苗头。尽管清廷做出了缩短立宪期三年的妥协,但仍基于集权特别是军事集权的考量拒绝了速开国会这一核心诉求——在载沣主持的会议政务处会议上,毓朗和载泽都表示海陆军及军费大事未定,先开国会会导致君权为民权所抑。②

　　改革必然有人承受代价,如果对地方精英的削弱能换来一个更强有力的中央政府,那么谁也无法指摘。但载沣的改革的结果却是中央和地方的"双输",形成了"内外皆轻"的权力格局:"载沣……既没有建立强有力的中央政府,实际上也未能真正控制全国的军权与财权,使国家军力脆弱,财政匮乏。"③究其原因,这固然与改革时间尚短有关,但满族亲贵内部的斗争也是一个重要的因素。如果将宣统年间的高层政局看作以载沣为代表的少壮亲贵、以奕劻为代表的老派亲贵、汉族高官和地方督抚三方的角力,那么载沣几乎无法动摇新老亲贵的利益,改革的代价几乎全部落在了汉族高官和督抚们头上。可是,亲贵们既不具备足够的治国能力,而且也并不像地方督抚那样负有实际的治理责任,使得载沣的揽权看似自强,实则自弱。对比慈禧调任张之洞、袁世凯进军机处的安排,载沣的做法既弱化了中央的能力,又没能让利益受损的精英得到补偿。皇族内阁和铁路国有政策更是在政治和经济两个方面浇灭了督抚和绅商们的利益期望,精英反叛已成不可挽回之势。最终,面对突如其来的武昌起义,被起复的袁世凯不肯全力镇压而是始终"留有

---

① 侯宜杰:《二十世纪初中国政治改革风潮》,中国人民大学出版社,2009 年,第 242 页。
② 李学峰:《载沣与预备立宪》,《明清论丛》2011 年第 1 期。
③ 李细珠:《晚清地方督抚权力问题再研究——兼论清末"内外皆轻"权力格局的形成》,《清史研究》2012 年第 3 期。

余地步"①,各省督抚纷纷交出权力甚至转而革命,统治中国 260 多年的清王朝走向覆灭。

四、从特蕾莎到约瑟夫:改革激进化与贵族反叛

1740 年,神圣罗马帝国皇帝、奥地利大公查理六世(Charles Ⅵ)逝世,但他并没有留下男性子嗣,按照《国事诏书》(Pragmatic Sanction),他将把奥地利大公的位置传给他的女儿,②也就是后来的哈布斯堡女王玛丽亚·特蕾莎。由女性来统治这样大的一个帝国,在当时的欧洲遭到了各方质疑。尽管查理七世在生前已经通过对贵族的收买和诸多外交努力换来了欧洲各国和德意志各诸侯对《国是诏书》的承认,但年轻的、看起来软弱可欺的玛丽亚·特蕾莎甫一即位,就遭遇了列国的毁约。普鲁士国王腓特烈二世(Friedrich Ⅱ)纠集西班牙、法国、巴伐利亚等国发动奥地利王位继承战争,剑指特蕾莎治下最富饶的领土——西里西亚。

与晚清类似,哈布斯堡王朝也深受地方主义的困扰。③ 各邦贵族把控土地和财政资源,阻碍着维也纳王室富国强兵的进程,酝酿着分裂的风险。在各邦中,分离主义倾向最强但也最重要的是匈牙利。④ 匈牙利不仅在哈布斯堡王朝的领土中占据了一半左右的面积,而且处于奥地利与奥斯曼土耳其的中间位置,地缘政治价值极高。奥地利与奥斯曼

① 马勇:《袁世凯"开缺回籍养疴"诸问题》,《华东师范大学学报(哲学社会科学版)》2012 年第 1 期。
② 《国是诏书》的主要内容为:如果哈布斯堡的男系断绝,则由查理六世的女儿为第一继承人,他的侄女即其兄弟的女儿为第二继承人,然后是哈布斯堡的其他女性后代依次享有继承权。
③ [奥]策尔纳:《奥地利史:从开端到现代》,李澍柳等译,商务印书馆,1981 年,第 341 ~ 342 页。
④ 布莱特指出:"匈牙利的分离主义倾向一直是奥地利大公国困难和危险的根源。匈牙利人敏锐地感知到自己的国家有可能被奥地利大公国吞并、同化,因而他们一次次地反对中央集权……一旦会想起匈牙利大公国过去的敌对行动及匈牙利与土耳其宫廷不断的阴谋算计,奥地利大公国就难以充分信任匈牙利。"[英]布莱特:《玛丽亚·特蕾莎——一部哈布斯堡王朝中兴史》,崔冉冉译,华文出版社,2020 年,第 25 页。

土耳其曾长期争夺这片土地,前者担心如果对匈牙利贵族施压过重会使其倒戈。① 这一困境在王朝遭遇外部危机之际显得尤为严重,哪怕匈牙利只是在危机中作壁上观,就会带来巨大的麻烦。面对空前战争压力的玛丽亚·特蕾莎迅速决断,第一时间发信确保匈牙利贵族的权利,并赶赴匈牙利参加国王加冕仪式、召集匈牙利国会。在激烈的国会讨论中,特蕾莎凭借自己的智慧、魅力和风度排难解纷,得到了贵族们对其丈夫皇位的承认和组建援军的承诺:

> 盛大的加冕仪式拉开帷幕。年轻的玛丽亚·特蕾莎穿着匈牙利式礼服慢跑上"加冕山",挥舞着圣史蒂芬的剑,向着天空画十字,表明她将保卫奥地利大公国并从四面八方扩大国家疆域的决心……她召集了上下两院的议员们,真切地描述了自己处境的困难,同时表示相信匈牙利人的爱国情感,愿意将自己、自己的孩子们及王位和王国托付给匈牙利人。台下瞬间群情激昂。玛丽亚·特蕾莎含泪结束了讲话,大厅里回荡着"女王万岁"。②

在这次议会上,特蕾莎保证会遵守匈牙利宪法,她以后的确也信守了自己的诺言。③ 她以其女性特有的魅力来软化匈牙利贵族的戒心和敌意,并采取一种渐进性的民族融合政策,招揽他们进入维也纳并为其加官进爵,鼓励他们与奥地利人通婚,甚至在匈牙利和德意志上层贵族的家族之间撮合婚事,让他们的儿子同奥地利人一起在学院中接受教育。④ 另外,在对待伦巴第(意大利北部的一块飞地)和荷兰、佛兰德斯

---

① 黄正柏、邢来顺:《未竟的中兴:18 世纪的奥地利改革》,南京大学出版社,2001 年,第 53 页。
② [英]布莱特:《玛丽亚·特蕾莎———一部哈布斯堡王朝中兴史》,崔冉冉译,华文出版社,2020 年,第 26～27 页。
③ [奥]策尔纳:《奥地利史:从开端到现代》,李澍柳等译,商务印书馆,1981 年,第 388 页。
④ 叶成城:《第一波半现代化之"帝国的胎动"———18 世纪普鲁士和奥地利的崛起之路》,《世界经济与政治》2017 年第 5 期。[匈]马加什、奥托:《匈牙利史》,阚思静等译,黑龙江人民出版社,1982 年,第 145 页。

等邦国时,特蕾莎和他的大臣们也始终秉持渐进怀柔的方针。①。

　　尽管在王位继承战争结束后,特蕾莎开启了旨在建立"仁慈的专制制度"和加强中央直接统治能力的改革;但在触犯到匈牙利贵族的利益时,她最后都做出了一定让步。② 1751 年,特蕾莎要求匈牙利贵族每年多贡纳 12 万荷兰盾,之后又削减了一半;③1764—1765 年匈牙利西部爆发两次农奴起义,特蕾莎借机要求匈牙利贵族统一农奴的负担,但并非立即全面推行而是在十年的时间里逐步落实。④这种渐进的改革策略确保了哈布斯堡王朝政局的稳定。"玛丽亚·特蕾莎的政府,在维护历史疆界的原则下使国家整体得到更坚强的团结,大大提高了国家意识……对于哈布斯堡帝国各邦和各民族来说,是起了积极作用的。"⑤

　　在特蕾莎的长子约瑟夫二世看来,改革的包容性意味着不彻底性。深受启蒙思想影响的约瑟夫对于贵族特权深恶痛绝,这种倾向在他和母亲联合执政的时期已有显露。首相考尼茨发现了这对母子之间在性格和观念上的矛盾,与其母相比,约瑟夫显得急躁、专横,他在获得联合执政权之后不久就起草了一份备忘录,痛斥了现行的政府制度,明确表示有必要实行更彻底的集权。⑥ 约瑟夫的激进倾向在当时就引发了枢臣的不适,当考尼茨察觉到两位联合执政者的分歧时,他向王室递交了辞呈。

　　在 1780 年特蕾莎去世,约瑟夫即位之后,哈布斯堡王室与各邦之间维系了数十年的权力分享格局进入了一种充满不确定性的局势。与

---

① 　[英]布莱特:《玛丽亚·特蕾莎——一部哈布斯堡王朝中兴史》,崔冉冉译,华文出版社,2020 年,第 110～112 页。

② 　当霍格维茨提出把他实行的改革扩大到匈牙利时,她回答说:"我认为在匈牙利实行任何变革都是不可取的,因为在没有一个议会的情况下这样做,是不可取的……考虑到那里的情况特殊,这就更不可取了。"参见黄正柏、邢来顺:《未竟的中兴:18 世纪的奥地利改革》,南京大学出版社,2001 年,第 89 页。

③ 　[英]布莱特:《玛丽亚·特蕾莎——一部哈布斯堡王朝中兴史》,崔冉冉译,华文出版社,2020 年,第 104 页。

④ 　[匈]马加什·奥托:《匈牙利史》,阚思静等译,黑龙江人民出版社,1982 年,第 145、150 页。

⑤ 　[奥]策尔纳:《奥地利史:从开端到现代》,李澍柳等译,商务印书馆,1981 年,第 405 页。

⑥ 　[英]布莱特:《玛丽亚·特蕾莎——一部哈布斯堡王朝中兴史》,崔冉冉译,华文出版社,2020 年,第 248～251 页。

晚清的案例相似,这种不确定性主要源于新任统治者的权威落差;但与君主专制的清王朝不同,哈布斯堡的政体带有很强的封建君主制和等级君主制色彩,统治者的权威很大程度上取决于贵族们的认可和尊重。特蕾莎的成功与她在即位之初一系列取得贵族信任的举措密不可分,尽管这些举措带有危机之下的权宜色彩,却也"因祸得福"地构建了她与精英之间稳定的共生关系。相比之下,初登大位的约瑟夫并不具备母亲的独特魅力、治国业绩以及在长期执政中积累的与贵族的互信,权威落差非常明显。他选择缺席各邦的加冕仪式,向贵族们释放不合作信号,进一步放大了这种权威落差:

> 马扎尔人①对约瑟夫的政府一开始就抱着极大的疑虑,这个君主放弃了斯特凡皇冠加冕礼,从而伤害了他们的感情,1784 年甚至还下令把这个匈牙利国家的神圣象征送到维也纳……他也没有在波西米亚加冕,无论在什么地方,他不愿意要各邦传统性的宣誓效忠。②

加冕仪式除了其传统的礼仪功能,也是一个君主听取各邦贵族意见建议的协商场合。新的统治者刚上台就打破政治惯例,摆出划清界限的架势,无疑会让各邦贵族感到迫近的威胁。更重要的是,不加冕意味着贵族们完全可以不承认约瑟夫二世在本邦的国王身份,使其失去法理上的权威基础。约瑟夫二世的上述决绝行为,跟特蕾莎即位后的表现形成了鲜明对照——母亲在危如累卵的局面中争取到各邦贵族的信任,团结一切可以团结的力量来抵御外侮,打消了国内外对于自己这个女性君主的轻蔑和质疑,成功弥补了先赋的权威落差;而自恃无后顾之忧的儿子认为这种权威一文不值,他看似强悍专断的行为非但没有

---

① 指匈牙利贵族。
② [奥]策尔纳:《奥地利史:从开端到现代》,李澍柳等译,商务印书馆,1981 年,第 408 ~ 410 页。

强化自己的权威,反而把母亲为皇室建立的权威也一并摧毁了。

面对约瑟夫的敌意,匈牙利贵族作出了回应,他们绕开哈布斯堡皇室,以非正式的方式取代了原来的议会。[①] 此时,约瑟夫二世彻底抛弃了特蕾莎的温和渐进策略,决定"闯关"——他断然下令取消贵族们不经皇帝同意自行集会的权力,同时把匈牙利划分为 10 个行政区,每个区域派一名皇家代表负责管理。除此之外,约瑟夫如连珠炮般地发布了一系列重大改革法令,例如将公务用语统一为德语,用中央司法系统取代领主法院或教会法院、丈量全国土地等等。这些的举措不仅触犯了封建贵族和天主教会的利益,也激发了新兴中产阶层的民族主义愤怒。[②] 1789 年,当约瑟夫不顾枢臣的激烈反对,颁布《税收与农业条例》,彻底剥夺各邦贵族的免税权和对佃农的强制劳役权时,精英反叛了。匈牙利贵族们再一次掀起了自主召开议会的声浪,布拉班特省的反抗势力在贵族和教会的资助下发动武装起义并宣告独立。而此时约瑟夫二世的精力和军队都投入在近东战场上,国内风起云涌的革命形势使他心力交瘁,很快辞世。他留下的贵族与皇室之间的深刻裂隙,要等待其弟利奥波德大公即位后再行弥补。

五、结论与讨论

在现有研究的基础上,本文提出了运用关键节点分析政治革命成因的研究路径。本文认为,基于关键节点的分析有三个基本要件:①识别和界定一种相对短促的、充满不确定性的重要局势或情境,这是关键节点的主体;②识别"有影响力的行动者"在这种局势下的偶然性选择,并考察这种选择如何导致了重大的非意图性后果;③识别"关键性前因",讨论原有的结构性条件如何使这种选择富有影响力。

---

① ［意］贾德森:《哈布斯堡王朝》,杨乐言译,中信出版社,2017 年,第 150 页。
② Jan Roegiers & Niek CF Van Sas, "Revolution in the North and South, 1780-1830," In *History of the Low Countries*, edited by Johan C. H. Blom & Emiel Lamberts, Berghahn Books, 2006, pp. 289-294.

　　应用上述框架并将政治继承作为关键节点,本文将对辛亥革命的解释概括为相应的三点:①光宣之际载沣继承慈禧的最高统治权,两人的权威存在明显落差,高层政治因而陷入充满矛盾的紧张局势;②面对这种局势,载沣选择激进策略,先是先发制人开缺袁世凯,之后任用少壮亲贵全面集权;但由于弱势载沣无力动摇以奕劻为核心的老派亲贵,改革造成的利益受损基本由地方督抚、汉族官员和绅商承担;利益受损的精英渐次倒向立宪派和革命派,最终为辛亥革命铺平了道路;③而政治继承后的权威落差之所以会生成非同一般的局势,是因为自太平天国运动以来慈禧主导的权力分享改革使得地方督抚和汉族官员的地位日益稳固,亲贵秉政也形成了传统。

　　对匈牙利贵族反叛和布拉班特起义的解释也是类似的:①与其母玛丽亚·特蕾莎不同,一贯厌恶贵族且不受外部威胁的约瑟夫二世继承哈布斯堡皇位后拒绝到各邦加冕,削弱了自己的权威,君主与贵族间的关系陷入紧张局势;②对约瑟夫缺乏信任基础的贵族们以自发组织议会等形式表达不满,而态度强硬的约瑟夫断然采取激进改革,意欲彻底取消贵族特权,最终酿成起义革命;③约瑟夫的激进改革策略之所以引发如此严重后果,与哈布斯堡王朝本身结构的松散性和玛丽亚·特蕾莎长期采取的温和渐进改革策略密切相关。

　　可见,尽管清王朝和哈布斯堡王朝在所处时空、政体类型、文化传统等方面有着诸多重要的差异,但这两场政治革命都可以在以政治继承为关键节点的分析框架中得到解释,共享着"政权面临以现有资源难以应对的内外危机→与精英分享权力的改革(关键性前因)→危机缓解和统治者权威强化→伴有权威落差的政治继承及其带来的充满不确定性的政治局势(关键节点)→削夺精英利益的激进改革→精英反叛→政治革命"这一因果机制(见图 1)。

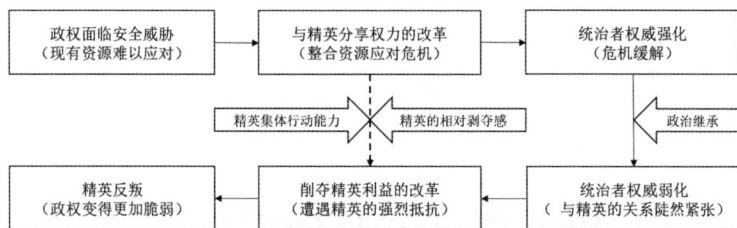

图 1　以政治继承为关键节点的分析框架

在上述分析中,关键节点分析展现出了自身的优势并有助于推进革命理论。一方面,第三代革命理论长于解释革命为什么爆发,但难以回答革命会在什么时间爆发,基于关键节点的分析一定程度上弥补了这一缺失。另一方面,本文发展了第四代革命理论的"能动转向"(agentic turn),对政治继承、改革策略的强调是在革命成因研究中"找回统治者"的一个尝试。当然,本文仍存在诸多不足。着眼于因果推断的科学性,进一步的研究需要对行动者在关键节点处的选择进行反事实分析。① 此外,更充分地呈现革命形成过程中国内国际因素的互动,也值得作进一步的努力。

① Griffin, L. J., Narrative, Event-structure Analysis, and Causal Interpretation in Historical Sociology, *The American Journal of Sociology*, 1993, 98(5).

西方政党分歧理论评析

王子谦　赵　吉*

内容摘要　经过半个多世纪的发展,分歧理论不仅没有面对衰败的命运,反而当下展现了强大的解释力。以 20 世纪中后期开始的后工业化、全球化、欧洲一体化和教育普及等社会变迁为背景,在西方极右翼政党、民粹主义政党、绿党等逐渐兴起的新政治现实衬托下,西方政党分歧理论经历了从阶级-宗教分歧为主要分歧到以文化分歧为导向的发展过程。分歧理论从根本上探讨了选民投票行为以及政党政治格局的形成机制,为分析西方民主社会的社会分化,政党竞争和政党体系等重要政治现实和包括民粹主义,排外主义,疑欧主义等在内的当代政治思潮提供了重要的理论分析工具和解释路径。分歧理论的特殊之处在于其通过政治社会学研究视角,将宏观社会变迁与微观个人投票连接了起来,形成一条从宏观社会变革到社会冲突、社会分化、选民分化,选民与政党结盟,再到政党竞争格局及政党体系形成的完整解释路径。

关键词　分歧理论;政党竞争;阶级;价值观念;民粹主义

政党是最能集中体现利益和冲突的现代政治组织。在西方竞争型政党制度中,政党是影响政治秩序的核心变量。著名美国比较社会学家李普塞特(Seymour Martin Lipset)在其代表作《政治人:政治的社会基

---

*　王子谦,政治学博士,英国萨塞克斯大学政治学理论博士研究生,主要研究方向为当代西方政治思潮;赵吉(通讯作者),管理学博士,上海交通大学国际与公共事务学院助理教授,国家安全研究院研究员,主要研究方向为政治学理论。

础》一书中指出："在每一个现代的民主政体中,不同群体之间的冲突(conflicts)是通过政党表现出来的。"①而在其与罗坎(Stein Rokkan)于1967年发表的著作《分歧结构,政党制度和选民校准:简介》中,李普塞特与罗坎将促进政党产生的社会结构冲突,从阶级扩展到了宗教、城乡和地区等面向,并由此正式提出分歧理论(Cleavage Theory)②。作为理解当代西方选举政治与政党政治的基础理论,分歧理论在提出时致力于回答民主(选举)政治研究中的一个关键的问题:选民依据什么进行投票?即提出了一种解释投票行为的理论模型。这一理论的独到之处,是其从政治社会学的视角出发,将微观的个体投票者与宏观的社会变革进行了链接,充分解释了社会变革带来的社会结构和社会冲突是如何在与政党和政治领袖的互动过程中上升成为政治分歧(political cleavage),并最终"塑造"(shape)该民主政体的政党竞争样态和政党制度格局。

　　伴随新的社会变革产生的新社会矛盾,分歧理论取得了纵向发展。受到诸如后工业化,教育扩张、老龄化,全球化、欧洲一体化等宏观社会变革的影响,分歧理论将影响社会冲突和政党竞争的主要分歧(dominant cleavages)从阶级和宗教分歧发展成为文化分歧。英格哈特等学者提出的诸如"物质主义与后物质主义分歧"等在内的文化分歧,赋予了分歧理论新的生命力,扩大了分歧理论的解释范围。发展至今,分歧理论不仅可以用于解释政治冲突,政党竞争和政党制度等民主政体中选举政治相关的理论议题;也可以用于研究诸如英国脱欧,特朗普上台(及下台),绿党和极右翼政党势力上升等影响深远的现实问题;并用于分析民粹主义、民族主义、保守主义、排外主义、疑欧主义、分离主义等重要的当代西方政治思潮。分歧理论已经成为当代西方政治学研究中的重要理论分析工具和解释路径之一。

---

①　Seymour M. Lipset, *Political Man: The Social Bases of Politics*, Garden City, 1960.

②　Seymour M. Lipset, Stein Rokkan, *Party Systems and Voter Alignments: Cross-National Perspectives*, The Free Press, 1967, pp. 1–64.

　　作为一种政治社会学研究方法,分歧理论从社会结构变迁、政治思潮与社会观念的转变来研判政党竞争的发展方向,既被应用于解释选民投票动因和政党竞争格局,也被应用于研究和分析西方民主政治体制的其他重要政治问题。然而,这一理论在国内社会与政治理论界尚少有提及。有鉴于此,本文的主题是西方政党分歧理论。我们将介绍与梳理该理论的发展的脉络,客观评价分歧理论对于包括政党政治在内的西方民主政治研究的意义。

一、经典分歧理论:概念和类型

　　正如很多概念在定义上仍然充满争议,对"分歧"这一概念的不连续使用也困扰了很多研究分歧理论的学者。当李普塞特和罗坎在 1967 年第一次提出"分歧理论"的时候,他们并没有提供一个清晰的定义。一个具有影响力并被广泛引用的定义来自巴托利尼(Bartolini Stefano)和梅尔(Peter Mair)的深入研究。他们将"分歧"(cleavage)理解成"一个持久的分化(enduring division)"。他们认为这个分化可表现为三个方面:①一个社会结构要素(a social-structural element),即该分歧的社会结构基础,包括按照阶级,宗教信仰、教育程度、价值观念等标准将社会划分成不同群体;②一个集体意识(an element of collective identity),即上述群体所持有的不同价值观念或相信的规范标准;和③一个组织/行为要素(an organizational/behavioral element),即不同社会群体的组织表现,包括以政党、教会、工会、贸易联盟等制度化的组织模式,将上述社会结构分化和集体意识投射到政治场域。① 而一个完全的分歧(Full cleavage)有且仅有在三个不同的要素都满足的基础上才能够实现。②

---

① Stefano Bartolini, Peter Mair, *Identity, Competition, and Electoral Availability: The Stabilization of European Electorates 1885-1985*, Cambridge University Press, 1990, pp. 213-220.

② Kevin Deegan-Krause, "New Dimensions of Political Cleavage," in *The Oxford Handbook of Political Behaviour*, edited by Russell J. Dalton, Hans-Dieter Klingemann, Oxford University Press, 2007, pp. 538-556.

回到李普塞特和罗坎开创性的研究,他们的经典分歧理论提出了四种与阶级和宗教相关的传统分歧类型。首先,李普塞特和罗坎提出,在民族革命或国民革命(National Revolution)过程中,中央想要构建统一的民族国家文化的努力会受到来自种族、语言和宗教信仰更为多元的地方的抵抗,二者之间的冲突可能演变成为"中央-地方分歧(center-periphery cleavage)"。其次,在民族国家的演进过程中,不断集权、标准化和动员能力增强的民族国家与历史上早已形成的教会特权之间也会产生矛盾,进而演变成为"教会和国家分歧(church versus state cleavage)"。此外,另一影响深远的社会变革,工业革命(Industrial Revolution),也引发了传统土地所有阶级和由工厂企业主组成的新兴阶级之间的矛盾;以及土地所有者、雇主与租户、劳动者和工人之间的矛盾。在结果上,前一种矛盾的直接产物是"乡村-城市分歧"(urban-rural cleavage),而后一种矛盾则会引发"劳动者-资本家分歧(labor-capital cleavage)"或又称阶级分歧(class cleavage)。①

上述分歧在现实政治中的集中表现既是在政党与选民会按照分歧,在选举的时候进行结盟(voter alignment),即特定的社会群体或阶层会与代表其利益的政党进行结盟,在相关议题上赞成该政党的主张或政见,并在选举等政治活动中以投票的方式表达对该政党的支持。这就使得政党在提出政见或主张的时候,会按照主要分歧及其延伸议题进行差异化论述,以动员或凝聚其"基本盘"(voter bases)。另一方面,选民会稳定地支持某一政党,并拒斥与该政党核心主张相对的政党。由于享有共同的政治主张且存在组织忠诚感,这种选民与政党的链接相对坚韧,并不会轻易被新出现的政治运动影响甚至断链。比如,作为第一次工业革命先驱的英国,其一战结束后到70年代间的政党竞争就受到阶级分歧的影响并表现出明显的阶级投票现象。其主流政党之一的工党的支持者更可能来自于工人阶级;另一主流政党保守党,其主要

① Seymour M. Lipset, Stein Rokkan, *Party Systems and Voter Alignments*: *Cross-National Perspectives*, The Free Press, 1967, p. 14.

支持者则更多是白领工作者(salariat)。与之相对应,工党的候选人相较于保守党,更多来自于工人阶级,代表工人的利益并提出符合工人阶级利益的政策主张。而在多个西欧国家都存在的社会民主党(Social Democrats),比如奥地利的奥地利人民党(Austrian People's Party),法国的法国社会党(The French Social Party)和德国社会民主党(Social Democratic Party of Germany)等也证明了阶级是政党与选民之间结盟的主导议题之一。

除了阶级分歧,宗教分歧也显著影响西欧政党政治。在天主教和新教同时盛行的国家或地区,宗教分歧主要体现在对天主教和新教的对立;而对于天主教或新教为唯一主导信仰,宗教分歧则主要体现在基督教信徒和无信仰者之间的冲突。以联邦制国家瑞士为例,在天主教信仰为主要宗教信仰的州,选民会按照有无信仰选择支持基督教民主党(Christian Democratic Party)或者自由党(Liberal Party);而对于同时也流行新教信仰的州,基督民主党的竞争则不仅来自于无信仰选民支持的自由党,也来自新教选民支持的瑞士民众党(Swiss People's Party)。当然,面对世俗化带来的挑战,一些天主教和新教同时盛行的国家或地区,比如德国,其宗教分歧从天主教和新教的对立,转变成为了基督教信徒和无信仰者之间的矛盾。德国的主流政党之一,基督教民主联盟(Christlich-Demokratische Union Deutschlands)就在二战后,整合了天主教和路德教(新教分支)信徒,以扩大其支持者的范围来应对世俗化的挑战。① 包括罗斯和厄温(1970)②以及利帕特(1979)③等在内的学者都提供了实证研究证实了即使在不同研究背景下,阶级与宗教分歧确实构成了西欧各政党的不同群众基础,并塑造了这些民主政体的政党竞争样态。

---

① Franz Urban Pappi, "The West German Party System," *West European Politics*, 1984(4).

② Richard Rose, Derek W. Urwin, "Persistence and Change in Western Party Systems Since 1945," *Political Studies*, 1970(3).

③ Arend Lijphart "Religious vs. Linguistic vs. Class Voting: The 'Crucial Experiment' of Comparing Belgium, Canada, South Africa, and Switzerland," *The American Political Science Review*, 1979(2).

乡村-城市分歧表现为,选民按照地理空间(居住在乡村还是城市)被划分为不同群体并与代表其各自利益的不同政党间存在对应关系。一些代表乡村农民利益的政党占据政治舞台的重要地位就是这一分歧在政治上体现,比如丹麦的丹麦自由党(Venstre)和瑞典的中间党(Centre Party)。诚然,伴随着工业化进程,第一产业规模和农民群体数量的减少使得原本以农民利益为主要诉求的政党不得不扩大其议题面向以吸引更多的选民。比如上述的瑞典中间党,其在1957年将政党名称从原本成立之初的"农夫联盟"更名为中间党,并将关注议题延伸到自由市场经济、环境保护、性别平等和政府权力下放等不同场域。但需要指出的是,中间党在瑞典仍然是农民利益的主要倡导政党并吸引大部分来自乡村和瑞典南部的选票。①

而在一些存在多个主体民族或民族分离和地区独立运动的国家,"中央-地方"分歧就有可能深刻影响该国政党政治格局。以比利时为例,"中央-地方"分歧是自70年代以来决定比利时政党政治格局的最重要的分歧。作为代表比利时主体民族之一弗拉芒人的政党,新弗拉芒联盟(New Flemish Alliance)追求弗拉芒人的独立运动并主张采取温和、渐进的分离手段。在2019年的比利时联邦选举中,尽管得票率出现下滑,该党仍然保持了联邦议会第一大党的地位。另一支持弗拉芒人独立的极右翼政党弗拉芒利益党(Vlaams Blok)也取得突破,一跃成为联邦议会第二大党。而法语社会党(The Socialist Party),一个主要由另一比利时主体民族瓦隆人支持的政党,在2019年的联邦选举中得票率位列第三。此外,西班牙代表加泰罗尼亚独立诉求的加泰罗尼亚共和左翼党(Catalan Republican Left),英国追求苏格兰独立的苏格兰民族党(Scottish National Party)和追求威尔士独立的威尔士党(Plaid Cymru)等都体现了"中央-地方"分歧对各自国家政党竞争的影响。

除了四个经典的分歧类型,李普塞特和罗坎还在1967年的研究中

---

① Wayne C. Thompson, *Nordic, Central, and Southeastern Europe 2013*, Stryker-Post Publications, 2013, p.31.

提出了具有影响力的"冻结假说"(freezing hypothesis):在他们 1967 年
开创性研究的结尾,李普塞特和罗坎提出,"除了极少数的例外,20 世纪
60 年代(西欧)政党体系所反应的是 20 世纪 20 年代的社会结构分
化"①。这一论点至少暗示了在当代政党政治中存在两个方面的冻结,
即:分歧的持久存在,以及政党体系(political system)的自我冻结。首
先,就分歧自身的持久存在而言,一方面可归因于其起源,即分歧产生
于某些影响深远的社会变革或社会变迁。分歧理论认为,政治的原动
力来源于社会结构的长期变迁。② 分歧即是产生于重大社会变迁带来
的社会冲突与变革,而分歧的一个重要特征即它们拥有深刻的社会结
构基础,并通过家庭实现在很长一段时间内、跨越代际地持续存在。因
此只要没有出现新的社会变革,原有的社会结构就很难被打破或重新
组合。另一方面,政党、教会等组织也会通过政治动员、教育、布道等不
同方式强化分歧,加深群体对该群体集体观念的认同,由此固化既有的
社会分歧。因此,不同于社会分化(divisions),冲突(conflicts)或对具体
议题的不同看法或立场(oppositions)等相对短期的概念,分歧持久、稳
定地存在于社会结构中,并持续对政党政治产生影响。

其次,政党体系(political system)也会产生自我冻结。梅尔提出政
党体系作为一种系统,也会自我冻结,展现出趋于稳定的样态。③ 具体
说来,选民与政党之间的结盟(partisan alignment)使得不同政党存在一
个可以动员的基本盘。而这个结盟一旦形成,就有自我强化(self-rein-
forcing)和锁定趋势:④一方面,选民持续稳定的支持某一政党,因为该
政党可以保护他们的利益,代表他们提出相关利益诉求并有机会在执

① Seymour M. Lipset, Stein Rokkan, *Party Systems and Voter Alignments: Cross-National Per-spectives*, The Free Press, 1967, p. 60.
② Simon Bornschier, "Cleavage Politics in Old and New Democracies: A Review of the Litera-ture and Avenues for Future Research," *Living Reviews of Democracy*, 2009(1).
③ Peter Mair, "The Freezing Hypothesis. An Evaluation," in *Party Systems and Voter Alignments Revisited*, edited by Lauri Karvonen, Stein Kuhnle, Routledge, 2001, p. 33.
④ Russell J. Dalton, "Political Cleavages, Issues, and Electoral Change," in *Comparing Democ-racies: Elections and Voting in Global Perspective*, edited by Lawrence LeDuc, Richard G. Ni-emi, Pippa Norris, Sage Publicartions, 1996, p. 321.

政后将符合其利益的政见落地为政策；另一方面，某一政党也会持续提出符合基本盘选民利益的政见或政策以巩固支持，并且会通过政治员和教育等方式强化与基本盘选民的结盟。考虑到分歧是持久存在的，这一互相强化的过程也将会持续产生影响。一旦选民们被政党充分动员起来，加上选举制度的固定，一个初步的均衡状态，即某一种政党竞争的格局或所谓政党体系将会实现。而在那之后，政党体系将依靠惯性法则（laws of inertia）保持稳定存在，即实现政党体系的结构化巩固（structural consolidation）。① 对此，博恩希尔（Simon Bornschier）表示欧洲的政党体系在整个 20 世纪都保持了十分稳定的样态。② 基于分歧理论推导出的政党体系的冻结，使得突破原有政党竞争格局的政党轮替（major party alternatives）变得不易发生，因此政党体系变得稳定和可以预测，③同时政党体系的冻结也会使得政党的得票率、选民的投票选择以及不可避免的，政党给出的政策承诺等都趋于稳定。④

综上所述，经典分歧理论提供了一条政治社会学的分析路径。区别于其它解释投票行为的理论，比如密歇根学派的政党认同模型，或唐斯（Anthony Downs）理性投票模型，分歧理论的特殊之处在于它通过政治社会学研究路径将宏观社会变迁及其产生的社会矛盾，与微观个体选民连接起来，提供了一条从社会变革到社会冲突、社会分化（包括社会结构分化，集体意识分化和组织分化三个层面）、选民分化，再到政党竞争及政党体系形成的解释路径。分歧理论的核心即认为一个民主政体的政党体系是社会潜在冲突的表达，而各种分歧是塑造政党政治的外生力量，也是政党开展有效政治动员的基础。并且经典分歧理论不

---

① Giovanni Sartori,"From the Sociology of Politics to Political Sociology," *Government and Opposition*, 1969(2).

② Simon Bornschier,"Cleavage Politics in Old and New Democracies: A Review of the Literature and Avenues for Future Research," *Living Reviews of Democracy*, 2009(1).

③ Peter Mair,"The Freezing Hypothesis, An Evaluation," in *Party Systems and Voter Alignments Revisited*, edited by Lauri Karvonen, Stein Kuhnle, Routledge, 2001, p.38.

④ Gabor Toka, Tania Gosselin,"Persistent Political Divides, Electoral Volatility and Citizen Involvement: The Freezing Hypothesis in the 2004 European Election," *West European Politics*, 2010(3).

仅解释了分歧如何塑造西方政党政治的变化,也解释了其政党体系得以稳定和延续的机理。

二、分歧理论的发展:衰败或重生?

但是,分歧理论自被提出开始,甚至在其发展的鼎盛时期就饱受争议。一个时常被反复讨论的议题即基于分歧的投票(cleavage-based voting)是否仍然存在,或者即便没有完全丧失解释力,分歧理论是否正在衰落①? 这一质疑源于自经典分歧理论被提出起,西方民主社会就面临一系列新的社会变革,它们包括但不限于后工业化、老龄化、全球化、欧洲一体化和教育扩张等。这些社会变革在某种程度上瓦解了构成传统分歧的社会结构。换言之,因为某些群体的规模正在减小或者消失,使得社会分歧引发的社会冲突减少,进而也就不会成为选举政治或政党竞争的基础。以阶级分歧为例,自 20 世纪 80 年代起,富裕民主国家逐渐步入后工业化阶段,一些阶级比如农民和体力劳动者的数量正在减少。同时,工人阶级和规模不断扩大的中产阶级之间的阶级边界也正在消失,一些体力劳动者的收入和生活水平正在接近中产阶级的水平。宗教分歧也面临同样困境,伴随科技力量的发展与社会生活的世俗化和现代化,坚定的宗教信仰者在数量上正在减少,且既有信仰者日常参与宗教事务(church involvement)的频率也在下降。诸如现代化,高等教育的普及以及全球化等在内的社会变迁也改变了人们获取信息的渠道,选民不仅会单纯依靠社会群体的归属而进行投票,选民们也会因为对政党的认同,对议题的看法,或者对政治人物的喜好而决定他们的投票行为。戈德博格(Andreas Goldberg)提出了一种新出现的"政治非结盟"(political dealignment),用来代指某些社会群体通过缺席投票的

---

① Mark N. Franklin, "Cleavage Politics in the 21st Century," in Mark N. Franklin, Thomas T. Mackie, Henry Vale, *Electoral Change: Responses to Evolving Social and Attitudinal Structures in Western Countries*, Cambridge University Press, 2009, pp. 427-436.

方式,表达自己的政治态度与立场,同时也造成了社会群体与政党间传统固定联系的瓦解。[①]

面对"分歧理论"存在的质疑,一些学者运用新的阶级、宗教或乡村/城市的分类标准和新的定量分析模型来证明经典的分歧理论模型仍然可以解释现有政党政治。[②] 也有一些学者另辟蹊径,提出了区别于以往传统分歧的新的分歧理论。他们认为,文化或价值观念(values),而不是传统的阶级和宗教,是划分社会群体的新标准。实证分析显示,自20世纪70年代起,在全球范围内出现了从基于经济视角对社会进行分层到从文化视角进行社会分层的转向。[③] 因此,分歧理论并没有衰败,而只是传统的阶级分歧和宗教分歧丧失了解释力。相反,新兴的文化分歧(cultural cleavage)可以重新划分社会群体,解释实现整治中政党与选民的重新结盟(political realignment)现象,并重塑政党竞争的格局。

一个颇具影响力的文化分歧是英格哈特(Ronald Inglehart)提出的"物质主义-后物质主义分歧"(Materialism-Postmaterialism cleavage)。英格哈特认为,20世纪70年代开始,经济的稳定发展和战争阴霾的远去使得年轻一代不再过分强调经济和人身安全。相反,人们开始在非经济议题上表现出不同的甚至互相对立的看法。这些非经济议题涵盖环境保护,少数裔群体的权益(少数裔包括女性,LGBT群体和族群上的少数群体),言论自由,和对生活品质追求等面向。[④]。英格哈特将人们"从绝对重视物质消费和人身安全向更加关注生活质量"的观念转变称

① Andreas C. Goldberg, "The Evolution of Cleavage Voting in four Western Countries: Structural, Behavioural or Political Dealignment?" *European Journal of Political Research*, 2020(1).

② 比如 Clem Brooks, Paul Nieuwbeerta, Jeff Manza, "Cleavage-based Voting Behavior in Cross-national Perspective: Evidence from Six Postwar Democracies," *Social Science Research*, 2006(1); Paige Kelly and Linda Lobao, "The Social Bases of Rural-urban Political Divides: Social Status, Work, and Sociocultural Beliefs," *Rural Sociology*, 2019(4).

③ Matthijs Kalmijn, Gerbert Kraaykamp, "Social Stratification and Attitudes: A Comparative Analysis of the Effects of Class and Education in Europe," *The British Journal of Sociology*, 2007(4).

④ Ronald Inglehart, *The Silent Revolution: Changing Values and Political Styles in Advanced Industrial Society*, Princeton University Press, 1977, p.42.

为"一场静悄悄的革命"。① 这一悄然发生的社会变革使得人们对非经济议题的不同看法逐渐演变成价值观念的冲突,并最终形成"物质主义-后物质主义分歧"。这一分歧在社会政治生活中越来越具备影响力,而在一些社会中甚至出现了基于物质主义和后物质主义冲突为基础的极化现象。在极化的一端,是推崇对种族多样和性别平权保持开放的态度,他们多为教育良好且年轻的选民;而在极化的另一端,则是强调威权、民族主义和排外主义等价值观念,他们则更有可能是男性、年长、较低教育背景、有宗教信仰以及来自该国主体民族。英格哈特认为这一新的分歧欧洲民主社会广泛存在,且可以用来解释当今民粹主义,尤其是右翼民粹主义运动(支持物质主义价值观念)的兴起以及绿党(支持后物质主义价值观念)在西方民主国家的成功。②

　　不同于英格哈特从后物质主义视角进行的观察,克里西(Hanspeter Kriesi)和他的合作者们更加关注全球化这一重要社会变迁带来的社会影响。自 20 世纪晚期开始加速的全球化使得各国间经济竞争的加剧,并带来文化多元化,移民增加和区域政治、经济的整合(如欧洲一体化)等一系列改变。经过详细的理论和实践分析,克里西等人提出了另一种文化分歧,即"整合-分界分歧"(Integration-Demarcation cleavage)③。他们认为这一新的分歧具有可识别的社会基础:站在"整合"一端的是全球化的赢家,而站在"分界"一端的全球化的利益受损者。在现实政治中,在文化分歧上持有"整合"立场的群体构成了新左翼(New Left)和绿党(Greens)的支持者,他们在文化上支持自由开放,一般不反对移民。而更重视文化上"分界"的群体则是近年来极右翼和民粹主义政党的支持者,他们持有民族主义和排外主义的价值观念,极度反对移民与边境开放。对应李普塞特和罗坎的"冻结假说",克里西认为基于这一

①　Ronald Inglehart, *The Silent Revolution: Changing Values and Political Styles in Advanced Industrial Society*, Princeton University Press, 1977, p. 363.

②　Ronald Inglehart, Pippa Norris, "Trump and the Populist Authoritarian Parties: the Silent Revolution in Reverse," *Perspectives on Politics*, 2017(2).

③　Hanspeter Kriesi, et al., *West European Politics in the Age of Globalization*, Cambridge University Press, 2008, p. 9.

分歧产生的不同社会群体在90年代之后就逐渐稳定下来。①

　　另一个文化分歧则是由霍格(Hoooghe)和她的合作者们提出的"跨国分歧(Transnational cleavage)"或者称作"GAL-TAN分歧"(Green-Alternative-Liberal versus Traditional-Authoritarian-Nationalist cleavage),即"绿色-多元-自由与传统-威权-民族主义分歧"。霍格提出跨国分歧的内核是选民对于欧洲一体化和移民问题的不同政治反应。② 跨国分歧的兴起意味着一种对国家主权削弱、国际经济往来日渐深入、不断增加的移民和逐渐加深的文化与经济不安全感的反应。但是,传统政党政治在实际操作中往往缺乏弹性。尽管选民态度等已经发生了改变,但是传统政党政治却没有及时做出调整,这就给那些激进右翼和民粹主义政党的发展提供了空间。作为一种文化分歧,霍格等提出的跨国分歧理论涵盖了一系列价值观念的冲突,其本质上是对英格哈特和克里希提出的新分歧的一种概括。

　　综上所述,无论是"物质主义-后物质主义分歧","整合-分界分歧"还是"跨国分歧"都是文化分歧的某种侧面,充分显示了文化及其内涵的价值冲突在当代西方政党政治中与日俱增的影响力。而与之对应的,则是基于阶级或者宗教分歧而形成的传统社会分化正在被逐渐打破,社会结构正在新的文化分歧的基础上重塑。诚然,在三种文化分歧中,构成文化分歧的社会群体在阶级,宗教,地域,代际等方面仍然存在差异。但对于新的文化分歧而言,文化及其代表的价值观念,而非人口社会特征是区分选民为不同群体的决定性要素。学者们对文化分歧及其引发相关文化议题的强调,凸显了相比70年代,文化而不是经济议题对西方先进民主国家政党竞争的影响更大。

---

① Hanspeter Kriesi, et al., *Political Conflict in Western Europe*, Cambridge University Press, 2012, pp. 279-280.

② Liesbet Hooghe, Gary Marks, "Cleavage Theory Meets Europe's Crises: Lipset, Rokkan, and the Transnational Cleavage," *Journal of European Public Policy*, 2018(1).

三、分歧理论视域下的西方政党竞争

文化分歧的提出更新了李普塞特和罗坎六十多年前对政党政治竞争的观察,并使得分歧理论成为观察当代西方政党竞争,以及民主政治体制下其他政治现实和政治思潮的有力武器。从分歧理论的基本指向,可以重新系统性地理解当代西方民主政治。

第一,从历史场景来看,政治分歧是社会重要变迁的产物。上文所提及的四种传统政治分歧产生于民族国家的构建和第一次工业革命。相类似地,文化分歧也有引发其产生的重大社会变迁,即后工业化时代的到来。自 20 世纪 50 年代起,西方发达国家开始逐渐进入后工业化时代。在此期间,伴随全球化的深入发展以及教育的普及(尤其是高等教育扩张),文化领域掀起了一股新左派(New Left)思潮。这一以青年知识分子和学生为主体的新左派文化运动,区别于传统左派对工人阶级利益等经济议题的关心,将主要关注中心转向文化议题,其核心议题包括争取族群平等、性别平等和性取向平等三个面向。但伴随 60 年代后期美国保守派势力的反扑以及美国经济的衰退,新左派运动逐渐失去势头,并于 70 年代初暂时淡出美国政治舞台。尽管如此,新左派思潮仍然在从二战中恢复的欧洲找到了新的立足点。20 世纪 60 到 70 年代间,欧洲的环保运动以及新社会运动(New social movements)将环境保护、性别平权、保障人权、追求社会正义与维护和平等议题带入公众讨论的视野。与美国不同的是,欧洲的新自由文化主义者(New cultural-ists)将新文化左派强调的文化议题成功地带入政治议程。以绿党为代表的新左派政党自 80 年代开始活跃在欧洲的政治舞台。1983 年,德国绿党(The Greens)成为第一个在全国性选举中进入国会的绿党,该党不仅主张环境保护,同时强调性别和性向平权、反对限制移民以及反对核武器和核能等议题。13 年之后的 1995 年,芬兰绿色联盟入阁,成为欧洲第一个进入中央政府并执掌国家政权的绿党。

但与美国类似,欧洲的新自由主义思潮与新左派政党的兴起引发了右翼保守力量的不满,文化保守团体,比如一些宗教团体激烈反对堕胎和同性恋。自80年代起,以极端右翼政党为代表的张文化保守的新政党在欧洲各地兴起并其中在大选不断取得胜利。截至1990年中旬,西欧国家中有15个国家的极端右翼政党进入了国家议会或欧洲议会,而这一数字对比80年代初的6个成长了一倍有余。① 这其中的典型代表包括法国国民阵线(the National Front)和比利时的弗拉芒利益党(Vlaams Belang)。进入2000年后,受到经济衰退,疑欧主义,西欧国家的保守派政党对文化分歧议题的动员更加积极,表现出排外主义,民族主义,民粹主义等政治诉求。在美国,面对民主党重拾身份政治等新自由主义文化议题,共和党也做出了积极应对,在党内保守派的带领下愈发强调修紧移民政策与国防安全。由此,强调传统美国身份认同(白人盎格鲁-撒克逊新教徒)并大打反移民牌的特朗普成为共和党候选人并非偶然,其在2016年美国大选取得的成功也说明共和党文化保守策略的正确。

综上,文化分歧的产生是根源于后工业化、全球化等一系列新的社会变革,其自70年代起逐渐影响西方民主社会并塑造政党竞争格局。在21世纪的第二个十年,文化分歧以英国脱欧,特朗普当选美国总统等两个"黑天鹅"事件深刻改变政治现实,并重新引发学界对文化分歧的讨论。

第二,从社会结构看,传统分歧的衰落并不意味着宗教和阶级在选举投票中的影响力减弱。实际上目前的西欧国家和美国的政党竞争样态,受到经济议题主导的分歧(economic cleavage,下文简称"经济分歧")和文化分歧的双重影响。经济分歧的一端是传统的经济左派,强调政府在经济中的积极作用,包括规制经济发展,提升社会福利和改善社会发展不平等现象等。而在经济分歧的另一端,则是传统的经济右派,强调市场的主导地位和政府的有限权力。而对于文化分歧而言,其一端是文化自由派,强调环境保护,性别平权,种族平权等候物质主义

① Piero Ignazi, *Extreme Right Parties in Western Europe*, Oxford University Press, 2003, p. 1.

价值观念;而另一端则是文化保守派,积极捍卫国家的传统价值观念,对移民,全球化,地区一体化,少数族裔群体,女性平权,环境保护等持负面或消极看法。

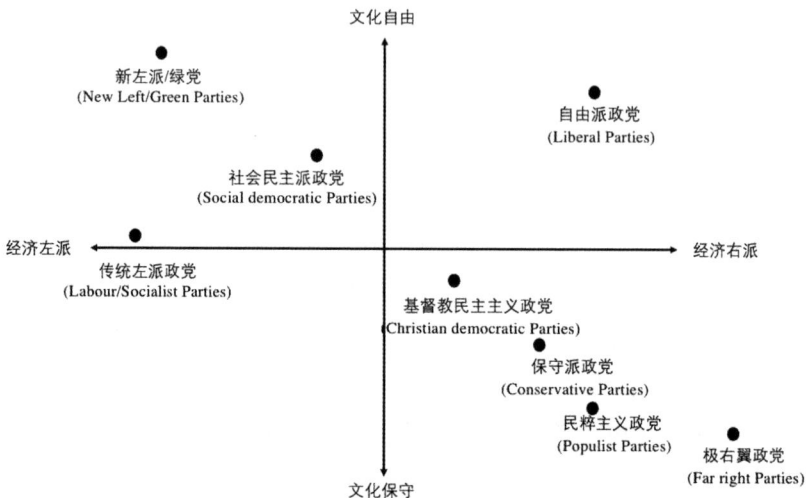

图1 文化—经济二维政治场域下的政党分布①

  图1总结了主流政党群体在文化—经济二维政治场域下的可能分布。需要指出的是,尽管经济分歧延伸出来的议题,包括政府在经济发展中的角色、税收政策、福利政策等仍然是选举中的关键议题,但在现阶段西方民主政体的政党竞争中,经济分歧对政党竞争格局的塑造作用正在减弱。相反,文化分歧的作用正在逐渐上升,并在塑政党竞争格局中起到愈来愈突出的影响。如果说经济分歧主导了 20 世纪的西方政党竞争,那么进入 21 世纪,政党在文化分歧上的极化愈发明显。② 政党竞争的社会基础从单一的经济分歧变成文化—经济分歧的二维结

---

① 图 1 参考 Russell J Dalton, *Political Realignment: Economics, Culture, and Rlectoral Change*, Oxford University Press, 2018, p. 6; Hanspeter Kriesi, et al., *West European Politics in the Age of Globalization*, Cambridge University Press, p. 279. 本图为大致不同政党群体的分布情况,具体某一政党在二维政治场域下的定位需要按照其具体情况进一步讨论。

② Francis Fukuyama, *Identity: The Demand for Dignity and the Politics of Resentment*, Farrar, Strauss, and Giroux, 2018, pp. 31 –32.

构,且文化分歧正在成为塑造政党竞争主导力量。而由于大部分传统建制派政党缺乏观念和政策调整的灵活性,它们一开始在文化分歧上的反应迟缓造成了政治场域出现真空领域,这就给新兴政党的出现提供了空间,即新兴政党可以操作文化分歧并以此动员群众。

具体说来,传统左派在文化分歧及相关议题上的消极态度给新左派政党出现创造了机会;而传统右派在文化分歧上的不灵活给极右派政党以可乘之机。自 20 世纪末期,绿党、极右政党与民粹主义政党在西欧政治格局中的兴起就得益于主流政党在文化分歧上反应迟缓造就的机遇之窗。以德国为例,其传统建制派政党德国社会民主党(SPD)对自 80 年代在德国兴起的环保运动应对乏力,这给德国绿党以可乘之机。德国绿党(Bündnis 90/Die Grünen)在文化议题上表现出明显自由主义的倾向,不仅强调环境保护,同时也反对战争,反对限制移民并积极争取同性恋的合法权益。如今的德国绿党在全国选举中的支持率在 20% 左右,并在 2019 年的欧洲议会选举总击败建制派的德国社会民主党成为欧洲议会德国第二大党。此外,就欧洲议会整体而言,自 1984 年代进入欧洲议会开始,极右翼党团(ID/ENF)和绿党党团(Greens/EFA)的议员数量保持上升趋势,并在最新的 2019 年大选中有大幅度提升。对照 1984 年第一次以党团形式进入欧洲议会时的支持率,极右翼党团的代表人数的占比从 1984 年 3.3% 上升到 2014 年的 4.8%,而在 2019 年这一比例大幅度提高到 9.7%。绿党党党团代表人数则从 1989 年进入欧洲议会的 5.2%,上升到 2014 年的 6.7%,并在 2019 年跃升到 9.9%。①

第三,从政党行为看,政党并非被动接受政治分歧,政党也有主观能动性决定以何种分歧及其延伸议题调动选民。由于政党政治精英往往相较于普通民众受过更好的教育以及掌握更多的信息,因此他们相较于一般选民更有可能观察到政治分歧的发展变化。据此,政治精英

① European Parliament, "2019 European Election Results," https://www.europarl.europa.eu/election-results-2019/en/tools/comparative-tool/, accessed March 10, 2023.

领导下的政党也可以选择引领或者延后调动政治分歧。① 而政党和政治精英对某一政治分歧的论述或者沉默,会对选民是否会在对应分歧上出现分化甚至对立产生显著影响。

以美国为例,美国民主党自 1960 年代美国民权运动起就开始论述文化分歧相关的议题。尤其是民主党内部的进步派为迎合中产阶级选民,积极对身份政治相关议题表态。而正是由于在文化分歧上的自由主义倡议与对构建更广泛经济平等的兴趣减弱,民主党失去了部分在文化分歧上持有保守立场的劳工阶级选民,并给特朗普的文化保守主义政治动员提供了空间。而特朗普在 2016 年对美国选民右翼民粹主义式的动员即代表他带领共和党在其原本未充分参与文化分歧上表达保守派立场;同时引领文化保守选民公开表达对接纳移民,倡导女性、少数裔群体和性向平权等"政治正确"的反感。按照福山的观点,特朗普的崛起所反映出的并不是对身份政治的排斥,而是右翼对身份政治的接受(即对文化分歧的参与)。② 这也就不难理解为什么特朗普的支持者更多来自于文化分歧中持有保守立场的美国白人工人阶层。同时需要注意的是,由于经济分歧仍然对美国政治产生影响力,社会经济地位最弱势的群体仍然更倾向于支持在经济分歧上相对更强调政府干预和福利保障的民主党;尽管在文化分歧上的自由倾向让其同时也吸引了大量的城市精英。

第四,从竞争过程看,当代政党竞争格局的最终样态不仅取决于政治分歧和选举制度,同时也越来越受到候选人个人魅力或议题投票(issue voting)的影响。参考坎贝尔等人提出的解释投票行为的漏斗状因果模型(The Funnel of Causality)③,图 2 总结了政治分歧影响当代政党政党竞争格局的完整路径:社会变迁引发社会群体分化并反映为一

---

① Russell J Dalton, *Political Realignment: Economics, Culture, and Rlectoral Change*, Oxford University Press, 2018, p. 11.

② Francis Fukuyama, "Against Identity Politics: The New Tribalism and the Crisis of Democracy," *Foreign Affair*, 2018(5).

③ Angus Campbell, Philip E. Converse, Warren E. Miller, Donald E. Stokes, *The American Voter*, John Wiley & Sons, 1960, p. 25.

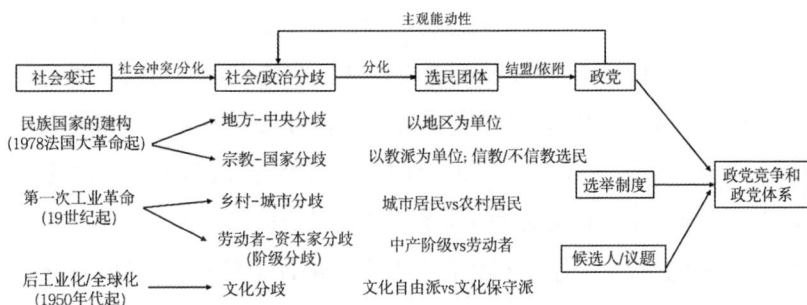

图2　政治分歧与当代政党竞争格局

图片来源:作者自制。

种政治分歧,引致选民与不同政党结盟。与此同时,政党也有主观能动性,可以通过积极参与和消极应对政治分歧的方式,动员选民按照其关注的政治分歧进行分化,促成公众—政党的结盟形成。而在当代政党竞争中,最终政党格局的形成除了取决于分歧理论强调的政治分歧以及每个国家的选举制度,同时也受到候选人的魅力或者议题投票的影响。正如上文提及的教育普及和科技进步带来的认知动员的兴起以及政治的个人化,加上一些政党不尽如人意的表现,选民对政党的依附(party attachment)正在下降。一些选民会按照对某一政治候选人的喜恶或者对某项具体议题的看法投票给某一政党。而议题投票现象在接受过良好教育,信息掌握充分的选民中更加明显。相较于政治分歧创造的选民—政党结盟和政党政治制度,基于候选人魅力和议题的投票往往更难预测,其形成也距离选举的发生更近。这不仅使选举结果变得更难预测,也最终在政党竞争格局上,表现为政党体系的愈发破碎,尤其是在一些选举门槛比较低的国家(如选举制度是比例代表制的瑞士)。在当代政党竞争体系中,李普塞特和罗坎曾提出的"冻结假说"正在开始"融化"。

四、进一步的讨论

伴随西方社会结构变迁,分歧理论发展至今经历了从经典的阶级—宗教为主到如今以价值观念为导向的演变历程。分歧理论提供的政治社会学分析视角,使得研究者可以从一个更宏观的角度去思考政党竞争的格局并研判未来发展趋势,从而暂时跳脱出某一国家的具体情景,迷失在引人入胜的细节里。而相较于传统分歧理论刚提出的 20 世纪 70 年代,现在的政党竞争体系已经和半个世纪前大相径庭。后工业化,全球化,欧洲一体化和教育普及等影响深远的社会变迁,使得文化左派和保守主义这两个思潮互相攻讦,并最终重新校准了选民的需求、改变选民—政党结盟的基础,重新塑造了当代西方民主政体的政党竞争格局的基本框架。

　　总之,当代西方政党竞争中展现的社会分裂、政党对立和各种极端思潮的兴起与文化分歧的影响力增强有深刻的关系。政党竞争的场域从经济分歧的单一角度,扩展到了经济—文化的二维角度。这一转变不仅挑战了传统的主流政党,也给新兴政党,尤其是绿党等新左派政党,以及极右翼和民粹主义政党等文化保守主义政党提供了参与政党竞争的社会基础与政治契机。据此,政党竞争的格局并没有被“冻结”。相反,文化分歧的兴起使得政党不仅需要在经济议题上表达立场,也要在义化议题上提出论述,而这无疑增加了可能的政党数量以代表不同的社会群体。当代西方民主政体中的政党竞争由此更可能处于活跃和不稳定的状态,进而影响后续的政党结盟,联合执政和政策制定。

　　需要指出的是,新文化左派和保守力量基于文化分歧产生的社会冲突相较于以往阶级分歧引致的矛盾更难化解,对抗性更强。对文化分歧相关议题的立场是基于个人主观价值判断而非客观社会经济地位,因此个体对相关议题的态度难以被轻易改变,但却更容易在政党的动员下调动不满情绪并最终形成群体的极化和对立。比如在美国社会,特朗普的支持者作为文化保守右派的信徒,与部分民主党的支持者即文化左派的信奉者之间很难对话沟通,美国的政治极化与社会分裂呈现进一步加深的趋势。“两个美国”愈发定型。① 而在西欧民主国

---

① 王浩:《2020 年大选后美国的政党政治走向及其影响》,《美国问题研究》2021 年第 1 期。

家,亲欧与疑欧主义的对抗,移民/难民的接受或排斥,以及国家内部的地区分离主义都彰显了文化分歧造成的社会分裂与对立。这带来的一个启发是,我们需要真正在意的也许并不是类似于特朗普的民粹主义政治家是否会再度参选,而是应该看到只要文化分歧仍然存在,涵盖民族主义,民粹主义,保守主义的“特朗普主义”就并不会立刻消散。

　　诚然,目前分歧理论的现实研究主要集中在西方的发达资本主义国家,分歧理论一开始的分析场域就是经历了现代化的西欧民主国家。但是,对于其他民主政体,尤其是进入后工业化发展阶段的地区,诸如中东欧,亚洲和拉丁美洲的部分国家和地区,[①]分歧理论对分析其社会冲突,政党竞争和政党体系,以及民主政治相关的政治现实和政治思潮亦有很强的借鉴意义。而对于任何一个国家或地区的政党而言,想要在政党竞争中保持优势地位,就必须了解社会的基本分歧类型,并积极在主导分歧上表达立场以吸引和巩固选民。当一个社会分歧成为主导分歧的时候,也意味着相关议题是选民目前的核心关切。这也是民主政体的意义,即将社会中不同的意见和矛盾反映到政治生活中,并试图用参与的,协商的形式化解矛盾冲突。

---

①　Yury Korgunyuk, Cameron Ross, Sergey Shpagin, "Party Reforms and the Unbalancing of the Cleavage Structure in Russian Regional Elections, 2012–2015," *Europe-Asia Studies*, 2018 (2); Theresa Kernecker, Markus Wagner, "Niche Parties in Latin America," *Journal of Elections, Public Opinion and Parties*, 2019(1); Jaemin "Left is Right and Right is Left? Partisan Difference on Social Welfare and Particularistic Benefits in Japan, South Korea and Taiwan," *Journal of International and Comparative Social Policy*, 2020(1).

"建设性反对党"在新加坡的塑造：
国家建设视角的透视*

卢正涛**

内容摘要　在对人民行动党长期执政的研究中,威权主义、霸权党或主导党是重要的视角,但却是西方中心主义的研究方法,不能正确揭示人民行动党长期执政的成因。在后发国家,国家建设是一个适宜的政党制度与有效国家、民族共同体同向建构的过程,需要一个强大的、现代化取向的政党,必须对竞争性政党制度进行改造。国家建设是"建设性反对党"在新加坡生成的根源。人民行动党利用执政形成的优势地位,构建起"制度性封控"机制与"功能性利用"机制,成功地塑造了"建设性反对党",走出了以限制党争保障强大政党领导权的国家建设道路,这具有世界意义。

关键词　"建设性反对党";新加坡;塑造;国家建设;世界意义

一、问题的提出

在有关新加坡人民行动党长期执政的研究中,威权主义是重要的

---

* 本文系国家社科基金项目"国家建设视角下的新加坡一党长期执政研究"(20BGJ080)的阶段性成果。

** 卢正涛,法学博士,贵州大学公共管理学院教授、副院长,主要研究方向为比较政治。

视角。长期以来,学者们以"党体制(party regime)""主导党威权主义
(dominant party authoritarianism)""半民主(semi-democracy)""软性威
权主义(soft authoritarianism)""选举威权主义(electoral authoritarian-
ism)"和"霸权选举威权主义(hegemonic electoral authoritarianism)"等指
代人民行动党长期执政或新加坡政治形态。有学者指出,威权主义的
出现与 20 世纪 60 年代初人民行动党内部两派争夺领导权密切相关,清
除党内竞争者奠定了人民行动党长期执政的基础。① 对于新加坡为什
么长期维持威权政权而未发生政治转型,学者们提出了许多富有见地
的观点,例如,有效控制包括电子媒体在内的各种媒体,防止有组织的
社会政治力量的出现是人民行动党维护威权统治的一项战略;精英技
术官僚的人民行动党政府将新加坡的成功、未来前景与吸引全球资本
结合起来,保证得到人民持续的支持;利用市镇理事会等基层组织为执
政党攻击反对党提供议题、设置额外障碍等,限制反对党力量的发展。②

　　霸权党或主导党也是学者们经常使用的研究视角。霸权党(hege-
monic party)或主导党(dominant party)的产生源于人民行动党一党执政
的形成,1968 年大选完成了从竞争性多党制到霸权党制的转变。③ 人
民行动党从两方面着手建立霸权党或主导党体制,一是压制反对党,迫
使反对党退出国会;二是将基层组织置于人民行动党控制之下,使反对
党失去发展的支撑。④ 霸权党或主导党体制为什么能持续下去? 主要
原因有:一党主导体制使宪制和选举制度改革的立法过程较为顺利;人
民行动党利用对国家的控制成功重塑了社会,从而重塑了投票人对人

---

① ［美］约翰·佩里:《新加坡:不可思议的崛起》,黄丽玲等译,九州出版社,2021 年,第
　 211 页。
② Garry Rodan,"Embracing Electronic Media but Suppressing Civil Society: Authoritarian Con-
　 solidation in Singapore," *The Pacific Review*, 2003(4). Kenneth Paul Tan,"The Ideology of
　 Pragmatism: Neo-liberal Globalisation and Political Authoritarianism in Singapore," *Journal
　 of Contemporary Asia*, 2012(1); Ng, Hoi-Yu,"Decentralised Institutions and Electoral Au-
　 thoritarianism: The Case of Town Councils in Singapore," *Asian Studies Review*, 2018(3).
③ Diane K. Mauzy and R. S. Milne, *Singapore Politics Under the People's Action Party*, Rout-
　 ledge, 2002, p. 149.
④ Tae Yul Nam,"Singapore's One-Party System: Its Relationship to Democracy and Political
　 Stability," *Pacific Affairs*, 1969-1970(4).

民行动党比较优势的偏好。① 无论是威权主义视角还是霸权党或主导党视角,其实都是西方中心主义的研究思路,它的依据是先发国家政党相互竞争、轮流执政的政治实践及经验。用这一思路去认识人民行动党长期执政,是带着有色眼镜去观察的做派。

国内学者对人民行动党长期执政原因的探讨相对客观。孙景峰从执政的环境、机制、经验和前景考量等方面进行了分析。② 近年来学者们注重从制度根源上探究人民行动党为什么长期执政。唐睿提出,制度性吸纳及"竞争性抑制"机制使人民行动党在竞争中完全压倒了反对党。③ 牛乙钦强调,单纯的制度性吸纳解释不了人民行动党的长期执政,在制度性吸纳与制度性排斥之间保持平衡才是人民行动党长期执政的奥秘。④ 从制度上去揭示人民行动党长执政的原因确有重要发现,但这更多的是技术层次的解释,因为制度本身也是一个国家现代化或政治发展的产物,将人民行动党的长期执政置于后发国家政党驱动的现代化进程中去考察也许会更为妥当。

从比较的角度来审视,人民行动党的长期执政恰恰反映了一种带有普遍性的政治现象:在现代化过程中,面对从先发国家移植或仿效先发国家建立却又无法摆脱的西方式政党制度,后发国家的执政党通过打压反对党方式实现了对其进行重大修改。这绝非新加坡独有,不少后发国家也曾出现过。缘何如此?"对于绝大多数后发国家来说,虽然不排除企业、教育、军队等领域零星、自发的现代化变革,但全面启动现代化建设,往往都是以一个具有较强的组织动员能力的现代国家的建

① Hussin Mutalib, "Constitutional-Electoral Reforms and Politics in Singapore," *Legislative Studies Quarterly*, 2002(4); Steven Oliver and Kai Ostwald, "Explaining Elections in Singapore: Dominant Party Resilience and Valence Politics," *Journal of East Asian Studies*, 2018(18).

② 孙景峰:《新加坡人民行动党执政形态研究》,人民出版社,2005 年。

③ 唐睿:《制度性吸纳与威权主义政府执政地位的保持——对韩国、新加坡和菲律宾的比较分析》,《东南亚研究》2019 年第 3 期。

④ 牛乙钦:《制度性平衡与长期执政:新加坡人民行动党的案例》,载王正绪主编:《发展中国家比较政治学》,复旦大学出版社,2022 年,第 99～120 页。

构为起点。"①建构现代国家的主体是政党。"为了尽量减少政治意识和政治参与的扩大酿成政治动荡的可能性,必须在现代化进程的早期就建立现代的政治体制,即政党制。"②亨廷顿所说的"政党制"并非西方式政党制度,而是强政党主导的政党制度。一方面,强政党长期执政,保证国家的现代化有长远规划和制度供给。另一方面,由强政党来主导,有利于减少因党争产生的对抗与冲突,整合社会全部资源用于现代化事业,促进现代国家的发展和加速国家的现代化进程。后发国家执政党借助执政形成的强势地位打压反对党,使之失去替代执政党的能力,从而建立强政党主导的政党制度。对后发国家执政党的这一行为,不能套用先发国家的标准去评判,只能根据后发国家的现代化及其现代国家建构的需要来认识。人民行动党基于新加坡的国情,通过建构制度化的机制把反对党变为"建设性政党",确保了对现代化领导权的掌控,为透视后发国家执政党变革政党制度及其对现代国家建构的影响提供了一个绝好的案例。因此,有必要从国家建设视角探讨新加坡"建设性政党"的塑造问题。

　　"建设性反对党"是指在国家政治生活中发挥促进社会稳定、维护现行体制和巩固民族国家的反对党。从世界政党发展史看,反对党最初是"非建设性"或"破坏性"的,其转变经历一个发展过程。"建设性反对党"不是自然天成,而是有意成就。执政当局打压反对党,使之不再从事颠覆现行体制的活动,从而将其纳入国家制度体系之中。在先发国家,由于有较长时间的政党政治实践,政党轮流执政已属普遍现象,任何政党都可能成为"建设性反对党"。在后发国家,"建设性反对党"意味着在短时间内无法取代执政党,执政党得以有充裕时间完成国家建设的关键议程。

　　塑造"建设性反对党",是指人民行动党在保留西方式政党制度架

---

① 何显明:《中国现代国家建构的内在逻辑》,《浙江学刊》2020年第6期。
② [美]塞缪尔·P.亨廷顿:《变化社会中的政治秩序》,王冠华等译,生活·读书·新知三联书店,1989年,第368页。

构的前提下,依靠掌控国家政权所取得的优势,充分利用已有制度资源和进行制度设计,形成"制度性封控"机制与"功能性利用"机制,将反对党改造成"建设性反对党"的活动。人民行动党对待反对党人的态度在吴作栋时代已发生了变化,①但为塑造"建设性反对党"而建构的机制并未取消,反而得到强化,成为人民行动党长期执政的重要制度保障。反对党认为在短期内取代人民行动党也不现实,在现行制内表达人民行动党未能集中的那部分人的诉求才是生存之道。

塑造"建设性反对党",一是肯定反对党存在的价值。反对党的意义不仅仅是监督,而且在于它能够表达执政党可能关照不到的人群的利益,有助于执政党改进对国家的治理。二是有相应的体制或机制作保障。人民行动党主要通过建构"制度性封控"机制与"功能性利用"机制将反对党变为"建设性反对党"。所谓"制度性封控"机制,是指执政党采取合法方式打压反对党、设置"防火墙",防止反对党颠覆现行体制;阻塞乃至切断反对党联系民众的通道,使反对党在组织发展上或维持现状,或趋于萎缩,达到以制度封控反对党之目标。"功能性利用"机制是执政党通过制度安排如定期举行选举,为反对党提供有限的组织资源支持等,确保反对党发挥"不可替代"的作用。

本文集中讨论"建设性反对党"在新加坡的起源、"建设性反对党"生成与维护所依赖的机制,以及塑造"建设性反对党"对于保障国家建设的意义等问题。

二、国家建设:"建设性反对党"在新加坡的缘起

国家建设是指建构一个现代国家。一般说来,现代国家建构涉及三项关键议程。第一,确立主权。主权是现代国家的身份标识,包括内部最高统治权和外部独立性。确立主权就是集中权力、树立国家即中央政府的最高权威。国家不依赖中间权威进行统治,直接以公民为治

---

① 吕元礼:《亚洲价值观:新加坡政治的诠释》,江西人民出版社,2002 年,第 455～457 页。

理对象。在后发国家,确立主权还包括国家独立,开启自主建构现代国家的历程。第二,塑造民族共同体。民族即国族,是由国家(state)建构、以国家(nation)认同作支撑的共同体。国家摧毁传统的等级社会,使所有人成为平等的公民。从公民中逐渐萌发出一种全新的认同即国家认同。国家认同以国家(即公民组成的共同体)及国家政权为认同对象,高于其他一切认同。民族是由国家权力塑造并予以保障,以实现公民权利、满足人民需要为目标,不断巩固公民对国家认同的公民共同体。第三,建构有效国家。建构有效国家不仅仅限于国家政权建设,还包括国家及时回应人民的诉求,以民主政治和社会福利作为自身合法性的主要来源。在后发国家,民族主义者利用殖民者留下的"国家"机构,同时根据发展需要设立新的机构,不断优化国家制度体系,创建权力集中、高效运行的政府。但是,在公民权利高扬的时代,后发国家必须在发展经济过程中提高人民生活水平,落实公民的权利。这意味着国家应当对社会进行必要的改革,包括为启动工业化和在经济发展过程中所推动的各项社会改革。

后发国家的执政党在独立或革命胜利后应把国家建设列为现代化的优先议程。政党本意为"部分",代表社会的一部分。萨托利指出,"部分"既可作为"社会整体的部分"也可作为"与整体相对立的部分"而存在。① 如果政党是"与整体对立的部分"的代表,那么政党间展开竞争,结果很有可能不是促进社会整合,而是加剧社会分裂。绝大多数后发国家在殖民者到来前没有国家或者统一国家的经历,欧洲国家殖民的目的也不是为了在殖民地创造一套有效的统治机构、塑造一个新的民族,不存在一个"整体意义"上的社会,无法"迫使"各政党从社会整体的角度来把握和反映所代表的那一部分,因而一个覆盖全部领土、运作有效的国家制度体系成为把代表社会"多元"的政党聚合到一个框架中,从而将"分散"的社会凝聚为一个整体的决定性因素。

遗憾的是,绝大多数后发国家也不存在这样的国家制度体系。非

---

① [意]G.萨托利:《政党与政党体制》,王明进译,商务印书馆,2006年,第11~81页。

"整体意义"的社会、代表"分散"社会中"多元"的政党与无效或低效的
国家(政府)并存,使得后发国家的政党必须承担超乎寻常的国家建设
任务,其难度之大远非先发国家的政党可比。因此,政党制度至关重
要,甚至在某种程度上可以说,国家建设的成效取决于所选择的政党制
度。"政党制度是政党在社会与国家的互动中被创造出来的,它既适宜
于社会结构又适宜于国家建设。"①适宜的政党制度既要能推动必要的
社会变革,有助于社会进步,使现代国家获得与之相一致的社会基础;
又要能支撑"一个具有较强的组织动员能力的现代国家的建构",确保
国家建设顺利推进。这样,国家建设实际上变成为政党创造适宜的政
党制度,建构有效的国家与塑造民族共同体的过程。对于后发国家来
说,并非每个政党都具备这样的能力,只有一个强大、现代化取向的政
党才能堪此重任。后发国家政党主导的国家建设必然经历一个结构演
化过程(如图 1 所示)。

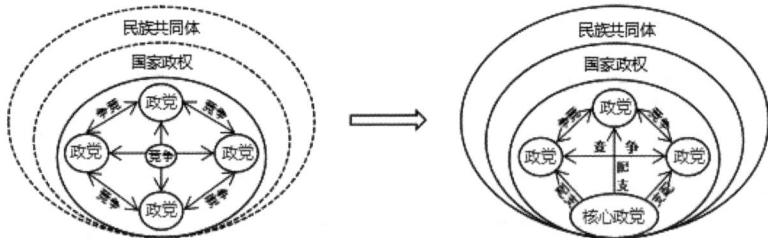

图1 后发国家政党主导的国家建设结构演化图

图 1 左图显示,后发国家刚获得自治或独立,实行西方式政党制
度,各政党地位平等、相互竞争;虽然接管了政权,但没有建立起有效国
家,民族共同体尚未形成。图 1 右图表示,各政党间的关系已经发生变
化,虽然形式上可能维持着西方式政党制度,但居于核心的政党与其他
政党间的关系已由平等竞争变成为支配—被支配,形成核心政党主导
的政党制度。核心政党有能力摆脱其他政党及所代表的社会势力的掣

---

① 林尚立:《政党、政党制度与现代国家——对中国政党制度的理论反思》,《中国延安干
部学院学报》2009 年第 5 期。

肘,整合社会资源,建构起运转有效的国家政权,塑造出民族共同体。它包括三个层次的建构:第一,建构核心政党主导的、适宜的政党制度;第二,建构有效的国家(政权);第三,建构民族共同体。三个层次的建构是以核心政党为支点的同向建构,第一层次的建构确保核心政党在国家建设中的主导地位,以此支撑国家(政权)与民族共同体的建构;第二层次的建构是核心政党以"民族代表"的资格执掌国家权力,推动必要的社会变革,建构有效的国家制度体系;第三层次的建构是核心政党在领土范围内铸就现代国家的灵魂。

在后发国家的国家建设过程中,"由于民族的政治动员滞后,需要一个自觉建构国家的强势政党来号召建立国家,政党占据了民族在国家建构中的领导地位,因此,它以'民族代表'的身份获得建立国家(政府)的特权"①。不仅是政党—国家,而且其他后发国家在进行现代化时也需要一个强势政党。该政党因执政而拥有"民族代表"身份,获得建构有效国家及改革政党制度的"特权",可以合法地压制反对党,由此成为居于核心地位的政党,从而实质性改变了西方式政党制度。此后,后发国家沿着两条线路同向并行推进国家建设,一条是核心政党巩固适宜的政党制度;另一条是核心政党推进国家制度体系建设,最终形成政党制度、国家(政权)和民族共同体围绕核心政党运转的格局。由此可见,一个强政党改造西方式政党制度,确立自己的核心地位以及创造适宜的政党制度是成功推进国家建设的必要条件。"建设性反对党"在新加坡的出现正是源于此。

人民行动党在短短十多年里迅速成长为主导新加坡国家建设的核心政党。首先,人民行动党是跨越种族界线、倡导平等的政党。国家建设要求以"民族代表"身份掌控国家政权的政党必须超越种族等局限而具有"全民"的特质。人民行动党是新加坡第一个群众性政党,其成员来自华族、马来族、印度族和欧裔各族群,具有广泛的代表性。它秉持

---

① 任剑涛:《政党、民族与国家——中国现代政党—国家形态的历史—理论分析》,《学海》2010 年第 4 期。

适当照顾族群权利、反对种族特权的理念,致力于族群平等与和谐,建构新加坡民族。人民行动党的理念和采取的举措同新加坡建构现代国家的目标相契合。

其次,人民行动党是现代化取向的政党。在后发国家,现代性因素先天不足,现代性的积累更需要一个现代化取向的、长期执政的政党。人民行动党不搞华而不实的"政治运动",而是坚持市场经济,发展劳动密集型产业;①大力建造组屋,在执政后三年多的时间兴建了2.6万套组屋。良好的经济社会绩效为人民行动党战胜反对党奠定了坚实的基础。② 人民行动党加强国家政权建设,执政伊始即废除"新加坡市政府"建制,确保政令迅速通达民众;改造殖民政府留下的公务员,使之效忠于新生的民族主义政府,③保证政府高效运转;厉行反腐败,将反贪污调查局改由总理直接领导,增强了政府权威。人民行动党的作为展现了更多的现代性。④

最后,人民行动党是行动能力强的政党。人民行动党不仅保持政治稳定,整合资源以促进发展,而且更重要的是运用国家权力促进社会变革,造就出适宜于国家建设的社会基础。能否瓦解工人运动、学生运动的基础成为人民行动党战略性重组社会的关键。1959—1966年间,通过《职工会(修正)法令》《工业关系(修正)法》等法律,限制或取消反政府工会的注册资格,扶持亲政府的工会,强化对劳资关系的干预;加强对学校的控制,重塑政府与工会、学校的关系。人民行动党建立人民协会,扩展民众联络所,设立公民咨询委员会,完成了国家与社会关系的重构。

人民行动党采取断然措施,结束了政党纷争,塑造出"建设性反对

---

① Diane K. Mauzy and R. S. Milne, *Singapore Politics Under the People's Action Party*, Routledge, 2002, p.66.
② 叶添博、林耀辉、梁荣锦:《白衣人:新加坡执政党秘辛》,新加坡海峡时报出版社,2013年,第240~241页。
③ 欧树军、王绍光:《小邦大治:新加坡的国家基本制度建设》,社会科学文献出版社,2017年,第28~29页。
④ 李路曲:《政党政治与政治发展》,中央编译出版社,2016年,第152~154页。

党"。1963 年初,新加坡政府实施"冷藏行动",逮捕反对党主要领导人,开创了直接动用国家权力打压反对党的先例。有学者评论道:"人民行动党在这一年年初就把根底打好的。"①独立后,继续实行高压政策,迫使反对党议员全部退出国会。② 在 1968 年大选中,反对党无人进入国会,标志着执政党主导的政党制度的形成。"人民行动党就是政府,而政府就是新加坡"③,形象地刻画了执政党与政党制度、国家(政府)、民族共同体的同向性和一致性。

三、"制度性封控"与"功能性利用"："建设性反对党"塑造的制度化机制

人民行动党围绕建构现代国家采取行动,建构"制度性封控"机制与"功能性利用"机制,成功将反对党变为"建设性反对党",并借助于这两大机制使反对党长期处于"建设性反对党"地位。

(一)"制度性封控"机制

人民行动党建构的"制度性封控"机制包括:一是政治排斥机制。艾伦(Danielle Allen)把政治排斥理解为政治体制和政治权利的正式排斥。④ 李景治和熊光清认为,政治排斥是一定的社会成员或者社会群体在一定程度上被排斥在政治生活之外,没有公平获取政治资源,享受政治权利和履行政治义务的状态。⑤ 牛乙钦认为政治排斥具有合法性、规

---

① [新加坡]冯清莲:《新加坡人民行动党:它的历史、组织和领导》,苏婉蓉译,上海人民出版社,1975 年,第 35 页。
② T. J. Bellews, *The People's Action Party of Singapore*: *Emergence of A Dominant Party System*, Yale University Southeast Asia Studies, 1970, pp. 96−97.
③ 《李光耀 40 年政论选》,现代出版社,1996 年,第 466 页。
④ Danielle Allen, "Invisible Citizens: Political Exclusion and Domination in Arendt and Ellison," *Nomos*, 2005(46).
⑤ 李景治、熊光清:《政治排斥问题初探》,《社会科学研究》2006 年第 4 期。

范性和程序性等特征。① 政治排斥,关键是执政者把"异己"政治力量排除在国家制度之外。在新加坡,控制了国会就掌控了全部国家机关,政治排斥直接表现为阻止反对党人士进入国会。二是政治阻断机制。"阻断"是执政党或通过立法等截断反对党联系民众的既有通道,或建立自己的组织体系以阻断反对党同民众的联系。

在政治排斥上,人民行动党从阻止反对党人士参加选举、动用国家司法资源打击反对党人和设计新的选举制度三个方面封锁、控制反对党,达到完全控制国会的目标。20 世纪 60 年代,人民行动党直接阻止反对党人士参加议会选举。进入 80 年代,人民行动党频繁调动国家司法资源"点杀"反对党人士。工人党议员惹耶勒南先后惹上 7 桩诽谤官司,2 次被剥夺议员资格,最后因破产失去执业律师资格。② 惹耶勒南是"人民行动党政府竭尽全力,执意毁灭而不是被击败的政治家"③。1988 年,萧添寿与工人党主席李绍祖等在友诺士集选区获得 49.1% 的选票。但萧添寿随即被指控逃税,原因在于他"使人民行动党感到恐慌"④。对选举制度进行重新设计是排斥反对党的一个妙招。新加坡本来实行"一人一票制""单选区制",但反对党的突破促使人民行动党在1988 年推出"集选区",由多人组成选举小组,其中 1 人必须为非华裔。按照宪法和选举法规定,每一集选区选出 3～6 名议员。选区划分时,人民行动党将支持反对党的单选区并入集选区,并视情况增减集选区议员人数,从减少了反对党候选人当选的机会。⑤

在政治阻断方面,人民行动党切割党内左翼、反对党与民众既有的联系,将打击对象指向工会与学生。1959 年,立法议会通过《职工会(修

---

① 牛乙钦:《制度性平衡与长期执政:新加坡人民行动党的案例》,载王正绪主编:《发展中国家比较政治学》,复旦大学出版社,2022 年,第 109 页。

② 林金圣:《新加坡特色的选举制度:人民行动党每选必胜的奥秘》,民主与建设出版社,2015 年,第 156 页。

③ Chris Lydgate, *Lee's Law: How Singapore Crushes Dissent*, Scribe Publications, 2003, p. xii.

④ Hussin Mutalib, *Parties and Politics: A Study of Opposition Parties and the PAP in Singapore*, Eastern Universities Press, 2003, p. 146.

⑤ 陈玲玲:《新加坡的政党政治:在野党的参政议政空间》,湖南人民出版社,2016 年,第 30～40 页。

正)法令》,赋予工会注册官有取消和拒绝工会注册的权力,劳工部长是工会抗议注册是否有效的最后裁决人。1960 年又通过新的法律,规定凡不重新注册,或注册被拒的均为非法组织。① 不少工会组织因此被取消。清理反政府的华校学生,"重组"南洋大学,彻底清除了南大学生政治力量。② 与此同时,人民行动党培育联系民众的组织,以此阻塞反对党与民众的联系通道。1960 年,人民协会设立由总理任主席的董事会,负责领导民众联络所。1965 年开始建立公民咨询委员会,由所在选区的行动党议员领导。从 1978 年起,设立以组屋居民为服务对象居民委员会,及时弥补了基层组织的缺失,避免了人民行动党联系民众制度"破防"。人民行动党坚决防止反对党插手基层组织,拒绝按照惯例任命反对党议员为该选区基层组织的负责人,指派 1 名行动党员去领导。③ 为了满足民众参政的需要,1989 年决定把建屋发展局的房屋维修、环境卫生等职能下放给新成立的市镇理事会,由选区国会议员任主席,2/3 的理事来自选区内的居民。④ 2001 年,把原属于国家发展部的扶贫济困、救灾、支持妇女儿童发展等职能委托给社区发展理事会,全国共设 5 个,委派专职市长去领导。⑤ 1994 年决定所有基层组织统一归人民协会领导。人民行动党与时俱进推进基层组织变革,重塑了新加坡的"政治生态":人民行动党巧妙地隐身于基层组织之中,而反对党则缺乏类似的"保护伞"的遮掩,随时有可能因"违法"被制裁。基层组织堵塞了反对党联系民众的通道,成为人民行动党封控反对党的"制度屏障"。

---

① 郑振清:《工会体系与国家发展——新加坡工业化的政治社会学》,社会科学文献出版社,2009 年,第 49 ~ 51 页。
② 周兆呈:《语言、政治与国家化:南洋大学与新加坡政府关系(1953—1968)》,福建教育出版社,2017 年,第 263 ~ 279 页。
③ 〔日〕田村庆子:《超管理国家——新加坡》,台北东初国际股份有限公司,1993 年,第 88 页。
④ 吴俊刚:《新加坡政党的基层工作:议员如何联系选民》,湖南人民出版社,2017 年,第 163 页。
⑤ 张春阳:《新加坡基层组织:政府与人民之间的缓冲力量》,民主与建设出版社,2015 年,第 153 ~ 154 页。

（二）"功能性利用"机制

反对党既是政治体制的有机组成部分，又是国家建设的重要参与者，具有执政党不可替代的功能。人民行动党建构"功能性利用"机制，利用反对党增强体制的合法性，帮助发现不足和改善对国家的治理。

在选举方面，人民行动党政府通过大选或补选巧妙地凸显反对党的功能。一是施压的功能。反对党批评或责难政府，施压人民行动党，促使其不断改进治理方式。二是帮助发现问题的功能。人民行动党通过反对党参加选举等集中部分民众的诉求，帮助找出治理中存在的问题。三是增强体制合法性的功能。反对党按照既定"游戏"规则参加选举，不仅降低了反体制的可能性，还在一定程度上赋予人民行动党执政的合法性。

在以"组织"支持反对党方面，人民行动党在依靠"政治阻断"机制剪除了反对党的支持性组织后，又从国家建设的高度出发为反对党提供"组织"。1994 年，准予成立以讨论政治问题为目的的"椰康餐馆""圆桌论坛"。1999 年，吴作栋建议让学生成立支持不同政党的政治学会。2000 年重新开放芳林公园演讲角，人们又一次听到不同的声音。①反对党借此向社会发声，从而引导民众宣泄不满。人民行动党安排这些"组织"，是为了实现国家建设的目标。

在为反对党参与国家治理提供制度保障方面，人民行动党借助于非选区议员利用参加选举的反对党候选人。非选区议员从大选得票排第 2 位的反对党中选出，享有在国会中发言、参与辩论等议员拥有的权利。这一措施"使年轻的部长和议员从中获益；揭露人民行动党政府可能存在的渎职和舞弊等"②。非选区议员是人民行动党为改善国家治理设计的一项制度，挑选反对党人士进入体制，参与立法与政策的形成，

---

① 张锡镇主编：《东亚：变换中的政治风云》，中国国际广播出版社，2002 年，第 281 ~ 282 页。
② 《李光耀 40 年政论选》，现代出版社，1996 年，第 190 页。

按照人民行动党预先的设定"正确"地行使权力,发挥反对党的积极功能。

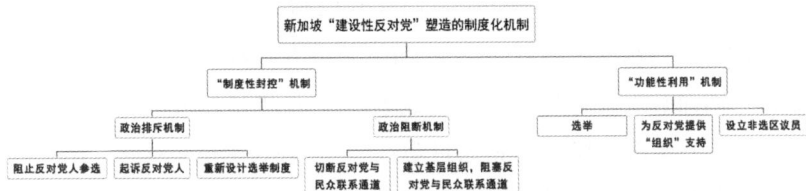

图1　新加坡"建设性反对党"塑造的制度化机制

四、塑造"建设性反对党"在保障国家建设上的意义

在现代化进程中,后发国家面临创建适宜政党制度、建构有效国家、塑造民族共同体和进行社会变革等多重任务,客观上需要一个强政党超越阶级、种族等局限,以全民族代表的身份主导国家建设。后发国家的国家建设,实际上是以强政党为支点和轴心,建构政党制度、国家制度体系和民族共同体的过程。确立强政党的主导地位即创建适宜的政党制度,是国家建设最基础而又最重要的工作,决定了以分配为主要目标的西方式政党制度(党争民主)行不通。① 是抛弃西方式政党制度,还是在保留西方式政党制度的前提下作重大修改? 人民行动党选择了后者,通过建构一套制度化的机制,将反对党塑造成"建设性反对党",解答了国家建设的领导力量、动力机制和社会条件等重大问题,对后发国家具有普遍意义。

首先,确立强政党在国家建设中的主导地位。政党"处于现代政府的中心,扮演着决定性和创造性的角色"②,由此决定了政党必然是国家建设的主导者,对国家的兴衰成败负有不可推卸的责任。先发国家实行两党制或多党制,主要政党轮流执政,交替主导国家建设、承担相应

---

① 曾毅、杨光斌:《西方如何建构民主话语权——自由主义民主的理论逻辑解析》,《国际政治研究》2016 年第 2 期。

② [德]谢茨施耐德:《政党政府》,姚尚建等译,天津人民出版社,2016 年,第 44 页。

责任。这与先发国家存在稳固的民族、有效国家,不需要以强政党为支点建构国家制度体系和塑造民族共同体相关。在后发国家,由于国家政权建设刚刚起步,民族共同体又处于待建状态,建立在非同质化社会之上的党争加剧社会的对立,不具备实行西方式政党制度的社会政治条件。因而必须改革西方式政党制度,确立强政党在国家建设中的主导地位。新加坡人民行动党通过塑造"建设性反对党"完成了这一任务。塑造"建设性反对党"有三个特点:一是依法进行。人民行动党并非简单地用暴力对付反对党,而是严格依照法律规定进行。如在与"社会主义阵线"的对决中,它依据《内部安全法》拘捕反对党人。又如对惹耶勒南等人的打压是通过起诉、司法判决的形式实现的。人民行动党还不断推出新法,给反对党人戴上法律的"紧箍咒"。二是制度创新。人民行动党进行制度创新,依靠制度限制反对党力量的扩展、压缩反对党活动的空间。在阻断反对党与民众的联系上,人民行动党先后创立公民咨询委员会、居民委员会、市镇理事会和社区发展理事会等基层组织,从而掌握了民众;在限制反对党获取国会议席上,人民行动党设计出具有新加坡特色的"集选区"制度。三是发挥反对党助力执政党完善国家治理的"建设性作用"。

其次,创建符合国家建设要求的动力机制。政党需要一套有效的的体制机制来驱动国家建设。在体制上,创建权力集中的政治体制、高效运行的政府体制和聚合社会力量的政党体制并确保三者协调一致,使核心政党能够有效行使权力,从社会中提取资源以推进国家建设。在机制上,先发国家采用政党平等竞争执政权、轮流分配国家资源的机制。政党为选票展开竞争,竞相推出各种福利政策和方案,从而形成轮流分配国家资源的机制。后发国家虽然在形式上维持竞争性政党制度,但政党间的关系已不再是地位平等、相互竞争,而是核心政党主导下的支配与被支配,形成了聚合而不是分散社会力量以推进国家建设的动力机制。在塑造"建设性反对党"中,人民行动党创建了颇有特色的"制度性封控"机制与"功能性利用"机制:依靠"政治排斥"阻击反对党,减轻对现行体制的冲击,保持了政治稳定;借助于"政治阻断",削弱了反对党,保证人民行动党顺利推进对社会的重组;打压与利用相结合,在打压反对党的同时加以利用,将其引导到推动国家建设的道路上来,巧妙地完成了聚合社会力量的任务。

　　最后,创造适宜于现代国家成长的社会基础。现代国家与现代社会相一致,但任何国家在国家建设启动时面对的是传统社会,在传统社会的地基上无法建立起现代国家的"高楼大厦",因而国家建设必须以社会变革为前提。后发国家遭遇的最大问题是,传统势力已政党化了,表面上是"民主"的党争,实则是传统势力维护既有利益之举。这就要求执政党以改革西方式政党制度为抓手推进社会变革,消除等级与特权,创造一个利于现代国家成长的社会结构。在塑造"建设性反对党"中,人民行动党将变革西方式政党制度与变革传统社会相结合,为现代国家打下坚实的社会基础。新加坡是依靠转口贸易生存的移民社会,没有土地贵族,在社会变革上不同于其他国家,不存在摧毁特权阶级或等级的变革,而是净化社会,树立良好的社会风气,兴建价格低廉的组屋,缓解严重的住房困难;①依法打击反政府的工会运动与学生运动,阻断工人与学生对反对党的支持,为工业化的顺利推行创造了稳定的社会环境。人民行动党还通过立法建立基层组织,推进社会整合,最终完成了对社会的重组。

---

① 李路曲:《新加坡之路》,中国社会科学出版社,2018 年,第 180～181 页。

东南亚政党研究:议题、方法
与研究展望*

宋菁菁**

内容摘要 在政党理论研究中,东南亚政党研究一直被国内外学界所忽视,这也使得该领域在理论和实证层面存在较大的发展空间。国内外现有的研究文献可以划分为组织学视角和能动视角两大类,前者关注政党组织的起源模式、发展过程和组织形态结果。后者则将政党当作一个具有能动性的行为主体,考察其如何参与到东南亚国家的国家建构、政治转型和社会整合之中,以及在其中所形成的政党与国家和社会的相互关系。在研究方法的使用上,目前以比较历史分析和定量相关性分析为主。未来的研究需要在因果机制细化、理论拓展、议题整合和东南亚政党数据库建设等方面推进该领域的研究。

关键词 东南亚政党;政党组织;能动视角;政党制度化

引　言

在中西方传统的政党政治研究中,东南亚国家的政党一直没有得

＊　本文是中国博士后科学基金资助项目"'一带一路'东南亚沿线国家执政党能力发展态势及其影响研究"(2021M691103)的成果。

＊＊　宋菁菁,复旦大学政治学理论博士,华南师范大学政治与公共管理学院特聘副研究员、硕士生导师,主要研究方向为东南亚族裔政治与政党政治。

到政党研究学界的重视。在主流的政党政治研究刊物 *Party Politics* 中,从 1995 年以来涉及东南亚国家政党的研究只有 27 篇研究论文。相比其他发展中地区,如非洲的 240 篇,和拉美的 238 篇,东南亚国家的政党研究尚未得到足够的关注。之所以学界对东南亚政党研究缺乏足够的重视,主要原因在于传统的政党研究长期带有西方中心主义色彩,[①]东南亚地区作为一块远离美欧西方世界的腹地,其关注度根据地理距离的疏远而被大大削弱。脱胎于西方民主体制下的政党在与东南亚国家的族群、宗教等传统社会文化因素相互交融之后,逐渐发展出诸多与西方政党模式相异的组织变体,政党不再是选举的工具,而在部分国家主导了民族独立或国家建构的进程,这很大程度上偏离了西方中心主义视域下的选举逻辑。

东南亚政党研究的空间一方面取决于国内外政党研究现状,现代政党与政党政治是西欧民主政治发展的产物,西欧的政党政治实践既赋予政党特定的概念内涵和组织模式,同时也使得西方中心主义视角下的政党理论成为当今政党政治研究的主流范式。而这些传统的政党理论正在面临来自东南亚等发展中地区的挑战。另一方面取决于东南亚研究的范式转变,社会科学理论和方法的发展给予了东南亚政党研究更多的可能性,也给这一议题的研究提出了更高的要求。但一个研究议题的推进需要在前人研究积累的基础上展开。基于此,本文将对国内外东南亚研究的现状进行梳理,其中重点考察东南亚政党研究所涉及的重点议题、理论观点和研究方法,及研究所存在的发展空间,为该领域的研究推进建立初步的研究基础。

一、东南亚政党研究的两大视角

西方学界的东南亚政党研究始于 20 世纪 90 年代末期,而国内的研

---

① 唐睿:《比较政治学在东南亚权威主义研究中的新进展:议题、方法与趋势》,《东南亚研究》2020 年第 1 期。

究大致从 21 世纪以后兴起,国内外研究整体呈现出低位波动态势。与其他发展中地区政党研究相比,东南亚政党研究的成果相对较少。尤其是从政党理论出发,聚焦东南亚地区政党政治发展的成果较为稀少。从研究对象上看,较少研究尝试从东南亚地区内部比较视角出发进行政党理论的建构,唯有部分学者围绕政党与国家建构和政党体制制度化等议题做了开创性的探索。① 单一国别研究主要集中在马来西亚和印尼两个国家,在 Party Politics 自 1994 年以来的 27 篇东南亚政党研究成果中,有 4 篇涉及马来西亚政党的研究,3 篇关于印尼政党的研究。其余的研究成果分布在菲律宾、泰国、新加坡和越南的政党研究之中,涉及缅甸、柬埔寨和老挝等东南亚政党的成果还较为有限。本文将国内外现有的研究成果划分为组织学视角和能动视角两大类,下文将围绕两大视角展开文献梳理。

(一)组织学视角下的东南亚政党研究

组织学视角下的东南亚政党研究着重从组织角度分析政党的形成、发展和变革。这一视角的研究沿袭了迪韦尔热和帕尼比昂科等研究者的学术传统,把组织视角分析视为政党研究最首要、最根本性的东西,认为必须从组织复杂性的角度才能深刻理解政党及其成员。② 政党组织学视角下的东南亚研究主要从政党起源、政党发展和政党组织形态结果三个角度,对政党组织的发展过程和发展阶段展开考察。

---

① Andreas Ufen, Political Party and Party System Institutionalization in Southeast Asia: A Comparison of Indonesia, the Philippines, and Thailand, GIGA Working Papers, Hamburg: German Institute of Global and Area Studies (GIGA), 2007(44);Genwu Wang, "Millennial Asia: An International Journal of Asian Studies," Association of Asia Scholars, Vol. 1(1);Allen Hiken、Erik Martinez Kuhonta, *Party System Institutionalization in Asia*, Cambridge University Press, 2015;吴辉:《政党制度与政治稳定:东南亚经验的研究》,世界知识出版社,2005 年;李路曲:《威权政治下的民主发育——政党转型的东南亚经验》,《文化纵横》2013 年第 1 期。

② Maurice Duverger, Political Parties: Their Organization and Activity in the Modern State, translated by Barbara and Robert North, Methuen & Co. LTD, 1959, p. 203;[意]安格鲁・帕尼比昂科:《政党:组织与权力》,周建勇译,上海人民出版社,2013 年,第 10 页。

1. 政党组织起源的研究

传统政党研究学者在考察政党起源模式时，将关注点放在政党起源时期是否执政、政党的形成范畴（议会之内/议会之外）、政党在形成阶段的动员方式和动员对象，①以及形成初期是否经历了激烈的政治斗争②等议题之上。对东南亚政党组织起源模式的研究延续了传统研究议题，并在此基础上，根据东南亚政党和政治发展的实际状况，对政党模式的起源有了更多深入的考察，主要研究分布在两方面议题：

一是关注单一国家政党或某种特殊类型的政党的起源模式。在单一政党起源模式的研究中，有学者考察了菲律宾共产党的形成过程，将其形成过程做了历史阶段划分，并对该政党形成的原因做了综合考察。③ 相比对单一政党起源展开历史分析，特殊类型政党的起源模式研究在政党理论发展上更具贡献性。这部分研究着重考察某种特殊类型政党的起源模式，并根据起源模式的差异对其展开分类。有研究者对印尼、马来西亚和文莱等东南亚国家伊斯兰政党的起源模式进行考察，探讨了伊斯兰政党作为一种特殊的政党形态在东南亚国家是如何兴起的。④

第二类研究则是关注政党在起源模式方面的差异对于政治发展的影响。对于特殊类型政党起源的探讨也扩展到对政党体制起源模式的考察，有学者从霸权型政党体制的起源模式出发，考察全球范围内不同霸权型政党起源模式的差异，及其对威权体制的稳定性和韧性的影响，其中涉及到马来西亚、柬埔寨和新加坡三个东南亚国家。其研究发现三个国家的霸权型政党体制大多是在去殖民化、争取民族独立的过程中逐渐建立起来的，相比于非洲国家的政党体制，东南亚国家的霸权型

①　Leon Epstein, *Political Parties in Western Democracies*, Transaction Publishers, 1979.

②　Smith, Life of the Party: The Origins of Regime Breakdown and Persistence under Single-Party Rule, *World Politics*, Vol. 57(3); Samuel Huntington, Social and Institutional Dynamics of One-Party Systems, in Samuel Huntington and Clement Moore, *Authoritarian Politics in Modern Society: The Dynamics of Established One-Party Systems*, Basic Books, 1970, p. 14.

③　袁群、黄家远：《菲律宾共产党的历史、理论与现状》，《当代世界与社会主义》2014 年第 4 期。

④　方金英：《东南亚伊斯兰政党的形成与发展前景》，《亚非纵横》2007 年第 2 期。

政党体制在政治稳定性方面相对较弱,在此基础上形成的威权体制的稳定性和韧性也相对较差。①

　　总体而言,在东南亚地区涉及政党/政党体制起源模式的研究成果仍然较为稀少,一类研究从历史分析视角出发,对东南亚政党的形成阶段和起源模式进行历史梳理和分析。另一类研究则从政党或政体理论分析视角出发,对政党起源模式进行类型学划分,并对其差异背后的成因展开考察,同时关注政党起源模式的差异对于政党体制与政治发展的影响。前者侧重历史的梳理与分析,后者侧重对传统政治理论进行修正。理论的研究需要以历史研究作为基础,缺乏精确详实的史料作为支撑,这一议题的理论研究也难以更好的推进。后续对于东南亚政党起源的研究可以在起源类型和作用机制方面做出更加精细化的考察。

　　2. 政党组织发展的研究

　　政党组织发展的研究关注的是政党组织的演化过程,包括政党在组织发展过程中所出现的内部分裂、组织转型、内部重组和改革等。具体而言,政党组织发展涵盖了意识形态变化、组织策略选择的转变和内部组织结构的改变等方面,它是政党根据内外部情境的变化而做出的组织调整,这种调整会对政党后续的存续和发展产生影响。对于东南亚政党组织发展的研究由两大议题构成:一是东南亚政党派系议题,二是东南亚政党转型议题。

　　东南亚政党派系议题的研究涉及到政党的分裂及政党内部派系的状况。政党分裂的研究主要解释为何有些政党出现分裂,以及分裂后出现的新政党的情况。有学者就对马来西亚族群型政党的分裂情况进行研究,着重解释为什么马来族群型政党会发生分裂? 作者在研究中提出,马来族群型政党分裂并非像西欧政党一样完全由社会分裂结构

---

① 曾庆捷:《霸权型政党体制的起源模式及其政治后果》,《复旦大学学报(社会科学版)》2018 年第 1 期。

所导致,而是经历了政治精英分裂和公民社会分裂两大阶段①同时,在政党内部派系状况的研究方面,有学者考察了政党派系分裂状况对于议会、联盟和内阁稳定性的影响。② 当代东南亚事务杂志(Journal of Current Southeast Asian Affairs)也于 2020 年出版了一期关于东南亚政党派系的研究,对柬埔寨、印尼、马来西亚等八个东南亚国家内部的政党派系状况做了评估。而政党内部派系状况的研究则涵盖了对派系主义情况的分类和解释。在区域整体派系状况的考察中,有学者对东南亚派系主义的类型做了划分,区分了纲领型、庇护型和超凡魅力型三种派系主义类型,在此基础上解释不同派系主义类型产生的原因。③

东南亚政党转型的研究涉及政党组织的转型和改革问题,尤其是伊斯兰政党组织的转型和改革。政党理论研究学界在考察西方国家与部分非西方国家的伊斯兰政党时,大多认为伊斯兰政党在民主体制之下更容易朝着包容—温和化(Inclusion-Moderation)的方向发展。大部分研究意在对宗教型政党的包容—温和化转型假设进行验证,探讨在东南亚的语境之下,政治转型后的宗教型政党是否朝着更加包容和温和的方向发展。政党政治杂志(Party Politics)在 2013 年 19 卷第 1 期对宗教型政党的包容—温和化假设做了检视。④ 这期研究着重探讨了导致宗教型政党温和化的影响因素和机制。在这期研究中,有学者考察了 1999—2009 年以来印尼繁荣正义党在民主社会中的组织转型问题,解释了为什么激进的繁荣公正党在参与国家和地方政治时会选择放弃他们的议程,并服从民主社会的原则。其研究认为民主制度只能在国

① 傅聪聪、陈戎轩:《社会转型、路线之争与马来西亚伊斯兰政党分裂》,《南洋问题研究》2020 年第 1 期。

② Paul Chambers, Factions, Parties and the Durability of Parliaments, Coalitions and Cabinets—The Case of Thailand (1979-2001), *Party Politics*, Vol. 14(3).

③ Allen Hicken、Netina Tan, Factionalism in Southeast Asia: Types, Causes, and Effects, *Journal of Current Southeast Asian Affairs*, Vol. 39(1);Paul Chambers、Andreas Ufen, Causes, Effects, and Forms of Factionalism in Southeast Asia, *Journal of Current Southeast Asian Affairs*, Vol. 39(1).

④ Manfred Brocker、Mirjam Kunkler, Religious Parties: Revisiting the Inclusion-moderation Hypothesis, *Party Politics*, Vol. 19(2).

家层面激励宗教型政党采取温和化策略,在地方层面发挥的作用较为有限。社会结构因素而非制度因素对行为温和化产生更大影响。[1] 另外,在政党组织意识形态转型方面,还有学者探讨了共产主义政党转型与意识形态的关系问题,武有祥在对越南共产主义革命的历史梳理后提出,意识形态在推动越南革命和塑造越南外交关系方面依然发挥着核心作用。[2]

在国内相关议题的研究中,薛松对印尼繁荣公正党在民主参与中的组织策略转型进行了考察,认为繁荣公正党温和化的性质既是实质性的也是实用主义的。其动机可能是为了更快的融入民主政治体制,伊斯兰化目标间接受益于温和化转变。[3] 佘纲正和夏方波则将东南亚与中东的宗教型政党做了比较,探讨宗教型政党在世俗化转型幅度上的差异及其成因,其研究提出,当伊斯兰政党在面临生存危机需要进行组织重组的时候,领导人的权威强弱以及制度的模糊性程度会影响伊斯兰政党意识形态转型的幅度大小。[4] 这些研究从宗教型政党组织内部的运作机理出发,将政党组织转型中的意识形态改革幅度差异做了更加细致的考察,并对传统的理论假设和解释因素做出了修正。

3. 政党组织形态结果的研究

在东南亚政党组织的研究中,还有一类研究涉及到政党组织形态的研究,主要考察的是政党随着组织发展的演进,最终形成的政党组织形态的诸类特征。其中涵盖对一些形态迥异的政党组织特征的研究、政党制度化研究和政党存续研究三大类。

---

[1] Michael Buehler, Revisiting the Inclusion-moderation Thesis In the Context of Decentralized Institutions: The Behavior of Indonesia's Prosperous Justice Party in National and Local Politics, *Party Politics*, Vol.19(2).

[2] Tuong Vu, Vietnam's Communist Revolution: The Power and Limits of Ideology, Cambridge University Press, 2016, p.287.

[3] 薛松:《试论印度尼西亚繁荣公正党在民主参与中的策略嬗变》,中国社会科学院硕士学位论文,2014 年。

[4] 佘纲正、夏方波:《伊斯兰政党世俗化改革动因及运作机理探析——以东南亚和中东宗教政党重组转型为例》,《国际论坛》2021 年第 2 期。

（1）特殊形态的东南亚政党组织研究

在东南亚地区,形态迥异的政党包括宗教型政党、族群型政党、庇护主义政党和军队型政党等。学者通过考察这些特殊的政党组织形态,及其在政治发展中所发挥的作用,希望由此修正早期政党类型学框架不足以抓住政党类型的真实变化的问题。① 在东南亚地区考察形态迥异的政党组织尚处于起步阶段,有学者从历史分析的视角出发,对菲律宾、泰国和印尼三个国家的庇护型政党的组织形态特征和具体表现做了考察,认为三个东南亚国家在实现政治转型之后,形成了独特的侍从式庇护政党制,表面繁荣的政党竞争实质上依赖自上而下、覆盖整个社会的庇护网络方得以运转。②

另一类研究则出现在特殊类型政党的全球考察中,包括前文提到的曾庆捷在霸权型政党研究中探讨了马来西亚、新加坡和柬埔寨的霸权型政党起源模式。其他的还包括张建伟在族群型政党研究中,讨论了马来西亚的巫统、马华公会和国大党三大族群型政党的案例情况。他在研究中提出,族群型政党在组织基础上往往以某个(些)族群作为基础,具有排他性的身份认同,以表达和维护某个(些)族群的利益作为目标。他还根据政治目标、动员基础、组织认同和选举表现对族群型政党做出了划分,建设性的探讨了为何菲律宾作为一个多族群国家,没有形成族群型政党体制的问题。③

（2）东南亚政党组织与政党体制制度化研究

"受到 20 世纪 80 年代兴起的新制度主义的影响,21 世纪以来的政党体制和政党制度化研究与早期的政党体制研究大不相同。先前的研究以政党体制的静态比较作为政党制度化研究的抓手,21 世纪以来的政党制度化研究则更多将新制度主义理论运用到政党组织制度化的研

---

① ［美］拉里·戴蒙德、理查德·冈瑟:《政党与民主》,徐琳译,上海人民出版社,2017 年,第 34 页。
② 彭慧:《东南亚的庇护政党制刍议——以菲律宾、泰国和印度尼西亚为例》,《东南亚研究》2013 年第 6 期。
③ 张建伟:《族群型政党:概念、类型及其影响》,《中央民族大学学报》2019 年第 4 期。

究之中。"①因此,东南亚政党制度化研究受到整体政党制度化理论研究的影响,既关注政党制度的发展,考察修正传统制度变迁理论的空间,同时在研究中更加重视政党组织发展所处的内外制度性环境的影响。整体研究涵盖三方面内容:

一类研究对东南亚国家的政党和政党体制制度化水平进行衡量,考察政党制度化水平及其差异。乌芬就对菲律宾、泰国和印尼的政党组织和政党体系制度化水平做出了衡量,认为印尼的政党体制制度化水平主要受到传统社会(Social Roots)的影响,菲律宾则受到政治家族力量的影响,而泰国则是受到地方社会网络、派系及民主式威权的影响。其中,印尼在早期对社会分裂的整合有利于增强政党的制度化水平,而强人和派系则削弱了泰国和菲律宾的制度化水平。② 另外,艾伦也对菲律宾的政党组织和政党体制制度化水平做了考察,并对其内部存在的庇护型政党的非制度化水平做出了衡量,认为之所以菲律宾的政党制度化水平低,原因在于菲律宾在寡头精英众多、缺乏动员公民或群众组织的环境下提前举行选举,此举阻碍了其制度化进程,还通过一套特定的选举机构加强了这一趋势,尤其是在关键时刻的一些制度干预削弱了菲律宾政党和政党体制进一步制度化的动力。③

第二类研究则侧重解释东南亚政党或政党体制的制度化差异,探讨哪些因素或机制导致了差异。克罗森和沃尔克对东南亚国家的政党制度化水平进行衡量,其研究发现,泰国和菲律宾的政党制度还处于起步阶段。尽管案例之间存在相当大的差异,但印度尼西亚的政党制度化水平相对较高。其研究强调了结构和制度性因素的结合是差异出现的主要原因。威权政权时期的政党地位、不同社会政治分歧的显着性等因

---

① 张春满:《21 世纪国外政党政治研究:理论、前沿与情势》,复旦大学出版社,2021 年,第 60 页。

② Andreas Ufen, Political Party and Party System Institutionalization in Southeast Asia: A Comparison of Indonesia, the Philippines, and Thailand, GIGA Working Papers, German Institute of Global and Area Studies (GIGA), 2007(44).

③ Allen Hicken, Party and Party System Institutionalization in the Philippines, presented at a workshop on "Party and Party System Institutionalization in Asia", McGill University, August, 2009, p. 5.

素比选举等制度性因素具有更大的解释权重。① 除此之外,黑肯和艾瑞克也对新加坡、马来西亚等东亚政党体制制度化水平做了全局考察。②

　　第三类研究着重考察政党组织或政党体制的制度化水平对政党存续、政治发展与威权体制韧性的影响。有研究考察了为何有些伊斯兰政党能够通过温和化改革,很好的存续下来。研究者认为,如果在政党构建初期能够形成"平衡型权力结构",党内政治过程就能够产生出"强制度",用以维系党内关系,则有利于政党长期的制度化发展。但如果是"威权型权力结构",那么党内政治过程就会受到领袖权威过度干预而产生"弱制度",这会导致政党组织僵化等问题,阻碍政党长期制度化发展。③

　　在政党体制制度化与政治发展的研究中,有研究者将政党与国家关系、政党的社会基础、政党间竞争模式、政党的组织水平四项指标运用到印尼政党体制制度化水平的衡量中,认为印尼政党体制的制度化仍处于较低水平,主要受到传统政治力量、既有社会观念和后现代因素的影响。④ 也有研究在对亨廷顿、帕尼比昂科等学者的政党制度化研究进行梳理后,提出自主性、系统性和功能性是衡量政党制度化的三个标准,并将其运用到泰国政党制度化水平的衡量之中。⑤ 同样的,在政党体制制度化与威权体制韧性的研究中,也有学者对新加坡和马来西亚的民族国家建构历程及其威权体制特征展开比较。⑥

　　4. 东南亚政党组织存续研究

　　最后一类政党组织形态结果的研究涉及到政党组织的存续问题,

---

① Aurel Croissant and Philip Volkel, Party System Types and Party System Institutionalization: Comparing New Democracies in East and Southeast Asia, *Party Politics*, Vol.18(2).
② Allen Hiken、Erik Martinez Kuhonta, *Party System Institutionalization in Asia*, Cambridge University Press, 2015.
③ 夏方波:《政治转型、权力结构与政党制度化发展——以印度尼西亚为例》,《东南亚研究》2021年第2期。
④ 池步云:《印尼政体体制制度化与民主发展》,《东南亚研究》2017年第1期。
⑤ 高奇琦、张佳威:《试论政党制度化与政治发展的关系:以泰国为例》,《南洋问题研究》2015年第4期。
⑥ 李新廷、李晨阳:《民族国家建构、政党体制制度化与政党转型》,《比较政治学研究》2019年第1辑。

研究的关键问题是为什么有些政党组织发展得越来越好,有些却消亡了? 存续差异背后的作用机制是什么? 有学者从制度主义视角出发,解释了新加坡人民行动党的长期存续问题,强调了人民行动党在"治党"和"党治"两大方面的制度安排对其组织的存续所发挥的重要作用。① 还有研究者探讨了为何一些分裂后的伊斯兰政党得以生存,有些却难以生存。其研究提出,存续的差别在于这些政党是否能够与既有的社会分裂结构相结合,或有无塑造分裂结构的能力。② 也有学者考察了越南共产党的长期存续问题,并且探讨了暴力革命、战争和寻租等因素对于共产主义政党存续的影响。③

另外,也有学者对印尼的伊斯兰政党兴衰做了考察,探讨为什么伊斯兰政党呈现出不同的发展趋势? 其研究认为,印尼伊斯兰政党的意识形态对其组织结构和行为有着深远的影响。在政教关系发生变化的关键节点上,伊斯兰政党的策略选择具有内在的路径依赖效应,导致伊斯兰政党组织韧性发生显著分化,温和派伊斯兰政党和组织把持了国家的宗教资源和政治合法性,抑制了伊斯兰极端派民粹主义的蔓延,这有助于印尼民主制度的稳定。④ 还有学者考察了马来西亚巫统的存续与衰落问题,认为早期的选举受挫使得巫统能够启动行政性改革,由此吸纳更多原本不满的地方精英的支持。而 2008 年之后之所以巫统逐渐衰落,原因在于其在策略选择上强化沙文主义,逐渐丧失了主导地位。⑤ 也有学者认为跨族群政党的出现挑战了巫统的主导地位。⑥

---

① 陈慧荣、李赫楠:《新加坡人民行动党执政的制度基础》,《比较政治学研究》2021 年第 1 辑。
② 傅聪聪、陈戎轩:《社会转型、路线之争与马来西亚伊斯兰政党分裂》,《南洋问题研究》2020 年第 1 期。
③ Jonathan D. London, ed., *Politics in Contemporary Vietnam: Party, State, and Authority Relations*, Palgrave Macmillan, 2014, pp. 21–41.
④ 陈琪、夏方波:《民族主义政权与伊斯兰政党的盛衰:以印度尼西亚为例》,《当代世界与社会主义》2020 年第 5 期。
⑤ Hidekuni Washida, The Origins and (Failed) Adaptation of a Dominant Party: The UMNO in Malaysia, *Asian Journal of Comparative Politics*, Vol. 4(1).
⑥ Edmund Terence Gomez, Resisting the Fall: The Single Dominant Party, Policies and Elections in Malaysia, *Journal of Contemporary Asia*, Vol. 46(4).

总体来看,目前政党组织视角的三大类研究主要根据东南亚地区的政党发展经验,对三大类理论展开对话:一是对萨托利、迪韦尔热和戴蒙德等传统政党研究学者的政党类型学划分做出修正,关注东南亚国家内部形态迥异的政党组织,并对其展开起源模式考察、类型划分和影响探讨。二是运用新制度主义理论解释政党组织形态的变迁,或者通过对东南亚政党组织形态的考察,对制度变迁理论进行重新审视。最后则是对政党组织的起源模式及其影响做出更加精细化的考察,尤其是对政党组织起源模式的差异,及其对政治系统或政党体系发挥作用的因果机制做出更深入的研究。

(二)能动视角下的东南亚政党研究

能动视角下的东南亚政党研究将政党作为具有能动性的主体,考察政党如何参与到国家建构、政治转型和社会整合之中,以及在其中所形成的政党与国家、社会和民众的相互关系。

1. 东南亚政党与国家间关系研究

东南亚政党与国家间关系的研究是近年来东南亚政党研究的热点议题。在现代政党起源的欧美国家,政党产生于国家建构之后所形成的制度框架之内,因此在国家建构中所发挥的作用有限。大部分研究考察的是民主选举制度下的政党组织和行为选择。但在东南亚国家,部分政党产生于殖民统治阶段,在带领国家实现民族独立、推动国家建构中发挥了关键作用。政党与国家建构的时序差异使得东南亚的政党与国家间关系不同于西方,这种差异成为学界关注的重点。

在东南亚政党与国家间关系的研究中,王赓武做了开创性工作。其研究探讨了政党在东南亚国家建构中的作用。在研究中,王赓武认为二战后东南亚国家与政党之间存在三种形态:一是政府凌驾于政党,二是共产党执政,三是民主国家中的政党。其研究指出了东南亚政党形态的多样性,并认为政党能够在多大程度上决定国家所要发展的道路,主要取决于非殖民化后遗留下来的国家架构的状况。① 还有学者从跨国比较出发,分区域对政党与国家间关系做了考察。其研究认为在东南亚等新兴民主国家,政党依赖于国家,且受到国家的管理和控制,但也掌控了大量的国家资源。② 相似的涉及政党与国家之间关系的探讨还包括刘建军对新加坡政党与国家间关系的探讨。③ 在定量研究方面,有学者对政党体制国家化(Party System Nationalization)的情况做了测量,并将其运用到马来西亚的案例考察中,由此修正先前以选票份额和地理空间作为依据的测量方式。④ 在政党与国家建构的关系研究中,有学者以缅甸、巴基斯坦和印度为例,考察了东南亚和南亚后殖民国家的政党能力与国家建构的关系,提出政党能力强弱影响了独立后国家建构的成败。强政党能力有助于新政权应对建国初期来自安全环境的挑战,为国家能力的生成打下坚实的基础。⑤

2. 东南亚政党与政治转型研究

东南亚政党与政治转型的研究主要由两种进路组成,一种进路关注选举式民主制度下的政党行为和政党体制的形态。另一种进路则关注政党模式变迁和政党发展对于政治转型和民主巩固的影响。从研究视角方面,一类研究侧重选举式民主制度下单一政党的实证分析,另一类研究则侧重区域内部政党体制的形态考察。

选举式民主制度下的政党研究关注的是政党在民主体制下的行为和民主制度对政党体制的影响。前者侧重对一个或多个政党展开实证分析,有研究者就考察了马来西亚和新加坡一党长期执政与民主发展

① Genwu Wang, Millennial Asia: An International Journal of Asian Studies, *Association of Asia Scholars*, Vol. 1(1).

② Ingrid Van Biezen and Petr Kopecky, The State and the Parties—Public Funding, Public Regulation and Rent-Seeking in Contemporary Democracies, *Party Politics*, Vol. 13(2).

③ 刘建军:《"国高党低"与政党国家化:对新加坡模式的解读》,《河南师范大学学报》2007 年第 6 期。

④ Grigorii V Golosov, Party System Nationalization: The Problems of Measurement With an Application to Federal States, *Party Politics*, Vol. 19(2).

⑤ 武祥:《政党能力与后殖民地的国家建构——印度、巴基斯坦和缅甸的比较分析》,复旦大学博士学位论文,2021 年。

的关系,认为新加坡和马来西亚属于强国家、弱政党政体,政治体制具有较高的适应性,它在一党为主的体制内把多党竞争和民主政治发展到了一个较高的水平,并且能够有效地主导经济和社会的发展。[1] 还有一类研究着重分析选举式民主竞争之下的政党策略选择和政党制度变迁,这类实证分析主要分布在对缅甸[2]、柬埔寨[3]、泰国[4]和马来西亚[5]等国家的案例分析中。斯莱特对印尼民主选举后的政党特征进行考察后发现,印尼政党出现卡特尔化特征,很难在政党体制内区分出明显的反对派。这种卡特尔化是区别于欧洲国家的,它更多的是精英谈判的偶然失败所导致的。[6]

在东南亚政党国别间比较研究中,黑肯对东南亚国家民主体制下的政党数量做了理论研究,探讨为什么有些民主国家存在数量不多且面向全国的政党制度,而有些却没有。他认为政党数量是在制度性因素的影响下,民众、候选人和政党精英在选区内部和跨选区之间互动的结果。在此基础上,他的研究提出了整合动机理论(Theory of Aggregation Incentives),认为"在国家层面成为最大党有多大的回报"和"组成最大党获得回报的概率或成功率有多大"影响了不同主体开展协作的整合动机。而正是部分东南亚国家政治发展的历史和羸弱的中央政权阻碍了整合意愿的实现。[7]

---

① 李路曲:《威权政治下的民主发育——政党转型的东南亚经验》,《文化纵横》2013 年第 1 期。

② 李晨阳:《缅甸政治转型中的政党政治》,《当代世界》2014 年第 3 期。

③ 杨保筠:《柬埔寨政党政治的发展及其特点》,《当代亚太》2007 年第 1 期;顾佳赟:《柬埔寨政党政治演进与洪森政权长期执政》,《东南亚研究》2020 年第 3 期;祁怀高、李彦良:《柬埔寨 2017 年乡选前后的政党政治博弈及未来政局走向》,《南洋问题研究》2018 年第 1 期。

④ 李路曲:《泰国的政党政治与泰爱泰党一党独大局面的形成》,《社会主义研究》2005 年第 5 期;周方冶:《泰国政党政治的演进与发展》,《中国东南亚研究会会议论文集》2006 年 9 月;高奇琦:《泰国政党模式的变迁与民主巩固》,《比较政治学研究》2021 年第 3 辑。

⑤ 王昭晖、孙志强:《政党更替、族群政治与马来西亚希盟政府对华政策调整》,《比较政治学研究》2021 年第 1 辑。

⑥ Dan Slater, Party Cartelization, Indonesian-style: Presidential Power-sharing and the Contingency of Democratic Opposition, *Journal of East Asian Studies*, Vol. 18(1).

⑦ Allen Hicken, *Building Party System in Developing Democracies*, Cambridge University Press, 2009, p. 183.

3. 东南亚政党与社会研究

东南亚政党与社会的研究集中在三个方面:第一类研究着重考察东南亚的政党和政党体系与社会分裂的关系。政党制度与社会分裂的关系是传统政党理论研究的经典议题。① 乌芬在对东南亚政党体制与社会分裂的研究中,区分了以泰国和菲律宾为代表的庇护主义政党与政党体系,和印尼与马来西亚为代表的以社会分裂为基础的政党和政党体系。他认为庇护主义政党相比社会分裂为基础的政党,对于民主化的破坏性会更强。因为这种政党代表性较弱,官僚主义更加政治化,寻租行为比较普遍。之所以存在区别,主要取决于社会分裂如何以及在多大程度上会进入到政党体系之中。② 还有学者以菲律宾为例,考察为什么有些尖锐的社会分裂难以形成具有竞争力的政党。其研究认为最根本的还是制度性因素在其中发挥作用,政党在菲律宾只反映了精英和派系的个人利益和选举联盟的波动性。而殖民大国的严格管控和选举的仪式性又阻碍了菲律宾社会激烈的社会分裂的表达,也消除了社会不满最严重的根源,阻碍反精英的崛起。③

第二类研究则关注东南亚国家的政党与社会之间的关系。有学者认为新加坡的政党与国家之间呈现出政党优位协商模式,这种模式的形成与新加坡独立性工会组织在早期斗争的瓦解、新加坡的发展主义导向,以及人民行动党在应对民主和社会发展中的主动性等密切相关。④ 还有学者考察了越南共产党与社会民众之间的互动关系,研究考察了民众与越南共产党近年来的抗议冲突,提出这些冲突试图将政党

---

① Seymour Martin Lipset、Stein Rokkkan, eds., *Party System and Voter Alignments: Cross-National Perspective*, Free Press, 1967, p. 14.

② Andreas Ufen, Party Systems, Critical Junctures, and Cleavages in Southeast Asia, *Asian Survey*, Vol. 52(3), 2012.

③ Rodelio Cruz Manacsa and Alexander C. Tan, Manufacturing Parties Re-examining the Transient Nature of Philippine Political Parties, *Party Politics*, Vol. 11(6), 2005.

④ 高奇琦:《政党优位协商:新加坡人民行动党与社会的互动模式》,《社会主义研究》2014年第 2 期。

与国家历史和民族区分出来的趋势。①

第三类研究则分布在冲突解决和族群冲突的研究中,主要考察那些有冲突历史、且族群分裂的东南亚社会,对政党制度进行合理的设计是否能够推动国家和平和民主发展? 学者主要对泰国、印尼、柬埔寨和菲律宾这些容易发生冲突的社会(Conflict-prone Society)展开研究,认为这些国家的政党是阻碍民主巩固和有效治理的一大障碍,提出整个地区的体制改革使各国能够减少政治分裂,促进国家政党的发展。但制度工程并不是万能药,制度设计体现了对各种制度权衡的决定,这意味着所有改革都是有代价的。最后作者还提出了意外后果定律:即使是最温和的改革也应该谨慎和谦虚地进行。②

二、东南亚政党研究的方法选择

从整体的研究进路上看,东南亚政党研究可以划分为三大类:一类侧重历史和现象分析,考察单一国家政党的组织形态、政治互动、行为选择和发展态势。第二类从理论出发,根据单一国家政党或者某种类型政党的组织和行为展开理论研究,回应特定的理论问题。第三类则在第二类理论研究的基础上,引入国别比较的研究方法,围绕特定理论议题对不同国家的政党展开比较。其中涵盖的研究方法包括单案例研究和多案例国别间比较两大类,其中有些研究采用定性与定量相结合的研究方法,有些研究则以定性或定量研究作为方法。

历史进路开展的东南亚政党研究包含了单案例历史梳理和多案例比较两类研究,是前期东南亚政党研究的主要研究方法。历史进路的研究更加强调东南亚国家政党的特殊性,因此在研究中侧重历史梳理

---

① Tuong Vu, The Party v. the People: Anti-China Nationalism in Contemporary Vietnam, *Journal of Vietnamese Studies*, Vol. 9(4), 2014.

② Allen Hicken, Political Engineering and Party Regulation in Southeast Asia, *Forthcoming in Political Parties in Conflict-Prone Societies: Regulation, Engineering and Democratic Development*, Benjamin Reilly et. al. eds., United Nations University Press, 2008.

和过程描述,研究结论更多基于单一国家政党或两到三个政党的历史发展情况而得出。在研究中更加关注政党的历史演化阶段和发展情况,而较少建构或回应政党理论。部分涉及到传统政党理论的研究更多采取的是理论验证实证经验的研究路径。这一进路的研究为后期政党理论深入研究建立了一定的实证基础。

理论进路开展的研究同样以单案例国别研究和区域内部国别间比较作为研究方法。前期的研究主要以定性或者定量研究为主,较为前沿的研究开始将定性与定量研究方法相结合。定性研究以比较历史分析为主,采用过程追踪(Process-Tracing)的研究方法,"不仅进行简单的历史叙事,还需要梳理因素作用的顺序和过程,揭示自变量作用于因变量的机制"①。通过对政党的组织发展和互动过程进行追踪,解释其内部发挥作用的因果机制。单案例定性研究更多采用前后历史阶段比较的方法,这样更有利于对相关变量进行控制。国别间定性研究则更多采用同一时间不同国家政党状况的比较,更好的对时序性因素进行控制。

定量研究被较多的运用在因素相关性的初步分析之中,通过定量研究初步确定变量之间的相关性,再根据定性比较历史分析和国别间比较,发掘因果关系背后的深层次作用机制。在以往的东南亚政党研究中,除了比较历史分析方法的运用,定量研究同样是政党研究的重要方法。它除了被运用到因素间相关性的分析之中,还在相关概念的测量上发挥重要作用,因为政党研究涉及到大量概念的测量,如政党和政党体系制度化、政党类型和政党能力等,类型划分需要以政党的精准测量作为基础。但从目前整体的定量研究情况上看,对于东南亚政党的研究较多采用的是西方选举相关的全球数据库,或者一些二手数据,如民主多样性数据库(Varieties of Democracy Project)、选举结果易变指数(Electoral Volatility Index)和主要政党指数(Major Party Index)等。区域

---

① 唐睿:《比较政治学在东南亚权威主义研究中的新进展:议题、方法与趋势》,《东南亚研究》2020 年第 1 期。

内部专门化数据较为匮乏,且更新缓慢,整体数据质量参差不齐,这也导致很多研究出现偏差,难以在该领域取得有效的突破。

三、对东南亚政党研究的未来展望

从研究议题和方法的梳理上看,东南亚政党的理论研究和国别间比较还存在较大的发展空间,如何通过考察东南亚国家的政党发展现状,修正传统的政党政治理论,是未来推进研究的关键所在。根据研究现状,学界在两个方面存在共识:一是对原生性社会文化环境的关注,即理解东南亚地区政党,必须回到殖民历史和内部族群宗教、国家-社会关系和传统文化之中,因为"一个国家政党制度与政党政治的产生和确立,是特定政治、经济、文化环境下,社会思想和政治进程的历史产物"①。二是强调东南亚国家内部政党的多元性,研究重点更加聚焦对多元和差异背后的因果机制的探寻。总体而言,未来的研究可以从以下四个方面深入推进:

一是对传统议题的因果机制考察更加细致化。研究方法的发展使得当前的社会科学研究呈现出精细化的发展态势,对于传统议题的考察和检验也更加细化。从研究现状上看,国内外东南亚政党研究仍处于起步阶段,在政党类型划分、政党起源、政党与社会分裂等经典议题的考察和因果机制的探寻上可以更加细致化,目前的研究较多集中在因素间相关性分析或对历史展开梳理,未来的研究可以更加重视内部作用机制的考察。

二是注重理论关怀和议题整合,避免东南亚政党研究的碎片化。当前国内的东南亚政党研究以实证分析为主,涉及的研究议题较为分散。未来的研究一方面需要注重理论关怀,提高该领域研究的理论水平,同时注重议题间的整合与对话。从文献梳理中可以看到,国内外东南亚政党研究逐渐从政治转型下的政党研究发展到对政党组织、政党

---

① 周淑真:《从比较的视角看中西政党制度》,《新视野》2014 年第 2 期。

制度和政党能力的关注,研究议题也更加多元化,这给予了该领域的理论拓展和议题整合更大的空间。

三是新的定量技术介入和深入的田野调研。当前的研究以比较历史分析为代表的定性研究为主。由于实证历史资料和数据的匮乏,深入的定性和定量相结合研究难以更好的展开。但研究的推进,尤其是对一些重要概念的测量,需要该领域在实证资料的完善方面有更多的推进。未来的研究应该在基础性工作方面有更多的投入,通过深入的调研,完善这一领域的实证资料,尤其是东南亚政党数据库建设。同时在该领域方法的使用上更加开放包容,尝试将前沿的定量技术应用到分析之中。

四是在部分议题上探寻更大的发展空间。首先是政党建构与制度建构和民族建构的关系,当前的研究较多涉及到政党与国家制度建构的关系,未来需要将更多关注点放在政党与民族建构及政党建构、民族建构和制度建构三者之间的关系上,注重时序在其中的影响。其次是政党与外部主体的互动研究,目前在宗教型政党或共产主义政党的研究中存在少量的探讨,未来可以在政党、国家与外部主体三者的互动中有深入的考察。再次是政党能力与国家能力的研究,全球治理的推进使得对政党的考察更加注重其政党能力和治理绩效,政党能力如何更好的转换为国家能力,为何不同政党间存在能力的差异,需要更多的研究推进。最后是对于政党发展和政党存续的研究不仅局限在对政党起源的关注,可以考虑将关注点后移,考察政党在其他阶段的组织形态和互动对于后期政党发展的影响,过分强调政党起源的锁定效应限制了政党研究的更多可能性。

政党适应性的限度：
墨西哥革命制度党的兴衰镜鉴*

释启鹏　李朝瑞**

内容摘要　政党适应性是理解政党发展的重要概念,但为何有的政党会在追求适应性的同时对自身造成损害甚至失去执政地位呢? 基于迈克尔·曼的权力理论框架,本文提出了"政党适应性的限度"这一概念,强调基本权力结构的重要性。具体而言,文章以墨西哥革命制度党为例,认为其在追求适应性变革的同时盲目改变了自身赖以存在的经济、政治与意识形态的权力网络,进而损害了其执政基础,最终导致丧失执政地位。相反,中国共产党改革开放以来所做出的适应性变革都是具体政策层面的,而非基本权力配置层面。从这种意义上来说,作为官方话语的"不忘初心"恰恰是政党适应性的限度所在。

关键词　政党适应性;墨西哥革命制度党;新自由主义;权力网络

自诞生之日起,政党就处在不断变革的过程中以适应自身目标和生存环境的变化。政党在不断适应和嬗变的过程中,或是发展,或是衰败,抑或是先兴后衰、枯而后荣。时至今日,世界政治舞台上具有百年

＊　本文系中央高校基本科研业务费专项资金资助"第三世界国家执政党治理绩效研究"(2022JX048)的研究成果。
＊＊　释启鹏,政治学博士,北京外国语大学国际关系学院讲师,主要研究方向为比较历史分析、定性研究方法。李朝瑞,北京外国语大学国际关系学院硕士研究生,主要研究方向为政党政治、定量研究方法。

历史的政党有六十余个,像英国保守党和工党、美国的共和党和民主党以及乌拉圭的民族党、南非的非洲人国民大会党等至今仍活跃于政治舞台之中;而另一些经长期执掌的政党,如苏联共产党和墨西哥革命制度党,却在追求政党适应性的过程中失去了执政地位。由此种种不由得引人深思,为何各类政党在发展过程中会表现出不同程度的差异性,一些政党能够在百年风雨中"屹立不倒",而另一些政党却在内外冲击中走向衰败?

　　第三世界国家执政党以执掌政权为核心,对他们而言,政党的适应性变革即为保持政党长期执政。为了理解政党在谋求适应性变革中所展现的差异化结果,我们选取墨西哥革命制度党(PRI)作为本文的分析对象,旨在比较与历史的维度探寻这一执政七十余年的大党是如何在"适应性"的浪潮中失去执政地位的,并力图进一步理解,那些发展中国家的政党如何在权衡自身所处的世界政治体系及流行性观念中实现长期执政。在理论与经验的交互中,本文由四部分构成:第一部分对既有的政党适应性理论进行了简要回顾,第二部分提出了本文的核心论点,即适应性的限度问题,第三部分和第四部分在经验的维度上对墨西哥革命制度党进行了历史分析。

一、理解政党适应性:既有文献回顾

　　"政党适应性"是理解政党发展、分析政党长期存在的重要概念。"适应性"最初作为一项生物学名词指的是适应于环境的个体将能够存活下来,在"概念旅行"的过程中,政治学学者将其意涵赋予在政党研究,强调政党为了适应外部环境发生的变化而采取的某些举措,进而逐渐演变出"政党适应性"的概念。正如沈大伟(David shambaugh)所言:"所有政党包括共产主义政党就像植物一样,如果得不到足够的养分和阳光,就会枯萎死亡,但倘若受到'调适'的刺激,就会生机勃勃。事实上，正是这种枯萎死亡的危险，才能促使它们进行调适和发展。"①因此，无论身处何种政治体制中的政党，都不可避免地面临着适应与发展相协调的问题。这一问题，不仅关乎着政党自身是否能得以延续，同时也关乎着国家发展的前途命运。

回顾既有研究，围绕"政党适应性"的研究中影响最为深远的莫过于亨廷顿（Samuel P. Huntington）的见解。在他看来，适应性就是适应环境挑战的能力和存活能力。具体到政党体制而言，亨廷顿认为，当环境带来的挑战越多，组织存在的时间越久，那么它的适应力也就越强，因此就政治的发展而言，重要的不是政党的数量而是政党的力量和适应性。② 布鲁斯·迪克森（Bruce J. Dickson）提出了相似的观点，他认为适应性是以执政党为分析单位的，它被定义为一种政治体系的创设，即对社会不同领域的需求和利益更具反应性的政治系统的创建。他把适应性分为"效能型适应"和"反应性适应"两种类型，并且提出了三个分析变量，即党内精英之间的张力、政党对环境监控的能力以及外部环境的性质，③也就是将政党适应性界定为针对一国执政党政治行为研究的理论。当然，也有学者将政党适应性看作政党组织发生的适应性变革，如彼得·梅尔（Peter Mair）将政党适应性定义为政党组织对外在环境的适应与调控能力，包括限制选民选择、构建公民政治视野的持久能力和独立变革的能力。④

西方政党体制的发展，在很大程度上契合了政党适应性理论。在过去一百余年间，西方国家许多重要的政党组织都在国内外环境双重变化的基础上实现了自身变革。二战之后，阶级差别和意识形态在政治中的重要性逐渐降低，那些希望在选举中获胜的大众型政党开始被

① ［美］沈大伟：《中国共产党：收缩与调适》，吕增奎、王新颖译，中央编译出版社，2012年，第6页。
② ［美］塞缪尔·P. 亨廷顿：《变化社会中的政治秩序》，王冠华等译，上海世纪出版集团，2008年，第350页。
③ Bruce J. Dickson, *Democratization in China and Taiwan：The Adaptability of Leninist Parties*, Clarendon Press, 1997, p.5.
④ Peter Mair, *Party System Change：Approach and Interpretations*, Clarendon Press, 1997, p.10.

迫转变为"包罗万象型政党"（catch-all Party）。① 同时，由于外部环境因素对政党的发展起着主导性影响，由组织危机（如选举失败或选举领域情况恶化）等引起的强烈的环境压力给政党带来了巨大挑战，由此催化组织产生新的危机并推动政党发生变革。② 除此之外，理查德·卡茨（Richard Katz）和皮特·梅尔还提出了一种新型政党模式——卡特尔政党（cartel party），其特点是政党不再是公民与国家之间的联系渠道，而是逐渐脱离公民社会成为国家机器的一部分。③ 在他们看来，西方民主国家的政党发展便反映了这样一个辩证过程，即每当政党类型产生一种新的反应，便会刺激新的政党类型出现，从而推动政党进一步发展。回顾世界政党发展历程，那些经得住外界环境考验并顺利实现适应性变革的政党，往往具有政党体制稳定、政权寿命长等显著特点。不妨将时钟拨回到一百多年前，像德国社会民主党、西班牙工人社会党、瑞典社会民主工人党、奥地利社会民主党和英国工党等有着上百年乃至 150 多年历史的欧洲传统大党，都一度在欧洲各国政党政治体制中地位稳固，拥有全民党的影响力，均领导过政府或参与执政。正是由于欧洲各国社会民主政党适时调整纲领路线、找准自身定位，不断适应社会发展进程，才能至今活跃于欧洲政党政治舞台之中。

经济和社会发展水平的提高以及与国际社会的互动可能会加大政党适应的压力，但它们不会自动促使政党适应。事实表明，政党的适应性和反应能力取决于政党所面临的环境条件、政党自身的历史传统以及政党领导人的特点等。在这种意义上，围绕党史研究而提出的许多重要概念，诸如"从革命党到执政党""从局部执政到全面执政"都展现出了中国共产党在不同阶段所展现的适应性调整。而革命—建设—改

①　Otto Kirchheimer, "The Transformation of the Western European Party System," in *Political Parties and Political Development*, edited by Joseph LaPalombara, Myron Weiner, Princeton University Press, 1966, pp. 177-200.

②　Angelo Panebianco, *Political parties: Organization and Power*, Cambridge University Press, 1988, p. 243.

③　Katz Richard S. and Peter Mair, "Changing Models of Party Organization and Party Democracy: The Emergence of the Cartel Party," *Party Politics*, Vol. 1, Iss. 1, 1995.

革的主流叙事模式，同时是在历史的维度中体现出了中国共产党围绕不同挑战而做出的应对方略。而在社会科学意义上而言，"三个代表"重要思想或许是政党适应性理论最为集中的体现，它集中体现了政党如何在新的环境中实现组织代表、制度化吸纳等核心问题。① 因此，政党适应性理论对中国的意义不仅是学术的，同样具有深刻的实践意涵。国内学者关注政党适应性理论，归根结底还是为了中国共产党的自身建设。正如习近平指出的那样："马克思主义政党的先进性和纯洁性不是随着时间推移而自然保持下去的，稍不注意就可能蒙尘褪色，久不滋养就会干涸枯萎""强大的政党是在自我革命中锻造出来的。"②

　　回溯既有研究，如今围绕政党适应性理论的探讨已趋于成熟。研究者普遍认为，推动自身的适应性变革是政党实现发展乃至长期执政的重要手段。然而，政党适应性背后的差异却鲜有人关注——吊诡的是，一些政党恰恰是源于在追求适应性的过程中反而丧失了执政地位。例如20世纪80年代以来，新自由主义浪潮与"第三波"民主化浪潮席卷全球，许多国家纷纷采取了市场化、私有化的政策措施，并开启了民主转型的步伐。然而正是为了适应自由主义世界秩序所廓定的时代主题，许多国家的执政党却最终失去了执政地位，如苏联共产党以及本文关注的墨西哥革命制度党。那么，政党在维持自身地位与实现适应性变革的过程中到底应当如何平衡呢？

二、适应性的限度：基于权力网络的分析框架

　　通过既有文献的梳理，我们发现政党适应性的相关研究缺少了一项重要环节：研究者们主要围绕适应性的内容及成效展开讨论，却鲜有

---

① 石仲泉：《关于"三个代表"重要思想的研究》，《毛泽东思想研究》2003年第3期；Jia Hepeng，"The three Represents Campaign: Reform the Party or Indoctrinate the Capitalists," *Cato Journal*, Vol. 24, No. 3, 2004；Joseph Fewsmith，"Studying the Three Represents," *China Leadership Monitor*, No. 8, 2003, pp. 1-11.

② 《习近平谈治国理政》（第三卷），外文出版社，2020年，第538页。

关注在何种程度上追求适应性。抑或是说,政党应当在什么层面上推进适应性。为此,我们提出了"适应性的限度"这一命题,它涉及政党赖以存在的社会基础这一根本问题。

西方主流研究通常在民主-威权的二元对立中理解第三世界的政治行为,因此研究者将权力精英的态度以及恩庇-侍从关系视作政党得以存在的基础:通过竞争性选举的渠道,精英凭借自身在经济、政治等领域的优势,通过承诺公共物品供给等方式以换取选民的选票支持。① 而对于那些单一政党长期执政的国家,学者们则往往将政党执政的基础诉诸所谓"绩效合法性"②。在我们看来,这实则是基于一种很"窄"的视角,他们盲目地将执政基础简单地定义于"合法性"这一被反复建构的模糊概念基础之上。③ 与此同时,一项好的理论应当超越民主-威权的简单划分,从而为政党政治提供一种更具广度的分析框架。我们认为,以执掌政权为核心的政党政治中,权力始终且应当是最需要关注的维度。为此,我们借用迈克尔·曼(Michael Mann)的权力理论,强调一个政党执政的基础在于特定形式的意识形态、经济、军事与政治的权力网络。④ 保持权力网络中基本权力配置的稳定性,是政党适应性变革的限度之所在。其中,军事权力固然为社会权力的重要组成部分,并在国家形成、政体存续的过程中发挥着举足轻重的作用。但是,据既有研究的经验观察,军事权力的变革往往展现在国家形成的历史进程之中;⑤而在国家建立之后,军事权力的调整则与政权更迭息息相关,例如

① Allen Hicken, "Clientelism," *Annual Review of Political Science*, Vol. 14, 2011; Chappell Lawson and Kenneth F. Greene, "Making Clientelism Work: How Norms of Reciprocity Increase Voter Compliance," *Comparative Politics*, Vol. 47, No. 1, 2014.

② Susan Shirk, *Fragile Superpower: How China's Internal Politics Could Derail its Peaceful Rise*, Oxford University Press, 2007; Hongxing Yang and Dingxin Zhao, "Performance Legitimacy, State Autonomy and China's Economic Miracle," *Journal of Contemporary China*, Vol. 24, No. 91, 2014.

③ 杨光斌:《合法性概念的滥用与重述》,《政治学研究》2016 年第 2 期。

④ [英]迈克尔·曼:《社会权力的来源(第 1 卷):从开端到 1760 年的权力史》,刘北成、李少军译,上海人民出版社,2015 年,第 3 页。

⑤ 最经典的研究即蒂利所谓的"战争制造国家,国家发展发动战争",参见 Charles Tilly ed., *The Formation of National States in Western Europe*, Princeton University Press, 1975.

在拉丁美洲和其他地区，军队和政府总是密切相关，建立一支常备军是国家主权的基础。[①] 鉴于此，本文仅考察政党在适应性变革中经济权力、政治权力和意识形态权力的复杂互动，以及这些基本权力配置是如何决定着政党适应性的限度。

在这三种权力配置中，经济权力具有基础性作用。在马克思主义传统中，经济权力主要表现为国家间生产力与生产关系、经济基础和上层建筑之间的互动变化。而经济权力的运转与政治稳定密切相关，这一点在第三世界国家当中尤为明显。相较于具有较高经济活力的发达国家而言，第三世界国家的民众与其说在意能否获得参与政治生活的基本权利，毋宁说更为关注的是国家是否取得了良好的经济绩效以及政治运行中的分配正义问题。在经济权力变革的诸多维度中，影响最为深远的当属土地关系的变革。无论是 17 世纪英国的"圈地运动"、19 世纪俄国"废奴运动"与美国"西进运动"还是 20 世纪原苏联推行的土地集体化运动，土地改革尤其是所有权问题一直是世界政治变迁中的焦点问题。1900—2010 年间，全球范围内共发生了近四百次土地改革事件，其中九成发生在发展中国家，在这些发展中国家的土地改革 96% 发生在 1950 年之后。[②] 在这些国家，通过改变农业生产方式、土地结构以及阶级结构，广大的农民阶级重新获得了土地所有权，基本实现了渐进式的土地再分配。通过扩大农民阶级的土地权，土地改革不仅增加了他们的财富，同时也减少了"非经济"层面的贫困。因此，第三世界的发展研究都不约而同地强调土地产权制度与政治秩序之间的关系。[③]

① Alain Rouquié, *The Military and the State in Latin America*, University of California Press, 1987, p. 11.

② Prasad S. Bhattacharya, Devashish Mitra and Mehmet A. Ulubaşoağlu, "The Political Economy of Land Reform Enactments: New Cross-National Evidence (1900–2010)," *Journal of Development Economics*, Vol. 139, No. 4, 2019.

③ Michael Albertus, *Autocracy and Redistribution: The Politics of Land Reform*, Cambridge University Press, 2015; Catherine Boone, *Property and Political Order in Africa: Land Rights and the Structure of Politics*, Cambridge University Press, 2014.

同时,土地改革的顺利进行也成为经济快速增长的前提条件。①

经济权力虽如此重要,但这绝不意味其唯一性。正如恩格斯所言:"经济状况是基础,但是对历史斗争的进程发生影响并且在许多情况下主要是决定着这一斗争的形式的,还有上层建筑的各种因素。"②政治权力对于作为政治组织的政党而言同样重要。在迈克尔·曼看来,政治权力来自对社会关系许多方面的集权化、制度化和领土化管理的有效性。③ 也就是说,政治权力大致相当于韦伯意义上国家所实施的权力。政治权力的形成伴随着民族国家的形成,而在国家政权确立之后,政治权力的变迁则主要体现为政体的变迁。近半个世纪以来,世界范围内的政体变迁主要体现为所谓的"第三波"民主化浪潮。对于第三世界而言,民主化导致了权力的碎片化,因为这些国家形态远非像韦伯所描述的"对疆域内暴力的合法垄断"如此简单——相反,大量权威可能高度分布于社会,在这个大杂烩之中,国家仅仅是其中之一,种族群体、特定社会阶级的组织、村庄,以及任何施加游戏的群体等等都发挥着至关重要的作用。④ 第三世界国家通过民主的竞争性选举渠道,将这种社会上的碎片化带到政治的碎片化当中来,从而会导致更多的冲突。相应地,当一个相对封闭的政治体系,骤然出现竞争性选举的时候,政党可能就忽视了自身的制度化建设,从而在选举中失利。

除了更为"硬核"权力类型,意识形态权力同样不容忽视,甚至观念性因素在 20 世纪之后对于世界政治体系的变迁尤显重要。对于许多国家而言,不是因为军事权力出了问题,也不是政治本身出了问题,而是受制于人的经济权力和意识形态权力出了问题。意识形态权力作为

① Wonik Kim, "Rethinking Colonialism and the Origins of the Developmental State in East Asia," *Journal of Contemporary Asia*, Vol. 39, No. 3, 2009; Alain de Janvry, "The Role of Land Reform in Economic Development: Policies and Politics," *American Journal of Agricultural Economics*, Vol. 63, No. 2, 1981.

② 《马克思恩格斯选集》(第 4 卷),人民出版社,2012 年,第 604 页。

③ [英]迈克尔·曼:《社会权力的来源(第 1 卷):从开端到 1760 年的权力史》,刘北成、李少军译,上海人民出版社,2015 年,第 34 页。

④ [美]乔治·S. 米格代尔:《强社会与弱国家:第三世界的国家社会关系及国家能力》,张长东等译,江苏人民出版社,2012 年,第 30 页。

一种弥散性权力,在塑造观念和认同等方面具有政治、经济和军事权力无可比拟的强大作用。也正因如此,一旦纷繁复杂的意识形态交织在一起,就很容易给国家带来混乱和动荡。由于缺乏自主的观念和意识形态,第三世界国家成为了中心国家的各种理论的试验场,从而导致这些国家在中心—边缘的不平等格局中处于一种全方位的依附状态。"好制度"与"好政策"如此迷人,以致 20 世纪下半叶以来许多发展中国家纷纷效仿。在张夏准(Ha-JoonChang)看来,"好政策"包括但不限于限制性宏观调控政策、国际贸易和国际投资自由化政策、私有化政策和放宽管制性政策等;"好制度"则有民主制度、好的官僚制度、独立司法体制、保护私有产权的制度、透明且以市场为导向的企业治理制度和金融制度。① 但现实世界表明,许多采取了"好制度"的第三世界国家并没有因此走向繁荣,反而加剧了经济低迷与不平等。②

　　综上,本文认为,"适应性限度"在于政党是否在推动适应性改革的过程中触及自身赖以存在的权力基础。而这个基础,包括了政治权力、经济权力以及意识形态权力等诸多维度,由此构成的复杂权力网络往往是政党在执政过程中不断形成的。一般而言,成功的适应性变革都是在基本权力结构不变的前提下,采取一些政策层面的变革。诸如在保持公有制为前提的经济权力配置的前提下,引入市场化导向的政策,如股票、证券市场等等。相反,那些被适应性改革所"伤害"乃至失去执政地位的改革,多是源于触动了基本权力配置。例如将土地公有制变为土地私有制,放弃了长期以来宣传的官方意识形态,以及盲目地推动自由民主体制等。基本权力结构发生改变,会引发一系列的连锁反应,最终伤害政党本身。

　　政党适应性理论的目的在于维系政党长期存在并实现执政,因此"适应性的限度"同样关注那些谋求执政的传统政党,进而将诸如绿党

① ［英］张夏准:《富国陷阱:发达国家为何踢开梯子?》,蔡佳译,社会科学文献出版社,2020 年,第 1 页。
② 释启鹏:《"好制度"为何不能总是带来"好结果"? ——中美洲国家兴衰的比较历史分析》,《经济社会体制比较》2021 年第 5 期。

等新型政党组织排除在外。与此同时,本文重点关注发展中国家那些长期执政的政党,因为在政党中心主义的现代化路径中,政党自身建设直接影响到了国家建设。为了进一步理解本文所提出的理论主张,我们以墨西哥革命制度党为案例进行深入分析。从案例选择的维度而言,我们是基于"路径案例"(pathway case)的层面进行的案例选择,即重点关注原因是通过何种机制以实现最终结果的。[1] 基于权力网络的理论框架,革命制度党所引领的"墨西哥奇迹"以及它最终失去执政地位的历史进程,都浓墨重彩地展现出了不同社会权力相互作用所发挥的关键因素——或言之,墨西哥革命制度党的兴衰恰当地体现出一个长期执政的政党是如何在"适应性"的浪潮中因改变了赖以执政的权力配置而最终丧失执政地位的。通过历史性因果叙述(historical-causal narrative)的方法,[2]本文将展现执政党在盲目追求适应性的过程中是如何通过基本权力配置的改变而失去执政地位的。与此同时,比较政治学研究归根到底是基于"本国中心主义"的国别经验"比较"得出的一般性概念和理论。[3] 墨西哥是人口过亿的发展中大国,墨西哥革命制度党是持续执政 71 年的大党。理解墨西哥革命制度党的兴衰,对于中国共产党这一执政七十余年的大党而言同样具有理论与现实的双重意义。

三、墨西哥革命制度党与"墨西哥奇迹"

理解墨西哥革命制度党的重要地位,必然要关注墨西哥革命的重要意义。"墨西哥革命是拉丁美洲 20 世纪前半叶最深刻的社会革命,

---

[1] John Gerring, *Case Study Research: Principles and Practices*, 2nd Edition, Cambridge University Press, 2017, pp. 105 –114; Nicholas Weller and Jeb Barnes, *Finding Pathways: Mixed-Method Research for Studying Causal Mechanisms*, Cambridge University Press, 2014.

[2] Qipeng Shi, "Rethinking the Methodological Foundation of Historical Political Science," *Chinese Political Science Review*, Vol. 7, No. 1, 2022.

[3] 杨光斌:《比较政治学:理论与方法》,北京大学出版社,2016 年,第 1 页。

它是世界上主要社会大变动之一"①，它不仅使墨西哥完成了政治、经济等众多方面的改造，同时也为墨西哥今后发展指明了方向。事实上，墨西哥在现代化启动之初采取的是"政治专制主义和经济自由主义相结合的模式，到 20 世纪初，其经历了一场比较彻底的资产阶级民主革命，从而带来了体制上的变革与创新，并为进口替代工业化模式的实施奠定了坚实的基础"②。在墨西哥革命之后，为了防范精英内部的暴力风险，并让农村地区保持稳定，一个支配性政党——国民革命党（PNR）在墨西哥成立。在墨西哥 20 世纪的现代化过程中，政党始终都是国家制度变迁的主导者。为了能够形成一个更具凝聚力和执行力的政治组织以贯彻各类政策，卡德纳斯领导的国民革命党于 1938 年宣布改组为墨西哥革命党（PRM）。

作为一个事实上持有左翼意识形态的政党，卡德纳斯治下的墨西哥革命党的首要改革措施围绕土地所有权展开。土地制度不仅蕴含了权利人与政府之间的政治关系，同时还包含着社会关系，它规定了一个社会中谁享有土地及其他土地资源，在农业社会，社会经济生活总是围绕着土地权利来展开的，土地制度是社会政治组织的基础框架。③ 墨西哥革命制度党所面临的，是一个地主阶级为核心的碎片化权力网络。20 世纪初，墨西哥绝大部分土地集中在官僚、富人、天主教会和外国投资者的手中，11000 个大庄园控制了全国 57% 的土地，而 1500 万农民中 98% 却没有土地。④ 为将社会"组织起来"从而推动国家发展，卡德纳斯政府于 20 世纪三四十年代开展了广泛而深刻的社会经济改革。在农业方面，国家打破了大地产制，在土地改革过程中重建村社土地所有

---

① ［美］E. 布拉德福德·伯恩斯：《简明拉丁美洲史》，王宁坤译，湖南教育出版社，1989 年，第 239 页。

② 钱乘旦、韩琦主编：《世界现代化历程·拉美卷》，江苏人民出版社，2015 年，第 97 页。

③ Catherine Boone, *Property and Political Order in Africa: Land Rights and the Structure of Politics*, Cambridge University Press, 2013, pp. 4–5.

④ Ana de Ita, "Land Concentration in Mexico after PROCEDE," in *Promised Land: Competing Visions of Agrarian Reform*, edited by Peter Rosset, Raj Pater and Michael Courville, Food First Books, 2006, p. 148.

制。① 同时,卡德纳斯政府将本国和外国人手中所持有的大地产进行没收,并再分配给农民,从而使更多的农民阶级获得开展农业生产的资格。研究表明,1910—1940 年间,墨西哥有 56% 的耕地(超过 2500 万公顷)和 70% 的森林授予了 30332 个合作社和村社,到 1970 年,占农村人口一半的村社社员约 290 万户,共占有土地 6872 万公顷,相当于全国土地面积的 50%。② 甚至许多墨西哥民众认为,政府所设立的土地制度能够"建立一个处处一样的、平等的土地所有制和农业生产关系"③,是一种几乎平等的土地所有制。

20 世纪 40 年代以后,墨西哥的土地改革运动进入了新的历史阶段,即以巩固农村新秩序、发展农业生产力为主。④ 阿维拉·卡马乔(ávila Camacho)政府在前者的基础上继续推进土地改革,并于 1943 年颁布了新的国家土地法令,宣布将更多的土地分配给农民。到了 20 世纪 50 年代,由于政府根据新形势对宪法作出重大修改,那些拥有丰厚资金和经济效益的农场主又开始将许多村社社员的土地集中到自己手中。不过,洛佩斯·马特奥斯(López Mateos)上台后又重新恢复土地改革,到埃切维里亚·阿尔瓦雷斯(Echeverría álvarez)政府时期,共分配土地 650 多万公顷,土地改革到达一个新阶段。土地所有权规则的改变是一个重要的工具,即使达不到目标也会给农村社会——其生存策略和社会控制模式——带来意料之外的重大影响。⑤ 如果没有墨西哥历史上不同时期的大规模土地改革,墨西哥的政治稳定是不可想象的。正因为农民对土地的需求是影响农业乃至国家发展的主要因素之一,墨西哥政府将土地分配作为缓解农村政治动荡的一种手段,不仅为墨

---

① 徐世澄:《墨西哥政治经济改革及模式转换》,世界知识出版社,2004 年,第 30 页。

② Ana de Ita, "Land Concentration in Mexico after PROCEDE," in *Promised Land: Competing Visions of Agrarian Reform*, edited by Peter Rosset, Raj Pater and Michael Courville, Food First Books, 2006, p.149.

③ [墨]盖尔·马默特:《墨西哥——村社社会生产组织形式的变化(1924—1981 年)》,陈思译,《国际社会科学杂志》1988 年第 4 期。

④ 冯秀文:《墨西哥的土地改革》,《历史研究》1990 年第 5 期。

⑤ [美]乔尔·S. 米格代尔:《强社会与弱国家:第三世界的国家社会关系及其能力》,张长东等译,江苏人民出版社,2009 年,第 62 页。

西哥农村发展开辟了道路,同时也进一步扩大了党的执政基础。

土地改革在经济权力的维度上重塑了墨西哥政治场域,而涉及生产方式与社会结构的变革往往是最深刻,也是最能改变国家发展命运的改革途径。在疾风骤雨的变革中,政党的组织化水平与制度化能力得到了极大的提升。比较政治研究的经典文献告诉我们,变革时代的冲突性力量往往能够锻造强大的政党组织。这样的观点,可以追溯到亨廷顿和斯考切波(Theda Skocpol)的研究。亨廷顿在《变化社会中的政治秩序》中表明,持久的一党制政权往往是"民族主义或革命运动的产物,自下而上的斗争是为了权力"①。与此类似地,斯考切波也将强大国家(政党)与革命运动联系起来,新国家的强制力远高于革命所取代的国家。② 在重塑国家的进程中,卡德纳斯依靠工农革命力量,在墨西哥建立起了一个新的、与自主型的经济现代化模式相适应的政治模式。这主要可以概括为两个重要的政治制度,"一个是制度化的强有力的总统制,一个是职团主义结构的官方党—党民主制"③。其中,总统制的设立不仅避免了过去个人专断独裁统治形式的复辟,同时也具有较强的民主基础和创新精神。可以说,墨西哥革命后由卡德纳斯所创立的新型政治体制,在一定程度上保证了墨西哥此后现代化进程的顺利进行。

"随着经济基础的变更,全部庞大的上层建筑也或慢或快地发生变革"④,相应的意识形态形式就会发生改变。在重塑经济权力与政治权力的同时,墨西哥革命制度党同样重视意识形态权力的非凡作用。众所周知,意识形态既是政党的合法性基础,同样也是政党危机的来源。⑤从国民革命党到墨西哥革命党再到革命制度党,虽政党名称不断修改,但"革命"二字一直贯穿其中。为寻求中央集权的国家权力,同时也为

---

① Samuel P. Huntington, *Political Order in Changing Societies*, Yale University Press, 1968, p. 418.
② [美]西达·斯考切波:《国家与社会革命:对法国、俄国和中国的比较分析》,何俊志等译,上海世纪出版集团,2007 年,第 201 ~ 213 页。
③ 徐世澄:《墨西哥革命制度党的兴衰》,世界知识出版社,2009 年,第 16 页。
④ 《马克思恩格斯选集》(第 2 卷),人民出版社,2012 年,第 3 页。
⑤ 赵鼎新:《论意识形态与政党政治》,《学海》2017 年第 3 期。

了克服外来势力的侵略,创造一个更加繁荣和独立的民族资产阶级,作为官方党意识形态的革命民族主义应运而生。其主要内容是:继承和发扬墨西哥独立战争、19 世纪中叶华雷斯领导的改革运动和 1910—1917 年墨西哥革命的传统,捍卫民族独立与主权、自由与民主、正义与社会公正,反对殖民主义、帝国主义,建立"民主、公正、自由、平等"的社会。①

可以说,革命民族主义作为一种意识形态权力,以一种本能的、无意识的方式渗透到整个社会当中:政治上,主张继承发扬墨西哥革命的传统,建立一个现代的国家;经济上,主张建立国家所有制、社会所有制和私有制并存的混合经济体制;社会方面,主张建立民主、公正、自由、平等的新社会,通过社会变革,实现公平公正。文化上,主张保护墨西哥多元的民族文化传统,尊重印第安人的习惯和社会组织形式;最后,在外交上,坚定地捍卫民族独立和国家主权,反对一切帝国主义、新老殖民主义以及种族主义等思想。②

综上我们不难看出,墨西哥革命制度党通过经济权力、政治权力和意识形态权力等多种渠道对墨西哥进行了重塑。在深刻变革中形成的权力网络构成了该政党赖以执政的基础,并深刻改变了墨西哥的政治社会生态:在经济上,长达几十年的土地分配政策演变为缓解农村政治动荡作出了重要贡献,同时也为墨西哥农村发展开辟了道路;在政治维度上,集中体现为建立起一个引领国家现代化发展的强大官方政党;意识形态方面,革命民族主义的确立为墨西哥工业化快速发展扫清了思想障碍。这三种权力的交织,共同塑造了墨西哥革命制度党长期执政的权力基础。通过将政党组织嵌入到全新的权力网络之中,墨西哥革命制度党创造了政治秩序与经济增长的"双重奇迹。到 1980 年,墨西哥的人均国民生产总值达到了 2130 美元,这使其在世界银行半工业化

---

① 徐世澄:《连续执政 71 年的墨西哥革命制度党缘何下野》,《拉丁美洲研究》2001 年第 5 期。

② 徐世澄:《墨西哥政治经济改革及模式转换》,世界知识出版社,2004 年,第 100~101 页。

或"中度发达国家"中名列前茅，这一时期政治稳定和经济快速发展被称为"墨西哥奇迹"。

四、新自由主义浪潮下的适应性变革

以土地公有为核心的经济权力、以强大政党建设为核心的政治权力以及以革命民族主义为核心的意识形态权力，构成了墨西哥革命制度党长期执政的权力网络。但时至 20 世纪七八十年代，这一基本权力结构开始受到侵蚀。方法论研究者将变革的缘由归结为许可性条件（permissive conditions）与生成性条件（productive conditions）①，在这种意义上，20 世纪中后期整个拉美世界所经历的巨大变革为墨西哥革命制度党迎合世界潮流而采取适应性变革提供了"许可性条件"：一方面，20世纪 80 年代遭遇治理危机，甚至出现了"失去的十年"。而更为重要的，则是世界政治体系中新自由主义的强势回归；另一方面，当 20 世纪中叶的来自第三世界轰轰烈烈的"反体系运动"逐渐归于平静，世界主流话语体系发生嬗变，在否定凯恩斯主义的浪潮中，一股强调市场而据斥国家的思潮在全球展开，"该理论体系强调以市场为导向，是一个包含一系列有关全球秩序和主张贸易自由化、价格市场化、私有化观点的理论和思想体系，其完成形态则是所谓'华盛顿共识'"②。在此背景之下，所有国家尤其是世界体系的边缘地带，都不得不面对新自由主义话语所带来的巨大诱惑。遗憾的是，对于绝大多数的第三世界国家而言，它们鲜有提供原创性理论，它们往往被动地接受来自中心国家的理论供给——而这些理论与观念，要么是对特定历史与特定经验的理论化总结，要么是中心国家的学者们所进行的"理论创造"。因此它们不仅是世界性政治思潮的接受方，而且更显被动性。也正是源于此，许多第

---

①　Hillel David Soifer,"The Causal Logic of Critical Junctures," *Comparative Political Studies*, Vol. 45, No. 12, 2012.

②　［美］诺姆·乔姆斯基：《新自由主义和全球秩序》，徐海铭、季海宏译，江苏人民出版社，2000 年，第 5 页。

三世界国家在观念的牢笼中不能自拔。

转型肇始于 1982 年的债务危机,墨西哥经济为此付出了极其惨痛的代价。由于政府职能越位、错位或缺位,未能履行基本的政府职责,从而在回应民众合理诉求、维护社会正常秩序以及促进经济健康发展等方面缺乏有效的治理能力。① 为了应对严峻的危机,在新自由主义思潮的浸染中,国家颁布了《经济调整紧急计划》。在这项与西方发达国家"新自由主义转向"如此一致的政策主张中,一系列旨在削弱国家职能的政策——诸如削减公共支出、控制工资增长、重新安排债务等措施纷纷出台。为了进一步推动市场化进程,墨西哥在 1983 年继而提出了《全国发展计划 1982—1988》,全面开始了外向型经济发展模式。到 1988 年萨利纳斯执政之后,新自由主义改革在墨西哥全面铺开。1991 年的《国情咨文》是墨西哥新自由主义转向的"宣言书":对外向美国靠拢,加入经济合作与发展组织(OECD)并退出 77 国集团;对内则全面推行新自由主义政策。② 新自由主义转向的突出标志即市场化与私有化,作为最早一波进行私有化改革的拉美国家之一,墨西哥在 1992 年对 1075 家国有企业进行了私有化改革,到 1994 年国有企业已经降到了 209 家。这些政策,构成了适应性变革的生成性条件。

如果说以上变革尚属于政策层面的话,那对土地的私有化则触及到墨西哥革命制度党赖以执政的经济基础。如前所述,"墨西哥奇迹"很大程度上是建立在以土地再分配基础之上的整体性社会变革而形成的。土地制度是经济权力的核心,甚至可以说墨西哥革命制度党的关键权力基础即村社土地制度。然而,墨西哥政府却在 1992 年新的土地法中对《宪法》第 27 条进行了重大修改:政府停止了土地再分配活动;村社成员有权对自己的土地出租和买卖;私人公司被允许参与到土地竞价中来;村社和资本家可以建立新的组织并允许村社成员集体参股。如此一来,短时间内土地买卖刺激了乡村经济的发展,但其代价却是致

---

① 漆程成:《当代西方民主治理困境的比较分析》,《比较政治学研究》2021 年第 2 期。
② 苏振兴主编:《拉美国家现代化进程研究》,社会科学出版社,2006 年,第 236~237 页。

命的——大量小农和村社社员的土地被大的资本集团所兼并,80％的村社土地被卖给了大地主和跨国资本集团。[1]

从 1988—2000 年,墨西哥政治舞台的大背景发生了巨大变化。最为重要的,即为政治反对派已从墨西哥政治的边缘地位,成为一个重要的、可见的参与者。[2] 换句话说,除革命制度党以外的其他政党开始对墨西哥行政和司法部门以外的所有政治机构施加影响,并逐渐增强自身影响力。尤其是国家行动党(PAN)和民主革命党(PRD)等反对派政党在墨西哥议会参众两院的席位数开始持续增长。例如,1994 年墨西哥大选时,反对党共同控制了墨西哥 32 个州长中 11％ 的职位,并占据了众议院 40％ 和参议院 26％ 的席位。可以说,1988 年以来的每一次墨西哥总统选举都对 2000 年总统大选前选举竞争格局的改变产生了重要影响。在这十多年间,墨西哥选民逐渐改变他们对民主的既有看法,开始认为竞争性选举才是民主政治的核心所在。

为获取更多选民支持,自萨利纳斯(Salinas)执政起,"革命制度党逐渐放弃和背叛了革命民族主义,并用名为'社会自由主义'和'新民族主义'而实际为新自由主义的政策取代了革命民族主义"[3]。甚至华盛顿、华尔街和大众媒体一致将萨利纳斯描述为改革家和现代化者,并将其比作"拉丁美洲版的戈尔巴乔夫",致力于消除墨西哥的腐败、低效和一党统治。[4] 社会自由主义是一种新的意识形态和政治统治形式的反映,目的是维护统治阶级的霸权,同时将大多数墨西哥人排除在参与制定国家政策的范围之外。在阶级斗争不断升级、贫困水平不断上升的情况下,新自由主义的意识形态排除了大多数墨西哥工薪阶层和中产阶级的利益和需求。因而,伴随着墨西哥经济的持续低迷,以及与强大

---

[1]　钱乘旦、韩琦主编:《世界现代化历程·拉美卷》,江苏人民出版社,2015 年,第 144 ~ 145 页。

[2]　Jorge I. Domínguez and Chappell H. Lawson: *Mexico's Pivotal Democratic Election: Candidates, Voters, and the Presidential Campaign of 2000*, Stanford University Press, 2004, p.26.

[3]　徐世澄:《墨西哥革命制度党为何能东山再起》,《拉丁美洲研究》2012 年第 5 期。

[4]　Andrew Reding, "Mexico Under Salinas: A Facade of Reform," *World Policy Journal*, Vol. 6, No. 4, 1989.

的劳工阶层和资本家之间缺乏政治和物质的社会契约,这些试图通过新自由主义意识形态和债务原则作为社会纪律来重组扩大后的国家的尝试都未能达到他们的目标。① 意识形态权力的变革与经济权力、政治权力一套,彻底改变动摇了墨西哥革命制度党的执政基础。

适应性变革并没有解决危机,反而是加重了危机。在保罗·皮尔逊(Paul Pierson)看来,累进性力量可能对相关结果不产生递增的变化,反之,这些过程具有轻微或可以忽略的影响,直到它们达到某种临界水平进而足以引发重大变化。② 最终,墨西哥政坛于 2000 年 7 月 2 日总统大选上演了令世界为之震撼的"地震"——反对党候选人比森特·福克斯(Vicente Fox)以超过 6% 的得票率击败了革命制度党(PRI)的弗朗西斯科·拉巴斯提达(Francisco Labastida)。③ 至此,执政长达 71 年的墨西哥革命制度党彻底失去了执政地位。对许多观察家来说,2000 年的总统大选成为墨西哥民主化的一个关键转折点,对其政治生活产生了深远的影响。然而对革命制度党而言,这意味着其自身开启的适应性变革最终反而将它自己推向了失去执政的深渊。

在以改变权力配置为条件的适应性变革中,受到致命损害的不仅是墨西哥革命制度党,同样是墨西哥整个国家。时至 20 世纪末,曾经令世人瞩目的"墨西哥奇迹"戛然而止,新自由主义调适与民主转型并没有带来其所期许的治理绩效,反而是经济衰退与暴力横行。据统计,墨西哥 84% 的城市遭受毒品暴力的威胁,从 2006—2012 年,墨西哥已有 6.4 万人死于有组织犯罪。④ 贩毒集团不仅与警察和军队发生激战,而且不同派别之间甚至集团内部也会相互厮杀。由此观之,一旦走上

---

① Susanne Soederberg, "From Neoliberalism to Social Liberalism Situating the National Solidarity Program Within Mexico's Passive Revolutions," *Latin American Perspectives*, Vol. 28, No. 3, 2001.

② [美]保罗·皮尔逊:《时间中的政治:历史、制度与社会分析》,黎汉基、黄佩旋译,江苏人民出版社,2014 年,第 99 页。

③ Jorge I. Domínguez and Chappell H. Lawson: *Mexico's Pivotal Democratic Election: Candidates, Voters, and the Presidential Campaign of 2000*, Stanford University Press, 2004, p. 1.

④ Ernesto Zedillo and Haynie Wheeler, *Rethinking the "War on Drugs" Through the US-Mexico Prism*, Yale Center for the Study of Globalization, 2012, p. 33.

政党建设现代国家的发展路径，在现代国家体系尚未形成的条件下，任何放弃政党主导的做法，表面上毁弃的是政党，实际上毁弃的是整个现代化进程和现代国家的全局。①

结　语

通过历史性因果叙述，本文展现出了三种核心权力配置在墨西哥革命制度党兴衰过程中的关键作用。革命制度党执政地位的丧失，恰是因为盲目推行的适应性变革。这一变革的核心意涵，是自由主义于20世纪80年代以来在全球范围的强势回归，它主要体现在经济上的新自由主义、政治上的民主化以及社会领域的治理理论。对于墨西哥革命制度党来说，其赖以存在的基本权力配置——以村社为核心的土地公有制、党对政治过程的领导权以及作为官方意识形态的革命民族主义——在新自由主义浪潮的冲击下都产生了根本性的变化。在政党适应性理论的基础上，我们意图进一步探寻到底怎样的适应性变革有利于政党的自身建设。本文认为，成功的适应性变革往往只是聚焦具体政策以及中观、微观的制度，而鲜有对国家得以建立的基本权力配置予以改变。当政党为了谋求适应环境而触及其赖以存在的基本权力时——这些权力包括但不限于政治权力、经济权力、意识形态权力和军事权力——政党赖以执政的基础也就发生了改变，其结果很有可能就是失去执政地位。而对于政党中心主义的现代化道路而言，政党的发展状态及其治理绩效是国家建设的基本问题。一旦政党犯下颠覆性错误，对整个国家而言也将是致命打击。

通过墨西哥这一单一案例，我们展现了"适应性的限度"所涉及的诸主张是如何在经验材料中穿行的。本文并不意图提供特定的可供检验的假设（testable hypothesis），相反，我们的核心目的在于在历史经验的基础上提供一种理解现实的理论框架（theory frame）——基于"适应

---

① 林尚立：《当代中国政治：基础与发展》，中国大百科全书出版社，2017年，第113页。

性限度"的见解,研究者得以对历史上政党兴衰尤其是执政党的兴衰有了新的理解。

相较于墨西哥革命制度党而言,同样是处于 20 世纪 80 年代新自由主义的整体氛围之中,中国的改革开放却是在不触动基本权力配置的前提下推动着政党适应性变革。在政治权力方面,中国共产党不断推进科学执政与民主执政,但没有盲目接受民主转型的诱惑,而是毫不动摇地坚持中国共产党的领导以及相关的基本政治制度;在经济权力层面,中国引入了市场化机制,但依旧坚持公有制的主体地位,并在土地产权这一核心问题上拒绝私有化改革;在意识形态权力方面,虽然各种思潮与文化蜂拥而入,但马克思主义的指导地位却始终没有改变;在军事权力上,党对军队的绝对领导从未有过改变,并在 20 世纪 90 年代杜绝了曾经泛起的军队经商的苗头。也就是说,中国共产党改革开放以来所做出的适应性变革都是具体政策层面的,而非基本权力配置层面的。这种具体政策层面上的适应性变革,恰恰成为巩固基本权力配置的重要手段。也正是源于此,适应性变革不但没有损害中国共产党的执政地位,同时为其执政注入了新的动力。从这种意义而言,作为官方话语的"不忘初心"恰恰是政党适应性的限度所在。

欧债危机后希腊政党政治结构的变迁

——基于选民多维偏好的分析*

雷雨若**

内容摘要 本文借鉴惠特利和门德斯的"选民多维偏好"分析框架,对欧债危机后希腊出现极化多党政党结构的原因进行了分析。经济、意识形态、欧洲一体化、文化是分析希腊选民多维偏好的四个主要维度。在2009—2019年希腊六次大选中,受严厉紧缩措施影响,选民的民粹主义意识形态被激活,对欧盟一体化、移民的态度也发生变化,进而导致希腊选民投票偏好发生分化,选民结构重新组合,希腊的政党结构也随之发生相应变化。具体表现为:反紧缩偏好在投票行为上表现突出,并在希腊政党结构变化中具有决定性作用,不仅激活了希腊选民的民粹主义意识形态,促进了激进民粹主义政党的崛起,而且直接导致了主流政党PASOK的衰落;签署谅解备忘录加剧了选民们对欧盟的负面情绪,激进左翼联盟党SYRIZA成为最大获益政党;反移民偏好则使得极端右翼民粹政党GD和LAOS相继进入了议会,最终形成了多党林立的政治生态。选民偏好变化引起的政党结构变迁表明,选民偏好并非一成不变,政党若不能满足其当下偏好,则可能在短时间内失去已有

* 本文系社科基金一般项目"西方国家政党福利理论追踪研究"(18BZZ026)的阶段性成果。
** 雷雨若,北京大学博士,深圳大学政府管理学院助理教授、深圳大学社会管理创新研究所副所长。主要研究方向为福利政治与公共服务。感谢我的硕士研究生韩娜同学对本论文文献资料整理的贡献。

地位。随着传统中左政党 PASOK 日趋没落，SYRIZA 未来可能取而代之成为与新民主党 ND 对抗的"主流政党"。

关键词 希腊；选民多维偏好；紧缩政策；政党政治结构变迁；极化多党制

一、问题的提出

政党与社会的关系一直是政治学理论和比较政治分析的重要议题。希腊从 2009 年底开始面临旷日持久的主权债务危机。希腊的政治权力配置和政党结构也随之发生重大调整，[①]传统的由中间派两党轮流执政历史已经终结，各类民粹主义政党和边缘性政党纷纷崛起甚至掌权执政，[②]"极化多党制"[③]已经形成。在政党政治研究领域，希腊政党虽然从来都不是相关研究的主流，但由于在危机爆发之前，希腊被认为是欧洲政治最为稳定的国家，是第三波民主化的成功样板，[④]也是"粉红欧洲"的主要力量之一，[⑤]其政党格局的变动仍然引起了欧洲乃至世界学者的关注。因为它产生的影响已经远远超出了希腊本身，甚至引发了关于欧洲"紧缩改革与经济增长"、"希腊选择与欧洲道路"的争

---

① 这段时间希腊政党众多，至 2019 年 7 月，进入希腊议会席位的政党主要有泛希腊社会主义运动党（PASOK），新民主党（ND），激进左翼联盟党（SYRIZA），金色黎明党（GD，极右翼民粹政党），希腊共产党（KKE），民主左翼党（DIMAR），人民东正教阵线党（LA-OS，极右翼民粹党），变革运动党（KINAΛ，中间偏左党），河流党（To Potami，中间派政党），独立希腊人党（ANEL，右翼党），希腊方案党（希腊语 Ελληνική Λύση，右翼党），欧洲抵抗先锋党（MeRA25，左翼党）等。后文统一用英文缩写代替。
② 宋晓敏：《从希腊大选看危机对希腊以及欧洲政党生态的影响》，《当代世界》2015 年第 3 期。
③ 包刚升：《民主转型的前景：停滞还是进展——2013 年全球民主与民主转型趋势评估》，《转型世界中的政党、国家与治理——2014 年比较政治发展报告》，复旦大学出版社，2014 年，第 26 页。
④ 同上，第 24 页。
⑤ 余南平：《后金融危机时代欧洲政党政治结构的变迁——以"经济投票"为研究视角》，《欧洲研究》2013 年第 5 期。

论。① 综上所述,我们认为有必要对危机后的希腊政党格局变化的原因
进行梳理与分析。

　　目前学者对政党格局变化的研究主要有供给侧和需求侧两种路
径。供给侧研究政党本身,政党的竞争空间、政党的立场和竞选纲领是
决定政党结构的主要因素。需求侧强调选民对政党结构的影响,分析
选民偏好通过制约政党竞争空间进而对政党结构产生影响。西方政党
选举本质是政党之间为建立最大群体性组织而进行的竞赛,选民的偏
好分布决定政党竞争的政治空间。因为选民对不同的政治问题有不同
的偏好模式,这些偏好模式影响着他们的投票行为。如果政党竞选纲
领偏离选民需求太远,就会在选举舞台上受到惩罚。选民“用选票表达
自己的政治偏好,投票给能给自己带来更大利益的政党或候选人”②。
某种程度上,选民偏好关乎政党衰落,“构成了政党存亡的‘生命
线’”③。虽然在基于供给侧视角的政党竞争空间模型框架里,每个竞
争政党都会将选民的多个政策问题聚合成相互竞争的政策包,并以政
党宣言的形式提出,由选民在选举中进行整体评估选择投票,但是这种
聚合过程掩盖了选民对单一政党或候选人的单一选择背后的多维政策
偏好,④它并没有清楚解释为什么意识形态与某政党相近的选民会投票
支持另一政党、候选人。已有学者从选民的角度对政党格局变化进行
分析。例如,研究选民的社会身份是否分化了新左派和极右选民,⑤选
民偏好利益对政党制度和政策选择的影响,⑥基于选民投票偏好的数据

① Freire, André, et al.,"Political representation in bailed-out Southern Europe: Greece and Portugal Compared," *South European Society and Politics*, 19.4 (2014).

② Anthony Downs, *An Economic Theory of Democracy*, Harper and Row Press, 1957, p.187.

③ 贾文华、季哲忱:《欧洲左中翼民粹政党的政治诉求——基于选民投票偏好的数据解析》,《当代世界与社会主义》2021 年第 2 期。

④ Horiuchi, Yusaku, Daniel M. Smith, and Teppei Yamamoto, "Measuring Voters' Multidimensional Policy Preferences with Conjoint Analysis: Application to Japan's 2014 Election," *Political Analysis*, 26.2 (2018).

⑤ Bornschier, Simon, et al., "How 'us' and 'them' Relates to Voting Behavior—Social Structure, Social Identities, And Electoral Choice," *Comparative Political Studies*, 54.12 (2021).

⑥ 曹胜:《理性选民,选民偏好与政党政治——基于新政治经济学的分析视角》,《中共天津市委党校学报》2012 年第 2 期。

分析欧洲左中右翼民粹政党的政治殊求①,从"政治环境"视角②、从选民偏好视角分析德国政党格局的变化③等。

目前学界对希腊政党格局变化的分析主要是从供给侧视角着手。多数观点认为,历史上希腊政党政治具有民粹主义传统,④在两大主流政党丧失了应对希腊经济与财政危机的能力后,民粹主义政党及时调整政治立场和问题议程,并乘势而起通过选举上台执政。⑤ 也有学者指出,希腊政治格局的转变更多地 PASOK 的庇护主义体制(clientelistic)的崩溃有关。大规模的裙带主义导致希腊政党制度过度承诺,选民过度期望,当这些承诺不得不被违背时,就引发了残酷的制裁和愤怒。⑥然而目前从需求侧视角,系统分析与研究希腊选民偏好如何影响希腊政党结构变化以及影响的驱动因素稍显不足。本文提出了一种替代的分析框架,即在政党与社会的关系中,借鉴 J. 惠特利(Jonathan Wheatley)和 F. 门德斯(Fernando Mendez)的关于欧洲选民多维政治偏好分析框架,⑦从需求侧视角分析危机后希腊选民偏好的变化对希腊政党结构的影响。本文一定程度上补充和拓展了以往关于希腊政党格局变化的研究,具有一定的现实意义。

二、福利紧缩政治下的选民多维偏好 与投票权衡:一种分析框架

所谓选民政治偏好维度是指选民在某些政治问题上达成一致、具

---

① 贾文华、季哲忱:《欧洲左中翼民粹政党的政治诉求——基于选民投票偏好的数据解析》,《当代世界与社会主义》2021 年第 2 期。
② 黄萌萌:《政治环境"视角下德国政党格局的新变化》,《欧洲研究》2018 年第 6 期。
③ 杨解朴:《从选民偏好视角看德国政党格局碎片化》,《党课参考》2019 年第 21 期。
④ Pappas, Takis S., "The Transformation of the Greek Party System since 1951," *West European Politics*, 26.2 (2003).
⑤ 刘作奎:《在大众政治和精英政治之间:希腊政党政治的发展轨迹与前景》,《当代世界》2019 年第 11 期。
⑥ Zartaloudis S. Greece and the Recent Financial Crisis: Meltdown or Configuration? In Panizza, F., and G. Phillip eds., *The Politics of Financial Crisis Since 1980*, Routledge, 158-176.
⑦ Wheatley, Jonathan, and Fernando Mendez, "Reconceptualizing Dimensions of Political Competition in Europe: A Demand-side Approach," *British Journal of Political Science*, 51.1 (2021).

有相同立场,即选民的偏好具有聚合性。早期的学者坚信左右意识形态维度是欧洲政治的主要维度,选民的所有偏好都被限定在左右的单维光谱中。[1] 阶级冲突和经济状况则是影响选民左右偏好的重要因素。巨大的阶级差异是选民偏好形成的场所,[2]不过阶级意识形态只是政党和选民之间联系的一种机制,许多政党之所以赢得选举,不仅是因为他们的阶级意识形态纲领,还因为他们"能够通过向目标群体提供选择性的物质资源交换投票"[3]。这就意味着与经济状况相比,选民在"在意识形态上思考得少得多"[4],理性的选民更喜欢投票选择为他们提供最大经济利益的政党。[5] 现已有研究证明,在多党选举中,选民通常会分两个阶段做出决定。在考虑阶段,当选民选择可行的选择时,阶级意识形态的接近性是一个关键性的决定因素,而在选择阶段,经济政策变化变得尤为重要。[6]

　　随着二战后物质繁荣发展和经济的快速提升,许多宗教文化冲突问题和各种非经济议题出现在政治议程上,如性别平等、同性恋权利,移民和环境问题[7]等。有学者们发现非经济议题的突出性对选民的投票具有决定性作用,大量的选民在投票时转向在特定议题上更接近自己偏好的政党。[8] 研究者将选民的这种投票偏好变化称之为发生了"价值观变迁",认为选民的非经济的"后物质主义"价值观逐渐成为政党竞

---

① Anthony Downs, *An Economic Theory of Democracy*, Harper and Row Press, 1957, p. 187.

② Langsæther, Peter Egge, "Class Voting and the Differential Role of Political Values: Evidence from 12 West-European Countries," *Journal of Elections, Public Opinion and Parties*, 29.1 (2019).

③ Herbert Kitschelt & Steven I. Wilkinson, Citizen-politician Linkages: An Introduction, Cambridge University Press, 2007.

④ Achen C H, Bartels L M. Ignorance and Bliss in Democratic Politics: Party Competition with Uninformed Voters[C]//Prepared for presentation at the Annual Meeting of the Midwest Political Science Association, Chicago, 2002.

⑤ Anthony Downs, *An Economic Theory of Democracy*, Harper and Row Press, 1957, p. 187.

⑥ Rekker, Roderik, and Martin Rosema, "How (often) do Voters Change Their Consideration Sets?" *Electoral Studies* 57, (2019).

⑦ Kenny, John, and Peter Egge Langsaether, "Environmentalism as An Independent Dimension of Political Preferences," *European Journal of Political Research*, 2022.

⑧ Fowler, Anthony, and Michele Margolis, "The Political Consequences of Uninformed Voters," *Electoral Studies*, 34 (2014).

争的对象,①而选民的政治偏好应是个二维空间,横轴是左右维度,纵轴是文化和各种非经济维度,且移民问题在文化维度中占据着重要地位。② 移民被憎恨文化混合和侵蚀国家价值观的人、需要与移民竞争住房和工作的人、以及缺乏移民资产的人视为是一种威胁。

到 90 年代后期,欧盟的身份认同问题在欧洲政治中日益突出,有学者提出欧洲政治空间维度应该是一个包含欧盟的三维空间,认为对欧盟的立场决定了欧洲选民和政党对其他政治问题的看法。③ 也有学者认为欧盟对欧洲国家政党政治的影响有限,可将其纳入左右维度④或文化维度。⑤ 不过胡格尔(Hoogle)和马克斯(Marks)坚持,欧债危机爆发增加了欧盟作为独立维度的突出性。⑥ 主要是它既强化了传统的亲国家和亲市场立场的对立,也引发了移民问题和政治融合问题。⑦ 比如,在南欧国家,由于欧盟对其经济政策的强烈干预,欧盟问题与南欧

---

① Stewart III, Charles, Stephen Ansolabehere, and Nathaniel Persily, "Revisiting Public Opinion on Voter Identification and Voter Fraud in An Era of Increasing Partisan Polarization," *Stanford Law Review*, 68. 6 (2016); Inglehart, R. The Changing Structure of Political Cleavages in Western Society, In Dalton R., Flanagan S. and Beck P. eds., *Electoral Change in Advanced Industrial Democracies: Realignment or Dealignment?* Princeton University Press, 1984, pp. 25-69.

② Toshkov, Dimiter, and André Krouwel, "Beyond the U-Curve: Citizen Preferences on European Integration in Multidimensional Political Space," *European Union Politics*, 23. 3 (2022).

③ Bakker, Ryan, Seth Jolly, and Jonathan Polk, "Complexity in the European Party Space: Exploring Dimensionality with experts," European Union Politics, 13. 2 (2012); Kitschelt H. Social Class and the Radical Night: Conceptualizing Political Preference Formation and Partisan Choice, In Rydaren J ed., Class Politics and the Radical Right, Routledge, 2013, pp. 224-251.

④ Otjes, Simon, "How the Eurozone Crisis Reshaped the National Economic Policy Space: The Netherlands 2006-2012," *Acta Politica*, 51. 3 (2016).

⑤ Gabel, Matthew, and Simon Hix, "Defining the EU Political Space: An Empirical Study of the European Elections Manifestos, 1979 – 1999," *Comparative Political Studies*, 35. 8 (2002).

⑥ Hooghe, Liesbet, and Gary Marks, "Cleavage Theory Meets Europe's Crises: Lipset, Rokkan, and the Transnational Cleavage," *Journal of European Public Policy*, 25. 1 (2018).

⑦ Kriesi H, Grande E, Dolezal M, et al., *Political Conflict in Western Europe*, Cambridge University Press, 2012.

的经济问题紧密相连,但在北欧国家,欧盟问题主要与移民问题的有关。①

　　目前学界关于欧洲选民具有多维政治偏好已经形成了共识,且越来越多的研究关注选民投票的多维度偏好问题。例如,有学者采用联合实验分析法探索了澳大利亚、日本、英国选民的多维政策偏好与投票选择的关系。② 惠特利和门德斯从经济左右维度、文化 TAN/GAL 维度③和欧洲维度三维度对 50 多万欧盟公民的政治偏好进行了分析,发现从选民政治偏好视角切入的研究更能揭示出欧洲政治竞争的国家异质性。④ 兰普里亚努(Lamprianou)和埃利纳斯(Ellinas)则从经济、文化和制度三个维度和八个具体问题分析了希腊极右翼民粹政党 GD 选民的投票动机与偏好。⑤ 本文借鉴了惠特利、门德斯的关于欧洲选民多维政治偏好分析框架,同时参考了兰普里亚努和埃利纳斯关于 GD 选民投票动机的分析维度,将希腊选民的投票偏好分为经济的反紧缩、意识形态上的民粹主义、欧盟上的反签署谅解备忘录和文化上的反移民四个维度。分析框架如图 1 所示。这些维度共同影响希腊选民的投票偏好。

---

① Otjes S and Katsanidou A, Beyond Kriesiland: EU Integration as a Super Issue after the Eurocrisis, *European Journal of Political Research*, 2017,56(2).

② Singh, Shane P., "The Dimensions of Politics and Voter Behaviour in Preferential Systems: The Case of Australia," *Australian Journal of Political Science*, 44. 3 (2009); Horiuchi, Yusaku, Daniel M. Smith, and Teppei Yamamoto, "Measuring Voters' Multidimensional Policy Preferences with Conjoint Analysis: Application to Japan's 2014 Election," *Political Analysis*, 26. 2 (2018); Matsuo, Akitaka, and Seonghui Lee, "Multi-dimensional Policy Preferences in the 2015 British General Election: A Conjoint Analysis," *Electoral studies*, 55 (2018).

③ TAN 是自由主义—传统威权主义—民族主义者/traditional-authoritarian-nationalist 首字母的缩写;GAL 是绿色—替代—自由主义/green-alternative-libertarian 首字母的缩写。

④ Wheatley, Jonathan, and Fernando Mendez, "Reconceptualizing Dimensions of Political Competition in Europe: A Demand-side Approach," *British Journal of Political Science*, 51. 1 (2021).

⑤ Lamprianou, Iasonas, and Antonis A. Ellinas, "Institutional Grievances and Right-wing Extremism: Voting for Golden Dawn in Greece," *South European Society and Politics*, 22. 1 (2017).

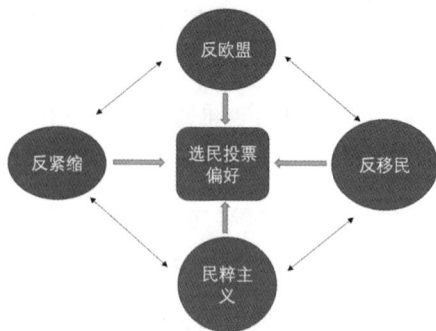

图 1　希腊选民多维政治偏好

三、欧债危机后希腊选民的多维偏好变化与权衡

传统的左右维度曾是希腊选民投票偏好的安全预测因素。欧债危机暴发后,希腊选民的政治偏好发生分化,呈现出多维偏好特征,选民结构也因此发生重构。

(一)选民们对紧缩政策的强烈反对在多维偏好中占据最重要的权衡位置

从 2010 年 5 月三驾马车对希腊的救助开始,紧缩已成为对危机后希腊政治经济的定义,希腊政府被迫进行大幅度的福利紧缩改革,结果进一步恶化了希腊的经济和社会状况:在 2008 至 2013 这 5 年的时间里,希腊处于贫困或社会排斥边缘的人口比例从 2008 年的 28.1% 上升到 2013 年的 35.7%,基本生活物资严重匮乏的人口比例从 2008 年的 11.2% 上升到 2013 年的 20.3%。换句话说,由于一系列严格的紧缩政策,2013 年超过 44% 的希腊人口的收入低于贫困线。到 2019 年 12 月,希腊的贫困率为 16.3%,仍高于 1998—2019 年的 11.5% 的平均贫困率。①

紧缩问题成为选民最为关切的问题,他们更多关注的是可获得的

---

① 　https://tradingeconomics.com/greece/unemployment-rate.

福利有多少,并在他们的多维政治偏好中占据最优先位置。首先紧缩改革遭到选民强烈反对。各种游行罢工、静坐、占领政府大楼以及在大型城市中心广场大规模抗议示威等政治活动多次暴发。其次反紧缩抗议发挥了政治作用。他们不仅发展了一种明显的民粹主义政治话语,将人民与国家对立起来,而且传播了欧洲怀疑主义和反资本主义反移民的主题。可见选民对紧缩政策的态度不但左右他们的投票抉择,而且与其它维度的议题以非线性的方式联系在一起,具有超强的整合能力。

(二)选民的民粹主义意识形态偏好再次被激活

民粹主义是一种"中心稀薄型的意识形态"(thin-centered ideology),其特点是对"同质化人民"群体的认同和对建制派和"腐败精英"的批评,主张国家的主权属于人民,但只有他们且仅有他们能代表人民。① 希腊本质上是个"民粹主义民主国家"②,民众有着民粹主义的基因。希腊的两大主流政党 PASOK 和 ND 代替在早期的政党竞选过程中采取的主要动员方式都是民粹主义的叙事方式。只是到了 90 年代,ND 在米佐塔基斯领导下向中右翼转向,③PASOK 在科斯塔斯・西米蒂斯的领带下向中左翼转向,希腊的政党竞争模式才逐渐"正常化"。尽管如此,民众的民粹主义意识一直存在。根据迪亚曼图罗斯(Diamandouros)的研究,希腊民众的民粹主义态度与左右意识形态在横向轴线上构成交叉。④

---

① Mudde, Cas, and Cristóbal Rovira Kaltwasser, *Populism: A very short introduction*, Oxford University Press, 2017.
② Lisi, Marco, Iván Llamazares, and Myrto Tsakatika, "Economic Crisis and the Variety of Populist Response: Evidence from Greece, Portugal and Spain," *West European Politics*, 42. 6 (2019).
③ Stavrakakis, Yannis, and Giorgos Katsambekis, "The Populism/Anti-Populism Frontier and its Mediation in Crisis-ridden Greece: From Discursive Divide to Emerging Cleavage?," *European Political Science*, 18 (2019).
④ Tsatsanis, Emmanouil, Ioannis Andreadis, and Eftichia Teperoglou, "Populism from Below: Socio-economic and Ideological Correlates of Mass Attitudes in Greece," *South European Society and Politics*, 23. 4 (2018).

由于民粹主义通常发生在危机时期,2009 年希腊经济危机的暴发为希腊民粹主义的复兴创造了适当的条件。[1] 2011 年 5 月,希腊人在雅典宪法广场聚集抗议,宣泄他们对危机的愤怒以及对政治精英向欧盟屈服的指责。指责传统政党不代表他们,而是代表社会中少数和特权阶层的利益。这些抗议人群非常多样化,以至于为了更好地区分不同意识形态的示威者,在广场"上方形区"聚集的是极右翼示威者,"下方形区"聚集的是极左翼示威者。[2] 雅典宪法广场聚集抗议表明希腊民粹主义意识形态的激活。

(三)选民们欧洲怀疑情绪高涨

欧债危机的严重程度以及三驾马车的救助协议附带条件影响了希腊民众对欧盟的态度。在危机爆发前,希腊政党和公众舆论基本上都属亲欧派,[3]高度支持一体化和欧元货币。[4] 但是危机后希腊成为对欧盟持负面态度最多的成员国。从 2009 年开始,希腊人对欧盟持负面看法的比例急剧上升,远远高于欧盟的平均水平。[5] 在 2013 年危机最严重的时候,大约有一半的希腊受访者对欧盟持负面看法[6]到 2015 年秋季,希腊人对欧盟的不信任程度最高,达到81%。

根本原因是欧盟是否要给予希腊救助等问题"增加了欧洲的政治化程度"[7],强化了希腊公众和政党之间关于欧盟的辩论。欧盟给予希

---

[1] Pappas, Takis, *Populism and Crisis Politics in Greece*, Springer, 2014, pp. 71–77.

[2] Grigoriadis, Ioannis N., "For the People, Against the Elites: Left Versus Right-wing Populism in Greece and Turkey," *The Journal of the Middle East and Africa*, 11.1 (2020).

[3] Verney, Susannah, "Waking the 'Sleeping Giant' or Expressing Domestic Dissent? Mainstreaming Euroscepticism in Crisis-stricken Greece," *International Political Science Review*, 36.3 (2015).

[4] Vasilopoulou, Sofia, "The Party Politics of Euroscepticism in Times of Crisis: The Case of Greece," *Politics*, 38.3 (2018).

[5][6] Clements, Ben, Kyriaki Nanou, and Susannah Verney, "'We No Longer Love You, But We Don't Want To Leave You': The Eurozone Crisis and Popular Euroscepticism in Greece," *Coping with Crisis: Europe's Challenges and Strategies*, Routledge, 2016, pp. 53–71.

[7] Kriesi, H. and Grande, E., "The Euro-Crisis: A Boost to Politicization of European Integration?", Paper Presented at the EUDO Dissemination Conference on the Euro Crisis and the State of European Democracy, *Florence*, 2012. Nov. 22–23.

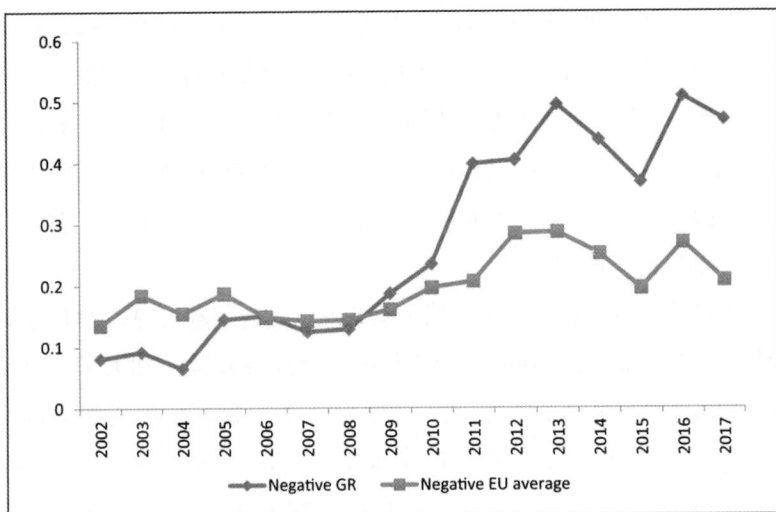

图2　2002—2017年希腊和欧洲范围内的欧盟负面形象图

资料来源：Vasilopoulou, Sofia, "The Party Politics of Euroscepticism in Times of Crisis: The Case of Greece," *Politics*, 38.3 (2018).

腊救助的前提是要求希腊签署谅解备忘录,而备忘录的核心是要求希腊执行严厉的紧缩措施。选民从而在是否签署谅解备忘录问题上形成了支持者与反对者两派,并超越传统左右形成新分裂:支持欧盟身份意味着接受谅解备忘录的承诺实施一系列紧缩经济政策,拒绝谅解备忘录也意味着拒绝加入欧盟。而希腊危机的持续加深也让希腊选民认为欧盟在帮助该国应对危机方面做得不够,加剧了他们反对欧盟的理由。其中,教育程度低的、从事体力劳动的人,年轻失业业、女性的反欧态度更明显,不过总体上大多数选民希望既留在欧盟又反对紧缩。①

(四)选民们的反移民偏好突出

希腊选民偏好的变化还受希腊多年来不加控制的移民所产生的不

---

① Clements, Ben, Kyriaki Nanou, and Susannah Verney, " 'We No Longer Love You, But We Don't Want To Leave You': The Eurozone Crisis and Popular Euroscepticism in Greece," *Coping with Crisis: Europe's Challenges and Strategies*, Routledge, 2016, pp. 53–71.

满驱动。① 自 20 世纪 80 年代末,希腊成为东欧移民的净接受国以来, 希腊人就一直对此不满。进入 21 世纪以来,随着来自非洲和亚洲的移民持续增加,希腊选民认为这些移民对希腊的民族认同构成了威胁,② 对移民的消极态度加剧,反移民情绪高涨。③ 据报道,就在希腊陷入危机时,希腊依然是难民涌入最多的国家之一,这更加剧了希腊人对外国人本已消极的态度。④

不断涌入的移民挤占了希腊公众所能享受的福利资源,⑤叠加福利紧缩改革和危机影响,加剧了希腊传统社会经济分裂,⑥加大了社会动荡,⑦使保护"希腊人的生活方式"成为一个问题。在欧洲社会调查 (European Social Survey) 第四轮、第五轮的调查,希腊人对移民持怀疑态度的比例是最高的。其中,激进右翼选民在反移民问题上最为强烈。⑧

选民偏好的这一系列变化重构了选民结构。在危机前,希腊两个主要政党,中左翼的 PASOK 和中右翼的 ND 的得票一直处于遥遥领先地位,两党的得票率加起来,甚至超过总选票的 85%（如表 1 所示）。危机之后,"选民并非是'左'或'右'的站队,而是在'反紧缩'和'支持紧

① Teperoglou, Eftichia, and Emmanouil Tsatsanis, "Dealignment, de-legitimation and the implosion of the two-party system in Greece: the earthquake election of 6 May 2012," *Journal of Elections, Public Opinion & Parties*, 24.2 (2014).

② Roushas, Roxani, "Understanding the Electoral Breakthrough of Golden Dawn in Greece: A Demand and Supply Perspective," 2014.

③ Clements B, Nanou K, Verney S., "'We No Longer Love You, but We Don't Want to Leave You': the Eurozone Crisis and Popular Euroscepticism in Greece," *Journal of European Integration*, 36(3).

④ Vasilopoulou, Sofia, "The Party Politics of Euroscepticism in Times of Crisis: The Case of Greece," *Politics*, 38.3 (2018).

⑤ Matsaganis, Manos, "The Welfare State and the Crisis: the Case of Greece," *Journal of European Social Policy*, 21.5 (2011).

⑥ Grittersova, Jana, et al., "Austerity and Niche Parties: The Electoral Consequences of Fiscal Reforms," *Electoral Studies*, 42 (2016).

⑦ Ponticelli, Jacopo, and Hans-Joachim Voth, "Austerity and Anarchy: Budget Cuts and Social Unrest in Europe, 1919-2008," *Journal of Comparative Economics*, 48.1 (2020).

⑧ Arzheimer, Kai, "Explaining electoral support for the radical right," The Oxford handbook of the radical right, 2018, pp. 143-165; Halikiopoulou, Daphne, and Tim Vlandas, "When Economic and Cultural Interests align: the Anti-immigration Voter Coalitions Driving Far Right Party Success in Europe," *European Political Science Review*, 12.4 (2020).

缩'、'反欧'和'亲欧'、民粹主义和现实主义、民主和精英政治之间进行选择"①,选民结构呈分散化特征。

表1　1977—2009 年 PASOK 和 ND 两党的选举结果及议会席位

Election year	PASOK		ND		Total combined	
	Percentage	Seats	Percentage	Seats	Percentage	Seats
1977	25.3	93	41.8	171	67.1	264
1981	48.1	172	35.9	115	84	287
1985	45.8	161	40.8	126	86.6	287
1989 June	39.1	125	44.3	145	83.4	270
1989 November	40.7	128	46.2	148	86.9	276
1990	38.6	123	46.9	150	85.5	283
1993	46.9	170	39.3	111	86.2	281
1996	41.5	162	38.1	108	79.6	270
2000	43.8	158	42.7	125	86.5	283
2004	40.5	117	45.4	165	85.9	282
2007	38.1	102	41.8	152	79.9	254
2009	43.9	106	33.5	91	77.3	251

资料来源:Vasilopoulou, Sofia, and Daphne Halikiopoulou, "In the Shadow of Grexit: The Greek Election of 17 June 2012," *Protest Elections and Challenger Parties*, Routledge, 2016, pp. 127−146.

四、希腊选民多维政治偏好对政党结构的影响

希腊选民偏好的分化和选民结构的变化影响了希腊各政党的立场,改变了政党格局,并影响了希腊政党的兴衰。

(一)选民偏好变化影响了希腊政党立场

选民们的对紧缩政策的反感,民粹主义的盛行,和对签署谅解备忘

---

① 宋晓敏:《从希腊大选看危机对希腊以及欧洲政党生态的影响》,《当代世界》2015 年第 3 期。

录、移民的反对影响了希腊各个政党的立场。为了赢得选民的支持,各政党利用他们在社会结构中相对的优势,不断调整政党立场、竞争策略来迎合选民们变化的偏好。

首先,反紧缩成为在野党的主要竞争纲领。伴随选民对福利紧缩的反对,各政党更多地关注选票的最大化,而不是传统的政策目标。为了迎合大多数选民的偏好,ND、SYRIZA、GD、ANEL 不仅树立坚决反紧缩的政治立场,而且承诺将以大幅度减债为目的与"三驾马车"重新协商等。SYRIZA 是反紧缩的最主要政治力量。SYRIZA 与 PASOK 都属"左翼"政党,选民基础原本就有所重合。在 2012 年大选中,SYRIZA 除了指责 PASOK 不仅在危机前的福利改革没有成效、应对危机的表现差劲外,一个核心特征就是树立自己坚定"反紧缩"的政治立场,分化 PASOK 选民基础。SYRIZA 领导人齐普拉斯在竞选中承诺"永远为希腊人民的利益服务,免除低收入雇员、领取养老金者和失业者的新税,恢复养老金、社会保障福利和工资",宣称要远离腐败的激进左翼政客,并凭借反紧缩的标签成为希腊史上最年轻的总理。ND 以紧缩政策会严重挤压经济需求为理由也反对紧缩措施。①

其次,反对谅解备忘录成为希腊反欧盟政党的催化剂。危机之前,欧洲怀疑论只被局限于一些小党派的反对党,如 KKE、左翼与进步联盟党(SYN)、LAOS 和民主社会运动党(DIKKI)。"欧洲问题在国家选举和政党政治中几乎没有发挥任何作用"②,但是欧债危机成为了这种局面"变革的催化剂"③。在希腊 2012 年 5 月的提前举行的大选中,有 7 个政党获得了议会代表权。这 7 个政党从左到右分别是 KKE、SYRIZA、DIMAR、PASOK、ND、ANEL 和 GD。这 7 个政党主要分成两派,一派

---

① De Koster, Willem, Peter Achterberg, and Jeroen Van der Waal, "The New Right and the Welfare State: The Electoral Relevance of Welfare Chauvinism and Welfare Populism in the Netherlands," *International Political Science Review*, 34.1 (2013).

② Miklin, Eric, "From 'Sleeping Giant' to Left-right Politicization? National Party Competition on the Eu and the Euro Crisis," *Journal of Common Market Studies*, 52.6 (2014).

③ Pierson, P., *Politics in Time: History, Institutions, and Social Analysis*, Princeton University Press, 2004.

是主流的 PASOK 和 ND 政党支持希腊与三巨头签署救助协议条款,维持其亲欧盟立场。另一派是反对与三巨头签署救助协议条款的挑战党,包括激进左翼政党 KKE、SYRIZA,以及极右翼的 GD 和 ANEL,他们反对实施谅解备忘录。DIMAR 则保持中立温和的立场,但宣布希腊在欧盟的前景是不可谈判的。2012 年 6 月,选民略微选择了亲欧元的主流政党,说明希腊人仍然支持欧元区成员国身份。2015 年 1 月的选举结果则表明,反对实施谅解备忘录的政党更受选民欢迎:两个反对实施谅解备忘录的 SYRIZA(由亚历克西斯·齐普拉斯领导)和 ANEL(由帕诺斯·卡梅诺斯领导)组建了新的执政联盟。

最后,反移民议程成为希腊政党主要立场。移民问题在 2012 年的选举中占据了显著地位,"反移民"议程成为主流。2012 年大选之前,希腊亿元长期欠债,供应商陆续断供,医院濒临破产,学校学位也一位难求。GD、ANEL、LAOS 等极右翼民粹政党将其归咎于移民,并把民族主义作为政党的主要特征,认为境外移民消耗了大量本应属于他们的福利与服务,反对境外移民进入希腊。特别是 GD,在竞选时发誓要把非法移民赶出希腊。两个主流政党 ND 和 PASOK 在 2012 年的竞选期间也采用了"反移民"议程。SYRIZA、DIMAR 和 KKE 虽然也反对移民,但主张对移民问题采取多元文化的方式。

(二)欧债危机后希腊政党呈现极化多党制结构

尽管希腊实行的是多党比例代表制,但是在欧债危机暴发之前,希腊的政党体系一直由 PASOK 和 ND 两大政党牢牢控制。PASOK 分别在 1981—1989 年、1993—2003 年、2009 年 10 月—2011 年执政;ND 分别在 1981 年以前、1989—1993 年、2004—2009 年执政。希腊在立法层面的有效政党数量基本都保持在 2.1 到 2.4 之间,因此,帕帕斯·塔斯基认为希腊事实上是一个典型的两党制。①

---

① Pappas, Takis S., "Populist Democracies: Post-authoritarian Greece and Post-communist Hungary," *Government and Opposition*, 49.1 (2014).

2011 年之后,希腊政党格局发生了变化,不仅出现了多党林立现象,也走向了政治极端化。首先,2012 年的两次选举表明希腊党派分裂,由 PASOK 和 ND 两党主导了 30 年的两党制宣告结束。在 2012 年 5 月和 6 月的选举中,PASOK 和 ND 两政党分别获得 30%、32% 的选票,两个政党在议会中的席位数也是达到了历史最低水平,结果是两党都无法按照希腊议会制度单独组成政府。不过在 2012 年 6 月的大选举中 ND 获得了 29.66% 的选票和 129 个议会席位,被授权允许在选举后启动联合谈判并实际领导一个支持接受援助的联合政府。与此同时,一些极端政党成功进入议会席位,有的甚至发展成为较大的政党。在 2012 年 5 月的希腊选举中,SYRIZA 获得了 16.79% 的得票,首次超过 PASOK 成为希腊政党的第二大选举力量,ANEL 和 GD 分别获得 10.62% 和 6.97% 的得票率,GD 首次获得议会代表席位,左翼政党 KKE 获得了 8.46% 的得票率。在同年 6 月的选举中,SYRIZA 的得票率保持继续上升势头,获得了 26.89% 的选票,其他政党 ANEL、GD、DIMAR 分别获得了 8%、7% 和 6% 的得票率,成功进入议会席位。这些政党靠着积极笼络民粹主义选民而发展壮大。

2015 年的选举标志着希腊政党结构发生了颠覆性改变。这一年希腊进行了 3 次大型投票,SYRIZA 赢得了重大且历史性的胜利。希腊选民约为 980 万人,SYRIZA 以 36.34% 的得票率获胜,执政的 ND 的得票率仅为 27.8%。SYRIZA 成为希腊第一大党,ND 成为第二大党,而 2012 年首次进入议会的 GD 取代 PASOK 成为第三大党,PASOK 的得票率甚至低于成立不久的河流党(To Potami)和 ANEL。总之,在 2012 年到 2015 的多次选举中,曾经的主流政党 PASOK 和 ND 日趋势微,极右和极左政党则在 2012 年和 2015 年的选举中取得重要胜利,表明希腊政党呈现极化多党结构。

2019 年的选举可能象征希腊始于 2010 年的长达十年动荡的政治周期结束,希腊的政党结构开始重回相对稳定的两政党执政的局面。首先,议会政党为从 2015 年的 8 个变成 6 个。3 个小党(To Potami、ANEL、LAOS)消失了,3 个新的左翼小政党变革运动党(KINAΛ)、希腊方案党和欧洲抵抗先锋党(Mera25)进入了议会,而 GD 失去了议会代表权。其次,选民投票偏好转向了 ND。在 2019 年 7 月 7 日的希腊新一届议会选举中,官方最后统计结果显示,作为主要反对党的 ND 以 39.5% 的得票率赢得了选举,并赢得议会 300 个席位中的 158 个席位,获得单独组阁资格。执政党 SYRIZA 的得票率则为 31.53%,成为第二大党。PASOK 则未能进入议会。总体而言,ND 重新成为第一大党,表明传统亲欧中右卷土重来,而 ND 和 SYRIZA 联盟的政党制度似乎相对稳定。旧两党制两大支柱之一的中右翼政党 ND 取得选举的重大胜利,一党制政府的回归,以及政党制度分裂的减少,两个最大政党得票总比例的上升,这些似乎标志着希腊又重新回归主流政治。

表 2　各政党在大选中的得票率及获得席位

选举结果排列 ＼ 选举日期	2009 年 10 月	2012 年 5 月	2012 年 6 月	2015 年 1 月	2015 年 9 月	2019 年 7 月
第一	PASOK 43.92%, 160 席	ND 18.85%, 108 席	ND 29.66%, 129 席	SYRIZA 36.34%, 149 席	SYRIZA 35.46%, 145 席	ND 39.5%, 158 席
第二	ND 33.48%, 91 席	SYRIZA 16.78%, 52 席	SYRIZA 26.89%, 71 席	ND 27.81%, 76 席	ND 28.10%, 75 席	SYRIZA 31.53%, 86 席
第三	KKE 7.54%, 21 席	PASOK 13.18%, 41 席	PASOK 12.28%, 33 席	GD 6.28%, 17 席	GD 6.99%, 18 席	KINAΛ 8.1%, 22 席
第四	LAOS 5.63%, 15 席	ANEL 10.6%, 33 席	ANEL 7.51%, 20 席	河流党 Potami 6.05%, 17 席	民主联盟 PASOK +DIMAR 6.28%, 17 席	KKE 5.3%, 15 席
第五	SYRIZA 4.6%, 13 席	KKE 8.48%, 26 席	GD 6.92%, 18 席	KKE 5.47%, 15 席	KKE 5.55%, 15 席	希腊方案党 (Ελληνική Λύση) 3.7%, 10 席

续表

选举日期 选举 结果排列	2009 年 10 月	2012 年 5 月	2012 年 6 月	2015 年 1 月	2015 年 9 月	2019 年 7 月
第六		GD 6.97%， 21 席， 首次进入 议会	DIMAR 6.25%， 17 席	ANEL 4.75%， 13 席	Potami 4.09%， 11 席	MeRA25 3.44%， 9 席
第七		DIMAR 6.11%， 19 席	KKE 4.5%， 12 席	PASOK +DIMAR 4.68%， 13 席	ANEL 3.69%， 10 席	GD 2.93%， 0 席
其他	4.45% GD， 0.29%				中间派联 3.43%， 9 席	
组阁情况	PASOK 单独组阁	组阁失败	ND、PASOK 和 DIMAR 联合执政	SYRIZA 和 ANEL 联合执政	SYRIZA 和 ANEL 联合执政	ND 单独 组阁

　　注：希腊在 2009 年举行了两次选举，分别是在 2009 年 6 月 7 日和 2009 年 10 月 4 日，表格仅以后者代表 2009 年选举数据。资料来源：作者根据维基百科数据自行整理。

（三）选民的偏好变化影响了希腊政党的兴衰

　　希腊选民偏好的变化打破了希腊原有的政党体系结构，引发了主流政党和边缘政党、极化政党之间的竞争，进而影响了希腊政党的兴衰。

　　首先，选民们的民粹主义意识形态和反移民偏好促使了希腊各类民粹主义政党崛起。希腊稀薄型的民粹主义意识形态的被激活，促使希腊政党改变他们的政治动员策略。民粹主义不仅体现在各个政党的政治纲领上也表现在他们的政治话语里，指责推诿成为政党之间互相攻击的常见方式。他们指责 PASOK 和 ND 是"背信弃义的精英"，在欧盟中牺牲了希腊的国家利益。[1] 在相互指责推诿中，GD 和 SYRIZA

---

[1]　Hawkins, Kirk A., Cristóbal Rovira Kaltwasser, and Ioannis Andreadis, "The Activation of Populist Attitudes," *Government and Opposition*, 55.2 (2020).

崛起。

反移民偏好使得 GD 和 LAOS 相继进入了议会。GD 是反移民偏好的受益政党。GD 是与 ND 同为"右翼"性质的政党,秉持经济上向右的偏好,在 2012 年的选举中,GD 利用选民的民粹主义叠加反移民偏好,对 ND 进行了责任转移性攻击,并且强调自己"反移民"立场,吸引部分右翼选民,并在 2012 年选举中成功地进入希腊议会席位。LAOS 则本身在经济危机爆发之前就因为利用日益增长的反外国人情绪而处于有利地位,危机后在移民问题上选择缓和立场,避免了早些年的过度言辞,但也进入了议会并成果加入联合政府。

其次,选民的反紧缩偏好与反欧盟偏好惩罚了主流政党和现任政党。一是曾为主流政党之一的 PASOK 逐渐衰落。得票率一路下滑,从 2009 年的 43.9% 降至 2012 年 5 月的 13.8%,[1]2015 年的 6.3%。在 2019 年的大选中,由于得票率低于 3%,PASOK 连进入议会的资格都没有。[2] 分析原因,主要是因为 PASOK 既坚持紧缩政策又坚持亲欧盟执行备忘录,逐渐被选民所抛弃。例如,在 2012 年的大选中,PASOK 党中约有四分之一的人把票投给了 SYRIZA,20% 的人转而支持 GD,15% 的人把票投给了 DIMAR,约 10% 的人弃权。[3]

二是希腊选民也惩罚了一般的"建制政党"。例如,支持紧缩政策的主流在野党 ND 也在 2012 年 5 月的选举中得票率大幅下降,相比 2009 年的大选,ND 失去了近一半的选民。这表明希腊选民也因紧缩政策惩罚了其它"建制政党"。不过由于 ND 后来改变了竞选策略,选择指责 PASOK 的紧缩政策过于严厉策略,并且随着希腊经济逐渐恢复,面临的外部压力逐步减小,以及 ND 党党魁米佐塔基斯提出了重经济的竞选承诺,在 2019 年的大选中,ND 党重新登上第一大政党位置。

SYRIZA 则成为反紧缩的最大赢家。SYRIZA 抓住了希腊人对紧缩

---

① Stavrakakis, Yannis, and Giorgos Katsambekis, "Left-wing Populism in the European Periphery: the Case of SYRIZA," *Journal of Political Ideologies*, 19.2 (2014).

②③ Karyotis, Georgios, and Roman Gerodimos, eds., *The Politics of Extreme Austerity: Greece in the Eurozone Crisis*, Springer, 2015.

政策的愤慨,结果得票率从2009 年10 月的4.6%上升到2012 年6 月的
26.89% ,最终以 36.34% 的得票率赢得了 2015 年 1 月的选举。2015 年
9 月的选举,SYRIZA 更是取得重大且历史性的胜利,一跃成为希腊最大
政党,并最终联合 ANEL 执政。反紧缩的 SYRIZA 获得胜利,表明这阶
段希腊选民们的民粹主义更多的是与左翼意识形态认同有关,民众在
反紧缩的立场上高度一致,反紧缩阵营在选举中发挥了巨大影响力。

　　总之,GD、SYRIZA 的崛起以及 PASOK 的衰落,而 ND 回归重新执
政,在一定程度上印证了选民偏好影响着政党的兴衰,进而改变了希腊
政党结构。从 ND 的曲折经历可以看出,选民其实并不特别左翼或激
进,他们只是表达了对紧缩措施的不满,2012 的 ND 最终微胜和2019 年
的大胜也表明希腊选民并没有强烈赞同 SYRIZA 所倡导的激进言论。
他们投票给 SYRIZA 似乎主要是对紧缩政策的抗议,而不是对某个具体
替代方案的积极投票。

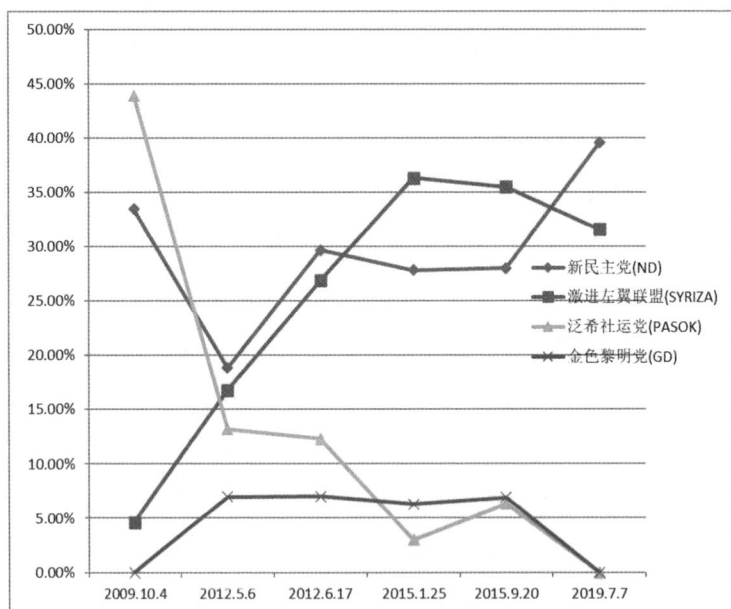

图 1   ND、SYRIZA、PASOK 以及 GD 党在危机后的 5 次竞选中的投票折线图

　　(注:"0"代表该党没有进入议会前 6 名;仅以 2009.10 的数据代表危机前的政党趋
势)。图表来源:作者自绘。

五、结论与展望

希腊主权债务危机发生后，希腊的政党版图也发生了变化——不仅多党林立，而且民粹主义政党登台，希腊政治陷于极化与僵局状态。本文借鉴了惠特利、门德斯的选民多维政治偏好的分析框架，分析了希腊选民投票偏好与希腊政党变迁的关系。分析沿着反紧缩经济、民粹主义、欧洲怀疑主义和反移民的偏好进行，显示在希腊选民的多维政治偏好中，反紧缩经济占据优先事项，并在与其他政治偏好的权衡下导致选民投票偏好发生变化，进而影响希腊的政党结构。

危机后，在国内经济急速衰退及欧洲三驾马车施加压力的情况下，执政党不得不大刀阔斧的实施紧缩政策和深度结构改革的计划，包括大幅压缩公共财政支出、削减赤字、降低最低工资和取消劳工权利等。随着危机加深和社会福利的急剧减少，加之希腊社会存在的根深蒂固的腐败，希腊选民的偏好发生了分化。在"反紧缩"和"疑欧论"的共同作用之下，希腊选民偏好由"追求高福利"变为了"反对紧缩政策"；同时"反紧缩"和"民粹主义"共同作用加强了部分选民的"反移民"偏好。

总体而言，欧债危机导致希腊选民偏好发生分化，选民的反紧缩、民粹主义意识形态、反欧盟谅解备忘录、反移民偏好使得选民结构重新组合。希腊选民的多维偏好与优先级权衡对希腊政党结构的变化产生了重要影响：希腊选民的反紧缩偏好在投票行为上表现突出，并在希腊政党结构变化中具有决定性作用，直接导致了主流政党 PASOK 的衰落；民粹主义意识形态和反移民偏好促进了激进民粹主义政党的崛起，形成了多党林立生态；反对签署谅解备忘录偏好加剧了选民们对欧盟的负面情绪，SYRIZA 成为最大获益政党。

选民政治偏好变化引起的希腊政党兴衰表明，选民政治偏好并非一成不变，政党若不能满足其当下偏好，则可能在短时间内失去已有地位。那么，希腊未来的政党结构走向会是怎样？2019 年希腊政党传统亲欧中右党 ND 卷土重来，单独执政，而左翼激进党 SYRIZA 尽管下台但仍保持第二大党的优势。随着外部救助结束,财政恢复自主,内外压力减轻,尽管希腊政坛局势尚未稳定,但两党政治有望重归希腊主流。随着传统中左政党泛希社运党日趋没落,激进左翼联盟可能取而代之成为与新民主党对抗的"主流政党"。

当代西欧激进右翼政党的动员议题转型

——以法国国民联盟为例*

郑荃文　聂凯巍**

内容摘要　20世纪80年代以来,激进右翼政党依靠被主流政党所忽视的文化和身份议题在西欧强势崛起。然而,随着激进右翼政党逐渐靠近权力中心,这种较为单一和空洞的议题竞争模式逐渐成为其实现执政抱负的桎梏。为了打破政治瓶颈,以法国国民联盟为代表的激进右翼政党一改激进形象,淡化种族主义和反建制色彩,采取了意识形态的共和主义转向以及动员议题的新民粹主义转型。动员议题转型帮助国民联盟在2022年的总统大选和国民议会选举中取得了突破性进展,在很大程度上实现了该党从利基政党向主流政党的转变。作为欧洲老牌激进右翼政党的代表,国民联盟的动员议题转型极具代表性,厘清其转型的过程、动因与前景,有助于我们窥探西欧激进右翼政党的现实嬗变与未来走向。

关键词　激进右翼政党;国民联盟;议题转型;玛丽娜·勒庞

---

*　本文系国家社科基金青年项目"人民主权学说的谱系研究"(22CZZ001)的阶段性成果。
**　郑荃文,政治学博士,天津师范大学政治与行政学院讲师,主要研究方向为政治学理论;聂凯巍,天津师范大学政治与行政学院本科生,主要研究方向为政治学理论。

　　21 世纪西欧激进右翼政党（Radical Right Party）①的勃兴挑战了人们的预期。这些曾经的"边缘性"政党在短期内迅速崛起，既挑战了西欧主流政党的政治议程，也冲击了现行的政治秩序和政党体系，在一些西欧国家实现了从"边缘到中心"的转变。

　　以法国国民联盟②为例，在玛丽娜·勒庞（Marine Le Pen）的带领下，国民联盟在 2022 年的总统大选和国民议会选举中实现了历史性突破，引发了学界的广泛关注。国民联盟的成功在很大程度上归因于玛丽娜·勒庞"去妖魔化"战略的成功。在"去妖魔化"战略思想的指导下，国民联盟淡化让-玛丽·勒庞（Jean-Marie Le Pen）领导时期的激进形象，逐步实现了意识形态上的共和主义和世俗主义转向，以及文化、经济和社会议题的新民粹主义重构。被誉为"西欧最成功的右翼民粹政党之一"③的国民联盟的动员议题转型现象极具代表性，一方面展现了西欧激进右翼政党在传统意识形态和议题所有权④方面的局限性，另一方面突显出西欧激进右翼政党为了打破政治发展桎梏、实现执政野心所作出的积极改革。虽然以国民联盟为代表的西欧激进右翼政党在选举上的成功以及政策上的转型引发了一些国内学者的关注，但现有研究对国民联盟动员议题的转型动因和特征的分析尚有不足，尤其忽视了国民联盟转型过程中意识形态的共和主义转向以及议题所有权的新民粹主义重构。

---

① 一些学者使用的"威权民粹主义政党"（authoritarian-populist parties）概念，而非激进右翼政党，但鉴于国内外学界采用威权民粹主义政党的概念相对较少，本文统一表述为激进右翼政党。参加高春芽：《价值观政治与民粹主义激进右翼政党崛起的文化逻辑——文化反弹理论的分析路径及其限度》，《当代世界与社会主义》2022 年第 2 期。

② 国民联盟（Rassemblement National）前身是国民阵线（Front National），国民阵线于 2018 年 6 月正式更名为国民联盟。本文以 2011 年玛丽娜·勒庞出任党主席为分水岭，将让-玛丽·勒庞领导时期统称为前国民联盟时期，玛丽娜·勒庞领导时期统称为国民联盟时期，以示区分。

③ France Jens Rydgren, "The Front National, Ethnonationalism and Populism," in *Twenty-First Century: Populism The Spectre of Western European Democracy*, edited by Daniele Albertazzi and Duncan McDonnell, Palgrave Macmillan, 2008, p.166.

④ 议题所有权概念涉及的核心是政党与议题之间的联系，即政党可以在特定的政治领域赢得声誉，并拥有特定议题。国内介绍性论文参见王聪聪：《西方政党政治中的议题所有权理论：研究进路与理论反思》，《欧洲研究》2020 年第 5 期。

　　本文试图从法国国民联盟意识形态共和主义转向的视角出发,对玛丽娜·勒庞开启的动员议题转型进行深入分析,通过厘清转型的过程、特征、动因与前景,阐明以国民联盟为代表的西欧激进右翼政党,如何通过意识形态指导下的动员议题转型,实现从利基政党向主流政党的成功转型。此外,鉴于玛丽娜·勒庞任党主席以来实行的"去妖魔化"战略以及个人的"领袖魅力"构成国民联盟成功转型的重要动因,国民联盟能否在后勒庞时代继续深化转型并在下一轮法国大选中真正实现执政党地位的转变,也值得我们关注与思考。

一、前国民联盟的兴起及其议题特征

　　政治学界对激进右翼政党在 21 世纪迅速崛起的重要现象追根溯源,主要产生了需求侧宏观结构和供给侧微观维度两大视角。[①] 这些分析路径之间相互论争同时相互补足,为以国民联盟为代表的西欧激进右翼政党的崛起提供了较为全面的解释性框架。

(一)需求侧:西欧激进右翼政党崛起的四重逻辑

　　经济利益受损论、文化价值反弹论、社会结构变迁论以及自由民主政体局限论成为了西欧激进右翼政党崛起的宏观理论背景,从经济、政治、社会和文化四重维度阐释了西欧激进右翼政党大规模兴起的选民需求以及外在动因。

　　第一,经济利益受损论。该理论认为,经济贫困与民粹主义政党的支持率之间存在强相关性,经济因素构成激进右翼政党获得民众支持

---

① 关于右翼民粹主义兴起原因的一种经典解释模型被称为"供需理论"框架,由罗杰·伊特威尔首次提出,后来经过皮帕·诺里斯、卡斯·穆德发展。该框架主要包含两大研究视角:第一为选民视角也称政治需求视角,第二为政党角度也称供给侧角度。参见 Roger Eatwell, "Ten Theories of the Extreme Right," in *Right-wing Extremism in the Twenty-first Century*, edited by Peter H. Merkl and Leonard Weinberg, Frank Cass, 2003, pp. 45 - 70; Pippa Norris, *Radical Right: Voters and Parties in the Electoral Market*, Cambridge University Press, 2004, pp. 129 - 217; Cas Mudde, *Populist Radical Right Parties in Europe*, Cambridge University Press, 2007, pp. 201 - 256.

的主要驱动力。全球化和区域一体化、去工业化以及经济危机后的紧缩政策等因素对普通工薪阶层的经济利益造成了损害,被新经济格局所抛弃的群体数量尤其是工人群体不断增加,这些群体对既有政党和政治体制充满了不满和怨恨。① 激进右翼政党利用了这种情绪,将经济困境归咎于全球化、移民和国际机构,并承诺保护国家利益和恢复经济安全,提倡贸易关税和限制移民等保护主义经济政策,并承诺解决工人阶级的需求。② 经济利益受损论得到了有关探究分配不平等问题文献的支持。例如,皮凯蒂对 21 世纪资本主义的研究表明,21 世纪财富分配的极度不公导致了中产阶级和工薪阶层人口的相对收入下降,而收入降低往往伴随着生活水平下降、社会流动性下降以及经济不安全感和焦虑感的增强。③

　　第二,文化价值反弹论。该理论认为,虽然经济利益受损论为理解西欧激进右翼政党的崛起提供了一个有用的解释框架,但忽视了基于文化和身份认同在激进右翼政党崛起中的作用。持有文化价值反弹论的学者强调,对进步主义价值观、移民文化、多元文化以及保守主义文化的反弹才是激进右翼政党崛起的关键要素。④ 许多工薪阶层选民认为移民对他们的认同感和生活方式构成了威胁,而这些工人阶级选民无论经济状况如何,只要觉得自己的传统价值观受到威胁都更有可能支持激进右翼政党。⑤ 英格尔哈特在他的《文化演进》一书中指出,右翼民粹主义的兴起由工薪阶层价值观的转变所推动。随着传统制造业工作岗位的减少和服务业的发展,许多工薪阶层选民感到他们的经济地位和认同感受到了威胁,这助长了对承诺保护其经济利益和保留传

---

① Pippa Norris and Ronald Inglehart, *Cultural Backlash Trump*, Brexit and Authoritarian Populism, Cambridge University Press, 2019, p.32.

② Matt Golder, "Far right parties in Europe," *Annual Review of Political Science*, 2016(19).

③ Thomas Piketty, *Capital in the Twenty-First Century*, Belknap Press, 2014, p.297.

④ 高春芽:《价值观政治与民粹主义激进右翼政党崛起的文化逻辑——文化反弹理论的分析路径及其限度》,《当代世界与社会主义》2022 年第 2 期。

⑤ Pippa Norris and Ronald F. Inglehart, *Cultural backlash：Trump, Brexit, and Authoritarian Populism*, Cambridge University Press, 2019, pp.61-62.

统文化价值观的民粹主义政党的支持。[1]

第三,社会结构变迁论。该理论主要从政党与社会互动的视角切入,通过分析后工业社会对基于阶级意识形态的政党与选民联盟的解构效应,来阐释大量传统左翼阵营选民转向激进右翼政党的现象和过程。工业社会以阶级分野为主导的单一冲突模式受到后工业时代"后物质主义"意识形态的冲击,形成了阶级分野和价值分野并行的双重冲突格局。[2] 新的社会分野和政党竞争格局为右翼民粹政党的发展提供了有利的现实土壤。在新的社会结构变迁背景下,左右翼政党为了获取竞争优势,试图跨越传统左—右的政治分野,设定一系列新议题框架,政党在与选民的互动中形成了一种新结盟关系:政党与社会之间不再是一种单一的经济状况结盟,而是多种向度的复合结盟与合作。[3]

第四,自由民主政体局限论。该理论认为,仅凭经济、文化和社会变迁的视角并不能完全解释激进右翼政党的崛起,其崛起在本质上是自由民主固有缺陷和局限性的显现。[4] 民主制度的僵化导致政治建制派与人民关切日益脱节,削弱了人民对政治体制和政治家的信任。随着普通大众对政治进程的幻灭感和犬儒主义的日益增长,他们开始转向那些承诺动摇政治建制派统治并解决民众真正关切的政党,人民的不满最终被承诺代表普通公民利益的激进右翼政党所利用。[5] 此外,自由民主制度对全球化和欧洲一体化的拥护侵蚀了国家主权、家庭、宗教和社区等传统政治观念和政治机构,使一些选民的不确定感增强,而激进右翼政党通过民族主义和反移民言论提供了一种稳定感和安全感。

---

[1] Ronald F. Inglehart, *Cultural Evolution: People's Motivations are Changing, and Reshaping the World*, Cambridge University Press, 2018, pp. 104–107.

[2] Herbert Kitschelt, *The Radical Right in Western Europe*, Ann Arbor: The University of Michigan Press, 1995, p. 156.

[3] 高奇琦:《西方政党与社会的关系变迁:一种复合结盟的分析框架》,《当代世界与社会主义》2013 年第 5 期。

[4] 段德敏:《民粹主义的政治之维》,《学海》2018 年第 4 期。

[5] Richard S. Katz and Peter Mair, *Democracy and The Cartelization of Political Parties*, Oxford University Press, 2018, p. 151.

（二）供给侧：前国民联盟的意识形态特征和动员议题设置

除了从需求侧的层面来解释选民不满的根源以及激进右翼政党的成功，过去十年里学者也积极地从供给侧即激进右翼政党做出的战略选择以及他们所处的政治机会结构来解释其成功崛起的原因。就供给侧层面而言，政党的意识形态特征和就此衍生的动员议题设置对于提升政党竞争能力至关重要，为了更好的理解近年来法国国民联盟的崛起及其转型，有必要先厘清让-玛丽·勒庞领导下前国民联盟的演化过程及其动员议题的主要特征。

国民联盟原名为国民阵线，由让-玛丽·勒庞于 1972 年创立，并在他的领导下经历了三个主要发展阶段。

第一阶段为 1972 年至 1983 年。前国民联盟起初是一个小规模的边缘性政治运动，由几个法国新法西斯和民族主义政党联合而成。该党成立之初旨在以民主选举的方式推翻乔治·蓬皮杜（Georges Pompidou）领导的腐朽政权并抵御共产主义思潮在法国的蔓延。[1] 第二阶段为1983 年至 1999 年。这一阶段的国民联盟把注意力集中在如去工业化造成的失业、移民对法国身份和文化的威胁等民族主义议题。这些议题为让-玛丽·勒庞赢得了许多选民的支持，在 1988 年第一轮总统选举中排名第四，并为国民联盟在当年的立法选举中的优异表现做出了贡献。然而，在让-玛丽·勒庞发表了几次反犹太和种族主义言论后，该党在整个 90 年代都遭受了负面报道。[2] 第三个阶段为 2000—2010年，国民联盟在选举中的优势有所下降，在某些问题上的立场也趋于温和。该党试图淡化其在移民和国家认同等问题上的一些极端的立场，而更多地关注社会和经济问题来扩大其吸引力。然而，这种战略的调

---

[1] Pascal Delwit, *Le Front national. Mutations de l'extreême droite françcaise*, Editions de l'UniversitéLibre de Bruxelles, 2012, pp. 11–18.

[2] Ibid., pp. 18–29.

整和成效有限,该党大多数时候只是利用他们的经济计划来实践他们的核心意识形态立场,在某些问题上的极端立场仍然继续限制着其对主流选民的吸引力,并阻碍了其成功组建选民联盟的能力。①

整体而言,让-玛丽·勒庞领导下前国民联盟在法国政坛的迅速崛起,一定程度上归功于其核心意识形态以及在移民等关键文化议题上确立所有权的能力。前国民联盟拥有一些包括民族主义、仇外心理以及法律与秩序等在内的价值理念,政党的议题所有权与这些核心意识形态紧密相连。

首先,前国民联盟倡导民族主义价值观和由此衍生的仇外心理,这让移民议题成为动员议题设置的核心。虽然移民议题在前国民联盟成立的70年代并不重要,但在20世纪80年代中期随着移民问题的显著性增加,前国民联盟将移民议题提升到整个政党宣传的中心,确立起倡导严格边境控制和移民政策以及限制移民权利的移民议题所有权。让-玛丽·勒庞强调保护法国文化和历史遗产的重要性,并认为多元文化主义和全球化威胁到法国的身份认同,他曾将法国人的身份描述为"白人、欧洲人和基督徒"②。通过将自己定位为法国民族身份的捍卫者,前国民联盟将自己与主流政党的在文化议题上的所有权区分开来,使得该党对那些担心传统价值观和文化受到侵蚀的选民极其有吸引力。

其次,前国民联盟倡导法律与秩序的价值观,这促使其建立了与安全和道德议题相关的议题所有权。前国民联盟捍卫社会生活中的传统秩序和保守主义的文化,抵制同性恋、堕胎、毒品、淫秽等事务,有时甚至抵制离婚。前国民联盟除了经常用民族主义的论点来明确捍卫法律和秩序,也经常使用传统保守主义和宗教的理由,具有很强的反世俗主义和多元主义的特征。国民联盟由此确立了一些安全议题的所有权,强调对罪犯更严厉的惩罚,如全面提高刑期甚至要求恢复死刑、要求政

---

① Pascal Delwit, *Le Front national. Mutations de l'extreême droite française*, Editions de l'UniversitéLibre de Bruxelles, 2012, pp. 29–36.

② Alana Lentin, *Racism and Anti-Racism in Europe*, Pluto Press, 2005, p. 142.

府在完善执法机关的人员和设备等方面提供支持以及强调更多地使用监视和其他安全措施的必要性。这种对法律和秩序的关注吸引了关注犯罪率上升的保守选民，因为他们认为主流政党在解决这个问题上做得不够。

最后，前国民联盟倡导自然秩序的不平等和等级制度的必要性，这导致国民联盟支持重市场分配、轻国家干预的新自由主义经济和社会政策。值得注意的是，尽管前国民联盟大多使用强烈的新自由主义修辞来批判政府的经济政策，但他们的一些经济议题设置在本质上仍然遵循了民族主义的价值观念。[①] 前国民联盟同时也支持包括国家补贴、保护主义措施在内的经济民族主义议题，在某些情况下甚至倡导由国家创造就业机会，将国家福利限制在本国人民的身上。不过整体而言，经济议题在让-玛丽·勒庞领导时期并不重要，仅仅停留在空洞修辞的层面，缺少具体政策的制定。因此这一阶段经济议题中提倡的新自由主义和福利沙文主义之间的冲突和矛盾并未引起太多关注。

前国民联盟的动员议题虽然为该党奠定了一定的选民基础，但也存在两方面的局限性。

其一，选民基础薄弱，难以上台执政。前国民联盟的选民基础主要由受教育水平低的中年男性构成，他们主张民族至上、反全球化与欧洲一体化等政策。前国民联盟表现出的激进极右翼特征，既让左翼的女性主义者、环保主义者对其颇为忌惮，也让工人阶级与上层精英对它持有戒心，即便是传统右翼政党也无法认同其激进的思想和主张。虽然国民联盟成功地在移民和安全议题上建立了所有权，但该党在移民和民族认同等问题上的极端立场使其难以吸引主流选民，无法建立成功的选民联盟。其二，政策空泛导致动员能力强但治理能力弱。虽然以移民等文化议题为主导的动员议题模式使得激进右翼政党获得选民关注，但相较于诉诸客观事实，激进右翼政党往往通过煽动民众情绪和信

---

① Steve Bastow, "Front National Economic Policy: From Neo-liberalism to Protectionism," *Modern & Contemporary France*, 1997(5).

念达到了更好的政治动员效果,缺少有效且逻辑连贯的经济和社会政策。历次法国总统大选进程及其结果表明,因为无法在政治辩论中提出行之有效的经济政策和社会政策,不仅主流媒体与传统左右翼政党纷纷讥讽其言辞扑朔不定,而且选民也对前国民联盟缺乏信任。许多选民仅仅将其当作发泄对精英阶层不满的"政治工具",而在第二轮投票中,出于切身利益安全性的考量,这些不满于精英阶层的选民还是会将选票投给主流政党。

玛丽娜·勒庞在 2006 年出版的自传体作品《逆流而上》(à contre flots)对前国民联盟的缺陷进行了深刻反思,她在书中说道:"如果极右翼政党想要统治法国,它必须向不愿与它接触的政治群体论述自己的政治观点。"①她显然已经敏锐地意识到,改变负面形象、努力拓宽选民基础、不落入传统窠臼是前国民联盟转型的首要诉求,这为接下来前国民联盟的成功转型奠定了目标和基础。

二、新民粹主义重构:玛丽娜·勒庞时期 国民联盟的动员议题转型

(一)玛丽娜·勒庞的"去妖魔化"战略及其成效

虽然玛丽娜·勒庞未能在 2022 年法国总统选举中击败马克龙进驻爱丽舍宫,但在 2017 年的基础上取得了极大进展,玛丽娜·勒庞在第二轮选举中的得票率从 2017 年的 33.9% 提高到 2022 年的 41.45%。此外,国民联盟在随后的议会选举中取得了重大突破,从 2017 年的 8 个席位大幅提高到 2022 年的 89 个席位,一跃成为国民议会中的第二大党。2022 年的总统选举和国民议会选举结果见证了国民联盟十五年来在法国政坛从边缘走向中心的持续过程。与让-玛丽·勒庞时期相较,在玛丽娜·勒庞的领导时期,国民联盟在议会选举、地方选举、大区选

①　转引自 Abel Mestre et Carol Monnot, *Les faux-semblants du Front national*, Presses de Sciences Po, 2015, p.51.

举以及欧洲议会选举中的表现全都取得了长足的进步（见表 1）。对于国民联盟而言,2022 年的议会选举也许是一场"关键选举",标志着国民联盟已经成为法国议会制度中的重要政党。[①]

表 1　国民阵线总统、国民议会、欧洲议会和大区选举近五轮投票百分比统计

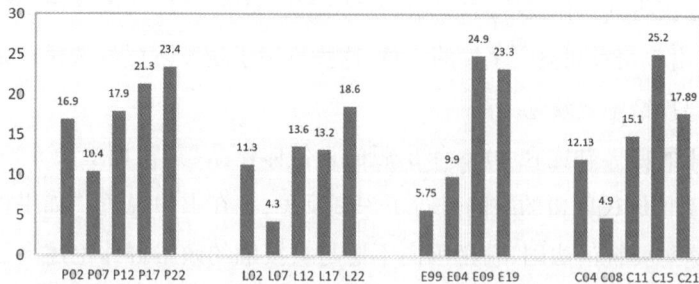

数据来源:CDSP 数据中心,http://cdsp. sciences−po. fr/enquetes. php?&idRubrique = enquetesFR&lang = FR, accessed February 6, 2023.

注:P 代表总统选举,L 代表国民议会选举,E 代表欧洲议会选举,C 代表大区选举。

国民联盟的成功主要归因于玛丽娜·勒庞自担任党主席以来采用的"去妖魔化"（dédiabolisation）战略。自玛丽娜·勒庞 2011 年 1 月担任国民联盟主席以来,"去妖魔化"目标构成了国民联盟根本性的变革方向。"去妖魔化"一词最初由前国民联盟的重要领导人之一布鲁诺·梅格雷（Bruno Mégret）提出,玛丽娜·勒庞当选为党主席后重新提出了这一概念,将其做为清除党内激进元素、实行议题转型的纲领性战略。[②]

这一战略主要由三方面内容组成。首先,清除党内的极端主义派系、吸收前共和左翼成员并招募具有多元文化背景的政治候选人,以塑造国民联盟包容且多元的形象。让-玛丽·勒庞领导下的前国民联盟包含着许多极端右翼派系,他们反对现代性与自由主义文化,提倡种族主义并对法国曾经的君主制和神权政治深深怀念。为了与过去的极端主义保持距离,玛丽娜·勒庞在获得领导权后就开始清除党内极端分

[①]　埃文斯和诺里斯将"关键选举"描述为"那些在选民中突然产生的、重要的和持久的重新调整,并对长期政党秩序产生重大影响的特殊竞争"。Geoffrey Evans and Pippa Norris, *Critical Elections: British Parties and Voters in Long−Term Perspective*, Sage, 1999, p. 13.

[②]　Alexandre Dézé, "La 《dédiabolisation》 Une nouvelle stratégie," in *Les Faux−Semblants du Front National*, edited by Sylvain Crépon, Presses de Sciences Po, 2015, pp. 27−50.

子,如她的父亲、该党的创始人和前领袖——让-玛丽·勒庞。在清除历史意识形态包袱的基础上,玛丽娜·勒庞大量吸纳了前共和左翼成员及其意识形态,例如,公民运动(政治光谱上属于共和左翼)的创始人贝尔特兰·杜特伊尔·德·拉谢尔(Bertrand Dutheil de la Rocheère)加入了玛丽娜·勒庞的总统竞选团队,并负责该党的共和主义和世俗主义意识形态转向。

其次,国民联盟经历了意识形态上的共和主义和世俗主义转向。为了提高其政治正当性和获得更广泛的选民基础,玛丽娜·勒庞推动该党致力于拥护和利用法国共和主义的价值观。转型后的国民联盟开始使用如自由、平等和博爱等共和主义的语言和符号,用共和主义的意识形态重新包装了经济民族主义和反对欧盟等议题,使得其对多元文化主义和政治正确的拒绝更能够为主流选民所接受。在伊斯兰移民议题上,该党利用共和主义思想中的世俗主义价值观进行了逻辑重构。国民联盟对伊斯兰教采取了更为温和的立场,改变了之前的反伊斯兰移民绝对化立场,转而关注将穆斯林移民融入法国世俗社会的必要性。尽管人们对国民联盟在多大程度上真正接受了法国共和主义原则存在争议,但毋庸置疑的是,玛丽娜·勒庞利用共和主义修辞成功地将国民联盟转变为法国政治体系中更合法、更主流的政治力量。

最后,玛丽娜·勒庞吸纳了传统共和左翼政党的经济和社会分配议题,制定了一项全面的新民粹主义政策计划。玛丽娜·勒庞借用了传统左翼的语言,指责左翼和右翼的既有政治阶层忽视普通法国公民的经济利益和福利,她把自己标榜为“看不见的大多数人”的代表,将国民联盟定位为普通法国人民利益的捍卫者。玛丽娜·勒庞提倡的新民粹主义经济与社会措施包括在贸易问题上采取保护主义立场、强调保护传统产业和就业,以及加大对医疗和教育等公共服务的投资等,从根本上逆转了前国民联盟的新自由主义立场。这一转变遭到了传统激进右翼人士的批判,党内支持新自由主义立场的前代表人物伊万·布洛特指责玛丽娜·勒庞变成了一个倡导新马克思主义的“红色玛丽娜”

(Marine la rouge)。① 更有甚者指责她接受了雅各宾派的传统,背叛了该党的意识形态遗产。②

与让-玛丽·勒庞时期相比,玛丽娜·勒庞的"去妖魔化战略"至少有两方面的优势。首先,共和主义的修辞和民粹主义的新经济社会政策为国民联盟的形象增添了一种体面的氛围。玛丽娜·勒庞利用主权、平等和世俗化等共和价值观来批评进步主义和多元主义价值,使得激进右翼批评者的任务变得更加困难,因为后者无法再用传统的种族主义标签对其进行批评。其次,该战略让玛丽娜·勒庞能够吸引更广泛的法国选民,促使选民结构发生重大变化。前国民联盟的选民群体由男性所主导,女性选民在该党的选民比例中一直偏低,而玛丽娜·勒庞的新议题纲领在女性群体中引起了共鸣,在很大程度上成功地缩小了选民性别之间的差距。此外,国民联盟对经济保护主义和社会再分配政策的强调,吸引了更多中老年选民、工人以及受过高等教育选民的支持,大幅增加了选民群体的多样性(见表2)。根据国民联盟形象的年度晴雨表,2017 年将她视为"民族主义和仇外极端右翼"代表的样本比例接近 50% ,而五年后降至 40% 。③

---

① Yvan Blot, "Un livre néo Marxiste? Quand Marine Le Pen devient Marine la rouge," https://atlantico. fr/article/decryptage/marine-le-pen-pour-que-vive-la-france-livre-marxisme-rouge-yvan-blot, accessed February 7, 2023.

② Eric Letty, *Le virage à gauche du Front national*, Le choc du mois, 2011, pp. 36-37.

③ Nonna Mayer, "The Impact of Gender on Votes for the Populist Radical Rights: Marine Le Pen Vs. Eric Zemmour," *Modern and Contemporary France*, 2022(30).

表 2　国民阵线 2002—2022 第一轮总统选举中选民人口结构变化百分比统计

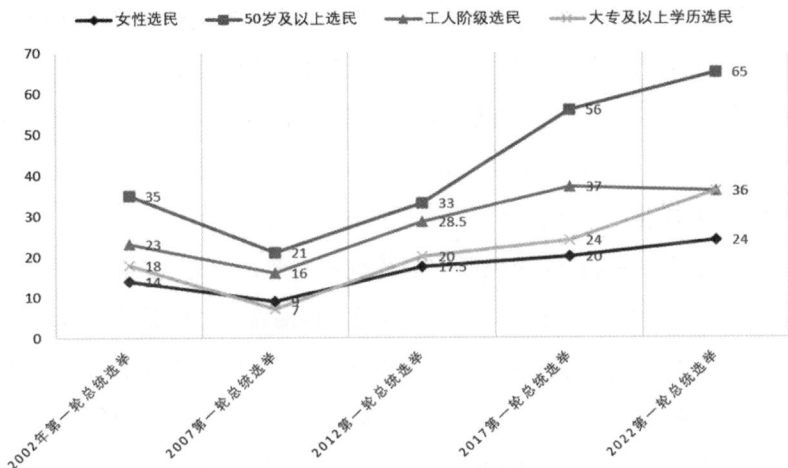

数据来源:2002 年至 2012 年数据来源于 Sylvain Crepon et Alexandre Deze et Nonna Mayer,Les Faux-semblants du Front national:sociologie d'un partipolitique,Presses de Sciences Po,2015,p. 309;2017 年数据来源于 https://www. ipsos. com/fr-fr/ler-tour-presidentielle-2017-sociologie-de-lelectorat, accessed February 6,2023;2022 年数据来源于 https://www. ipsos. com/sites/default/files/ct/news/documents/2022 - 04/Ipsos% 20Sopra% 20Steria_Sociologie% 20des% 20électorats_10% 20Avril% 2020h30. pdf,accessed February 6,2023.

(二)意识形态上的共和主义转向与文化议题的逻辑重构

在国民联盟动员议题的转型过程中,共和主义意识形态发挥了统领全局的重要作用。法国激进右翼政党传统上对共和主义思想极为排斥,让-玛丽·勒庞领导的前国民联盟就是拒斥法兰西共和国价值观和世俗遗产,捍卫法国君主传统和天主教会的典型代表。与这一传统形成鲜明对比的是,玛丽娜·勒庞不仅将共和主义作为国民联盟的意识形态基石,而且试图将国民联盟打造为法国共和主义理想和价值的唯一捍卫者。玛丽娜·勒庞于 2011 年 1 月在图尔举行的党代表大会上宣称,她领导下的国民联盟旨在恢复被"阶级政治"抛弃和背叛的"法兰西共和国的传统价值观"。① 通过意识形态从极端保守主义向共和主义的转向,玛丽娜·勒庞将国民联盟重新定位为法国政治版图内的合法政

_____

① Caroline Fourest and Fiammetta Venner, *Marine Le Pen*, Bernard Grasset, 2011, p. 225.

治力量,而非与主流政治格格不入的局外人或极端组织。

国民联盟在意识形态上的共和主义转向意味着该党在价值观和议题设置上的一系列变化,以及对共和主义符号和语言更有战略意义的使用。通过友爱、人民主权和世俗主义等在内的法国共和主义原则,玛丽娜·勒庞对国民联盟的移民和反穆斯林等文化议题进行了逻辑上的理性重构,淡化了其文化议题的激进色彩。

移民问题一直是前国民联盟的传统核心政治议题,在很大程度上也是该党吸引激进右翼选民的重要原因。玛丽娜·勒庞采取的战略变革并没有削弱移民议题在动员议题中的重要性,但却改变了该党在移民议题上的基本逻辑。前国民联盟主要将移民与公民失业问题和安全问题联系在一起,但在玛丽娜·勒庞的领导下,国民联盟转向了共和主义的核心概念——友爱(fraternité)。玛丽娜·勒庞以移民会破坏共同体的友爱和信任为理据对移民问题进行了逻辑重构。玛丽娜·勒庞认为,友爱是一种只能存在于一个有着共同价值观和文化的共同体中的情感,只有每个人都能在其中获得自我身份认同时,这种情感才能存在,而法国整个社会保障体系、人民对纳税的同意都建立在友爱原则之上。友爱和信任对现代福利国家至关重要,因为多元化可能会使"维持广泛的社会项目,以及通过税收和转移支付向穷人实现实质性的再分配更加困难",因为它"难以产生跨越种族界限的民族团结和信任"。①

除了友爱,玛丽娜·勒庞还利用于共和主义中的人民主权(souveraineté populaire)理念来重构反移民议题。共和主义中的人民主权理念强调人民的同质性和人民利益的至高性,但就人民应该如何发挥他们的主权性权力而言,不同思想家有着不同的制度设计。国民联盟诉诸了共和传统中卢梭式的人民主权,声称应该将移民议题交给全民公投来裁决。其理据在于,法国人民必须通过全民公决来决定他们

---

① Will Kymlicka and Keith Bantin, "Immigration, Multiculturalism, and the Welfare State," *Ethics&International Affairs*, 2006(20); Markus M. L. Crepaz, *Trust Beyond Borders: Immigration, the Welfare State, and Identity in Modern Societies*, The University of Michigan Press, 2008, p. 7.

希望看到的移民政策,凭此来恢复他们的主权,这场公投将是一个"法国宪法优于国际标准"的申明。① 玛丽娜·勒庞还利用人民主权的修辞庞提出了一些保护主义的政策,以消除移民带来的负面影响。例如,玛丽娜·勒庞提出了"国民优先"(priorité nationale)政策,即在同等能力水平下,法国国民包括归化公民应该在就业、社会服务和社会住房方面得到优先考虑。

国民联盟用以重构文化议题的另一个共和主义核心价值观是世俗主义(laïcité)即国家和宗教分离原则。前国民联盟长期以来一直遵循保守的天主教教义并批评世俗国家,然而在玛丽娜·勒庞的领导下,该党很大程度上避免了前国民联盟反伊斯兰"话语"中所特有的夸张和激进语言,转向了使用世俗主义价值来重构反伊斯兰文化议题。玛丽娜·勒庞对世俗主义的强调导致该党将其对伊斯兰教的批评框定在与法国世俗主义的兼容性方面。在她看来,坚持国家和宗教分离的世俗主义原则构成法国反对伊斯兰教教义和文化的重要理由,而法国的穆斯林社区侵犯了世俗主义所设定的界限。她反复指出,伊斯兰教在法国是一个相对的新来者,而基督教已经在法国历史上流传了几个世纪。因此,应该由伊斯兰教来适应法国,而不是相反。她的反伊斯兰政策不是驱逐伊斯兰移民和清除伊斯兰文化,而是在法国培养一种接受"清真寺"独立于国家的"伊斯兰世俗主义"。②

玛丽娜·勒庞对世俗主义的关注必须放在当代法国社会日益增长的"文化不安全感"的背景下理解。世俗主义作为建构法国人身份认同的一个基本要素,以反对伊斯兰教教义在法国的广泛传播,具有重要意义。在世俗主义建构的身份认同框架内,伊斯兰教以及法国日益增长的穆斯林人口代表着"他者",这让国民联盟可以将自己描绘为法国国民身

---

① 参见玛丽娜·勒庞关于移民问题的倡议,https://mlafrance.fr/petition/referendum-immigration, accessed February 7, 2023.

② Hans-Georg Betz,"The New Front National:Still a Master Case?" https://www.recode.info/wp-content/uploads/2014/01/Final-RECODE-30-Hans-Georg-Betz_Final_fin.pdf, accessed February 7, 2023.

份和共和主义价值观的捍卫者,而不是一个反伊斯兰的仇外主义政党,有助于将国民联盟的吸引力扩大到传统的保守派天主教徒之外。玛丽娜·勒庞对世俗主义的强调代表着一种战略上的转变,即切断国民联盟与保守性天主教教义的历史联系,转向更加世俗和共和化的平台,这使得勒庞对世俗主义的强调在吸引更年轻、更世俗的选民方面特别有效。

(三)经济与社会议题的新民粹主义重构

除了对文化议题的逻辑重构,玛丽娜·勒庞还利用共和主义价值观创建了议题更为广泛的民粹化经济和社会议题,大大拓宽了该党的动员议题范围。早在 2008 年金融危机期间,前国民联盟的经济提案已经开始向左倾斜,而在玛丽娜·勒庞的领导下,国民联盟穿上了再分配、社会正义和国家干预主义的外衣,与传统的新自由主义方案完全决裂。通过 1986—2022 年间国民联盟竞选方案中提出的 500 项经济和社会政策演变轨迹(见表 3)进行分析,可以看出其经济议题明显左转,自2012 年以来,国民联盟新自由主义经济方案大幅减少,而再分配议题则成比例增加。相较于与让-玛丽·勒庞任期内国民联盟所提倡以新自由主义为主导的竞选政策,玛丽娜·勒庞吸纳了左翼民粹主义的经济和社会政策,强调以保护主义为核心的经济民族主义,大幅度增加了以平等和公正原则为核心的再分配政策和福利政策在议题中的比重,形成了经济和社会议题方面的新民粹主义重构。

对经济和社会议题的重视和新民主义重构是玛丽娜·勒庞自 2012年担任国民联盟领导人以来"去妖魔化"战略的重要组成部分,构成国民联盟吸引普通工薪阶层和工人阶级的关键性政治筹码。玛丽娜·勒庞通过将受到普通工薪阶层关注的社会经济议题与移民和安全等更传统主题相结合,不断强调和宣传这些原则和议题如何被建制派背叛和贬低,从而采取了一种广受普通民众欢迎的议题动员机制。玛丽娜·勒庞 2022 年的总统竞选纲领延续了这一新民粹主义转向,十分重视经济和社会议题,有近四分之三的动员议题涉及经济和社会问题,其中重新分配和社会保护政策占据经济和社会议题的三分之二(66%),这是自国民联盟进入法国政治舞台以来的最高比例。①

表3　国民联盟1986—2022年经济和社会政策性质的演变

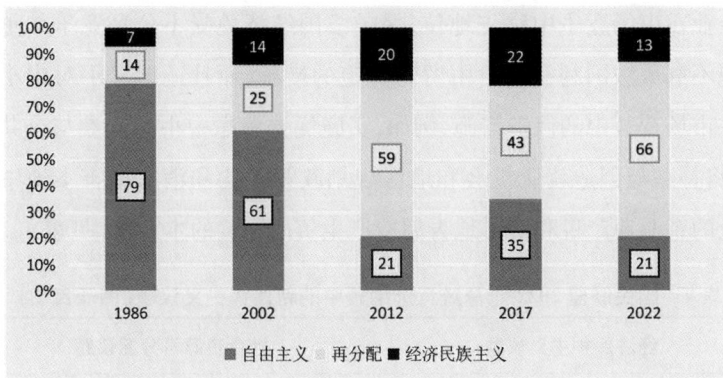

注：每个经济方案被分解为三个主要维度：经济民族主义、再分配和自由主义。"再分配"部分包括所有以凯恩斯主义为导向的社会或经济措施，其基础是需求和国家干预，公共支出，社会保护以及捍卫和/或扩大公共服务。对于"自由主义"，我们保留了所有以供应方、自由竞争、放松管制、减税、削减福利国家和以小政府为基础的亲市场措施。最后，"经济民族主义"类别包括所有旨在捍卫国家经济主权、保护主义、拒绝自由贸易、在边境征税、优先考虑国家企业或拒绝欧洲联盟自由竞争规则的措施。

数据来源：Gilles Ivaldi, "MARINE LE PEN, éRIC ZEMMOUR：SOCIALPOPULISME CONTRE CAPITALISME POPULAIRE," https://www. sciencespo. fr/cevipof/sites/sciencespo. fr. cevipof/files/NoteBaroV13_GI_socialpopulisme_mars2022_V4. pdf, accessed March 2, 2023.

就经济议题而言，国民联盟在共和主义的修辞下吸纳了左翼民粹主义的政策。玛丽娜·勒庞强调，共和国的复兴首先意味着法国重新夺回主权。由于法国的主权已经被银行、国际金融市场和投机者所掌控，只有法国重新掌控自己的经济主权才能实现复兴目标。为此，玛丽娜·勒庞在2012年的竞选中提出了"经济爱国主义"的概念，呼吁采用"明智的"保护主义来保护普通法国公民免受全球化造成的经济和社会破坏，包括用明智的保护主义来反对不正当竞争以及与之相关的经济混乱，并要求法国各级政府依法将采购合同授予法国公司。② 在2022

① Gilles Ivaldi, "Marine Le Pen, éric Zemmour：social－populisme contre capitalisme populaire," https://www. sciencespo. fr/cevipof/sites/sciencespo. fr. cevipof/files/NoteBaroV13_GI_socialpopulisme_mars2022_V4. pdf, accessed March 2, 2023.

② Hans－Georg Betz, "The New Front National：Still a Master Case？" https://www. recode. info/wp－content/uploads/2014/01/Final－RECODE－30－Hans－Georg－Betz_Final_fin. pdf, accessed February 7, 2023.

年的竞选纲领中,玛丽娜·勒庞延续与"经济爱国主义"概念相关的议题,与保护主义相关的经济提案占到了约 14%。这些议题不仅强调法国企业在市场竞争中优先地位,保护法国经济免受不公平竞争如重新审视不尊重法国利益的自由贸易协定的措施,而且还提出了对中小企业在市场竞争中的保护措施,例如,实施优先考虑中小企业参与公共市场、将补贴与创造就业机会和地区规划政策挂钩和消除损害本地中小企业的企业地产税和对本地再制造产生负面影响的生产税(见表4)。①

表 4 国民联盟 2022 年总统竞选纲领中的新民粹主义议题(图表自制)

经济保护主义议题	社会资源再分配议题
禁止进口不符合法国生产标准的农产品	将能源产品增值税从 20% 降至 5.5%
保护法国经济免受不公平竞争,审查不尊重法国利益的自由贸易协定	鼓励年轻人的创业项目和进入职场
在公共采购中优先考虑中小企业	支持法国家庭
迫使食堂使用 80% 的法国农产品	保障老年人有一个安宁和尊严的退休。
创建一个"法国主权财富基金"	确保处于残疾人境况的同胞享有权利
取消惩罚中小企业的企业土地税和阻碍搬迁的生产税	确保能源独立性以降低法国人的费用
实行经济爱国主义,以重振法国工业和生产财富	启动一项 200 亿欧元的紧急医疗援助计划
创建一个打击欺诈行为(包括税收、社会保险费和福利、进口、垄断等)的国务部	取消土地财产税,建立财富金融税,对投机行为征税

数据来源:22 Mesures Pour 22, Le program de Marine Le Pen, 2022, https://mlafrance.fr/pdfs/22-mesures-pour-2022.pdf.

就社会议题而言,玛丽娜·勒庞利用共和主义原则中的强国家和公平价值对国民联盟提倡的再分配政策进行逻辑重构和言语包装。玛丽娜·勒庞声称,保护普通公民不受经济变化影响的首要前提是重新建立一个强国家,即通过创建强大的公共部门来履行其监管和保护提

---

① "22 Mesures Pour 22, Le program de Marine Le Pen, 2022," https://mlafrance.fr/pdfs/22-mesures-pour-2022.pdf, accessed February 7, 2023.

供者的核心角色,以保证公民平等和社会正义。为了实现平等和社会公正,政府需要对公共物品进行重新分配。虽然前国民联盟支持低税收的新自由主义立场,但玛丽娜·勒庞支持对高收入者增税、低收入者减税的政策,认为只有当"金融部门和股东"的附加值占比相对降低时,大众和中产阶级才能真正从增长中受益。① 玛丽娜·勒庞在2022年的总统竞选纲领中发起了一场全面再分配攻势,提出了一个慷慨的凯恩斯主义一揽子计划:降低增值税,增加工资,免税或为年轻工人提供免费交通等(见表4)。此外,再分配政策也关心社会中的弱势群体如残疾人的生活质量与尊严。2022年的总统竞选纲领确认了残疾公民享有的一系列权利,比如增加成年残疾人津贴、推出一项针对残疾儿童接受教育的大规模计划以及确保所有公共场所和交通设施的无障碍通行。②

三、国民联盟议题转型的动因探究

自2011年玛丽娜·勒庞开启国民联盟"正常化"轨道以来,玛丽娜·勒庞总统竞选的绝对优势不断上升,成功地朝着主流政党方向发展。整体而言,驱使国民联盟议题动员逐步转型的动因主要可以归结为以下三方面。

第一,转型的初始动力源自于玛丽娜·勒庞改善政党形象、谋求执政党地位的野心。前国民联盟的动员议题具有很大的局限性,在议题设置结构上严重依赖极具煽动性的种族主义、仇外主义和威权主义等文化议题来壮大声势,忽视具有可行性的经济和社会议题,其有限的经济经济和阶级议题只是实践其特定价值立场的政治策略,而不注重实际效能。根据以往的选情分析,法国东北部和东南部的"锈带"是国民

---

① Hans-Georg Betz, "The New Front National: Still a Master Case?" https://www.recode.info/wp-content/uploads/2014/01/Final-RECODE-30-Hans-Georg-Betz_Final_fin.pdf, accessed February 7, 2023.

② "22 Mesures Pour 22, Le program de Marine Le Pen, 2022," https://mlafrance.fr/pdfs/22-mesures-pour-2022.pdf, accessed February 7, 2023.

联盟的主要票仓,而这些地区的民众大多面临着严峻的就业问题和物质匮乏的困境,①从激进右翼政党自身力图谋求执政党的战略定位来看,虽然以移民议题为核心的战略定位是国民联盟的政党特色,但是该党若要继续扩大自身的选民基础,仅靠移民问题谋求"现代化受损者"的支持并非长久之计。过往的实践表明,无论是传统上执政过的左翼政党和右翼政党,还是当前正执政且标榜"不左不右"的中间派政党——共和国前进党,都是靠不断回应选民的经济社会需求才得以扎下深厚社会根基。因此,拿出有说服力的、可操作的经济纲领来切实改善选民的生活状况也是必然之举。

第二,政党之间的议题竞争格局是促使国民联盟议题转型不断深化的持续动力。作为"利基政党"的国民联盟在与主流政党的战略互动中,不断调整其政党战略,以适应新的政党竞争格局。从 2012 年的总统竞选来看,国民联盟主要通过"远离战略"②来把握主流政党在政党竞争中忽略的议题,即通过制定与主流政党不同的政策定位,弥补了主流政党对民众回应能力不足的缺陷,进而扩大选民基础并实现选票最大化。正如玛丽娜·勒庞在 2012 年总统竞选纲领的第 3 页所明确指出的,通过降低工资和废除社会保障体系让法国重新变得有竞争力是人民运动联盟(UMP)③的选择,而根据财政行事并且拒绝严厉的紧缩计划则是她的选择。④ 此外,玛丽娜·勒庞还通过提倡主流政党所反对的大幅提高居民收入和养老金等新民粹主义措施,与中下层群众以及老年群体建立特定联系。

此外,从 2017 年和 2022 年总统竞选来看,国民联盟还采用了"适

---

① 陈刚、李佳琪:《2017 年法国总统大选后国民联盟的政治革新与成效》,《法国政治与外交》2021 年第 4 期。

② Bonnie M. Meguid, "Competition Between Unequals: The Role of Mainstream Party Strategy in NicheParty Success," *American Political Science Review*, 2005(99).

③ 1995—2012 年法国的执政党,下野后成为法国主要反对党和议会第二大党。2015 年 5 月 30 日更名为共和党。

④ Daniel Stockemer, *The Front National in France: Continuity and Change Under Jean-Marie Le Pen and Marine Le Pen*, Springer International Publishing AG, 2017, p.31.

应性战略"①,更加关注其它政党的特色议题来削弱其它竞争性政党的立场独特性。具体来看,2017 年和 2022 年与其竞争的主要左翼政党即共和国前进党,②被归类为中间派政党。国民联盟为了与包罗万象且长期处于执政地位的共和国前进党竞争,除了继续专注移民和文化议题外,逐渐提升对经济社会领域政策的关注度,以争夺左翼经济议题上的议题所有权。此外,当国民联盟观察到将生态和环保作为议题所有权的绿党在欧洲一些国家的国内选举和欧洲议会选举中大放异彩时,马上加大了对生态议题的关注力度,试图以此来争夺关注环保问题的选民群体。③ 整体而言,正是在与其他政党不断进行议题竞争的过程中,国民联盟实现了议题多元化的转变,

　　第三,议题转型不断深化是国民联盟应对法国内外困境的战略选择。国际环境的突变促使国民联盟议题转型的不断深入。国民联盟的议题转型更是受到了自 2009 年欧债危机以来,欧洲经济恢复乏力,法国面临国内经济发展、就业、社会福利、恐怖主义和移民问题等多重痼疾的影响。现实的经济社会困境迫使国民联盟不得不进行有的放矢的转型,通过关注经济议题来回应现实关切,尤其是回应中下层民众的利益诉求。由此可见,国民联盟的议题变革是应对法国国内经济困境、解决前国民联盟议题设置回应性不足的必然之举。2022 年益普索组织(IPSOS)的社会调查中,46% 的法国人认为诸于购买力停滞、社会不平等加剧等社会危机是法国目前正在经历的重大危机,并可能对子孙后代和国家的未来产生至关重要的影响。④ 为了回应这些社会危机,玛丽娜·勒庞在 2022 年总统大选时对就业和提升公民购买力问题提出明确主张。整体而言,国民联盟的议题转型十分切合普通民众的诉求,

① Bonnie M. Meguid, "Competition Between Unequals: The Role of Mainstream Party Strategy in Niche Party Success," *American Political Science Review*, 2005(99).

② 2022 年 5 月 5 日,马克龙宣布该党更名为"复兴党"。

③ 陈刚、李佳琪:《2017 年法国总统大选后国民联盟的政治革新与成效》,《法国政治与外交》2021 年第 4 期。

④ 参见益普索(IPSOS)2022 年第 9 波选举调查,https://www.sciencespo.fr/cevipof/sites/sciencespo.fr.cevipof/files/EnEF%202022-Vague%209.pdf, accessed February 7, 2023.

2022 年 IPSOS 第 9 波选举调查显示,国民联盟与购买力、移民、养老金、环境等议题的关联性是很多选民在 2022 年第一轮总统选举中投票给玛丽娜·勒庞的重要原因。

四、国民联盟的前景分析

议题转型后的国民联盟一路高歌猛进,在 2022 年的总统竞选和国民议会竞选中创下该党有史以来最佳表现,成为了法国政党体系中根深蒂固的一部分。从地理上看,国民联盟巩固并扩大了其在法国北部和东部以及地中海地区的代表性。[①] 事实证明,国民联盟以新民粹主义建构为核心的议题转型不仅改善了国民联盟的负面形象,而且符合法国广大选民的政策需求,是激进右翼政党成功转型的范例。但值得注意的是,国民联盟的成功是否在将来还能延续主要取决于国民联盟的"正常化"转型是否能够继续深化。虽然从国民联盟 2022 年总统大选后的最新举措来看,其"去妖魔化"战略仍然在有条不紊地强化,但是国民联盟内部也存在着一些不稳定因素。

首先,与主流政党相比较,激进右翼在当代背景下寻求从政治体系边缘走出来并获得政治代表权的过程中,"魅力型领导"发挥着至关重要的作用,因为只有魅力领袖才能在面对经常变化无常的成员和活动家时,将极右翼政党紧紧团结在一起。[②] 玛丽娜·勒庞个人的领袖"魅力"和领导能力是将国民联盟团结在一起并且不断"正常化"的重要因素,她有能力有效地应对"内部"挑战,有时还会把它们转变为党的优势,这显然对该党的持久性和持续的选举成功具有重要意义。玛丽

---

① W. Audureau, G. Dagorn, I. Deroeux, and T. Guimier, "The Unprecedented Progression of the Rassemblement National in the Parliamentary Elections," *Le Monde*, June 23, 2022, https://www.lemonde.fr/en/politics/article/2022/06/23/the-unprecedented-progression-of-the-rassemblement-national-in-the-legislative-elections-constituencies-mp-profles-and-the-implications_5987716_5.html, accessed February 16, 2023.

② Nicholas Startin, "Contrasting Fortunes, Diering Futures? the Rise (And Fall) of the Front National and the British National Party," *Modern and Contemporary France*, 2014(22).

娜·勒庞在逆境和内外挑战面前团结政党的能力不应被低估,这是解释该党选举稳定性和取得持续性进展的关键。然而,国民联盟即将迎来新的领导人,这使得国民联盟的前景具有极大的不确定性。2022 年11 月 5 日,国民联盟确认 27 岁的乔丹·巴尔德拉(Jordan Bardella)已被选举为玛丽娜·勒庞的继任者,担任该党领袖。被描述为"新型民族主义者"的乔丹·巴尔德拉担任国民联盟新领袖是"国民联盟"试图优化自身形象、吸引年轻选民的新举措。年轻的巴尔德拉是否像勒庞那样在经历了数次强烈的领导层分歧后,能够依靠个人魅力团结政党、坚定地带领国民联盟进行"去妖魔化"战略和议题转型,目前还是未知数。

其次,国民联盟的前景还受到执政党是否能够有效回应选民需求的影响。马克龙执政期间的一系列举措导致选民对执政党的不满:2017 年的劳动法被广泛嘲笑、2018 年春季为期三个月的铁路罢工、2018年 11 月出现的"黄背心"运动以及对群众对养老金改革的强烈反对。这些不得民心的举措产生了严重的政治结果,对于国民联盟这样的激进右翼"挑战者"非常有利。这是马克龙总统任期过半时一个明确的机会时刻,玛丽娜·勒庞准确地抓住和利用这一时刻,将就养老金改革问题进行公投和承诺将退休年龄保持在 60 岁,吸纳进她竞选宣言的核心政策纲领,使得国民联盟获得了极大的政治吸引力。作为马克龙第二个五年任期内的主要项目,养老金改革是近期法国社会的核心议题。马克龙当局养老金法案的民意调查显示,有近三分之二的法国人(64%)反对政府提出的养老金改革①,甚至大多数人决定现阶段通过罢工来对抗这一改革。这也对执政党的支持率产生了直接影响:马克龙的支持率显著下降至 3 年来的最低水平。② 在养老金改革紧张进行的背景下,益普索(IPSOS)发布了新的政治晴雨表,截至 2023 年 2 月,

---

① 参见益普索(IPSOS)关于养老金改革的民意调查结果, https://www.ipsos.com/fr-fr/lopposition-au-projet-de-reforme-des-retraites-se-renforce, accessed March 1, 2023.

② 参见益普索(IPSOS)关于养老金改革的民意调查结果, https://www.ipsos.com/fr-fr/barometre-politique-ipsos-le-point-net-recul-de-popularite-pour-emmanuel-macron-et-elisabeth-borne, accessed March 1, 2023.

马克龙的民众支持率下降至 32% 。而玛丽娜·勒庞的民众支持率比马克龙还高出 3 个百分点(见表 6)。主流政党对选民有效回应不足让玛丽娜·勒庞有望在 2023 年以后超越马克龙成为最受欢迎的总统候选人。因此,国民联盟的前景也有赖于执政党是否能够有效回应选民需求,从需求侧为其创造执政机会。

表 6　2022 年 1 月—2023 年 2 月玛丽娜·勒庞和伊曼纽尔·马克龙的支持率变化图

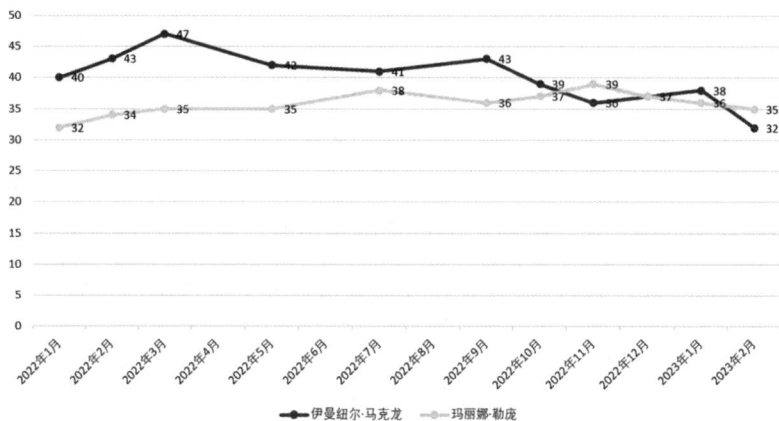

数据来源:https://www.ipsos.com/fr-fr/barometre-politique-ipsos-le-point,accessed March 1, 2023.

以玛丽娜·勒庞领导下的国民联盟为代表的西欧激进右翼政党,通过意识形态和动员议题转型,逐步实现了主流政党的转变。尤其是国民联盟在 2022 年的选举表现,提升了其它西欧激进右翼政党走近权力中心的信心。虽然现在宣布 2022 年法国总统和国民议会选举是一场"关键选举"可能还为时过早,因为需要更长的观察时间才能做出这样的判断,但过去十年的表现和 2022 年的选举结果清楚地表明了国民联盟作为西欧最受瞩目和最持久的激进右翼政党的地位。国民联盟的政治表现无疑已成为判断欧洲背景下激进右翼政党是否持久性上升的晴雨表。

工人阶级为何支持激进右翼政党？

——政党代表性视角下的比较分析 *

朱炳坤 **

内容摘要 工人阶级为何会脱离左翼政党转向激进右翼政党，一直是学界争论的热点。本文在怨恨动员理论之外，引入代表性视角重构了政党与民众的互动结构，对工人阶级转向激进右翼政党的原因给出了新的解释。本文发现，工人阶级转向支持激进右翼政党，是因为激进右翼政党经济、文化立场更好地代表了工人阶级的诉求。其中，相较于经济立场代表性，激进右翼政党的文化立场代表性对工人阶级影响更大。因此，本文认为工人阶级转向支持激进右翼政党并不是出于单纯的不满情绪，而是基于其理性做出的合理政治选择。

关键词 工人阶级；激进右翼政党；政党代表性

在过去的 10 到 15 年里，我们见证了一些颠覆性的选举结果，主要变化是几乎每个西方国家都建立了激进右翼政党作为新的政党支柱。[①]有些学者认为，对大多数国家来说，这是自绿党发展以来，西方各个多

---

* 本文为国家社科基金重点项目"当代西方民主治理的困境与趋势研究"（21AZZ003）的阶段性成果。
** 朱炳坤，政治学博士，燕山大学文法学院（公共管理学院）讲师。主要研究方向为政治激进化、政治极化、激进右翼政治。

① Daniel Oesch and Line Rennwald, "Electoral Competition in Europe's New Tripolar Political Space: Class Voting for the Left, Centre-right and Radical Right," *European Journal of Political Research*, 2018(57).

党制国家政党格局发生的最大变化。更有甚者认为,这些激进右翼政党重塑了现代政党制度的结构。勒庞带领的法国国家联盟,在法国大选中支持率获得新高;意大利兄弟党主席梅洛尼成功当选意大利总理;奥地利自由党在 2017 年与人民党组建了联合政府;在德国政坛中另类选择党的影响力日渐高涨。这些现象说明,激进右翼政党在选民中影响力不断扩大。更有趣的是,工人阶级选民作为传统意义上左翼政党的"铁票仓",似乎更容易受到激进右翼政党传递的信息影响,许多工人转头将自己的选票投给了激进右翼政党。本文从政党代表性的角度对这一现象给出了解释。

一、文献回顾

已有的研究已经发现,激进右翼政党的相当大一部分选票来自工人阶级。来自 90 年代的研究就已经观察到激进右翼政党逐渐吸纳工人阶级巩固其政治基础,有的研究甚至认为工人阶级和 90 年代新中产阶级结成了支持激进右翼政党的选举同盟。[1] 工人阶级自 90 年代已经成为激进右翼政党的核心支持者,而工人阶级选择支持激进右翼政党是出于一种文化保守主义的认同。[2] 尽管根据马丁·李普塞特(Martin Lipset)等人提出四种基本的社会分裂模式(social cleavage),工人阶级选民会投票给社会民主党或其他左倾政党,[3]在此基础上,发展出一种新的分界-整合(demarcation-integration)理论,从根本上调整了李普塞特等人提出的四种社会分裂的范围,并通过引入文化观念这一新角度突破原本通过经济划分左右意识形态的观念,这一定程度上解释了为

① Hans-George Betz,"The New Politics of Resentment: Radical Right-Wing Populist Parties in Western Europe," *Comparative Politics*,1993(25).

② Daniel Oesch,"Explaining Workers´ Support for Right-Wing Populist Parties in Western Europe: Evidence from Austria, Belgium, France, Norway, and Switzerland," *International Political Science Review*, 2008(29).

③ Martin Lipset & Stein Rokkan,"Cleavage Structures, Party Systems, and Voter Alignments", in Peter Mair ed., *The West European Party System*, Oxford University Press, 1962.

什么工人阶级会离开传统左翼政党，转向激进右翼政党。[①] 然而，工人阶级为何会转向激进右翼政党仍然是一个有争议的话题。

许多学者对为什么部分工人阶级选民从传统左翼政党转向激进右翼政党给出了解释。这些理论解释基于工人阶级对经济不满、工人阶级的文化保护主义倾向和一般抗议投票的动机。[②] 这些植根于民众对现行政策的不满给出的理论解释被统称为怨恨动员模型（grievance mobilization models），理论背后的逻辑是全球化带来了重大的社会经济和文化变革，工人阶级成为了全球化浪潮中最大的输家之一。根据现有研究，怨恨动员理论可以分为三个解释维度：即对外来移民不满和意识形态上的保守主义倾向，对经济的不满，以及对民主政治的普遍不满。然而，哪一个维度对选民来说比其他的更为重要，哪一个维度具有更强的解释力，学界仍存在争议。

文化解释机制最适合解释工人阶级投票转向激进右翼政党这一变化。他们认为经济边缘化和工作不安全对工人阶级是否投票给激进右翼政党并没有任何影响，文化世界观才是影响工人阶级给激进右翼政党投票的关键性因素，因此博恩施尔将支持激进右翼政党的选民称之为文化失败者。[③] 但捍卫国家认同和维护一种排他性共同体的渴望，是工人阶级倒向激进右翼政党的主要原因。这表明相较于经济上的困窘，工人阶级更担心移民带来的对国家文化的负面影响，对工人阶级来

①　Edgar Grande and Hanspeter Kriesi, "The Transformative Power of Globalization and The Structure of Political Conflict in Western Europe," in Hanspeter Kriesi & Edgar Grande etc. ed., *Political Conflict in Western Europe*, Cambridge University Press, 2012, pp. 3-35.

②　Elisabeth Ivarsflaten, "What Unites Right-Wing Populists in Western Europe? Re-Examining Grievance Mobilization Models in Seven Successful Cases," *Comparative Political Studies*, 2008(41); Daniel Oesch, "Explaining Workers´ Support for Right-Wing Populist Parties in Western Europe: Evidence from Austria, Belgium, France, Norway, and Switzerland," *International Political Science Review*, 2008(29).

③　Simon Bornschier and Hanspeter Kriesi, "The Populist Right, The Working Class, and The Changing Face of Class politics," in Jens Rydgren ed., *Class Politics and the Radical Right*, Routledge, 2013, pp. 10-30.

说身份文化问题远比经济资源问题更重要。[①]

　　经济因素是激进右翼政党获得工人阶级支持的另一个主要原因。激进右翼政党能够从传统的左翼政党手中争取到中产阶级和工人阶级选民的原因,就是其提出了两套解决当下问题的方案:一是针对社会问题,激进右翼政党提出了权威主义的解决方案;二是针对经济问题,激进右翼政党提出了经济保护主义和福利沙文主义的解决方案。而上述两个方案相加就是激进右翼政党的制胜公式(winning formula)。[②] 激进右翼政党正在逐渐超越移民问题的窠臼,为选民提供了更多的观念选择,让选民不再仅仅因为文化原因而支持激进右翼政党。现实中,法国国民阵线自 2010 年以来,一直利用民众对经济形势的不满,鼓动更多的人在选举中为其投票。[③]

　　民众对当下民主运作和民主制度的不满情绪导致了抗争性投票增加。当下民主制度中存在诸多的合法腐败(legal corruption),例如游说、政商旋转门以及政治献金等。这些合法的腐败行为游离在民主政治和法律监管之外,破坏了民众对民主制度的信任基础。[④] 欧洲激进右翼政党的支持者会出于对既有民主政治运行方式的不满,选择直接民主式的政治参与手段以支持激进右翼政党。[⑤] 民主运作的失效和建制派的腐败引起了底层民众的逆反心理,他们迫切地希望改变现状,于是将选票投给了激进右翼政党。

　　在上述解释路径中对于经济、文化乃至于民主的不满被泛化为一

---

① Daniel Oesch,"Explaining Workers´ Support for Right-Wing Populist Parties in Western Europe: Evidence from Austria, Belgium, France, Norway, and Switzerland," *International Political Science Review*, 2008(29).

② Dietmar Loch and Ov Cristian Norocel,"The Populist Radical Right in Europe: A Xenophobic Voice in the Global Economic Crisis," in Hans-Jörg Trenz, Carlo Ruzza and Virginie Guiraudon ed., *Europe's Prolonged Crisis: The Making or the Unmaking of A Political Union*, Palgrave Macmillan, 2015, pp. 251-269.

③ Gilles Ivaldi,"Populism in France," in Daniel Stockemer ed., *Populism Around the World: A Comparative Perspective*, Springer, 2019, p. 38.

④ Gustavo Gouvêa Maciel & Luís de Sousa,"Legal Corruption and Dissatisfaction with Democracy in the European Union," *Social Indicators Research*, 2018(140).

⑤ Shaun Bowler & David Denemark etc.,"Right-Wing Populist Party Supporters: Dissatisfied but Not Direct Democrats," *European Journal of Political Research*, 2017(56).

种普遍存在于激进右翼政党选民之中的心理状态,甚至被认定为一种政治立场。这忽视了选民对于激进右翼政党的理性认同,这种理性认同与抗议或者某种不满情绪截然不同。而且支持激进右翼政党和支持传统政党的选民在动机上相似,这说明了激进右翼政党并不简单是选民出于怨恨做出的抗议性投票选择。[①] 即便如此,我们假设选民的怨恨情绪具备某种政治"理性",也并不能说明激进右翼政党的选民相较于其他政党的选民对移民、经济乃至于民主运作更加不满。[②] 因此,工人阶级的不满是否真的是其转向激进右翼政党的原因,仍值得我们进一步研究。

怨恨动员理论突出强调了激进右翼政党崛起因素中的社会需求维度,忽视了激进右翼政党向选民提供政治立场与政治观念的供给维度。激进右翼政党兴起的原因被学者们划分为需求维度和供给维度。其中需求维度指的是由经济、社会、文化变化或者社会紧张引发的恐惧、沮丧和排外等情绪,以及对上述消极情绪提供补偿政治需求和希望;供给维度指的是激进右翼政党表现出的反现代社会意识形态(antimodern social ideology)、政治话语、政治修辞等为民众提供情绪价值和希望满足的因素。[③] 怨恨动员理论通过描述、分析民众对于经济衰退、外来移民和民主腐败的不满,突出了民众对于改变政治现状寻求安全稳定的诉求。缺少了分析激进右翼政党输出的观念与民众政治需求是否契合的视角,这样得出的结论相对片面。

为规避怨恨动员模型解释的片面性,本文引入代表性视角,构建激进右翼政党兴起的供给维度和需求维度的互动机制,为工人阶级为何转向激进右翼政党给出新的解释。

---

① Steven Van Hauwaert & Stijn Van Kessel, "Beyond Protest and Discontent: A Cross-National Analysis of the Effect of Populist Attitudes and Issue Positions on Populist Party Support," *European Journal of Political Research*, 2018(57).

② Matthijs Rooduijn, "What Unites the Voter Bases of Populist Parties? Comparing the Electorates of 15 Populist Parties," *European Political Science Review*, 2018(10).

③ Klaus Wahl, *The Radical Right: Biopsychosocial Roots and International Variations*, Palgrave Macmillan, 2020, pp. 37–38.

二、理论梳理与提出假设

(一)政党代表性理论

在选举政治的研究中,学者们更重视选民的政治思维和选举过程,忽视了选民选票所选择的政治内容。有的学者认为,民众基本上并不具备正确思考政治观点并做出正确投票的能力。[①] 有的学者认为健全的公民意识是正确投票的前提,但是民众未必都具备健全的公民意识。拉塞尔·道尔顿(Russell Dalton)批评道,这些研究将具体问题与投票选择相互关联,如果具体问题和投票选择相关性弱,学者们就可以得出选民没有做出正确投票的结论。[②] 因此,道尔顿认为要从投票结果角度出发,重新思考选民的政治偏好在何种意义上被政党代表。

因此,政党代表性是从政治选举结果出发,衡量选民立场与政党政策、观点与意识形态一致性的工具。在选民个人立场与政党立场相匹配的情况下投出的选票,即为"正确选票",亦即政党充分代表了为其投票的选民。在现实中政党的代表性通常呈现复杂状态。由十选举政治中存在至少两个相互竞争的政党,因此每个政党在选民中的代表性交叉分布,同时每个选民的立场也可能同时与多个政党相近。这种复杂状态不仅意味着政党要将自己的观点立场准确并广泛地传达到选民中,还需要选民具备足够的理性去判断自己立场同政党立场的相似性。

从政党的角度出发,现在信息技术的发展为政党向民众传递自己政治立场提供了巨大便利,已经不存在阻碍政党观点传播的时空障碍。然而,民众是否拥有做出合理判断的足够的理性,则一直在被学者们质疑。安格斯·坎贝尔(Angus Campbell)认为民众"几乎完全无法判断政

---

① Donald Kinder & Nathan Kalmoe, *Neither Liberal nor Conservative: Ideological Innocence in the American Public*, University of Chicago Press, 2017.

② Russell Dalton, "The Representation Gap and Political Sophistication: A Contrarian Perspective", *Comparative Political Studies*, 2020(54).

府行为的合理性,对特定政策以及导致这些政策的原因知之甚少,广大选民既无法评估政策目标,也无法评估为实现这些目标而选择的手段的适当性"①,即许多民众无法做出与他们的偏好匹配的政党选择。

质疑的观点实际上将民众视作孤立静止的、单纯依靠自己做出政治判断的个体,未注意到民众实际上处在变化和运动的社会环境中。民众参与的选举并不是一场"闭卷考试",民众可以使用各种方法来得出合理的选择。② 这样看来民众参与投票与逛商场在逻辑上相似,民众都会"货比三家":咨询亲友对某些政党的看法,在综合各个领域的信息后民众就会做出符合自身立场的决定。

因此,在政党可以广泛准确传递自身立场和民众能够综合各信息做出理性判断的前提下,政党代表性作为衡量政党立场和民众立场一致性的概念具备了理论前提。接下来需要梳理具体要从哪些维度衡量政党代表性。

政党代表性的逻辑雏形可以追溯到李普塞特等人为解释西方政党体系和投票行为而提出的四种分裂理论。李普塞特等人认为在民主革命中存在两对分裂:中心与外围,教会与政府;在工业革命中也存在两对分裂:地主与企业家,工人与雇主。③ 其中"工人与雇主"的分裂对当代选举政治研究产生了深远的影响。当代西方政党都会被贴上"左"与"右"的标签,在这种印象之下,左翼政党代表了追求经济平等的主张,右翼政党代表了追求经济自由开放等主张。④ 因为人们预计工人阶级会偏爱体面的最低工资、为低收入公民提供良好的医疗体系以及保护

---

① Angus Campbell et al., *The American Voter*, Wiley, 1960, p. 543.

② Russell Dalton, "The Representation Gap and Political Sophistication: A Contrarian Perspective," *Comparative Political Studies*, 2020(54).

③ 四种分裂的描述综合了李普塞特在《一致与冲突》(张华青等译,上海人民出版社,1995年)中和 Seymour Lipset & Stein Rokkan, "Cleavage Structures, Party Systems, and Voter Alignments", in Peter Mair ed., *The West European Party System* (Oxford University Press, 1962)中的阐述.

④ Wouter Van der Brug & Joost Van Spanje, "Immigration, Europe and the 'New' Cultural Dimension," *European Journal of Political Research*, 2009(48).

工人权利,①所以人们认为在社会经济问题上持左翼立场政党代表了工人阶级,而在经济问题上持自由放任立场的右翼政党则代表了农民和有产阶级。在李普塞特等人发表分裂理论后,西方政党的代表性整体上遵循了基于经济立场划分的"左右"规则。

随着西方政治意识形态的发展,在政治光谱左侧出现了新左翼政党、绿党和左翼民粹主义政党,而在政治光谱的右侧出现了激进右翼政党和极端民族主义政党。这些新出现的政党特征有二:其一,在经济立场上未必遵循李普塞特的经典模式,要求经济平等和福利待遇并不是左翼政党的特有立场,激进右翼政党也会有类似诉求;其二,这些新兴政党在社会文化层面提出了新的政治观点,例如环保主义、本土主义和反对文化多元主义等。政党代表性原本的经济维度划分标准忽视了社会文化维度,当下政党代表性的构建要综合考虑政治和文化两个维度。

当下驱动西方政治格局运动的是经济和文化两对矛盾。经济矛盾的逻辑是通过强调经济竞争负面效果,以加剧经济对抗的方式实现重构文化和政治冲突的目的,阐明了经济全球化的副作用;文化矛盾的逻辑是强调文化多样性和政治一体化的负面效果,从文化角度出发解释全球化背景下的经济冲突。② 因此,克里西等人认为,到目前为止,激进右翼政党和传统左翼政党的分裂仍然嵌入在政治冲突的"经济—文化"的二维结构中。③ 因此,本文也将在文化和经济两个维度上构建代表性模型,以分析工人阶级在传统左翼政党和激进右翼政党之间的选择偏差。

---

① Daniel Oesch & Line Rennwald, "Electoral Competition in Europe's New Tripolar Political Space: Class Voting For The Left, Centre-Right And Radical Right," *European Journal of Political Research*, 2018(57).

② Dominic Hoglinger, Bruno Wuest & Marc Helbling, "Culture Versus Economy: The Framing of Public Debates Over Issues Related To Globalization," in Hanspeter Kriesi & Edgar Grande et. al, *Political Conflict in Western Europe*, Cambridge University Press, 2012, p.229.

③ Hanspeter Kriesi & Edgar Grande et. al., *Political Conflict in Western Europe*, Cambridge University Press, 2012, p.4.

(二)基本假设

从经济视角审视激进右翼政党的兴起,激进右翼政党聚集了大批在现代化与全球化中的"失意者"。而这些失意者多数是来自工人阶级,在汉斯·贝茨(Hans-George Betz)的描述中,他们是"日益边缘化的非熟练和半熟练工人、没有完成正规教育和培训的年轻人以及越来越多的长期失业者。他们代表了一个容易识别的下层阶级,即永久失业、就业不足或边缘就业的人,他们很快就会成为加速现代化进程的输家"①。与受益于技术进步和移民开放的技术型员工不同,工人往往缺乏适应这些新环境所需的必要技能。同时,各个国家的激进右翼政党对国际竞争采取保护主义立场,主张设立贸易壁垒,反对欧洲共同市场进一步一体化。这些与传统左翼政党开放市场,支持全球化的立场相悖,一定程度上维护工人阶级利益的观点,是工人阶级被激进右翼政党吸引的重要因素。

激进右翼政党还吸纳了左翼政党的经济平等立场。捍卫了就业和社会保障方面激进右翼政党提倡的"本国优先"原则。一方面,激进右翼政党准备通过扩大对富人征税的经济政策弥补国内经济不平等,弥补民众之间的收入差异,创造更为公平的社会经济环境;另一方面,激进右翼政党通过动员工人阶级反对工作移民,限制了劳动力市场中移民数量,减少就业竞争。因为经济平等和就业稳定原本就是工人阶级核心诉求,所以激进右翼政党一定程度上代表了工人阶级的"心声"。

假设1:激进右翼政党在工人阶级中的经济代表性强是获得工人阶级支持的关键。

激进右翼政党的出现代表了对自由主义价值观和多元文化生活模式主导地位的保守主义回应。民众对于激进右翼政党的支持与捍卫国家认同感、抵御多元文化主义和反移民有很大关系。激进右翼政党捍

---

① Hans-George Betz,"The New Politics of Resentment: Radical Right–Wing Populist Parties in Western Europe," *Comparative Politics*, 1993(25).

卫的公民身份和国家共同体定义具有极强排他性,以便抵御外来移民这种威胁其身份认同的"入侵者"。可以说,激进右翼政党的成功崛起是因为人们对越来越多涌入的移民带来的文化挑战感到不安。虽然在20 世纪 60 年代西方民主国家伴随着高等教育的扩张产生了社会文化的自由化效应,[①]但受教育程度较低的工人认为移民和外国文化对他们的身份认同构成了更大的威胁。因此,工人阶级更倾向"接受'国家偏好'以及排他性公民身份的概念"[②],并认为激进右翼政党持保守主义倾向文化立场更好地代表了他们。

假设 2:激进右翼政党在工人阶级中的文化代表性强是获得工人阶级支持的关键。

在经济维度和文化维度构建的二维政党代表性场域中,可以根据这两个维度计算出政党的立场与个人立场的二维空间距离,即政党的整体代表性。

假设 3:激进右翼政党在工人阶级中整体代表性强是获得工人阶级支持的关键。

正如前文所述,政党代表性在社会中的分布具有复杂性,一个政党可能不均衡地代表了社会中所有人,每个人又都会被不同政党代表。其表现就是激进右翼政党和其他政党一直在争夺社会各个阶级的支持。其中,激进右翼政党同传统的中右翼政党在争夺中产阶级和小企业主的支持,同传统左翼政党争夺工人阶级的支持。[③] 因此,我们不仅需要考虑激进右翼政党在何种程度上代表了工人阶级,更要分析激进

---

① Daniel Oesch, "The Class Basis of The Cleavage Between The New Left And The Radical Right An Analysis For Austria, Denmark, Norway And Switzerland," in Jens Rydgren ed., *Class Politics and the Radical Right*, Routledge, 2013, p. 31; Daniel Oesch, "Explaining Workers' Support for Right-Wing Populist Parties in Western Europe: Evidence from Austria, Belgium, France, Norway, and Switzerland," *International Political Science Review*, 2008(29).

② Daniel Oesch, "Explaining Workers' Support for Right-Wing Populist Parties in Western Europe: Evidence from Austria, Belgium, France, Norway, and Switzerland," *International Political Science Review*, 2008(29).

③ Daniel Oesch & Line Rennwald, "Electoral Competition in Europe's New Tripolar Political Space: Class Voting For The Left, Centre-Right And Radical Right," *European Journal of Political Research*, 2018(57)..

右翼政党是否相较于传统左翼政党更好地代表了工人阶级,以及这种激进右翼政党和传统左翼政党的代表性差异,在何种程度上影响了工人阶级的政党选择。

假设4:相较于左翼政党,激进右翼政党更好地代表了工人阶级。

假设5:相较于左翼政党,那些被激进右翼政党更好地代表的工人阶级更倾向于支持激进右翼政党。

三、数据与方法

本文为了研究激进右翼政党对工人阶级的代表性,选择了教会山专家数据库2019年数据(CHES2019)和第九次欧洲社会调查数据(ESS9)。本文共选择了欧洲14个国家的28个政党与民众作为分析样本。本文将综合两个数据库计算政党政治立场与个人政治立场的一致性,即政党代表性。

根据前文所述的两个维度我们分别在两个数据集中选择的问题可以归纳为六个方面:①公共福利,②收入再分配,③多元文化主义,④性少数群体平权,⑤移民政策,⑥全球化/欧洲一体化立场。对上述政党和个人维度的问题分别进行因子分析,然后根据因子得分计算经济、文化和整体维度上政党代表性。[①]

其中,激进右翼政党对某民众经济文化立场的代表性计算方法如下:

$$Y_{srei} = |P_{sei} - P_{ser}| \qquad (\alpha)$$

$$Y_{srci} = |P_{sci} - P_{scr}| \qquad (\beta)$$

以某激进右翼政党(r)经济立场对某选民(i)的代表性(Y_{sre})为例,代表性为该选民经济立场(P_{se})与该国激进右翼政党经济立场(P_{se})之

---

① 这一方法参考了拉塞尔·道尔顿(Russell Dalton)代表差异的计算方法。详情参见 Russell Dalton, "The Representation Gap and Political Sophistication: A Contrarian Perspective," *Comparative Political Studies*, 2021(54).

差的绝对值。在计算过程中,差值越小表明政党代表性越理想。文中的文化代表性(Y_{src})计算思路与上述相同。

激进右翼政党对选民(i)的整体代表性计算方法如下:

$$Y_{sri} = \sqrt{\alpha^2 + \beta^2}$$

激进右翼政党的整体代表性是通过文化和经济代表性计算得出。文中左翼政党的经济文化代表性与整体代表性,计算方式与上述方法相同。

由于本文需要计算复杂环境下激进右翼政党与左翼政党对工人阶级代表差异,计算方法表示如下:

$$Y_{di} = Y_{sli} - Y_{sri}$$
$$Y_{dei} = Y_{slei} - Y_{srei}$$
$$Y_{dci} = Y_{slci} - Y_{srci}$$

左翼政党(l)和激进右翼政党(r)代表性在某个选民(i)身上体现的整体代表性差异(Y_{di}),为该国家的左翼政党对该选民的整体代表性(Y_{sl})与该国家右翼政党对该选民的整体代表性(Y_{sr})之差。当 Y_{di} 大于 0 时表明右翼政党更好地代表了该选民,当 Y_{di} 小于 0 时表明左翼政党更好地代表了该选民。激进右翼政党与左翼政党的经济(Y_{de})和文化(Y_{dc})代表性差异计算都遵循上述方法。

关于划分社会阶级的标准,本文参照奥施的方法,结合雇佣关系、雇佣人数和 ISCO08 职业标准给出了自己的划定方式。[1] 社会中大企业主和管理者为传统资产阶级,小企业主和技术人员为小资产阶级;个体经营者和文书为中产阶级;其余为服务业工人、产业工人以及初级职业,这三个群体统称为工人阶级。

除上述变量外,本文还选择了性别、年龄、家庭收入、受教育程度和国别作为控制变量。

---

[1]　Daniel Oesch,"Coming to Grips with a Changing Class Structure an Analysis of Employment Stratification in Britain,Germany,Sweden and Switzerland,"*International Sociology*,2006(21).

四、结果分析

（一）个人与政党政治立场计算

表1　民众与政党测量问题结构

	个人层面		政党层面	
	文化	经济	文化	经济
公共福利	0.198	0.705	0.185	0.961
收入再分配	−0.082	0.792	0.133	0.964
多元文化主义	0.873	0.072	0.741	0.625
性少数群体平权	0.483	0.234	0.774	0.513
移民政策	0.862	0.041	0.724	0.636
全球化/欧洲一体化	0.644	−0.046	−0.929	0.080
KMO	0.675		0.764	
Bartlett's Test	16200.846 * * *		1031.912 * * *	

如表1所示，KMO检验值在个人层面为0.675，在政党层面为0.764，巴特利球型检验值分别达到了16200.846与1031.912，且统计学意义显著，说明所选择的六个指标适合进行主成分分析，且累计方差贡献率符合统计标准。分析后我们可以得到两个主要因子。在个人层面，公共福利、收入再分配两项指标在同一因子下负荷最高，这两项指标能够代表该因子，且都为个人经济立场指标，因此该因子为"个人经济立场"。多元文化主义、性少数群体平权、移民政策与全球化/欧洲一体化在同一因子下负荷最高，这四项指标能够代表该因子，且都为个人文化立场指标，因此该因子为"个人文化立场"。在政党层面的因子负荷与契合程度与个人维度相同，所以两个因子分别可以命名为"政党经济立场"与"政党文化立场"。

由上述结果可知，在我们选择的案例内，政党的政策立场上与个人的政治立场偏好拥有共同的维度，符合进一步做数据分析的基本要求。

(二)政党代表性对工人阶级投票影响

在进一步分析之前,我们首先要回答激进右翼政党代表性是否能够影响选民的投票选择。因此,我们以是否投票给激进右翼政党为因变量构建两组模型,以分析激进右翼政党经济和文化代表性对民众政党选择的影响(参见图 2)。

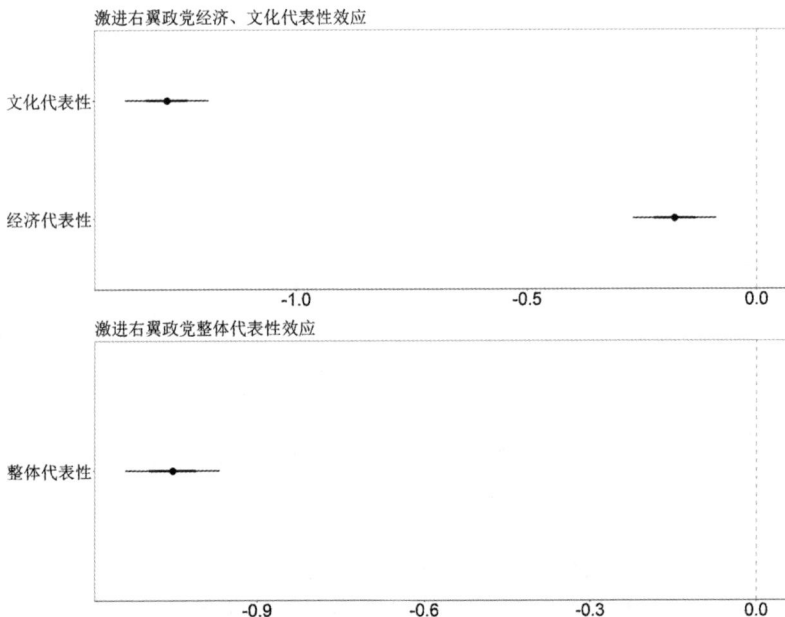

激进右翼政党经济、文化代表性效应

激进右翼政党整体代表性效应

图 2 激进右翼政党代表性对民众投票选择的影响①

由图 2 可知,激进右翼政党不同立场的代表性对民众是否投票给激进右翼政党影响存在差异。其中激进右翼政党的文化立场代表性,对民众是否投票给激进右翼政党影响更大。激进右翼政党的经济代表性对民众是否为其投票的影响十分有限。综合经济代表和文化代表性,激进右翼政党的整体代表性对民众有一定的影响力,而且根据整体

---

① 说明:仅显示主要解释变量。控制变量:性别、年龄、教育水平、收入、阶级、国别。图中粗线表示一个标准误差的置信区间,细线表示两个标准误差的置信区间。竖线表示 0,两倍置信区间的细线不包括 0,则该系数在统计学意义上显著。

代表性的计算公式可知,整体代表性对选民是否投票支持激进右翼政党的影响力主要来自激进右翼政党文化立场。因此,激进右翼政党的文化立场在选民中的影响力不容忽视。

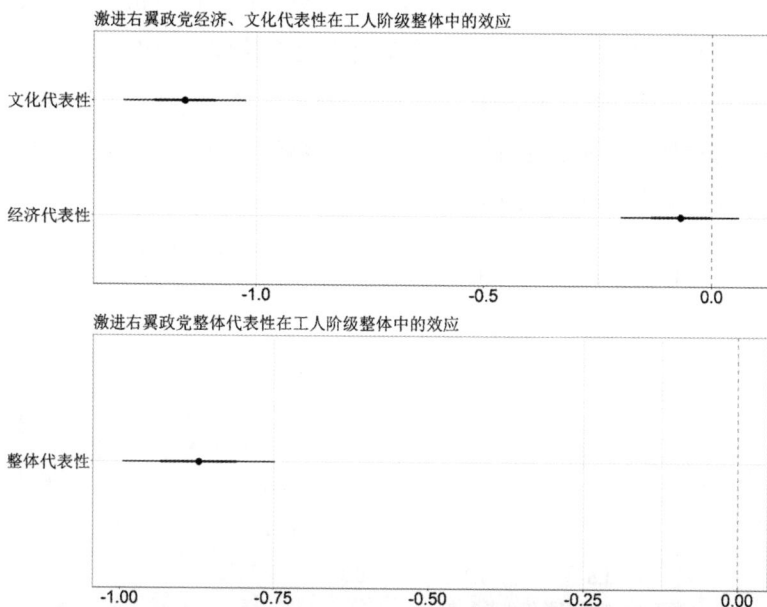

图3　激进右翼政党代表性对工人阶级投票选择的影响①

其次,在图3中我们仍以是否投票给激进右翼政党为因变量构建两组模型,重点分析激进右翼政党代表性对工人阶级投票选择的影响。结果可以发现,对工人阶级投票影响最明显的是激进右翼政党文化立场的代表性。经济代表性对工人是否为激进右翼政党投票并没有显著影响。

这一结果佐证了罗纳德·英格尔哈特(Ronald Inglehart)和皮帕·诺里斯(Pippa Norris)的文化反弹论(culture backlash)对激进右翼政党兴起的解释。文化反弹指的是20世纪70年代以来流行的自由主义进步价值观念,对原本保守主义群体的价值观念造成冲击后,保守主义群体对自由主义价值观念的反叛。英格尔哈特将这种文化反弹描述为一

_____

① 说明:仅显示主要解释变量。控制变量:性别、年龄、教育水平、收入、国别。

种受教育程度低、年龄较大特别是白人群体中普遍存在的一种心理状态。[1] 工人阶级正好符合这一描述。因此,激进右翼政党文化立场代表的是工人阶级对自由主义价值观念的叛逆,而激进右翼政党文化代表性在工人阶级中的影响增大也说明了西方社会原本的自由主义价值体系正在被侵蚀(假设2)。所以,我们将激进右翼政党获得工人阶级支持归因于经济因素存有偏颇。而且激进右翼政党的整体代表性对工人阶级选择是否选择激进右翼政党有一定影响(假设3),但这种影响力主要来自激进右翼政党的文化立场代表性。

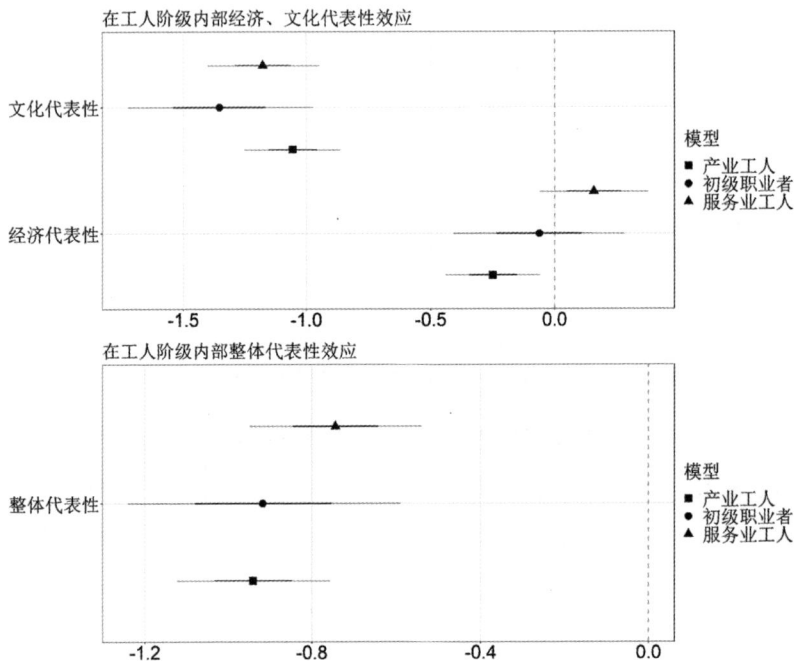

图4　激进右翼政党代表性在工人阶级中的异质性效应[2]

为了进一步说明激进右翼政党的代表性在工人阶级中的异质性效应,我们以是否投票给激进右翼政党为因变量构建了三组模型。由图4

---

[1] Ronald Inglehart & Pippa Norris, Trump, Brexit, and the Rise of Populism: Economic Have-Nots and Cultural Backlash, *HKS Working Paper* No. RWP16-026, 2016.

[2] 说明:仅显示主要解释变量。控制变量:性别、年龄、教育水平、收入、国别。

我们可以判断,在工人阶级内部服务业工人、产业工人和初级职业者都由于激进右翼政党代表了他们的文化立场,选择投票给激进右翼政党。这一点与图3中激进右翼政党代表性与工人阶级整体的关系一致。因此,激进右翼政党在工人阶级中文化代表性强是其获得工人阶级支持的关键(假设2)。激进右翼政党在工人阶级中的经济代表性影响十分有限(假设1),产业工人相较于服务业工人和初级职业者更愿意接受激进右翼政党的经济立场。

(三)激进右翼政党与传统左翼政党代表性差异

本文比较了左翼政党与激进右翼政党代表性的差异在各个阶级之间的分布(图5)。在左翼政党支持者中,我们发现传统资产阶级、小资产阶级、中产阶级的文化代表性差异绝大多数都在0标线以下,而且分布跨度相较于工人阶级更小。因此,左翼政党充分代表了工人阶级以上的社会精英阶层。同时结果也表明,在左翼政党的工人阶级支持者中,尽管服务业工人、产业工人和初级职业者大多数人也处于0标线以下,但是左翼政党文化代表性却在随着工人工作的底层化,逐渐地减弱。

这表明左翼政党的文化立场更好地代表了上层社会,但却逐渐远离了工人阶级。这不仅仅是因为20世纪以来进步自由主义价值观念逐渐成为左翼政党的核心,更是因为资本主义造成的贫富分化使工人阶级更少有机会接受高等教育,这对他们接受吸纳进步自由主义的观点造成了天然障碍。

激进右翼政党文化代表性立场在各个阶级都吸纳了一批支持者。如图5所示,传统资产阶级、小资产阶级、中产阶级和工人阶级的激进右翼政党支持者均有位于0标线以上的。这一趋势与整体代表性类似。这表明,激进右翼政党的文化代表性立场可能并不具备特定的阶级属性,其能够穿透社会各阶层,并让各个阶级在激进右翼政党的文化立场上达成某种共识。

这种文化立场上的共识,是在全球化大背景下针对外来移民的本土主义排外情绪,是对自由主义框架下多元文化主义的排斥,是对本国文化的保守情绪。这些保守主义的文化立场对受教育程度较低、且未拥有后物质主义价值观的工人阶级来说,远比自由主义的多元文化立场更容易接受。

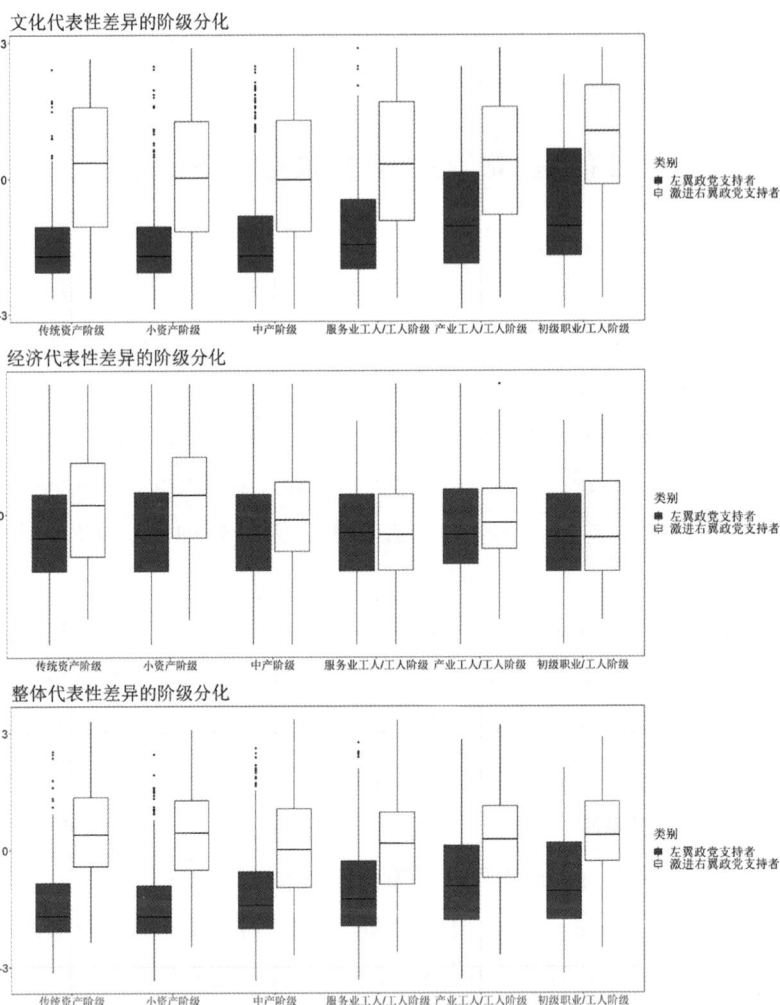

文化代表性差异的阶级分化

经济代表性差异的阶级分化

整体代表性差异的阶级分化

图 5　激进右翼政党与左翼政党代表性差异的阶级分布

根据上图(图 5)所示,激进右翼政党和左翼政党在经济代表性上差异很小。① 这说明激进右翼政党和左翼政党的经济立场基本一致。但激进右翼政党和左翼政党表达类似经济立场的动机很可能不同。左翼政党基于工人和雇主之间的矛盾提出追求经济平等、向工人让利的经济立场;激进右翼政党则是基于外来移民和本地工人争夺就业、福利资源,提出的保护本土工人阶级利益的诉求。因此,激进右翼政党的经济立场更接近福利沙文主义(welfare chauvinism),其本质是一种反对外来劳动力的公众态度。② 尽管激进右翼政党和左翼政党的出发点不同,但两者的经济立场所追求的目标基本一致。

综上,左翼政党的文化立场代表性更倾向于精英阶层,而且逐渐脱离了工人阶级。相较于左翼政党,激进右翼政党的文化立场代表性不仅没有局限于工人阶级内部,而且具备了跨阶级的弥散性。但就左翼政党和激进右翼政党的经济代表性来说,尽管两者出发点不同,但是两者的目标基本一致。在相似的经济立场中,无法判断究竟谁更好地代表了工人阶级。因此,激进右翼政党在文化立场上更好地代表了工人阶级,但其与左翼政党类似的经济立场似乎对工人阶级没有更大的吸引力(假设4)。

本文进一步分析了左翼政党与激进右翼政党代表性差异对工人阶级投票的影响。由结果可知(图6),对工人阶级转向激进右翼政党影响最大的是左翼政党和激进右翼政党文化代表性差异。因此,相较于左翼政党,那些被激进右翼政党文化立场更好代表的工人阶级更倾向于支持激进右翼政党(假设5)。激进右翼政党的经济立场相较于左翼政党对工人阶级是否投票给激进右翼政党也存在一定的影响(假设5)。

---

① 判断左右翼政党支持者的标准是选民的投票选择。
② Cornelius Cappelen and Tor Midtbø. "Intra-EU Labour Migration and Support for the Norwegian Welfare State," *European Sociological Review*, 2016(32).

左右翼政党经济、文化代表性差异对选票的影响

文化代表性差异

经济代表性差异

0.00　　　0.25　　　0.50　　　0.75

左右翼政党整体代表性差异对选票的影响

整体代表性差异

0.0　　　0.5　　　1.0　　　1.5

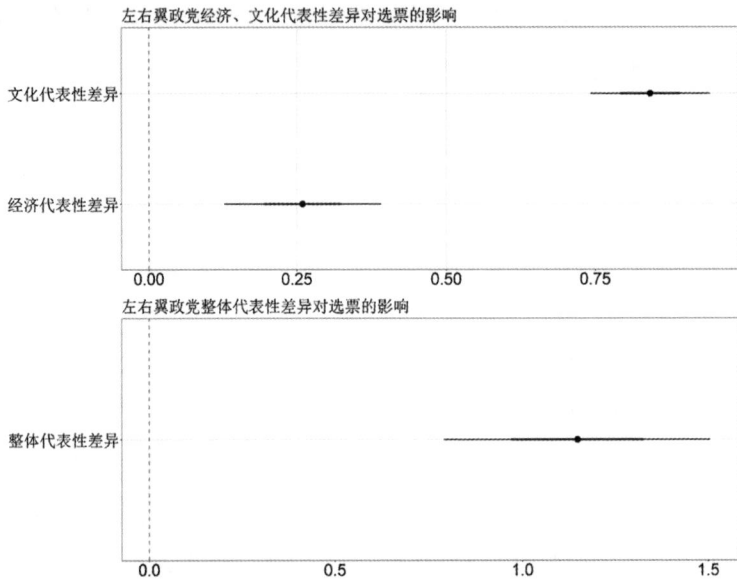

图 6　代表性差异对工人阶级政党选择的影响①

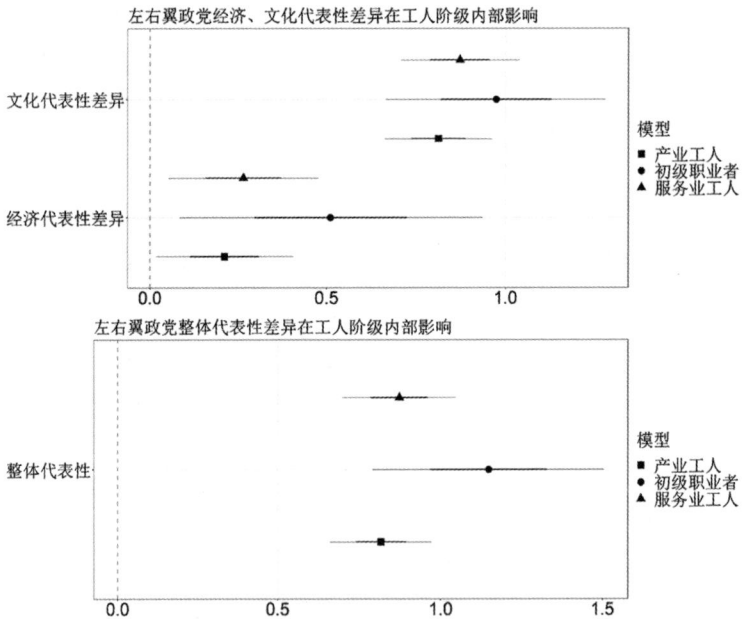

左右翼政党经济、文化代表性差异在工人阶级内部影响

文化代表性差异

经济代表性差异

0.0　　　　　0.5　　　　　1.0

模型
■ 产业工人
● 初级职业者
▲ 服务业工人

左右翼政党整体代表性差异在工人阶级内部影响

整体代表性

0.0　　　0.5　　　1.0　　　1.5

模型
■ 产业工人
● 初级职业者
▲ 服务业工人

图 7　代表性差异对不同职业工人政党选择的影响②

————————

①② 说明:仅显示主要解释变量。控制变量:性别、年龄、教育水平、收入、国别。

为进一步分析工人阶级内部的差异性,本文以投票给左翼政党还是激进右翼政党为因变量,构建了工人阶级内部的三组模型,结果参见图7。在服务业工人、产业工人和初级职业者的政党选择中,激进右翼政党和左翼政党的文化代表性差异影响最大,符合图6得出的结论。

因此,当下大部分转向支持激进右翼政党的工人阶级,是由于左翼政党所秉持的自由主义价值观念,与工人阶级保守倾向的价值观念不再相容。激进右翼政党的文化立场更充分地代表了工人阶级,让工人阶级寻找到了文化认同感。所以,当下工人阶级转向激进右翼政党正是进步自由主义价值观念在西方衰落的表现,这些支持激进右翼政党的工人也正是左翼价值观高歌猛进时被抛弃的那部分人。

西方工人阶级在上世纪60至70年代逐渐被去工业化浪潮排挤,被教育扩张而遗漏,更无法赶上职业升级的快车道,[①]这些工人还要面对全球化带来的劳动力全球流动和全球产业分工的冲击。因此,他们被学者描述为“现代化的失败者”或“全球化的失败者”。这些冲击带来的结果并不仅是工人阶级的怨恨,而是工人阶级的世界观发生了变化,工人阶级拥抱了保守主义的价值观,不再接受左翼政党的多元文化立场。

同时,图7中服务业工人、产业工人和初级职业者三个群体在左翼政党和激进右翼政党之间的选择表明,激进右翼政党的经济立场比左翼政党的经济立场也更能够吸引工人阶级。工人阶级在经济上的诉求不再仅仅局限于左翼政党提出的最低工资、基础劳动保障和增加福利等政策。激进右翼政党本土主义经济立场开始获得工人阶级的支持。因此,激进右翼政党文化上的保守主义立场与经济上的本土主义立场,相较于传统左翼政党的文化和经济立场更能够争取到当下工人阶级的支持。

根据上述结果可知,激进右翼政党在工人阶级中的文化代表性强

---

① Simon Bornschier, *Cleavage Politics and the Populist Right: The New Cultural Conflict in Western Europe*, Temple University Press, 2010, p.63.

是其获得工人阶级支持的关键(假设2)。尽管,激进右翼政党的经济代表性对工人阶级是否选择激进右翼政党存在一定影响,但是这种影响十分有限,有待继续研究分析激进右翼政党经济立场对工人阶级的影响(假设1)。整体代表性对工人阶级转向激进右翼政党有显著影响,但构成激进右翼政党整体代表性的文化立场相较于经济立场影响更大,因此整体代表性的主要来源是文化立场(假设3)。

相较于左翼政党,激进右翼政党在文化立场上更好地代表了工人阶级。本文发现,左翼政党文化立场逐渐脱离工人阶级,转向中产阶级以上群体,越来越具有精英主义倾向。而激进右翼政党的文化立场在各个阶级中都具备一定代表性,而且更加均衡地代表了工人阶级(假设4)。

左翼政党和激进右翼政党代表性的差异,可以看作是两党政治立场在选民中竞争结果的体现。激进右翼政党和左翼政党的经济立场具有一定相似性,且在工人阶级中代表性差距较小。尽管左翼政党与激进右翼政党的经济立场相似,即为工人阶级提供经济福利,但两者的手段很可能并不相同。左翼政党倾向于通过现有福利税收制度为工人阶级提供"更平等"的经济利益,激进右翼政党倾向于通过福利沙文主义或本土主义手段将"原本属于"工人阶级的利益还给他们。因此,工人阶级转向支持激进右翼政党,是激进右翼政党这种本土主义经济立场更好地代表了其经济立场的结果体现(假设5)。相较于左翼政党,激进右翼政党的文化立场在工人阶级中的代表性更强,这是工人阶级转向支持激进右翼政党的主要原因(假设5)。激进右翼政党在经济本土主义倾向,在未来很可能与其保守主义的文化立场融合,形成一套完整的政治意识形态。这不仅值得我们进一步分析,也值得我们有所警惕。

五、结论与讨论

在21世纪的头20年里,西方的左翼政党在选举中经历了历史性的支持率下滑。与此同时,激进右翼政党在选举中取得了前所未有的胜利。学者们悲观地认为,左翼政党的坚定支持者工人阶级选民,已经流失到激进的右翼政党手中。而针对这一现象的文化机制解释、经济机制解释抑或是社会心理解释都指向了工人阶级的不满情绪，而工人阶级选票的转向则被解释为对现状不满的抗争进行投票。这种解释仅仅看到了工人阶级转向激进右翼政党的需求维度，忽视了政党在政治供给侧的作用。

本文引入政党和民众互动的政党代表性视角，通过激进右翼政党所供给的立场与民众本身的政治立场匹配程度，分析了工人阶级转向激进右翼政党的原因。从结果上来说，工人阶级转向激进右翼政党是左翼自由主义政治文化立场无法再代表工人阶级一种表现。工人阶级在现代化进程中被忽略，加之在全球化进程中本土的文化和经济资源被外来移民挤压，工人阶级不再认可自由主义多元主义的政治立场，更倾向于保守主义。而激进右翼政党恰好向外输出保守主义价值观念和本土主义的经济立场，二者一拍即合，才造成了我们看到的工人阶级在选举中转向激进右翼政党的现象。就影响力而言，激进右翼政党的文化立场代表性是工人阶级转向支持激进右翼政党的主要原因。但激进右翼政党文化代表性并不能够解释全部，激进右翼政党的经济立场也在工人阶级中获得了一定支持。

综上，本文认为工人阶级转向支持激进右翼政党并不是出于对现实政治、经济和文化的不满。而是工人阶级的政治立场随着时代发展已经发生了改变，愈发趋向于保守主义立场。而左翼政党的进步自由主义文化立场随着时代愈发倾向代表社会精英，经济立场也还停留在对工人阶级提供公平福利的传统立场，这使得左翼政党逐渐脱离了工人阶级。激进右翼政党提出的保守主义文化立场和本土主义的经济立场恰好切中了工人阶级的保守主义立场，也更好地代表了工人阶级的利益诉求。因此，工人阶级在选举中转向支持激进右翼政党并不是工人阶级集体不满的体现，而是工人阶级的理性政治选择。

中国比较政治学研究的新进展(2022) [*]

李　辛　　吕同舟　　周幼平 [**]

内容摘要　2022 年中国比较政治学研究与此前相比有很强的延续性,在理论、方法及议题三个领域的研究取得了可喜的发展。在比较政治学理论研究方面,研究者尝试破解"规范性同构"谬误,基于中国政治实践提出具有多元特点的理论观点。方法上,在引介国外方法的基础上,不断完善、创新。在比较政治学议题领域,国家建构、民主及民主转型、民粹主义与政治极化是研究的热点问题,本土化理论体系取得一定的进展。

关键词　比较研究;政治发展;研究议题;本土化

一、比较政治学理论研究

本年度,中国比较政治学学者在比较政治学理论方面的研究呈现出非常明显的两大特点:一是普遍关注到西方比较政治理论因其包含

* 考虑到出版时尽可能全面地体现年度内比较政治研究的总体趋势,本文所选论文的出版时间为 2021 年 9 月至 2022 年 8 月。随着中国比较政治学研究的发展,该领域文献汗牛充栋,遂本文所选研究难免挂一漏万,不周与遗漏之处请读者见谅。
** 李辛,政治学博士,上海师范大学讲师,主要研究方向为比较政治、韩国政治;吕同舟,华东师范大学副教授,主要研究方向为比较政治、中国政府与政治;周幼平,管理学博士,上海师范大学讲师,主要研究方向为比较政治方法。

的西方中心主义等因素的影响，无力回应这个时代各方面的挑战，从各个方面尝试破解"规范性同构"谬误，基于中国政治实践提出具有多元特点的理论观点；二是作为本土化理论代表的历史政治学理论得到了持续完善和充实。

基于大规模的调查研究，英格尔哈特的后物质主义文化变迁理论建立起经济发展、文化变迁与政治发展之间的逻辑链条。这一逻辑关系被视为普适理论从而对比较政治研究产生了巨大的影响。在《后物质主义文化变迁理论与美国比较政治研究范式》一文中，王正绪和赵茜通过深入分析后物质主义文化变迁理论的形成过程及其"与比较民主化和实证民主理论的对标与联结"①，指出其在"规范性同构"影响下所隐含的西方中心主义、进步史观等内核。在此基础上，得出了 21 世纪的社会科学需要破解"规范性同构"理论谬误的结论。

无独有偶，杨光斌也深刻认识到"无论是作为自由主义内核的代议制、个人权利和多元主义，还是作为民主实践形式的竞争性选举，都是中世纪发展起来的欧洲文明的组成部分，自由主义民主是欧洲文明的政治表达"②，是经由自由主义的社会"科学化"，才被受众视为科学乃至普世价值。在《中国民主模式的理论表述问题》一文中，作者首先描述了二战后美国民主的普世价值性在民主话语权上的"逆袭"过程，然后通过中西民主政治理论表述的对比，提炼出中国民主模式的理论表述，即"社会主义民主—民主集中制—协商共识型民主—可治理的民主，构成了以人民民主为价值原则的中国模式"③；最后指出西方政治学方法论在解释中国民主模式上的不适用，"中国民主模式与中国历史文化具有高度的历史连续性"，"中国的民主模式只能用诞生于中国历史文化的政治学方法论——历史政治学进行阐释"。④

从比较政治的角度关注中国的民主道路，成为 2022 年比较政治研

---

① 王正绪、赵茜：《后物质主义文化变迁理论与美国比较政治研究范式》，《国外社会科学》2022 年第 1 期。

②③④ 杨光斌：《中国民主模式的理论表述问题》，《政治学研究》2022 年第 1 期。

究的一个热点专题。周光辉教授通过对中国民道路的的反思,提出中国民主道路的一些基本特征。比如,中国式民主道路是在现代化国家构建的历史中形成的,中国的成功在于把经济发展、政治民主和社会稳定三个具有张力的不同目标内嵌于中国现代化建设的历史进程中,通过发展人民民主,为促进经济发展、维护社会稳定提供政治保障。① 在《比较视野下的中国民主模式》一文中,杨光斌教授从民主的价值模式和实践模式两个方面对中美民主进行了比较,并从民众的参与、自主性回应和责任政治三个方面论证了中国"可治理的民主"模式。② 无独有偶,在中国民主模式方面,徐勇教授提出了"单一制中国的纵横向民主"概念,并认为全过程治理与全过程人民民主相伴随,治理式民主是中国民主的重要特点。③ 在同一辑杂志上,孟天广副教授也是从比较政治的角度对中国民主路径进行了分析,也将政府回应性作为中国民主路径。作者认为,民主研究在比较政治学领域中始终居于核心地位,不同制度和文化之间对"什么是好的民主""如何实现民主地统治或治理中国强调"等基本问题的理解存在着广泛争议,而中国民主制度将程序性民主和实质性民主有机结合,以程序民主保障实质性民主,进而促进实质性民主走向全过程人民民主。④

　　21 世纪以来,西方政治发展理论面临自身解释力不足及各国政治发展实践多样性冲击的双重困境。有鉴于此,吴晓林和谭晓琴在《新时代中国政治发展理论的体系构建:一个比较的框架》一文中,通过对中西政治发展意涵和理论范式的比较,指出"西方学者高擎西式自由主义大旗,拒斥非西式政治发展模式;中国学者则多基于'以人为本'的实绩导向,力图建构马克思主义结构化的解释,从国家治理能力、实质民主和政党中心主义三个维度阐释政治发展",并提出"中国学界应构建呼应全球秩序重组的政治发展理论体系,打通'历史溯本求源——现实问

---

① 周光辉:《现代化国家建构与中国式民主道路》,《政治学评论》2022 年第 1 辑。
② 杨光斌:《比较视野下的中国民主模式》,《政治学评论》2022 年第 1 辑。
③ 徐勇:《单一制中国的纵横向民主》,《政治学评论》2022 年第 1 辑。
④ 孟天广:《比较政治中的中国民主路径》,《政治学评论》2022 年第 1 辑。

题导向——未来人类共同体'全环节,转向广阔的全球政治比较、长周期政治比较,提出超越历史片段和国别经验的政治发展方法论,供给'差异有别又有共同'的政治发展概念和范式"。①

"民主-专制"的政体比较范式长期主宰了比较政治学的研究。然而,这其实是西方冷战思维塑造的一个巨大的误区,即"将政治学等同于研究所谓'民主'的社会科学"②。对此,王正绪在《秩序与繁荣:政治学原初问题的制度主义解释》一文借助对政治核心问题的发问,提出回归政治学原初问题——政治秩序的主张。随后在对政治秩序进行梳理界定的基础上,提出实现政治秩序的制度体系包括价值层次、认知层次、组织层次和技术层次四个层次的制度;并以此为依据,对中美两国的政治秩序进行了比较,分析自由民主政治秩序在价值性和理论性制度层次的缺陷;最后指出"比较政治学和政治思想、政治理论等研究应当……将政治学研究的本体提到更高的抽象层次,即政治秩序的层次"③。

自 20 世纪 90 年代以来,协商民主理论得到了快速发展。但西方语境中的协商民主理论将选举民主视作协商的前提条件,故而很少关注其他形式的协商事实,也不利于协商民主理论的发展。对此,覃漩的《协商民主与政治发展》一文通过对比中西语境中协商民主出现的理论动力和历史背景,指出"不同于西方背景下为了弥补聚合式民主存在的问题而产生的纠偏机制,协商在中国的出现是为了回应政治发展在不同阶段的功能性需求……它与民主之间的联系,也并非一开始就存在,而是在发展过程中被逐渐建立起来的"④,从而"解释了协商与政治发展之间的逻辑,补充了西方背景之外协商的发生机制,这对作为整体的协商系统具有意义"⑤。

西方学界对民主话语权的垄断,一方面造成西式民主具有普世价值的假象,另一方面形成中国民主话语特殊性的理论漏洞。这既不利

---

① 吴晓林、谭晓琴:《新时代中国政治发展理论的体系构建:一个比较的框架》,《天津社会科学》2022 年第 3 期。
②③ 王正绪:《秩序与繁荣:政治学原初问题的制度主义解释》,《学术月刊》2022 年第 3 期。
④⑤ 覃漩:《协商民主与政治发展》,《复旦学报》2022 年第 1 期。

于中国的民主实践也"无助于中国民主话语与西方民主理论的互动"①。有鉴于此,景跃进的《民主理论的发展:超越与重构》一文从既有主流民主理论无法解释中国政治实践的事实出发,提出将中国政治作为一种与西方民主相并列的亚类型来看待,从而将二分法转化为"三位一体"的概念框架,超越"民主—威权"二分法,并且解构并超越西方民主理论,"重构真正具有普遍意义的民主理论"②。

作为政治学与历史取向研究路径的结合,历史政治学的理论建构在"批判的自我呈现"方面尚存不足。张树平在《政治学理论建构中的经验、历史与逻辑——对历史政治学发展的一项阶段性评估》一文中,指出历史政治学"发展中潜藏的风险源自于历史政治学与其经验基础的剥离,所以,从方法论上防范历史对经验的疏离以及逻辑对历史的疏离,重建经验世界的完整性、历史世界的统一性和逻辑世界的自洽性成为历史政治学后续发展的关键",而"古典政治学"和"进程政治学"是两种"较具理论前景和可操作性的两种路径"③。

作为"中国实用理性的重要内容和特征","历史理性"是"数千年来中国政治与学术之基本取向和方法"。姚中秋的《历史政治理性的成熟:作为中国思想之基本取向和方法》一文通过研究周公历史政治理性的形成过程,并"以历史政治学方法解释《尚书》《逸周书》等传世文献",揭示出周公历史政治理性成熟的因果。同时,基于"周公思想体现出'历史理性与道德理性的最初统一'",提出"历史政治理性的完整说法是'道德的历史政治理性'"。④

同样基于现代主义理念,现代治理理论虽然发展了现代行政管理理论,但仍然存在诸如削弱和破坏民主等问题,故而在后现代主义哲学的基础上,治理理论有了新的发展。佟德志和林锦涛注意到这一发展

①② 景跃进:《民主理论的发展:超越与重构》,《政治学研究》,2022 年第 1 期。

③ 张树平:《政治学理论建构中的经验、历史与逻辑——对历史政治学发展的一项阶段性评估》,《政治学研究》2022 年第 1 期。

④ 姚中秋:《历史政治理性的成熟:作为中国思想之基本取向和方法》,《天府新论》2022 年第 1 期。

的新意和价值,在《当代西方后现代民主治理理论评析》一文中,两位学者围绕"后现代民主治理理论是如何确立民主的统领地位,又能否成为民主治理的未来趋势呢"①等问题,以现代治理理论的民主困境分析为起点分析当代西方民主治理理论的发展趋势,提出了以"民主统领治理"为特征的"后现代民主治理理论"的概念,并对其内在逻辑、理论价值与内在局限进行了深入阐释和发掘,为学界准确把握西方治理发展脉络和趋势提供了重要参照。

二、比较政治学方法阐释

本年度,中国比较政治学学者对比较政治学方法论的探讨虽然在数量上依然没有爆发,但却具备一定的质量。回顾这一时期中国比较政治学方法论研究方面的发展,可总结为引介、完善与创新三个方面:一是引介。继定性比较分析(QCA)方法引介和应用之后,又引介了国外在 QCA 基础上发展出的共存分析(CNA)方法;二是完善。对比较政治研究应用基于经验的理论建构方法时面临的抽象能力不足和经验材料不足的缺陷,学者提出了两种可能的完善策略;三是创新。学者在律则论因果观的基础之上,创造性的提出了"历史性因果叙述"的因果推论方法。在这一时期的研究成果背后,我们一方面能够感受到国内学者在方法论自觉上的可喜提升;另一方面,也需要清醒的注意到这些研究在数量、热点及围绕热点的学术对话以及系统、细致方面的提升空间。

探索因果关系和因果机制是学者们的共同追求,而比较政治学研究者更是需要探究复杂多变的政治现象的因果问题。不同于传统统计回归方法采用还原论的原子视角分析单个变量的"净效应",因而难以处理复杂因果关系;QCA 方法采用整体论的整体视角进行组态效应分

---

① 佟德志、林锦涛:《当代西方后现代民主治理理论评析》,《国家现代化建设研究》2022年第1期。

析,为组态问题的复杂因果关系研究提供了新的方法。然而,QCA 方法也存在"无法对由因果链生成的数据进行因果建模,关注焦点局限于因果关系而不是因果规律,存在因果解释的组态比较局限"①的问题。针对这些不足,鲍姆加特纳继承与发展定性比较分析的因果机制探索,提出了共存分析的组态比较方法。高进和霍丽婷的《共存分析与比较政治学研究》一文引介了共存分析这一组合因果链研究的新方法,指出其"可以富有成效地应用于比较政治学论域中的因果发现"②。该文首先具体阐述了共存分析方法的优势,然后借助鲍姆加特纳关于瑞士宣礼塔争议的案例,从充分必要条件、因果假设、核心算法和模型表达四方面对共存分析的方法进行了详尽的阐释;并以"一带一路"产能合作项目政策沟通为例,展现出比较政治学研究中共存分析在的价值与优势;最后对共存分析的局限性也进行了说明。

从议题到方法的转向,在科学性和精确性方面推动了比较政治学发展。然而,理论的"滞涨"现象也随之出现。陈尧和范思宇敏锐的察觉到这一问题,在《比较政治研究的理论"滞涨"及其创新策略》一文中,两位学者在梳理分析西方比较政治研究转向的演变及理论"滞涨"的现状之后,指出"以倚重技术方法的经验概括为特征的实证主义研究缺乏理论构建所必要的抽象能力,难以充分解释和预测政治现象"③,并提出推动比较政治理论发展和创新的重要策略:概念的创新和延伸以及经验解释范围的扩展。

"历史政治学为宏观历史想象力的复兴提供了有力支撑,并在短短数年的时间里形成了可观的学术影响。"④伴随历史政治学的快速发展,"如何在复杂的历史变奏中实现有效的因果推论,便成为从事历史政治分析的学者们所不得不面对的问题"⑤。作为对这一需要的回应,释启

---

①② 高进、霍丽婷:《共存分析与比较政治学研究》,《政治学研究》2022 年第 1 期。

③ 陈尧、范思宇:《比较政治研究的理论"滞涨"及其创新策略》,《江苏行政学院学报》2022 年第 3 期。

④⑤ 释启鹏:《"丰裕的贫困"——对历史政治学比较方法的反思》,《探索与争鸣》2022 年第 7 期。

鹏的《"丰裕的贫困"——对历史政治学比较方法的反思》一文"试图通过历史性因果叙述的方法将宏观政治社会分析从自然主义的窠臼中解放出来，从而进一步拓展历史政治学的宏观想象力"①，该文首先从历史分析中的科学主义偏执出发，通过对方法论中"科学主义的贫困"的反思，以及社会世界中建构性特征的梳理，指出"社会世界的特殊性在于其建构性，社会科学由'心'驱动这一事实既是其相较于自然科学的关键差异，也是其优势所在"，最后提出"我们可以在实证主义之外赋予'讲故事'以因果性，即把传统的历史叙述建立在律则论因果观的基础之上，从而形成'历史性因果叙述'"。②

三、比较政治学议题梳理

考虑到比较政治学研究议题的稳定性和年度报告的一致性，本年度比较政治学的议题仍延续既往结构，从政体、社会行为体、国家制度、政治秩序和经济与跨国家进程五个方面③综述国内学界在各主要议题中出现的新观点、理论范式与研究方法，以期发现中国比较政治学议题的持续与变化。

---

①② 释启鹏：《"丰裕的贫困"——对历史政治学比较方法的反思》，《探索与争鸣》2022 年第 7 期。

③ 西方政治学与比较政治学权威杂志 Political Studies 与 Comparative Political Studies 把比较政治学归纳为 5 大研究范围、涵盖着超过 25 个具体议题：①政治秩序：包括国家构建与国家崩溃、战争、环境、民族主义、内战与暴力、民族与民族暴力；②政体：包括政体多样性、民主化与民主崩溃；③社会行为体：包括社会运动与公民社会（含社会资本、社会抗议）、利益团体（含企业和劳工组织）、公民态度与政治文化、宗教、庇护主义；④民主与国家制度：选举、投票与选举制度，政党，民主制度（行政、立法）、联邦主义与分权化、司法、官僚、军队与警察、政策制定；⑤经济与跨国家进程：经济政策与改革（含福利国家、发展型国家、新自由主义、资本主义多样性）、经济发展、全球化、跨国家整合及进程。请参见 Lee Sigelman & George H. Gadbois Jr. Contemporary Comparative Politics：An Inventory and Assessment, *Comparative Political Studies*, 1983（16）；Adrian Prentice Hull. Comparative Political Science：An Inventory and Assessment Since the 1980's, *Political Science*, 1999（3）；Gerardo L. Munck & Richard Snyder. Debating the Direction of Comparative Politics—An Analysis of Leading Journals, *Comparative Political Studies*, 2007（1）。对于这一划分，中国的比较政治学专家李路曲在《比较政治学的基本特质与学科划分标准》[《当代世界与社会主义》2019 年第 1 期]中亦有深入评析。

（一）政治秩序:民族国家与国家建构

在政治秩序这一议题下,本年度比较政治学人关注的重点话题依旧是民族国家与国家建构问题。

二战后,民族国家这一形态在世界政治舞台上占据了主导地位。但是,伴随着经济全球化的纵深发展和超国家组织的不断扩张,关于民族国家是否开始走"下坡路"、以及如何超越民族国家等问题,愈发引起学界的广泛关注。孙砚菲梳理了已有的关于民族国家争论的逻辑线索,以国家行动者和非国家行动者作为推手尝试构建分析框架,从深度、广度和稳定性三个维度讨论了欧盟、苏东集团、美国式帝国三个案例。作者的研究回应了哪些因素在何种程度上对超越民族国家产生影响、以及产生何种影响等问题。① 与此同时,有意思的是,在关于民族国家终结的预言不绝于耳的同时,民族主义和民族国家反而获得了更为广泛和深入的发展。特别是最近十几年来,全球政治极化情境中极端民族主义、排外主义、新种族主义和民粹主义思潮日渐泛滥,既覆盖了印度、土耳其、巴基斯坦等后发国家,也覆盖了西欧、北欧、美国等传统自由民主主义大本营,并在此次全球各国新冠疫情防控中得到了淋漓尽致的凸显。事实上,在一定意义上,关于超越民族国家的讨论,恰恰也契合着"人类命运共同体"的实践呼唤。

与前文关于超越民族国家的思考遥相呼应,作为反政治建制力量的民粹主义,似乎又在某种意义上成为了一种国家发展模式。林红以拉美民粹主义为研究对象,在现代化和自主性发展的场景中梳理了拉美民粹主义的历史脉络。作者认为,拉美民粹主义的本质是普遍的"执政的民粹主义",是拉美左翼政府对西方发展模式的重大修正,一方面体现为以经济增长和收入再分配为目标的宏观经济政策,另一方面体现为以魅力领袖、宪政公投和多阶级联盟为特征的威权主义政治。② 当

① 孙砚菲:《超越民族国家:困境与路径》,《社会学评论》2022 年第 1 期。
② 林红:《拉美民粹主义:一种国家发展模式》,《马克思主义与现实》2022 年第 4 期。

然,在承认民粹主义在国家发展中地位的同时,也应当看到其根深蒂固的缺陷所在,例如能否摆脱西方发展主义束缚、处理好经济与公平关系、协调国内各族群关系等。

在国家建构诸研究中,国际战争或国际冲突始终是解释国家建构的主流范式之一。卢凌宇、古宝密梳理和评介了有关战争对国家建构影响的主要文献,发现这类研究在因变量设置方面忽视了国(民)族认同、在研究设计上则以"因素中心"为导向忽视了战争过程对国家建构的结构性影响。因此,作者尝试设计出以"结果中心"为导向的研究方案,基于欧加登战争(1977—1978年)前后的埃塞俄比亚和索马里为经验素材,对两国对财政汲取能力和国族认同进行了追踪分析。研究发现,在财政汲取能力上,战争虽然促使国家强化官僚机器对社会的控制和资源汲取,但囿于糟糕的经济基础和发展状况,资源汲取始终"后继乏力",在战争前后整体汲取能力呈现出先升后降的趋势。在国族认同上,战争的影响总体上是消极的,表明国际战争对国族建构的影响存在条件性,特别是在国内存在族群叛乱的情况下,国际战争更有可能削弱而非强化国族建构。①

(二)政体:政体多样性、民主化与民主崩溃

1.民主模式:全过程人民民主与西式民主

民主研究一直是比较政治学界所关注的热点话题。近年来,民主和民主化问题的研究及对西方民主理论的反思和批判性讨论构成了发展中国特色民主政治、全过程人民民主以及中国式现代化话语的契机。本年度,关于全过程人民民主的研究非常丰富,是民主理论发展的新境界。因考虑到文章体量,为突出民主理论的发展趋势,本报告聚焦于民主模式转化的理论基础,批判性地审视西方民主理论的问题,以期展示民主理论研究在中国场域的演进逻辑。这些研究都在解释同一个研究问题:中国政治发展的实践超出民主理论家的预期,主流民主理论已无

---

① 卢凌宇、古宝密:《欧加登战争与国家建构》,《国际政治科学》2022年第1期。

法合理的诠释中国政治发展,建立在西方现代化经验基础之上的政治学理论正面临来自中国实践的挑战。

全过程人民民主的提出,激活了学术界对中国民主研究的兴趣。尤其是从比较的角度,分析中国的全过程人民民主与美国的单过程选民民主,[①]更是得出了很多有益的结论。严强、胡玥重申了"民主是个好东西"的命题,认为我们不能因为政治民主的美国模式先天存在欠缺并且近来因遭到政客滥用走向衰败而对政治民主加以质疑。[②] 桑玉成、林锦涛也明确指出,不可否认的是,当今世界的民主模式、民主制度确实还存在很多问题,但这并不意味着民主价值就要被否定,或是认为民主已经不可避免地走向衰败,或是认为民主对社会发展来说就是一种威胁,而是意味着世界各国应当进一步发展和完善已有的民主制度,使民主更能够适用于本国国情,并且更能够有效地解决社会问题。[③]

对于中国民主模式的认识,佟德志从历史与逻辑两个方面对全过程人民民主进行了研究。他认为,在历史逻辑上,人民民主经历了革命时期的军事民主、改革初创的经济民主和改革深化时期的全面民主发展阶段,成为中国特色社会主义的基本战略。在实践逻辑上,全过程人民主形成了完整的制度程序和参与实践,形成了全方位、全链条、全覆盖的基本特征,相较于西方单过程选民民主,展现出了全面的优势。他认为,全过程人民民主在概念、结构、类属和体系等方面还有很大的发展空间。[④] 程竹汝从人民主体性的角度界定了全过程人民民主。在他看来,全过程人民民主是能在较高程度上体现人民主体性的民主模式。公民基本权利是人民主体性建构的现实形式,党的领导是人民主体性建构的政治保证,选举民主是人民主体性建构的基础,广泛有序参与是

---

① 佟德志、王旭:《全过程人民民主的要素与结构》,《探索》2022 年第 3 期;佟德志:《全过程人民民主与人类政治文明新形态》,《当代世界与社会主义》2022 年第 2 期。
② 严强、胡玥:《中国特色社会主义的新型政治民主诉求》,《政治学评论》2022 年第 1 辑。
③ 桑玉成、林锦涛:《从全过程人民民主看推进民主发展的意义》,《政治学评论》2022 年第 1 辑。
④ 佟德志:《全过程人民民主战略布局的历史与逻辑》,《政治学评论》2022 年第 1 辑。

人民主体性建构的中国特色。① 王炳权认为,全过程人民民主重大理念实现了价值表达、理论阐释、实践话语三个方面的比较完满的统一,每一方面都得到了提升和确认。②

民主的西方中心主义是民主理论长期存在的命题。景跃进认为,解决这一问题的办法是超越"民主—威权"二分法,将二分法转化为包容性的"三位一体"概念框架,将中国政治作为一种与西方民主相并列的亚类型来看待,并在正确处理普遍性与特殊性关系的基础上,重构真正具有普遍意义的民主理论。当年熊彼特对民主概念的重构、达尔和萨托利对民主理论的重述,基本上局限于西方民主原型的政治实践。第三波民主化研究虽然涉及广大的非西方国家和地区,但在性质上没有超越西式民主的范畴。如今现代化中国道路的成功充分显示了西方理论的局限性,它要求我们超越民主—威权的二元对立及其背后的冷战思维,超越自由民主制的普遍性神话及其背后的西方中心主义心态。③

杨光斌认为,无论是作为自由主义内核的代议制、个人权利和多元主义,还是作为民主实践形式的竞争性选举,都是中世纪发展起来的欧洲文明的组成部分,自由主义民主是欧洲文明的政治表达。社会主义民主—民主集中制—协商共识型民主—可治理的民主,构成了以人民民主为价值原则的中国模式。中国的民主模式只能用诞生于中国历史文化的政治学方法论——历史政治学进行阐释。④ 杨光斌、熊宇平认为,不同的民主模式代表了实现民主价值的不同机制。自由主义民主是以竞争性选举为核心的多数决民主体制,但由于忽视了政体关系的复杂性以及严苛的社会条件,在实践中陷入了诸多困境,出现"无效的民主"。相反,中华优秀传统政治资源、群众路线的革命传统以及大众

① 程竹汝:《人民主体性建构与发展全过程人民民主》,《政治学评论》2022 年第 1 辑。
② 王炳权:《发展全过程人民民主,推动新时代民主政治建设》,《政治学评论》2022 年第 1 辑。
③ 景跃进:《民主理论的发展:超越与重构》,《政治学研究》2022 年第 1 期。
④ 杨光斌:《中国民主模式的理论表述》,《政治学研究》2022 年第 1 期。

参与的政治实践,决定了中国的政治体制是以协商共识为主要形式的"可治理民主",公众参与、国家自主性回应和有效治理,构成了政治体制的核心特征。在民主权利维度上重新思考实质民主,是世界政治实践使然,同样也有助于构建新的民主理论。①

任剑涛从民主产生的逻辑分析了先发与后发民主国家不同的政治发展之路。首先从英美的民主制度诞生来看,欧洲大陆民族国家之间的混战,没有生成与其匹配的规范政体形式,反而英伦在相对独特的地理环境中,逐渐走出一条立宪民主政体的现代国家之路。英国是在一个相当漫长的、普通法的演化过程中实现现代民主政体建构目标,因此很难成为后发国家效仿对象的话,美国以其成文宪法的制定而确立的立国原则,一国内部的成员之间建立起了一种基于平等的现代政治制度,代表着民主制的勃兴。在理论层面民主需要需为维护其理想状态必须维护自身而又超越自身。各类国家以不同的方式认可民主政体,一些国家以立宪民主建构为务,一些国家则努力建构超越立宪民主的可期待的理想民主。这就是"全过程人民民主"建立的理论根基。②

林毅则从反思"民主发展＝西方化"命题的基础上,将民主从其西方单一形态的束缚中解放出来。为此,沿着非西方化道路发展民主的国家不仅要坚守民主发展可行性的底线,更需要从澄清对西方民主的误解、讲明非西方化的发展趋势、批判西方民主实践与总结"民主化"教训的角度,建构起针对西方民主失效问题的经验性反思维度;并在此基础上进一步发现西方民主理论内含中的反民主矛盾,从检讨其在价值导向、议题设置和观点引导等方面所刻意造成的误导入手,建构起针对西方民主反对民主问题的理论性反思维度。由此,包括中国在内的后发国家民主发展就将不再受到"如何实现西方化转型"问题的误导,从而也为更加聚焦于解决如何发展真民主、好民主的问题创造出全新的

---

① 杨光斌、熊宇平:《民主模式与公民权利的实现》,《国家现代化建设研究》2022 年第 3 期。

② 任剑涛:《基于可行性的可期性:立宪民主的批判进路与超越谋划》,《天津社会科学》2022 年第 5 期。

理论前提。①

那么什么是好民主,如何进行价值评判? 辛向阳给出的评判标准是:真假民主的区分要看投票权的真实性,更要看参与权的广泛性;要看选举中的口头许诺,更要看选举后承诺的实现;要看政治程序和规则性,更要看制度和法律的执行性;要看权力运行规则和程序的民主性,更要看权力的人民制约性。那种选举时朴朴实实、选举后各种政治权利不断得以实现的政治是真民主;那种在选举时感觉神圣、选举后神圣权利得到切实实现的政治是真民主;那种在票箱前让你有庄严感觉、离开票箱后让你无限幸福的政治是真民主。②

王绍光通过对西方代议制民主的两个理论支柱"授权论""问责论"暗含的六个假设进行实证性研究,发现有些国家议会中曾一度出现过少数普通人的面孔,但随着大众政党的衰落,这些国家的议会基本上已回归到寡头俱乐部的原形,其体制机制安排不能确保代议士们为民作主。对西方代议民主理论支柱的厘清,揭示了其民主的真相:不是民主制,而是寡头制。③

佟德志则从复合结构角度论述了全过程人民民主的本质。他认为,中国的改革开放逐渐由中心走向全面,由"一个中心,两个基本点"出发,从"三者有机统一"走向"四个全面""五位一体"。在这一发展过程中,人民民主也逐渐走出了一条全面发展的道路,并在中国特色社会主义新时代越来越体现出全面发展的趋势。在全面发展的过程中,人民民主在主体上体现为党的领导与人民当家作主的复合,并以此为中心形成了复合结构;在过程上表现为民主选举、民主协商、民主决策、民主管理与民主监督等过程的复合,体现为全过程人民民主。全面发展人民民主必须注重运用整体性、系统性、协调性的全面思维,正确处理人民民主与党的领导的关系、人民民主与法治的关系、人民民主与以人

---

① 林毅:《对"民主失效"与"反对民主"问题的辨析——针对"民主发展＝西方化"命题的两个反思维度》,《政治学研究》2022 年第 2 期。
② 辛向阳:《检验真假民主的试金石》,《政治学研究》2022 年第 1 期。
③ 王绍光:《西方代议民主:由谁作主?》,《中央社会主义学院学报》2022 年第 6 期。

民为中心的关系。①

张树华的专著《制度兴衰与道路成败：世界政治比较分析》，对第二次世界大战以来尤其是冷战结束前后国际民主化进程和相关国家、地区政治发展的新情况新问题进行了一系列深入的观察与思考，在比较性的研析中弄清和讲明了世界政治发展进程中国家兴衰成败与制度道路选择背后的道理、学理和哲理，总结和展示了当代中国政治发展道路和制度治理的优势和意义。②

综上所述，本年度的民主、民主化理论研究围绕着全过程人民民主理论的建构展开。从这些研究中可以发现，民主始终是西方政治学的核心命题，西方世界凭借对民主话语的垄断，将西式民主神化、普世化和模式化。但在具体实践中，不同的国家形成了不同的运行模式和制度安排。因此，西式民主也好，中式民主也罢，都是民主的不同运行模式，这与改革开放之初讨论"社会主义姓资姓社"的争论类似，民主模式的讨论不应流于西式或中式民主概念的界定，内涵与外延的阐释，更应厘清不同制度下民主制度运行的机制及其影响，不断建设与完善全过程人民民主理论研究。

2. 民主质量与民主崩溃

释启鹏以"阶级冲突—精英反制—民主崩溃"为逻辑，解释了第三世界国家的民主崩溃：民主崩溃的主要推手源自城市与农村权力精英所组成的阶级联盟，而这一联盟往往是针对左翼意识形态的社会动员，尤其是那些动员农村地区所形成的反向运动。这种对民主崩溃的新理解，意味着自由主义脉络下民主政治存续与否都是传统权力精英审时度势的结果，封建—殖民时代延续下来的社会结构与寡头政治不会因民主的到来或离去而发生根本改变。③

范和生、王燕以拉美国家民主发展为例，发现在新兴政党崛起、社

---

① 佟德志：《全面发展人民民主的复合结构与战略选择》，《政治学研究》2022 年第 1 期。
② 张树华：《制度兴衰与道路成败：世界政治比较分析》，中国社会科学出版社，2022 年。
③ 释启鹏：《阶级冲突下的精英反制与民主崩溃》，《国际政治科学》2022 年第 2 期。

会局面动荡、地区分裂加剧、经济复苏困难、疫情防控艰巨等影响因素
的作用下，拉美国家民主化的进一步发展仍将受到严峻挑战，民主发展
的利益格局将会更加复杂化，内部环境将会更加不稳定，地区形势将会
更加紧张，物质保障将会更加薄弱，社会局势将会更加多变。认为中国
与拉美同属发展中国家，研究拉美国家的低度民主化问题对中国特色
社会主义民主政治的发展具有重要的启示作用：一是警惕低质民主弊
端，坚持以人民为中心的发展思想；二是警惕低能民主弊端，不断推进
国家治理体系和治理能力现代化；三是警惕低效民主弊端，坚持走中国
特色社会主义政治发展道路。①

这些案例研究不仅丰富了国别研究，也促进了民主理论的增长，基
于案例研究进行的理论探索、与主流民主理论的对话意识和批判精神
成为了比较政治学发展的新潮流。

（三）社会行为体：社会运动、宗教

在这一议题下，学者重点围绕社会运动的逻辑、宗教信仰与民主体
制的兼容性等问题展开了分析和讨论。

刘颜俊、郭凤林梳理了西方社会运动研究的主要脉络和前沿方向。
研究发现，社会运动研究呈现出从强调资源动员、政治机会等结构性因
素向关注结构与行动之间的中介变量如框架、身份认同等文化因素的
转向。就社会运动的结果而言，在制度层面体现为对政府、政党、选举
等正式制度以及社会规范等非正式制度的影响，在政策层面体现为对
公共政策的直接或间接影响，在个人层面体现为对参加者和关联者的
影响。伴随着外部形式的变化，信息通信技术的作用、社会运动的心理
机制、大众运动政治与精英政治的关联等，成为当代社会运动研究的前
沿议题领域。② 曾向红、尉锦波则以"为何一国会反复发生社会运动并

---

① 范和生、王燕：《从三维视角看拉美国家低度民主化问题及其发展》，《拉丁美洲研究》
2022 年第 4 期。
② 刘颜俊、郭凤林：《政治学视野下的西方社会运动研究：脉络与前沿》，《国外社会科学》
2022 年第 3 期。

导致政权更迭"为问题意识,在路径依赖的分析框架中对比了吉尔吉斯斯坦与乌兹别克斯坦应对"颜色革命"的不同方式,进而挖掘应对策略与社会运动动员类型之间的关联机制,试图解释特定国家形成导致"颜色革命"或中断或反复的互动模式。①

阿拉伯国家政治伊斯兰运动的演化与影响长期以来是政治学人关注的热点问题,核心论题之一在于,伊斯兰信仰与民主体制能否兼容?基于这一论题,学界大体形成了"文明冲突"和"融合—温和化"两类观点。为了回答这一问题,佘纲正、李修宇将伊斯兰信仰分解为"个人宗教虔诚度"和"政治伊斯兰倾向"两个维度,运用"阿拉伯晴雨表"调查数据发现,个人宗教虔诚度不会造成对民主概念的负面评价,但阿拉伯穆斯林民众认知的"民主"与西方主流定义存在差异;同时,政治伊斯兰倾向在总体上与民主倾向存在显著冲突,但不排除兼容可能。② 这一基于微观数据的定量研究为探讨宗教信仰与民主体制的兼容性提供了重要的经验素材。

此外,近年来比较政治传播视角的引入,也为社会运动研究拓展了新的空间。例如,蒋贤成、钟新聚焦美法两国"黑命攸关"运动,选取美国《华尔街日报》和法国《费加罗报》的相关报道和脸书评论为对象,考察了媒体对民众以及不同媒体间的议程设置效果。③ 这类比较政治传播学视角的分析,对于强化跨国社会运动研究以及我国社交媒体监管具有相应的启发和借鉴价值。

(四)民主与国家制度:政党民粹化

民粹主义在近年来成为全球流行的政治现象和社会思潮。本年度在这一议题中,国内比较政治学人关注到了近年来西方政党越演愈烈

① 曾向红、尉锦菠:《中断还是反复——"颜色革命"中的路径依赖》,《俄罗斯研究》2022年第 1 期。

② 佘纲正、李修宇:《阿拉伯穆斯林的伊斯兰信仰与其内政外交偏好》,《外交评论》2021年第 5 期。

③ 蒋贤成、钟新:《网络议程设置中的镜像与折变:美法两国"黑命攸关"运动的媒体议程与公众议程》,《全球传媒学刊》2021 年第 4 期。

的民粹主义以及政治极化趋势,将议题的重点聚焦到"政党政治"与"民粹主义"的交叉结合上开展了系列研究。

1.民粹主义:概念、源流与现实

林冈等认为,民粹现象客观反映出西方各派政治势力在选举政治动员与政策论述中持续不断的"框架整合"需求。概念的过度延伸导致民粹主义从一个左派思潮的元概念沦为包含左、右翼民粹主义的宽泛概念,甚至与民族主义概念相混淆。事实上,民粹主义的概念内涵应包括经济平等主义、政治平等和直接参与、文化通俗化、反精英主义和反自由多元主义。作为面向社会底层的独特意识形态体系,民粹主义具有左派倾向。民粹主义反对精英主义和社会不平等,可以视为自由民主的部分内容,但其对政治代议制度、优绩统治和自由多元主义的过度挑战,又有损民主精神和政治的制度化。[①]

伍慧萍的研究认为,欧洲民粹主义是全球金融危机和欧债危机引发民族主义回潮,促使民粹主义逐渐深入欧洲政治心脏。左右翼民粹主义均通过排斥"他者"来建构"我们",以"真正的人民代表"自居,将社会进行道德划分。民粹主义违背了民主的基本原则,直指西方民主体制的弊端,展现出反精英建制、反政治和反智主义的普遍特征,但因所处社会环境和历史进程的特殊性又表现出独有特性。学界关于民粹主义兴起根源的研究可以归纳为文化、政治、经济和政治经济学四种解释范式,采取综合视角,全面考察四种解释范式,有助于在整体上准确把握欧洲民粹主义的勃兴原因与分布态势,并从本质上认识其给欧洲政治与社会带来的深层影响。[②]

冯国强的文章基于2009—2017年欧洲31个国家的面板数据,采用双向固定效应模型来检验2008年国际金融危机以来民粹主义兴起对执政党贸易政策选择的影响。研究发现:当民粹主义的流行程度达到

---

①　林冈、王晓笛、吴维旭:《民粹主义研究的概念泛化问题及其辨正》,《厦门大学学报》2022年第3期。
②　伍慧萍:《欧洲民粹主义兴起根源的四种解释范式与政党发展规律》,《当代世界社会主义》2022年第3期。

29%～33% 时,右翼政党的贸易政策选择会发生转变,从贸易开放转向贸易保护,但当左翼政党执政时,这种贸易政策的转变趋势并不显著。就民粹主义动因的潜在影响而言,与由社会文化因素导致的右翼民粹主义相比,经济因素导致的左翼民粹主义更容易裹挟执政党,扭转其贸易政策选择。[①]

黄霁洁、郑雯运用 MAXQDA 质性资料分析及相关统计分析,提炼出美国媒体报道中民粹主义的三种话语构型和八类表征框架。该研究发现:西方主流媒体建构的民粹主义往往基于对民主的困惑和"重新校准"存在;尽管美国媒体扮演"国家利益的捍卫者和政治制度的卫道士的角色",但当代左翼话语崛起,意味着美国媒体部分表现出反思和重建文化权威的尝试;对抗极端右翼的自由国际主义话语仍然是美国政治社会观念的主流。[②]

2. 政治极化:驱动因素与特征

政治极化已经成为当前观察西方民主运行逻辑不可或缺的视角。通常而言,政治极化指的是不同的政治行为体在政策立场阐释、投票行为、政治观点等行为与价值上相差甚远,最终造成向极端发展的对立姿态。祁玲玲关注到政治极化与民主运行之间的内在牵连,试图通过勾画当前政治极化的基本状况,来展示西方民主国家政治极化的基本特征、主要动因以及可能后果。总体而言,目前关于政治极化问题的研究多集中在美国政治领域,比较政治学人对其他西方国家政治极化的研究有待进一步加深。从影响因素上看,社会经济不平等、人口结构变迁、种族文化冲突、媒体影响等带来意识形态分化和政党认同的结构性变迁,以及该国选举制度的具体设计,是导向政治极化的原因所在。政治极化与民主运作的关系可能呈现出两种态势,既可能导致强政党以及政治精英更明确的政治立场、从而激发民主参与巩固民主有效运转,

---

① 冯国强、孙瑞、张新然:《民粹主义如何影响执政党的贸易政策选择——来自欧洲 31 个国家的经验证据》,《经济社会体制比较》2022 年第 2 期。
② 黄霁洁、郑雯:《民主的困惑:美国媒体建构的"民粹主义"及其政治与社会意涵》,《复旦学报》2022 年第 4 期。

也可能撕裂多元力量之间的民主共识从而导致民主倒退乃至崩溃。① 当然,关于这种关系的因果机制,尚且需要更多经验研究的支持。

政治极化的表征之一是西方主流政党的民粹化转型。彭枭聚焦政党竞争与西方主流政党的民粹化转型问题,试图归纳总结转型的动力机制。在文献研究的基础上,依托选民市场的成本收益以及民粹政党兴起的"供需逻辑",作者遴选了"选举波动性"和"议题所有权"两个维度,设计出"联合""吸纳""精炼"与"赋魅"四种转型机制,并且通过实证数据加以验证,表明了不同的动力机制主要取决于所在国政党制度与主流政党所持议题等条件的差异。② 任志江、王卓欣则从主流政党如何回应民粹主义政党发起挑战的角度展开分析。通常而言,主流政党可能会做出两种反映,其一是选择压制民粹主义政党相关议题、避免民粹主义政党从议题竞争中获益,其二是为排挤民粹主义政党转而关注外来人口增多等民粹主义政党的核心议题。然而,前者往往被选民视为回避问题而导致选票流失,后者则在事实上呈现出了一定程度的民粹化趋势。③ 张楚楚、肖超伟运用当代欧洲右翼民粹主义政党宗教动员的经验材料,则在一定程度上佐证了这一点。基于对欧洲各国右翼民粹主义政党近十年来竞选宣言的大数据话语分析可以发现,通过制造欧洲原住民同穆斯林移民之间的对立关系,是右翼民粹主义政党区别于主流政党、彰显自身批判性的重要选举动员策略。④ 特别值得关注的是,即便是在经济状况比较稳定、社会矛盾比较缓和的北欧地区,这种趋势同样出现了。这也呼应了当前政治极化趋势越发显著的观察。

回应着分离主义政党对政党理论的挑战与对现实政治的困扰,周光俊在族群—区域、民族国家和世界政治秩序三重约束结构的互动框

---

① 祁玲玲:《政治极化与西方民主困境》,《开放时代》2022 年第 3 期。

② 彭枭:《政党竞争与西方主流政党的民粹化转型》,《外交评论(外交学院学报)》2022 年第 3 期。

③ 任志江、王卓欣:《欧洲国家政党民粹化问题研究——以北欧地区民粹主义政党为例》,《国外社会科学》2022 年第 1 期。

④ 张楚楚、肖超伟:《当代欧洲右翼民粹主义政党的宗教话语与选举动员——基于大数据的话语分析》,《欧洲研究》2022 年第 3 期。

架下,运用苏格兰民族党、自由亚齐运动和苏丹人民解放运动的案例进行阐释,强调三者互动决定了不同分离主义政党实际政治表现与结果的差异及其对分离运动走向的影响。①

郑德洛认为,"政治正确"造成了民主党居优而共和党处于劣势的非对称极化格局,限制了平衡的两党制对于美国政治体制稳定运行的正面作用。在三权分立且制衡体制上,"政治正确"使文官系统整体"左"倾化,并与"深层国家"纠缠在一起,丧失了其在调节行政、立法、司法权力制衡关系方面的功能,打破了美国政治体制的动态平衡。在政治文化上,"政治正确"使美国原本相对统一的政治文化出现了撕裂及核心价值观的冲突,动摇了政治共识的根基,进而使美国失去了政治制度稳定运行的文化基础。最终,"政治正确"造成的上述后果叠加在一起,使美国国家治理陷入政治分裂、社会撕裂、经济下滑等的紊乱局面。②

民粹主义与政治极化已成为窥视西方民主运行困境不可或缺的视角,是当前政治学研究的热点之一。民粹主义已经成为指涉欧美国家诸多社会思潮、社会运动、政治策略和政策论述的常用术语,政治极化现象弥散到西方民主体制的方方面面,表现复杂。近年来,民粹主义、政治极化的概念、研究方法、理论都有相当大的进展,但主要集中于欧美案例,对欧美之外的案例关注较少,在比较中获得的理论命题尚有研究空间。

(五)经济与跨国家进程:全球化的挑战、跨国家整合及进程

20 世纪末以来,西方在全球倡导和推行"去国家、放管制"为特征的新自由主义理念与政策,经济全球化进入"超级全球化"阶段,直至

---

① 周光俊:《三重政治结构中的分离主义政党》,《世界经济与政治》2021 年第 9 期。
② 郑德洛:《论"政治正确"统摄美国政治的负面效应》,《世界经济与政治论坛》2022 年第 3 期。

2008 年金融危机爆发。自 2008 年金融危机后,西方国家迄今都没有走出危机的阴影,经济、社会和对外政策大幅度调整。2020 年以来,受新冠肺炎疫情的影响,全球化遭遇重大挑战,民粹主义、民族主义、保护主义思潮竞相抬头,一些国家甚至在政治上转向保守主义。全球化还是国家中心主义再次成为焦点问题。

T. V. 保罗阐述了自由主义基本思想以及全球化面临的现实挑战,考察了自由主义国际秩序的调适历程及其地缘政治挑战,提出了以内部改革推动再全球化的解决之道。他认为,冷战结束后,自由主义国际秩序的兴起加快了全球化进程。但是,全球化的负外部性及其引起的经济不平等扩大、民族主义与民粹主义抬头、国际机构衰落等后果引发了去全球化逆流,进而危及到自由主义国际秩序的存续。要化解这一重大挑战,西方国家必须切实增进自由贸易,促进民主和自由,加强国际机构的作用,立足公平的收入分配,重塑福利国家模式;同时要与中国和俄罗斯等大国合作建立包容开放的国际秩序,共同解决全球集体行动的难题。[①]

汪家锐对国外学者关于全球化研究的梳理分析,认为,全球化的基本矛盾将会持续存在并困扰人类社会,这是每个参与全球化进程的国家都必须面对、每个全球化研究者都必须思考的重大课题。[②]

王栋等认为,新冠肺炎疫情放大了全球化的负面影响,包括分配不均和资源占有差距扩大、保护主义和极端民族主义再度崛起、全球市场脆弱性凸显,而俄乌冲突也给全球化发展增加了更多的不确定性。尽管面临巨大的挑战,部分西方学者依然认为,后疫情时代全球化的前进方向不会改变,而且数字化、区域化等特征更加明显。他们还认为,美国等西方国家不应该放弃全球化,而是应重塑与再造全球化,引领再全球化的发展。[③]

---

① T. V. 保罗文:《全球化、去全球化和再全球化:自由主义国际秩序的调适策略》,王年咏、吴宛珂译,《国外理论动态》2022 年第 3 期。
② 汪家锐:《全球化:发展变化、热点议题与发展前景》,《国外理论动态》2022 年第 3 期。
③ 王栋、高丹:《近年来西方学界对全球化的研究评述》,《国外理论动态》2022 年第 3 期。

　　上述研究表明,世界经济与政治的大变革叠加新冠疫情的影响,全球化发展也出现了诸多新变化。去全球化、找回国家,还是重塑全球化,近期乃至可预见的未来,仍是经济与跨国进程这个议题中的重要课题,需要更为具体的实证研究以及理论整合。

四、小结:延续与变化

　　因篇幅所限,有限的综述较难反映 2022 年中国比较政治学界的全部研究成果,本文仅管中窥豹,旨在了解近期比较政治学研究的持续与变化。本年度,中国比较政治学研究有两个明显的特点:第一,延续与创新。比较政治学理论、方法论及议题有很强的延续性;对老问题进行新诠释,关注新的政治现象,使用新的研究方法。第二,本土化取得了一定的进展。

　　中国的比较政治学,乃至于社会科学研究以习近平的"加快构建中国特色哲学社会科学,归根结底是构建中国自主的知识体系"为方向,在对西方理论的反思、批判的基础上,构建自主的知识体系和构建自主的概念。未来,面对现实政治的呼唤和与国外理论对话的需要,中国的比较政治学仍有很大的发展空间。